国家社会科学基金项目（16BMZ058）成果

陕西师范大学优秀著作出版基金资助出版

# 学习社会性引论

*Xuexi Shehuixing Yinlun*

戴 妍/著

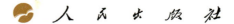 人民出版社

# 目　　录

# 引　　论

　　学习是人的本体存在方式。学习在本质上是人类个体和人类整体的自我改造和自我超越。学习不是某种行为方式的简单、机械地重复,不是现成知识的再现与单纯的记忆,不是被动地接受知识和通过操练掌握技能。学习是对未知事物的不懈探索,是不断提出问题与解决问题的过程;学习是学习者在与环境的积极互动中对知识的建构;学习是学习者在与他人的交流、对话中通过知识的共建与共享进行社会协商与意义制定的过程;学习是在参与社会实践中同时进行终身学习者与专业从业者的身份建构的过程;学习是迎接挑战、应对变革、与时俱进与创新的过程。学习是同时指向客观对象世界与人的主观精神世界的双向变革活动,是建设高度统一的物质文明与精神文明的重要途径。

　　学习是终生的(life-long),也是宽生的(life-deep),它镶嵌于社会文化生活之中,和我们的各种文化价值观交织在一起。人通过与他人的交往获得关于世界和社会的知识①,人类的学习具有社会性。人类为了生存,就必须学习,生存不仅仅具有个体性意义,更具有社会性意义。人是社会的人,是类存在物。人的学习离不开社会,人的学习需要吸收和继承人类已生成的类本质成果,而这一切都离不开教育。

---

① 郑太年等:《学习科学与教育变革——2014 年学习科学国际大会评析与展望》,《教育研究》2014 年第 9 期。

教育是一种信念,它相信人有达臻完美的可能,相信人天生就有学习的能力,相信人都渴望知道生命的活力,知道有些事情(符号、技术、价值观、记忆、事实、权利……)是可以知道也是应该知道的,知道人类能够通过相互学习促进自身发展。① 教育的目的是为了促进学习者的学习,学习是教育的前提,教育必须引导学习。学习基本理论的丰富与发展会不自觉地影响着教育基本理论的发展与完善。教育基本理论是教育理论的主导部分,它对教育理论和教育实践均具有全局性的影响作用。教育基本理论的坚实程度和科学性决定着教育学的生命力。② 而学习社会性的研究既丰富了学习的基本理论,又深化了对教育本原的认识。学习研究应该是贯穿于教育研究领域和教育学整个理论体系中的一条红线。关于学习的研究对教育基本理论发展来说是基础性的,而作为推进教育基本理论发展的学习社会性的研究的重要性也是不言而喻的。③

心理学和人类学的研究已表明,人类在与先辈、同伴交往过程中能够开发出适应性工具,并借助这些工具习得抽象的社会信念、行为与社会角色,进而适应特定的社会文化定势。教育神经科学的研究逐步揭示出支持与促进社会性学习的大脑机制,从而进一步证明社会性是构成人类学习的关键属性。④ 学习的社会性亦是当代学习科学研究的中心主题之一。"社会性"这一整体属性不仅铺垫了新学习科学的关键基础,也是当下和未来学习学科跨领域研究的共同焦点所在。⑤ 通过对学习社会性属性的系统研究,从探索社会性因素影响学习逐渐转变为理解学习的社会性的机制,进而将不同社会现象连接起来,从而更好地利用学习的"社会性"这一特性,使

---

① [西]费尔南多·萨瓦特尔:《教育的价值》,李丽、孙颖屏译,北京大学出版社 2012 年版,第 15 页。
② 胡德海:《陇上学人文存》(胡德海卷),甘肃人民出版社 2014 年版,第 98 页。
③ 郑太年等:《学习科学与教育变革——2014 年学习科学国际大会评析与展望》,《教育研究》2014 年第 9 期。
④ 金莺莲、裴新宁:《学习科学视域中的社会性学习:过去、现在与未来》,《开发教育研究》2014 年第 6 期。
⑤ Meltzoff, A. N., Kuhl, P. K., Movellan. J., & Sejnowski, T. J., *Foundations for a New Science of Learning*, Science, 2009, 325(5938):284-288.

其成为学习的强效活性剂①,这无疑会拓展学习科学的研究领域。

　　课堂是学校学习的主阵地。学校教育中的学习活动具有固定的学习者、场所、时间、学习目标……相对于其他场所的学习而言,学校学习既具有学习活动的普遍性又具有学习活动的特殊性,学习的根本任务是使学习者成为人。离开课堂学习的教育可能不会很好地实现人的全面发展的目标。这是因为,课堂最重要的任务是促进学习者发展。课堂是典型的学习型组织。学习型组织是表示共同体的人与人之间"关系"的概念,是学习者学习的一种常态,是一个有机的学习社会实体——学习共同体,它不是机械的联合和暂时的应景,也不是学习过程中的一段短暂插曲,更不是像"学习集体"和"班级集体的教育"的"集体"那样,意味着一个划一的、僵固的集合。② 所有这些,既是支撑课堂学习的社会要素,也是考察学习社会性的重要场域。

　　通过对课堂学习社会性的现实考察,阐明基于学习社会性学习变革的逻辑前提主要涉及学习主体的确立、学习内涵的拓展和学习价值的转变;从微观层面提出学习变革的内在理路主要在于学习身份的确认、学习意义的协商和学习实践的参与等;从宏观层面分析学习变革的实践路径主要是转变学习实践观、构建学校学习共同体和创设课堂学习生态等,进而促进课堂学习实践的变革,使课堂成为确立教学主体的共同意义、构筑文化共同体,师生借助交互主体式的实践构筑实践共同体。

　　在知识经济社会中,学习成为个人和社会发展的核心动力。人除了具备持续、自主地学习和运用知识的能力外,还必须具备与其他人进行知识交流、传播与分享的能力,完成从知识学习到能力培养,从知识运用到知识管理,从知识占有到知识分享的转变,并具备实现自我、终身发展、持续创新的能力。③ 教育系统如何发展人的这些能力以有效应对当前和未来的挑战,

---

① 金莺莲、裴新宁:《学习科学视域中的社会性学习:过去、现在与未来》,《开发教育研究》2014 年第 6 期。

② [日]佐藤学:《学校的挑战:创建学习共同体》,钟启泉译,华东师范大学出版社2010 年版,第 214 页。

③ 蔡立丰:《知识经济与学习变革》,《广东工业大学学报》(社会科学版)2005 年第 1 期。

成为全球教育变革的焦点,而推动教育变革的重要驱力之一是对"人是如何学习的"这一问题的认识。

人类正步入学习型社会,学习型社会中的学习主体、学习场域、学习时间和学习过程等都在发生变化,这就对教育提出了巨大的挑战,并需要改变传统的学习方式。而对于学习社会性研究的关注是同解决教育问题、革新教育实践的需求密不可分的。学习的社会性研究和教育变革的政策与实践之间是相互促进的,这源于教育革新的迫切需求,以及学习社会性研究和教育变革的内在联系与教育政策和教育实践之间的互动关系。一方面,研究成果的传播和普及,以及它们进一步地向政策和实践的转化,成为发挥研究效用的重要途径;另一方面,学习社会性的研究需要进一步考虑教育政策和实践的问题。迄今为止,学习社会性的研究主要是学科框架主导的,其中许多研究是基础性的,距离向教育实践的转化还有距离。教育实践中的学习社会性问题越来越成为学习科学未来研究的重要主题来源。

本书把学习社会性的研究放在人类文明发展的过程中进行思考,其选题旨在理论解释、指导实践和预测未来。具体而言,就理论解释来说,在追溯学习社会性思想历史源流和系统考察当代学习社会性思想主要观点的基础上,从宏观层面探究学习社会性的本质,这有助于对学习本质规律的把握和教育本原的认识。就指导实践来说,学习社会性的研究通过对学校教育中学习社会性的现实关照,透视学习的社会性现状,剖析学习社会性遮蔽的原因,这有助于破解传统学习方式中的学习意义缺失和异化问题。就预测未来来说,人类正步入学习型社会,学习型社会对构成传统学习的各要素提出了新的要求,这就需要改变传统的学习方式。因此,学习社会性的研究有助于为学习变革和教育革新提供理论支持和实践指引。

# 第一章　学习社会性研究的合理路径

　　一个时代的迫切问题,有着和任何在内容上有根据的因而也是合理的问题共同的命运:主要的困难不是答案,而是问题。因此,真正的批判要分析的不是答案,而是问题。……问题是时代的格言,是表现时代自己内心状态的最实际的呼声。①

——马克思

　　学习的社会性是当代教育科学研究的中心主题之一。人的学习的社会性与生俱来并在人的一生发展中不断复杂化,这也奠定了人类文化进步的基础。②

——[美]安德鲁·迈尔左夫(Andrew Meltzoff)

## 一、学习社会性研究的理论价值与时代意义

　　学习是一个永恒的话题。学习,是明天的生产力,是最富有革命性、创造性的生产力,是统摄生产方式、生活方式和思维方式的动力系统。③ 人类的学习活动不仅是人类生存于社会并获得发展的必然需要,而且是人类生

---

① 《马克思恩格斯全集》第 1 卷,人民出版社 1995 年版,第 203 页。
② 郑太年等:《学习科学与教育变革——2014 年学习科学国际大会评析与展望》,《教育研究》2014 年第 9 期。
③ 陈建翔、王松涛:《新教育:为学习服务》,教育科学出版社 2002 年版,第 12 页。

存和发展的最基本的社会实践活动之一,还是人生旅程中最为根源性的营生。自 20 世纪末以来,无论是社会发展、经济转型,还是技术进步、教育革新,"学习"已成为各个领域中出现的一个高频词,从国际社会倡导终身学习理念到我国推进学习型社会建设;从以知识为基础的经济到更加强调知识创新的学习经济;从企业致力于创建学习型组织以提升竞争力到各国教育改革呼吁转变学习方式……一览国际社会各个领域对"学习"的高度关注,我们发现,"学习"已经成为当今世界全方位改革的聚焦点。这使得我们不得不重新审视"学习"。

### (一) 学习社会性研究是深化教育本原认识的理论诉求

教育从来没有像今天这样,成为关系人类生存命运的重要前提;学习也从来没有像现在这样,成为一个人最基本的生存能力。学习是我们每一个人,乃至整个社会开启富裕之门的钥匙。在人类步入以信息化、知识经济为标志的学习型社会进程中,"学习"在人类社会中的基础性地位受到了前所未有的关注。同样地,学术界也从来没有像今天这样高度重视和关注学习、学习问题及学习科学领域。

学习是人的本体存在方式。人人都是学习者,人通过学习方可成为真正的人。无论是从一个人的成长过程还是从人类社会发展历史说,无论是从教育起源的最初意义还是从教育全部发展历史说,无论是从一堂课还是从教育的全过程说,没有学习就不可能有教育。在一定意义上,学习既是教育的本体或本原,也是教育的目的或归宿。教育的存在条件是学习,教育的发展过程是学习,教育的最终目的是学习。教育就是从学习中分离出来并由国家、社会和教育者引导和规范的学习。① 因此,对学习的社会性研究是深化对教育本原认识的逻辑前提,学习范畴也应该是贯穿于教育研究领域和教育学整个理论体系中的一条红线。

从对学习科学的研究来看,学术界对学习的早期研究,尤其是心理学对

---

① 郝文武:《教育:主体间的指导学习——学习化社会的教育本质新概念》,《教育研究》2002 年第 3 期。

学习的研究主要集中在实验室里进行，忽视了人际互动、社会文化生活对人学习的影响，并且对学习的研究主要倾向于个体学习发生时的心理、生理等机制及其个体内在心理世界活动的研究，更多地关注的是学习的个体性，而未顾及学习的社会性，更多地着眼于个体的学习，这些很难充分说明人类学习的实质。而事实上，人类学习是一种集个体性和社会性于一体的张力性存在。我们对人类学习的认识只有把个体性和社会性两者统一起来，才能真正揭示学习的本质。学习是教育的本原，对学习本质的再认识即对教育本原的再认识。因此，如果我们要想更加深入地认识教育的本原或本体，就必须先弄清楚学习的本质或基本属性，重视对学习社会性的研究。也就是说，只有通过对学习及其社会性的深入研究，才能进一步深化我们对教育本质的深刻认识。

### （二）学习社会性研究是回应现代教育变革的理性使然

早在四十多年前，联合国教科文组织在《学会生存》的报告中就已指出："教育正在越出历史悠久的传统教育所规定的界限，逐渐在时间和空间上扩展至它真正的领域——整个人的全部方面。"①"人类日益增长的需求与迅速变革的世界所提出的要求使得教育面临多重挑战。为了适应时代的需要，我们应发挥自身的想象力与创造力，鼓足勇气，坚决进行切实的变革并立志完成自己将承担的各项重任。"②因为人类正处于从工业文明时代向知识信息时代转变的历史性时刻，无数经验事实表明，在与工业文明相适应的教育土壤中，不可能直接生长出适于21世纪的学习文化与教育体系。21世纪的学习必须完成一系列历史性的复杂变革，但这种变革应该是一个充满生命活力与内在动力的生长性变革，是一个层层深入的渐变过程。在这个过程中，各种观念和理念已颠覆与重构，"教育主要是学校教育"的传统观念，取而代之的是把"教育视作终身教育且持续发展"的一种新教育观。

---

① 联合国教科文组织国际教育发展委员会：《学会生存——教育世界的今天和明天》，教育科学出版社1996年版，第200页。

② 联合国教科文组织国际教育发展委员会：《教育——财富蕴藏其中》，教育科学出版社1996年版，第190页。

所以,教育改革的目光需要投射到"学习"中来,这场教育改革必然不同于以往以完善现有的"以教为中心"的教育范式为目的、着眼于量变的改良,而应成为以质变为目的、建构"以学为中心"的教育新范式的开端。

人类今日所面临的生存危机是与人类传统的学习模式密切关联的,解救人类的生存危机必须变革人类的学习模式,必须从传统的生物学模式、工程学模式向新型的生态学模式转变,进行真正意义上的"学习革命"。与社会转型相应的教育改革一样,应是跨越式的和变革型的,它所建造的,应该是一艘"学习的生命之舟",承载着所有学习者驶向一个充满创新机遇的、可持续发展的知识经济时代。① 时至今日,"学习"被认为是 21 世纪人类教育变革的原点与根基。以学定教(teaching by learning)已经成为新时期课堂教学改革的普遍共识②,相应地,教育研究的重点也应从聚焦"教"转向聚焦"学"上,以"学习"研究为支点将成为人们考察教育革新的新思路。

### (三) 学习社会性研究是破解学习异化现象的必然出路

学习是人的天性,学习的意义就是和人的精神生命共振,与人的创造性共生。然而不幸的是,今日学校学习中存在着严重的"学习异化"现象,学习的本真已遭到严重的扭曲和破坏,学习的内在价值和应然取向被漠视,作为学习主体的"人"的社会性被遗忘。正如美国著名教育心理学家和教育技术学家戴维·梅里尔(M.D.Merrill)等学者所言:"学校里的学生和学习者是两码事,因为学习者是从自己的经验中建构自己的意义的人,而学生是说服自己从教学中获取特殊知识和技能的人。"③也就是说,学生被指定的所谓的学习对象所奴役,学习不再是学生解放自己的手段和途径,愉悦的、享受的学习过程变成了一个被动的、痛苦的、想奋力逃避的自我折磨的过

① 赵健:《学习共同体——关于学习的社会文化分析》,华东师范大学出版社 2006 年版,第 1 页。

② Marshall,H.H.,*Redefining Student Learning:Roots of Educational Change*,Norwood, NJ:Ablex Publishing Corporation,1992,p.xii.

③ 郑太年:《学校学习的反思与重构——知识意义的视角》,上海教育出版社 2006 年版,第 5 页。

程;学习使学生丧失了其未来理想美好生活的可能,而使其现在的学习成了谋求自己未来社会生活生存的主要手段,从而使家长、学校对于教育有时秉持一种过于功利化的不良倾向,学习自然滑向了应试教育的泥潭。学习者之间失去了真正意义上的相互对话、交流和沟通,分享彼此的情感、体验和观念,而是一种竞争与被竞争的关系。具体来说,学校学习的异化问题主要表现如下:

学校学习的意义缺失。学习的意义是学习者对学习内容和学习过程的价值所做出的自我判断。有意义、有价值的学习的一个重要前提假设就是呈现于文本或存在于真正的现实教育活动中的学习和教学目的预设与教学活动方式能唤起学生的学习内在动机,这在安排和传授学习内容时能在学生的内心世界生成一种学习机制,从某种意义上说,就是对学生而言所谓的有价值、有作用,只有这样的教学才是学习的意义所在。① 学校学习意义的缺失,使得现代学校逐渐成为明显地或潜在地宣扬竞争性个人主义的场所。学校的教学过分注重技能本身和知识成果的作用和价值,而忽视了学习是否对于学生的情感、态度和价值观发展有正向的作用和过程,这种意义缺失更多的是直接与学习过程本身有关。

学校学习的抽象化和去境脉化(de-contextualizing)。学校学习被视为个体获得知识、技能或习惯等的过程,它把人的"心灵"(mind)当成可填充某些知识的"容器",把学习者视为这些知识的"拥有者",把知识视为在学生心灵中用某种手段加工处理的事物,使人的心灵完全脱离了整个物质世界、社会环境和文化情境之外。这使得学校学习注重心智模式和图式(mental model and schema)在学习过程中的作用,注重命题性陈述与概念化的知识结构,把按某种逻辑组织起来的知识谱系和规律性知识视为学习活动的应然结果,把学生当成"符号"处理器,往往忽视了社会情境对学习的重要作用。②

---

① 郑太年:《意义:三个世界的联系与对话》,《全球教育展望》2002 年第 11 期。
② 曾文婕、柳熙:《获得·参与·知识创造——论人类学习的三大隐喻》,《教育研究》2013 年第 7 期。

学校学习的个体化。学生学习的个体化是指,每一个学生的学习,常常是发生在个体"头脑内"的事件,学习者和学习活动的其他参与者之间缺乏合作和互动。当将学习作为一种以记忆与练习为主要形式和主要任务的活动时,一起坐在课堂上的一群人彼此之间是很少发生联系的——至少在学习学科知识上。学习者所处的主要关系框架是"我和学科知识及教师"的关系,是"我"从教师那里听到学科知识然后获得它,而不是像在很多知识应用和知识建构情境中那样主要处于"我与其他人一起和问题、任务"的关系中。

学校学习异化现象的根源,大致包括两个方面:一是心理主义的学习本质观,认为学习是受"客观规律"支配的心理现象,只要遵循心理学的教导,把学习变成一套技术操作程序或心智技能规则并遵循之,即可实现任何学习目的;二是功利主义的学习价值观,为考试而学,为社会升迁而学,至于学习的内在价值则无足轻重。① 除了心理主义的学习本质观和功利主义的学习价值观影响外,也离不开人们对学习本质认识得不全面。英国彼得·温奇(P.Winch)认为心理学凸显了学习的"个体性"和"认知性",却"遮蔽"了学习的其他特性。比如,心理学学习理论遗忘了群体中的学习,忽视了学习共同体(learning community)的作用与价值,"遮蔽"了学习的"社会性"。② 因此,我们只有不断地提高对人类学习和发展的本质规律的把握,并将从中所获得的可靠观点用于革新学校学习,才能破解现代学校制度下传统学习方式中的学习意义缺失和学习异化问题。

## (四) 学习社会性研究是创新未来课堂学习的前提条件

学习既不是符号知识的获取,也不是主体行为的改变,更不是单一的个体行为,而是一种概念框架的社会建构过程,这种概念的形成离不开我们对其社会性的研究。学习和教学过程虽然不能简单地相提并论,但在本质上却有着异曲同工之处。"教学"一词,从字面上讲就是"教授学习"的意思,无论教师采用什么样的方法,其结果都是为了"学习"。那么,什么是学习

① 张华:《学习哲学论》,《全球教育展望》2010 年第 6 期。
② 曾文婕:《学习哲学:学习研究的新走向》,《全球教育展望》2008 年第 6 期。

呢?"学习"就是同外在世界的依存与对话,同学习群体里伙伴的交流与对话,同自己的相遇与对话。学习不再仅仅是个体性的存在,而更应是一种社会性的存在。学习虽有社会性与个体性,但是学习个体性是统摄于社会性之中的。学习是一种社会性交往活动,而交往是人的一种生活方式和存在方式。只有通过交往,人自身才能得到发展。

教学关注的应是在世界中、行界中行动的完整的人,把学习社会性的研究作为创新未来课堂教学一种前提条件,这既是分析学习内在本质的学术生长点,也是理解学习内涵的一种方式。人类的学习是一种社会性交往活动,具有鲜明的社会性。在学习活动中,通过人与人之间的交流,学习者不仅可以获得信息和知识,而且能产生心灵的碰撞、不同观点的交锋以及人格的感召和熏染。当学生成为自己学习的主人,成为学习意义的协商者和制定者时,教师才能成为学习的促进者、激励者、支撑者和引导者。一个教师在课堂教学中具有何种程度的学习社会性的认识与选择能力,并给予学生同样的社会性学习体验,这决定了教学活动能否逐渐成为一个很具吸引力的教学创新路径。

时下课堂学习改革如火如荼,评价有效教学的标准之一即是否存在学生的有效参与,这可能是"有效"与"无效"之间关注点的最大差异。在有效的课堂教学中,教师通过一定的教学创新和教学设计,构建新型学习共同体,师生之间合作和交往的机会增多,他们会更加舒畅地交流思想,教师之间乐意分享教学资源和反思教学实践,并且使学生产生一种关于自己发展的集体责任感。从某种意义上说,未来课堂教学创新研究应转向社会性,学习社会性研究以期为未来课堂形态的架构和未来课堂教学创新带来巨大的改变。

## 二、学习社会性研究的知识谱系与发展逻辑

众所周知,关于学习的研究主要集中在学习论领域,其研究基本上是抽象化和形式化的。学术界对学习活动所固有的自然性和个体性有了充分的揭示和研究,但没有深入研究学习这种社会活动的社会性,其原因是这类研

究是游离于现实的社会历史实践之外来孤立研究学习活动的。也就是说，没有真正把学习活动看作是一种社会活动来进行研究，还没有认识到社会性是学习活动最重要的属性之一，也没有意识到研究学习活动的社会性对教育学学科本身发展的重要意义。从国内外的研究现状看，关于学习的社会性研究，可以分为以下几种类型。

## （一）关于学习社会性的经验描述

这种类型的研究主要是对学习的种种社会现象的初步关注、解释与运用。《论语》开篇："学而时习之，不亦说乎？有朋自远方来，不亦乐乎？人不知而不愠，不亦君子乎？"所涉及学习不是自己个体的事情，学习是与物、与人、与己发生联系的社会活动。《学记》曰，"独学而无友，则孤陋而寡闻"；《诗》云："如切如磋，如琢如磨""择其善者而从之"；荀子曰："不如其子，视其友；不知其君，视其左右"，都强调学习的群体性对学习者的影响，要主动建构一个有益于自己学习的群体以便经常商讨、辩论，切磋学问。据史料记载，创立"关学"的张载善于与朋友交流、切磋、问难，其最有影响的是与程颢、程颐的学术交流。同样，学生的学习状况影响教师与学生的关系，而师生关系的状况也影响着学生的学习状况，"三人行，必有我师焉"，孔子总是以平等的态度对待学生，不以师者自居。孔子与学生进行交往学习，在《论语》中论述孔子与学生交往的例子。荀子曰："得贤师而事之，则所闻者尧舜禹汤之道也；得良友而友之，则所见者忠信敬让之行也。"这说明受高师指导，与良友切磋对人发展的重要性。"安其学而亲其师，乐其友而信其道。"当然，也有"隐其学而疾其师，苦其难而不知其益也，虽终其业，其去之必速"。

古希腊大思想家苏格拉底所倡导的"苏格拉底方法"——"师生问答"方式，引导学生逐渐获得知识，但他认为教育并非知者随意带动无知者，教育是师生共同追求真理，在师生交往中探索真理与自我认识。他认为，只有通过人与人的交往，才能了解事物的本质，才能获得真理。英国哲学家约翰·洛克（J.Locke）在《教育漫话》中也提到同伴间的相互模仿对个人成长的作用。"我觉得学习的方法与其依从规则，不如根据榜样；儿童若是不与不良的同伴在一起，知道自己行为优雅，所以得到人家的尊重和赞许，他们就会乐于仿照别人的榜样,使自己的行为变得优雅了。"①但是,所有这些方面的描述,都还不能称之为"研究",只能说是对学习的社会性客观存在的间接的、朴素的、经验的描述。况且这种经验性描述只是把学习视为个体头脑中内部活动的过程,忽视了外界学习环境对人脑的影响,甚至无视真实世界的学习,认为所学知识是一种现实实体,学习的目标是将现实实体的知识置于人脑之中,从而把学习与学习环境分离开来,这使学习远离社会经验。因而不可能揭示学习的社会性存在原因,更不可能把这些现象归结为学习活动本身所固有的社会属性的反映,更不能把学习的社会性放置在更广阔的社会背景下去考察。

### (二) 关于学习社会性的宽泛研究

认知革命掀起了两次历史性浪潮,其反映在学习研究上具体表现为:第一次浪潮只关注学习研究的个体性的思维,不注重社会文化历史等因素对学习的影响。在第二次浪潮中,研究者认识到社会文化历史等因素对学习的重要作用,强调在学习研究中需要重新思考社会文化历史因素的认知功能,即关注学习的社会性。②

关于学习的社会性宽泛研究,研究者初期注意到学习活动与广阔的社会生活之间的联系,并开始自觉将学习活动作为一种在大的社会背景下进行的社会活动或社会现象来研究。即使对学习的社会性作分析时,也往往是简单的、线性的分析,忽视了"学习"和"社会"这二者间所存在的复杂而多样的中介;同时,他们在分析时又往往把二者作为静止物来看待,忽视了它们各自活动的生动性、多变性以及从事这个活动的具体的个人的社会性。因此,学习的社会性问题仍没有进入学习哲学领域。

人们在对传统学习理论批判和反思的基础上,开始从不同的学科视角对学习进行了全方位的研究,在此基础上催生了一个全新的领域——学习科学。在这个新的领域中,学习研究对象的拓展对人类研究学习的本质具

---

① 张焕庭主编:《西方资产阶级教育论著选》,人民教育出版社 1979 年版,第 69 页。

② 徐斌艳等:《学习文化与教学设计》,教育科学出版社 2012 年版,第 203 页。

有重要的影响。① 自 20 世纪 80 年代中期以后,美国教育心理学家杰罗姆·布鲁纳(J.S.Bruner)由于接触了苏联心理学家维果斯基(L.Vygotsky)的"最近发展区"理论,开始相信"存在一种刚刚超出个人创造能力的区域,其中,学习者可以追随他人的活动和思想,但不能对其予以构建。在这些区域中学习者能够运用来自他人的线索,利用他人的帮助进行组织,这实际上是'借用'他人的意识或反思。通过自己的反思性理解与他人的理解之间的相互作用,个体能够转化并提高个人意识"②,从而滑向了一种新的认识论,一种诠释性的、社会建构主义的认识论。

瑞士心理学家让·皮亚杰(J.Piaget)通过大量的实证研究发现,学习是一个建构过程,是通过主体和客体的相互作用,即活动来进行的。在任何水平上,人的学习都是主体对客体所完成的现实活动的产物。无论是物理知识、逻辑数理知识,还是社会约定知识,都是儿童从早期的活动结构内化而来的。按照皮亚杰的发生认识论,关于对象的物理知识是从主体作用的对象中抽象出来的,而逻辑数理知识则是从活动过程本身抽象出来的。前者是指个体作用于客体,获得客体的特性,如体积大小、重量等,后者是指主体理解动作与动作之间相互协调的结果。前者从物体特性中得来,而后者不存在于物体的本身,而是由主体作用于客体的动作以及动作间的相互协调结果所引起。③ 这实际上是关于学习社会性的宽泛的研究。

我们将人类学习的各种理论分为两大阵营:一是行为与认知主义取向的学习理论,强调学习是知识的获得过程,学习是发生在个体身上的;二是社会建构主义、情境认知取向的学习理论,认为学习是人与人之间交往互动的过程,强调学习的社会性质。④ 在这之中出现了诸如"社会学习"和"情

---

① 高文编著:《学习创新与课程教学改革》,广东教育出版社 2007 年版,第 34 页。

② [美]小威廉姆·E.多尔:《后现代课程观》,王红宇译,教育科学出版社 2006 年版,第 174 页。

③ 李松林:《发展之源与教学之方:学生发展的活动机制及其教学应用》,教育科学出版社 2013 年版,第 120 页。

④ 郑葳:《学习共同体——文化生态学习环境的理想架构》,教育科学出版社 2007 年版,第 69 页。

境学习"之类的概念,在心理学派中最为引人瞩目的是自称为"社会建构主义"的学派,与传统学习心理学只关注个体学习这一点相比,社会建构主义宣称学习是发生于人们之间的,因此具有社会性。虽然各种学习社会性的思想,散见于心理学与人类学等领域,但究其实质,它们的关注点都不是"个体学习者"而是"社会情境脉络",不是"个体性获得"而是"社会性互动",其研究的切入点与聚焦点都定位于学习者与其所处情境的"互动"。因此,这些理论都把学习视为一种社会过程,关注的是学习的社会维度。①

### (三) 关于学习社会性的抽象研究

在梳理学习理论及其相关领域的研究时,我们不难发现,即使在行为主义、认知主义占统治的时代,也有零星的研究者逐渐开始关注学习的社会性,例如,玛斯腾伯格(H.Munsterberg)在民俗心理学中涉及了学习的社会性要素②,巴特利特(F.C.Bartlett)、布鲁纳等人的观点也受到推崇。更不用说,约翰·杜威(J.Dewey)、维果斯基、班杜拉(Bandura)等人的思想。他们大都会涉及"学习的社会性"问题,或直接或间接、或外显或内隐、或重视或泛谈。③

但是,长期以来,学习的社会性研究一直未能与学习的个体性研究受到同等的"礼遇",而且在某种程度上为人们所忽视。美国菲利普斯(D.C.Phillips)等人曾在其《学习的视界》一书中指出,许多学习理论家都把学习视为个体的活动现象,都将学习者看作是"孤独的探究者",但实际上,每一个学习者隶属于社会群体之中,学习者有父母、兄弟姐妹、老师、同侪以及共同学习的伙伴,学习者可与这些人沟通及互动……这都会影响学习的内涵。他进一步指出,在关于学习的任何论述中,要么忽略了这个社会因素,要么忽视了那个社会因素,这必然会导致人们对学习本质认识得不全面。

---

① 曾文婕:《文化学习引论——学习文化的哲学考察与建构》,博士学位论文,华南师范大学教育科学学院,2007 年,第 97—98 页。
② Salomon,G.& Perkins,D.N.,*Individual and Social Aspects of Learning*,Review of Research in Education,1998,(23):1-24.
③ 郑太年:《学习:为人的发展》,上海教育出版社 2008 年版,第 43 页。

菲利普斯等人对"学习的社会因素"已经进行了一定的研究,他们认为杜威、维果斯基和班杜拉是研究学习的社会特质的主要代表。杜威把学校定义为"共同体"(community),但是有许多教育者却时常忽略这一点,以至于将学生隔离在不舒适的书桌之前。这不但遏制了学生的活动,也扼杀了学生之间的沟通。相反,杜威希望学校可以鼓励学生参与有意义的活动,在这些活动中他们要和其他同学一起解决问题。杜威认为,在社会情境中有目的的活动才是达成真正学习的不二法门。① 杜威把学习视为反省性思维的社会过程。反省性思维,在杜威看来,就是人际交往的社会过程。人之所以能建构意义,就在于这种沟通过程。这样,反省性思维,即"探究",是个人活动,同时也是社会共同体活动。杜威"学习"的显著特征在于,它是从生物学模式出发,不同于美国心理学家约翰·华生(J. Watson)和爱德华·李·桑代克(E. L. Thorndike)以动物实验为模式的行为主义心理学的"学习",它积极地赋予人类对于环境的活动性交往以意义,提出了以反省性思维为基础的"探究"学习的概念。杜威的"学习"由于获得了建构意义的"探究"性质,有别于动物顺应环境的学习,奠定了在同环境的活动性交往中使用语言、符号与工具的"工具性思维"的基础。

杜威主张从社会的、共同体的角度认识学习,并主张把学习的过程重建为社会的、共同体的过程。杜威一方面批判被动地习得历史遗产机械的、形式的学习,另一方面,严厉地批判无视教育内容的社会性、历史性,把学习消解为"自我表现"的教育。他指出,追求"自我表现"的无上价值的学习理论,无视了学习与成长的社会性、历史性和共同体的性质,忽视了学习的实践是以社会沟通为基础的,这是一种个人主义的谬误。②

维果斯基认为,学习是在社会环境中产生的,儿童藉由模仿来学习的能力是社会学习中的关键因素。他主张让儿童在合作的社会情境当中与成人以及同伴互动,为儿童提供充分的机会去观察、模仿,继而发展更高层次的

---

① [美]菲利普斯等:《学习的视界》,尤秀译,教育科学出版社 2006 年版,第 64 页。
② [日]佐藤学:《学习的快乐——走向对话》,钟启泉译,教育科学出版社 2011 年版,第 44 页。

心智功能。维果斯基指出,人的心理发展经历两个过程:一是天然的、自然的、生物种系的发展过程;二是"人化"的发展过程,也就是历史文化的发展过程,它具有社会性。在人的历史发展过程中,当然不能排斥自然的、生物种系的发展过程,但是,人对自然界的适应根本不同于动物,它是建立在人类全部历史生活基础上的特殊形式,因而不可能没有新的行为形式,不可能不产生在原则上有质的区别,并按另一种方式组织起来的行为系统,这便是人类的高级心理机能。① 维果斯基认为个体的发展是从社会人际之间的发展转向社会机能的个体化发展,也就是说,人的认识活动是个体通过社会活动的参与将社会关系内化成个体的高级心理机能,以此来建构个体的心理结构,这其实就是人的社会化过程。

总之,无论杜威的学习概念还是维果斯基的学习与发展的概念,都是借助于语言性沟通来说明的,都强调学习是在人际关系之中形成的社会实践。杜威把学校定义为"共同体",把学习视为反省性思维的社会过程。维果斯基也是在沟通的语言中寻求学习的语言,把学习定位为社会建构的对话过程。

美国心理学家阿尔伯特·班杜拉(A.Bandura)将"模仿"视为其学习理论的核心,他称"模仿"为效仿榜样(modeling)。根据班杜拉的理论,人们在每天与他人互动的情境中都会出现这种形态的学习。即使在观看电视和电影时,年幼的学习者从"替代经验"(vicarious experience)中亦获益良多。当然,在语言学习等领域中,父母如同榜样一般扮演着相当重要的角色。

无论是社会心理学家还是人本主义心理学家,他们都从人的精神世界揭示了人作为"社会的人"的各种需要、情感和人的价值在人的活动中的驱动和维持作用,并对个体学习的微观社会机制进行了一定的揭示,但没有从根本上触及学习活动的社会性内容。需要特别指出的是,人本主义心理学、社会心理学等对学习活动的社会性研究还只是停留在把学习活动作为人与人相互关系的一个特定场景来研究的,并没有从学习活动本身出发来进行

---

① 王光荣:《文化的诠释——维果茨基学派心理学》,山东教育出版社 2009 年版,第 16—17 页。

研究。所以,虽然这些研究对我们研究学习活动中的人的因素有启发作用,但其研究本身并不适合于学习过程,也就不能真正揭示学习活动本身的社会性,而只是说明了学习是一种社会性交往活动,交往是人的一种生活方式和存在方式。只有通过交往,人自身才能得到发展。

还应看到,除菲利普斯等人梳理出的相关理论之外,关注学习的社会性研究,还在人类学领域得到了极大的凸显。人类学家进行学习研究的切入点,就是学习的社会脉络与情境,他们强调学习经验的文化意义和学习活动的社会境脉,并指出学习的实践要参与到文化共同体中。主张"情境认知"的心理学家约翰·西利·布朗(Brown),提出认知内容隐含于情境之中。文化人类学家据此认为,学习是个体在其所属的共同体内获得共享的文化的过程。美国吉恩·莱夫(J.Lave)和爱丁纳·温格(Etienne Wenger)以"合法的边缘性参与"(legitimate peripheral participation)为核心的"情境学习",强调"学习即社会性参与"(learning as social participation)①,他们要求"从人的日常活动与实践中,从与人相依的、真实、复杂与虚拟的情境中,寻找人类学习的真谛",强调"将分析的重点从作为学习者的个体转移到作为社会世界的参与者"。他们"将学习与学习发生的社会情境之间的关系作为研究的重点","不是要问学习涉及什么样的认知过程和概念结构,而是问什么样的社会参与职业能为学习的发生提供适当的与境",进而认为"学习是一个发生在参与性框架中的过程,而不是发生在个体头脑中的"②。人类学学习研究的这一研究态势,在人类学家玛格丽特·米德(M.Mead)关于学习的定义中得到了鲜明的表达。米德认为,学习不是"机体成熟造成的变化,也不是生理——基因的预设程序导致的变化",而是"互动","这种互动带来整体性的(在任何时间与场合)和持续性的文化获得。"③基于以上分析,

① Sfard, A., *On Two Metaphors for Learning and the Dangers of Choosing Just One*, Educational Researcher, 1998, 27(2):4−13.

② [美]莱夫、温格:《情境学习:合法的边缘性参与》,王文静译,华东师范大学出版社 2004 年版,第 1—3 页。

③ Eisikovits, R. & Pitman & Dobbert M.L., *Culture Acquisition: A Holistic Approach to Human Learning*, New York: Praeger, 1989, pp.59−60.

我们可以看出,人类学家涉及了学习的"社会情境脉络",然而究其实质,他们的关注点将学习定位于学习者与其所处情境的互动。

日本学者佐藤学认为,学习是同客观世界、同他人、同自身的对话,通过这三种对话实践,实现世界的建构(认知的文化的实践)、人际关系的建构(社会的政治的实践)、自我内部关系的建构(伦理的实存的实践),称之为学习的"三位一体论"。

社会建构主义认为学习是个体通过与社会之间的互动、中介、转化以建构和发展知识的过程,即学习是知识的社会协商,在协商过程中,学习者之间共享对象、事件和观念的意义。我们可以看出,社会建构主义注重学习者的主体性,关注知识产生和知识意义生成的社会情境性。① 另外,神经科学领域关于社会性大脑的研究证明了学习的社会性交互的存在,这促使学习环境设计者和软件技术开发者通过"增强社会性"来接近知识学习的社会境脉,对研究学习的社会性本质作出重要的贡献。②

由此可见,关于学习的社会性研究,虽然散见于心理学、人类学、神经科学等领域,但大部分学习论对学习的研究存在着个体化、局部化、孤立化、去情境化等方面的局限性。虽然这些理论都把学习视为一种社会过程,但是它们只关注学习的社会性某个方面或某些方面,而未全面涉及学习的社会性。所以,从上述分析中我们可以看出,学术界对构成学习各要素某一方面或某些方面强调具有社会属性的提法比较多。但当我们仔细整理分析这些研究成果时,就会发现实际上针对学习社会性的研究是少之又少的,已有研究的弱域和盲区充分说明了学习社会性研究的必要性与紧迫性。

## 三、学习社会性研究的核心概念与范畴界定

深刻理解核心概念是研究学习社会性问题的基本前提和基础步骤。本

---

① 王文静:《社会建构主义研究》,《全球教育展望》2001 年第 10 期。
② 金莺莲、裴新宁:《学习科学视域中的社会性学习:过去、现在与未来》,《开放教育研究》2014 年第 6 期。

部分主要对学习、社会性、学习社会性等核心概念进行了界定,以及对与学习社会性概念相似的相关概念进行了辨析,并探寻了它们之间的异同,加深了对核心概念"学习社会性"内涵的理解,这是本书进行理论创新和实证分析的逻辑起点。

## (一)学习

学习是一个包容性很强的概念。什么是学习?若要用严格而精确的概念来界说并不那么容易。具体来说,学习是由"学"和"习"二者组合而成的。在古汉语中,"学"和"习"是两个词。"学"的繁体字为"學",从造字意象来看是室内的子双手拿着"爻"("爻"指《易经》)在识、在悟,即《广雅》曰:"学,识也",《说文解字》曰:"学,觉悟也","学"乃"仿效"也,即获得知识。"习"的繁体字为"習",从造字意象来看是小鸟振翅、日有所进,朱熹在《四书集注》中曰:"习,鸟数飞也","习"乃"复习""练习"也,即复习巩固。最早把"学"与"习"联系起来的是孔子,《论语》曰:"学而时习之,不亦说乎!"后来,《礼记·月令篇》中出现"鹰乃学习"一语,这里的"学"是指模仿、仿效;"习"是指小鸟频频飞起,反复练习。这与"学,觉悟也,习,鸟数飞也,学之不已,如鸟数飞也"中所解释的意义相近,这就是"学习"一词的真正由来。①

对学习的研究历来是哲学、生物学、心理学和教育学等共同关注的问题。哲学主要探讨人获得知识和经验的起源问题。生物学主要探讨人和动物是如何通过学习改变自己的行为以适应多变的环境。心理学研究学习的过程、规律及其关注学习的心理机制等问题。教育学则研究学习主体的社会文化背景、学习对象的社会历史演变、学习活动所受到的各种社会激励或制约因素等。② 不同学科对学习有不同的见解,解读不同语境下学习的不同含义是研究学习社会性问题的认识起点。关于学习的界说主要存在过程

---

① 燕国材:《智力因素与学习》,教育科学出版社 2002 年版,第 31 页。

② 桑新民主编:《学习科学与技术——信息时代大学生学习能力培养》,高等教育出版社 2004 年版,第 65 页。

说、结果说和活动说等几种。

1. 过程说

过程说是通过学习活动的主要过程来认识学习的内涵,其主要强调作为过程的学习,无论这种过程以何种方式呈现,如刺激与反应间的联结、个体行为的适应以及对知识信息的理解等,都体现出学习是一种过程。强调学习过程中存在着不同的步骤和阶段。人由不知到知、由知之甚少到知之甚多、由不会到会、由不熟练到熟练,这都需要通过学习这一过程来完成。

我国古代伟大的教育家和思想家试图把学习视为一种过程来看待,如"知行统一观"和"阶段观"等。学习过程说是我国学习思想史上的一项重要内容,历代思想家均对此做过专门论述。孔子曰:"学而时习之,不亦说乎?"这里的"学"和"习"都有"行"的意蕴。"学"即多闻多见,兼有知、行之义;"习"即练习、复习,也有行或实践的意思。在知和行的关系上,孔子更强调行。他说:"诵《诗》三百,授之以政,不达;使于四方,不能专对;虽多,亦奚以为?"孔子把学习过程分为"学""思""行"三个主要阶段,其中"学"是感性认知阶段,"思"是理性认知阶段,"行"是实践活动阶段。荀子在继承孔子思想的基础上,按照唯物主义思维方式,将学习过程分为"闻见""知""行"三个阶段。荀子曰:"不闻不若闻之,闻之不若见之,见之不若知之,知之不若行之。学至于行而止矣。行之,明也。"[1]"闻见"就是"天官意物"[2]阶段,即感觉器官接触外界事物的过程;"知"就是"心有征知"[3]阶段,即用大脑来思考所学习知识的过程;"行"就是"布于四体,形乎动静"[4]的阶段,即将所学知识落实到实际行动当中的过程。

老子认为,要实现"为道"的学习目的,就必须经过"观""明""玄览"三个认识阶段。即首先直接观察客观对象,然后透过现象明晓事物的本质与规律,最后通过掌握事物的调理法去直接把握"道"的全貌,获知整体的

---

① 《荀子·儒效》。
② 《荀子·正名》。
③ 《荀子·正名》。
④ 《荀子·劝学》。

"道"。而庄子创造性地把学习过程分为"接、谟、神、行"四个阶段。"接"是通过感觉器官与客观事物相接触,获得第一手资料;"谟"是对感性材料进行改造、加工、分析和综合的过程;"神"是一种更高层次的创造性的思维领悟活动;"行"是学习的最后阶段,即实践活动阶段。① 王充在唯物主义认识论的基础上,提出了由"任耳目"感性学习,经"开心意"的理性思维,再到"效验"实践的完整的学习过程论。② 隋朝的王通在继承前人学习过程论的基础上,提出了自己的学习过程论,他将学习过程分成三个阶段:"知之、行之、安之。"如王通在《中说·礼乐》中强调:"知之者,不如行之者,行之者,不如安之者。"

宋明理学家在继承前人学习过程论的基础上表现出各自的特色,呈现出多元化的趋势。南宋的朱熹关于学习过程的论述在我国学习思想史上堪称最详尽、最全面者,他认为:"学之之博,未若知之之要;知之之要,未若行之之实。"③"知之愈明,则行之愈笃,行之愈笃,则知之益明。"④这继承了《中庸》中所提出的"博学之、审问之、慎思之、明辨之、笃行之",并对其做了更详细、更深刻的诠释。他将之作为自己论述学习过程的依据,即学习过程五阶段论。张载则把学习过程概括为"闻见"的感性学习阶段、"穷理"的理性学习阶段和"到"的实践过程阶段三个逐级上升的过程,充分体现了其唯物主义的特点与风格。王阳明也按照知行统一的哲学思路,提出了"学、问、思、辨、行"相统一的学习过程论。

明清启蒙思想家大都本着致知、致用的目的,去论述学习过程,王夫之从学与思结合的角度去论及学习过程。他说:"致知之途有二:曰学,曰思。学则不恃己之聪明,而一唯先觉之是效,思则不徇古人之陈迹,而任吾警悟之灵。乃二者不可偏废,而必相资以为功。"⑤他以唯物主义的态度,对传统的学习五阶段论(学、问、思、辨、行)做了新的阐释,赋予了传统学习阶段论

---

① 申国昌、史降云:《中国学习思想史》,科学出版社 2006 年版,第 67 页。
② 申国昌、史降云:《中国学习思想史》,科学出版社 2006 年版,第 140 页。
③ 朱熹:《朱子语类》卷十三。
④ 朱熹:《朱子语类》卷十三。
⑤ 王夫之:《四书训义》卷六。

以新的内涵。① 颜元以吸收前人治学程式划分为基础,从认识论的高度提出了体现其实学思想的学习过程论。他在强调习行的前提下,提出了"学—习—行"的学习阶段,并强调"学则必习,习又必行,固也"②。

学习是刺激与反应联结的形成过程。以桑代克、华生、巴甫洛夫(Pavlov)和斯金纳(Skinner)等人为代表的行为主义认为,学习的实质是刺激—反应联结的形成,而刺激和反应之间的联结叫强化,强化在刺激—反应联结的过程中起着重要的作用。学习是塑造行为的过程,学习是尝试错误的过程,学习的成功要靠强化。学习过程是通过不同方式建立刺激与反应的联系。由于行为主义主张用自然科学的方法来研究有机体的可观察的行为,把研究对象集中于机械的无意义材料的学习和记忆、人类和动物的条件反应、动物的学习和人的心理测量等方面,试图根据动物的实验结果来解释人类的行为,忽视人的学习的社会性,忽视人的学习的主观能动性。行为主义以行为或思维的变化来界说学习,这是一种受控制的行为的改变,使学习成为可观察和测量的科学概念,但忽视了学习过程中其他心理过程,显得过于机械化。"行为主义对心智和意义的排斥使得它不能有效地解释人类高级的认知过程。"③行为主义把行为主体或学习主体对强化的直接经验看成是学习的必要条件,这其中隐含着它从哲学层面对学习存在方式的一种把握,即学习是个体化的存在,每个个体的经验世界皆是孤立、封闭与独特的,彼此间无法相互沟通。因此学习只能是发生于个体水平上的事件或现象,具体表现为试误的学习,个体的行为方式、技能及其人格特征,都是其学习的"强化"史的产物。④

学习是一个包括输入和输出的信息加工的过程。以奥苏贝尔(Ausubel)、布鲁纳、加涅(Gagné)和斯腾伯格(Sternberg)等人为代表的认知主义认为,学习是个体通过对事物的认识、辨别与理解而获得新知识的过

---

① 申国昌、史降云:《中国学习思想史》,科学出版社 2006 年版,第 239 页。
② 申国昌、史降云:《中国学习思想史》,科学出版社 2006 年版,第 266 页。
③ 郑太年:《学习:为人的发展》,上海教育出版社 2008 年版,第 21 页。
④ 高申春:《人性辉煌之路:班杜拉的社会学习理论》,湖北教育出版社 2000 年版,第 23 页。

程,即认知主义者所谓的认知结构。学习是主动的心智过程,是认知结构形成、改造、适应与组织的过程。学习不是在外部环境的支配下被动形成刺激—反应联结。在学习情境中个体运用已有认知结构去认识、辨别和理解各种刺激间的关系,积累经验,以扩大和提升自己原有的认知结构。这样,认知主义者认为学习的产生是内发的、主动的、整体性的,重视整体性与发现式学习,强调的是内在能力和倾向的变化。随着计算机科学、神经生理学等相关学科的发展,认知主义学派借鉴相关原理认为学习是一个包括输入和输出的信息加工的主动的、有意义的建构过程。现实社会中的人要生存,就得与自己所处的客观世界进行信息交换,作为信息交换主体的人是信息的寻求者、传递者和形成者,人们的认识过程实际上就是一个信息加工过程。在认知主义者看来,人的学习不是通过外部刺激给予的,而是外部刺激和学习主体内部心理世界相互作用的结果。基于这种认识,认识过程被理解为认识主体根据自己的需要、情感、态度和兴趣并结合过去的知识和经验对当下认识的外界所做出的积极的、主动的信息选择加工的过程。虽然认知主义注重人的心智在学习过程中的作用,尤其注重知识结构的形成和重构,但它还念念不忘行为主义的话语方式,用"输入—输出"代替了"刺激—反应",因而被认为带有行为主义的深刻烙印。①

学习是知识建构的过程。建构主义并不是一个统一的学派,而是由激进建构主义、社会建构主义、社会文化认知理论、信息加工建构主义、社会建构论和控制论系统观等多个流派构成的,但所有的建构主义都信奉基本相似的学习观。建构主义的学习观认为,学习是一种学习者以自己已有认识和经验为基础,通过和他人交流对话而实现的积极主动的知识和意义的建构过程,且这种建构源于学习者的特殊性,每一学习者都是在自己已有经验的基础上,以其特殊的方式在建构;这种建构是在多元主客体交互作用过程中进行的。学习实质上是一个新、旧经验之间双向的相互作用过程。在建构主义看来,学习不仅是通过已有的结构规定的,而且是由外部环境决定

① Johnson,D.M.& Erneling,C.E.,*The future of Cognitive Science*,New York:Oxford University Press,1997,p.89.

的,学习是学习者在与环境的积极互动中对知识建构的过程;学习是学习者在与他人的交流与对话中通过知识的共建与共享进行社会协商与意义制定的过程;学习是在参与社会实践中同时进行终身学习者与专业从业者的身份建构的过程。建构主义更强调学习的主观性、社会性和情境性。

学习是社会化的过程,是由自然人逐渐转化为社会人的过程。从社会学的视角看来,学习是一个社会化的过程,主要研究人是怎样在社会环境中进行学习的。美国社会心理学家班杜拉认为,人的社会行为通过对榜样的观察与模仿习得,通过形成一定的行为表象来指导自己的操作或行为活动。①

综观上述,我们可以看出,学习过程说从关注学习的个体性存在逐渐走向强调学习者需要在与他人的交流与对话中通过社会协商与意义制定的过程来完成学习,所以学习不是某种行为方式的简单、机械的重复,不是现成的知识的再现与单纯的记忆,不是被动地接受知识和通过操练掌握技能。学习是对未知事物的不懈探索,是不断提出问题与解决问题的过程;学习是迎接挑战,应对变革,与时俱进与创新的过程。

2. 结果说

结果说是基于学习活动的结果的认识学说。结果说认为只有对个体产生"一定结果"或"某种变化"的活动才能被称之为学习。"某种变化"的内涵很丰富,有行为潜能的持久性变化、人的心理倾向或能力的变化、知识或思维的变化等,这种对学习做出的界定注重于学习活动的结果。

美国心理学家鲍尔(G.H.Bower)与希尔加德(E.R.Hilgard)在他们的著作《学习论》中将学习定义为:"一个主体在某个规定情境中的重复经验引起的对那个情境的行为或行为潜能的变化。不过,这种变化是不能根据主体的先天反应倾向、成熟或暂时的状态(如疲劳、酒醉、内驱力等)来解释的。"②他强调学习是由经验引起的变化。美国著名学习与教学心理学家

① 施良方:《学习论——学习心理学的理论与原理》,人民教育出版社1994年版,第375页。
② [美]鲍尔、希尔加德:《学习论——学习活动规律的探索》,邵瑞珍等译,上海教育出版社1987年版,第22页。

R.M.加涅(R.M.Gagne)将学习定义为:"学习是反映人的心理倾向(disposition)和能力(capability)的变化,这种变化要能持续一段时间且不能单纯将之归因于生长过程。"①显然,加涅主要是从学习结果的角度提出学习的定义,他强调学习能使人的内部发生变化,并将学习定义为由于后天经验而发生的较稳定的变化,这个定义其实可以为各派学习理论所接受。现行的许多教材都把学习定义为,由于经验的结果而产生的心理与行为稳定的变化,这实际上就来源于此。加涅根据学习的结果把学习分成智慧技能(intellectual skill)、言语信息(verbal information)、认知策略(cognitive strategy)、动作技能(motor skill)和态度学习(attitude learning)五大类。美国学者马西·P.德里斯科尔(Marcy P. Driscoll)在《学习心理学》一书中将学习界定为:"因经验及与世界相互作用而导致的行为或行为倾向的持久改变"②,这成为其学习理论的基石,强调个体与世界的相互作用。

我国学者陈琦、刘儒德在《当代教育心理学》一书中将学习界定为"学习是由于经验所引起的行为或思维持久的变化,强调学习的发生是由于经验引起的(经验是指个体与环境之间复杂的交互作用)较持久的思维或行为的变化"③。强调了经验、行为和思维的变化,并指出人的本能、成熟等引起行为或思维的变化与学习无关。我国学者施良方把学习从行为或思维持久的变化扩大到人的能力和心理倾向的变化。他在《学习论》中这样界定学习:"学习者因经验而引起的行为、能力和心理倾向的比较持久的变化。这些变化不是因成熟、疾病或以药物引起的,而且也不一定表象出外显的行为。"④国内外其他学者关于结果说的学习界定或多或少与上述学者有相似

---

① [美]R.M.加涅:《学习的条件和教学论》,皮连生等译,华东师范大学出版社1999年版,第3页。
② [美]M.P.德里斯科尔:《学习心理学:面向教学的取向》,王小明等译,华东师范大学出版社2008年版,第4页。
③ 陈琦、刘儒德主编:《当代教育心理学》,北京师范大学出版社2000年版,第47页。
④ 施良方:《学习论——学习心理学的理论与原理》,人民教育出版社1994年版,第5页。

之处,在这里不再列举。归纳起来,我们可以这样理解学习的结果说:

第一,学习是由经验而引起的。这里的"经验"更多的是指个体通过某种活动在与外界信息的交互作用过程中获得的。经验可以是个体的亲身经历,也可通过他人或语言文字材料获得。在经验的获得过程中,有机体一方面以已有的经验、知识结构、态度和技能水平对外部信息进行理解、加工、整合形成新的体系;另一方面外部信息进入主体后,又丰富与改造了其已有的经验。随着有机体经验的获得、积累与改造,心理结构也逐步形成与发展起来。因此,学习是个体与环境双向作用的过程。它是后天习得的,不能归因于成熟或先天反应倾向所导致的变化。

第二,学习涉及变化,而且变化是相对持久的。学习是通过某种变化表现出来,不管是行为上的、行为潜能上的、知识上的,还是思维上的、心理倾向上的变化,只是各家各派将学习的结果看作某种变化或者某些变化而已。个体的"某种变化"并非都是由经验引起的,也可能由成熟、疲劳药物等引起,因此,个体引起的"某种变化"不能都称之为学习。"某种变化是相对持久的"是强调学习的变化区别于因适应、疾病或服药等引起的暂时性变化。一旦原因排除,变化就会恢复到原有状态,学习引起的某种变化相对可以保持较长的时间,具有稳定性。

3. 活动说

从哲学意义上讲,学习是一种活动,是一种认识活动,或者认识和实践相统一的社会活动。[①] 对学习的界说,不同领域、不同学科的学者说法有异,但他们表述的内涵是相同的,即学习是一种活动。这种活动是一种主体与客观世界相互作用的认识过程,亦是认识主体有意识地影响客体以满足自身需要为目的的活动。

实用主义教育哲学的代表约翰·杜威(J.Dewey)以"教育是生活、生长和经验改造的过程","经验来自行动"为实用主义教育哲学的学习理论的核心。杜威强调学习是经验的改造,任何学习都是经验的过程;强调学习是

---

① 郝文武:《教育:主体间的指导学习——学习化社会的教育本质新概念》,《教育研究》2002 年第 3 期。

一个动态发展的过程,倡导对学习过程的关注;强调通过活动进行学习,特别强调儿童的亲身实践活动和主动发展。也有学者从哲学的高度指出:"学习是人类(个体或团队、组织)在认识与实践过程中获取经验和知识,掌握客观规律,使身心获得发展的社会活动,学习的本质是人类个体和人类整体的自我意识与自我超越。"①能把"自我超越"纳入学习概念之中,不仅关注到"学"的重要性,而且更为强调"习"的意义所在。这对于知行关系孰轻孰重的问题,强调"行"而非"知",这也是对在知行问题上强调"知"的历史和理念的一种超越。这种认识突出了学习的主体是人,学习的性质是个体性与社会性的统一,学习的本质是人类的自我意识与自我超越。

心理学家提出应从"活动理论"的角度来定义学习。所谓"活动理论",指的是以"活动"为逻辑起点和中心范畴来研究和解释人的认识发生机制问题的学说。苏联心理学家维果斯基从社会文化历史理论和活动理论出发进一步阐释了学习的活动学说,认为学习是经历了从外部到内部的转化活动。在这种活动中,个体一方面在不断认识自己,而且在改造自己的认知结构,使其发生适切性改变;另一方面,个体也在认识和改造环境。苏联心理学家加里培林(П.Я.Гальперин)从列昂捷夫(A.N.Leontyev)的活动理论出发,把学习看成是一种活动,并认为学习是主体为了掌握处理事物的行动方式而进行的一种特殊的活动形式。学习活动的特征在于,它是主体为适应社会生活的需要以及获得处理事物的社会经验而进行的活动。它不同于游戏与劳动,即只有当活动满足认识需要时,方可称之为学习。② 国内林崇德认为:"学习是一种特殊的认知或认识活动,所谓特殊的认知或认识活动,主要是相对人类一般的认识活动而说的。"③

我国学者从马克思对象化理论的角度对学习的本质进行阐释。学者陈建翔认为:"学习是使人的内在自然发生变化,是人的自我对象化,是一种返

① 桑新民:《学习究竟是什么?——多学科视野中的学习研究论纲》,《开放教育研究》2005 年第 1 期。
② 时堪:《论学习的活动理论及其在教学中的应用》,《心理学探新》1989 年第 1 期。
③ 林崇德、傅安球:《关于学习的特点》,《中国教育学刊》1992 年第 2 期。

身实践。"①其强调了人自身的对象化,而忽视了人对客观世界产生的认识也是学习的范畴。学者陈维维根据对象化理论的标准和表现形式认为:"学习本质上是一种对象化活动,是一种提升主体本质力量的对象化活动。学习活动的主体是人,客体是自然界、人类社会和人类思维,通过前三者的相互作用,人掌握外部世界和内部世界的客观规律。"②他认为学习是通过认识活动和实践活动两种途径来实现的。在认识活动中,实现认识活动的主体自身对象化;在实践活动中,实现客体主体化。主体自身对象化和客体主体化是人类学习的两种主要方式和过程,二者强调了学习的认识活动和实践活动。

学习是一种社会性交往活动。交往是人的一种生活方式和存在方式。只有通过交往,人自身才能得到发展。人类的学习是一种社会性交往活动,具有鲜明的社会性。在学习活动中,通过多向人际交流,学习者不仅收获知识和信息,而且发生心灵间的碰撞、不同观点的交锋以及人格的感召与熏染。③

学者界定学习是一种活动时,明确指出学习的中介是语言。如我国心理学家潘菽认为:"人的学习是在社会生活实践过程中,以语言为媒介,自觉主动掌握人类社会历史经验和个体经验的过程。"④钟祖荣认为:"学习是个人和社会以言语为媒介,通过获得一切必要的新经验,以适应环境的变化和对预期的变化,使个人与社会迈向更完美的生存目标的活动。"⑤

归纳起来,我们可以这样理解学习:关于"学习"概念的活动说,是从较高层面或者哲学层面来界说学习的真实意蕴。学习是认识活动,或者认识与实践相统一的社会活动。在认识或实践活动中,实现主体自身对象化或客体主体化,也就是说,实现人类个体和人类整体的自我意识与自我超越。

总之,学习是有机体的学习,既包括人类的学习又包括动物的学习。人类学习是从宏观层面来审视人类的生物经验和非生物经验的传承与发展问

---

① 　陈建翔:《论学习的本质与当代学习变革》,《学科教育》2004 年第 2 期。
② 　陈维维:《技术生存视域中的学习力》,教育科学出版社 2010 年版,第 120 页。
③ 　裴娣娜:《现代教学论生成发展之思》,人民教育出版社 2012 年版,第 210 页。
④ 　潘菽主编:《教育心理学》,人民教育出版社 2001 年版,第 45 页。
⑤ 　刘兆吉主编:《高等学校教育心理学》,北京师范大学出版社 1995 年版,第 56 页。

题。从学习的主体来看,学习可以分成个体、群体和人类的学习。个体学习是个体为使自己的行为更有效而获得知识与技能的过程,其目标可以说是为了"生存——持续发展——自我实现"。群体学习(也叫组织学习)是指个体之间通过互动产生新知识,改变群体行为,从而适应环境的过程,在此过程中知识不断产生、传播和应用,该过程包括个人、群体、组织以及组织之间多层面的互动学习。本书中的学习,其核心意义指学习主体在社会关系中通过与他人交往、对话、合作等方式,实现自我意识和自我超越的一种认识与实践相统一的社会活动。即在学习活动中,学习者与客观世界、与他人、与自身的对话,学习实质上就是一种"构筑世界""构筑伙伴""构筑自身"的社会实践活动。从学习者与学习内容的关系来看,学习是认知性、依存性、文化性的社会实践活动;从学习者与他人的关系来看,学习是依存性、交往性、合作性的社会实践活动;从学习者与自我的关系来看,学习是伦理道德性、存在性的社会实践活动。

## (二) 社会性

社会(society)一词源于拉丁语"socius",是"伙伴"的意思。古罗马哲学家马库斯·图留斯·西塞罗(M.T.Cicero)曾用"societas"来表示人类的共同体,后来这一概念用来表示人与人结合的存在关系。在《牛津高阶英汉双解词典》中,社会是指以群体的形式生活在一起的人的总称。[1] 在社会学中,对"社会"的理解,逐渐走出了"唯名论"和"唯实论"的分歧和冲突,基于一种关系性的思维方式,从社会的过程性建构视角,动态地看待社会,既把社会看作是一种客观存在的实体,又将其视为一个动态的关系网络。而马克思从整体论的角度概括地指出,社会是人们交互作用的产物。"生产关系综合起来就构成所谓社会关系,构成所谓社会。"[2]在这里,马克思从一般意义上指出了社会的本质,即社会是人们通过交往而形成的社会关系体系。所谓"性",是指事物的特征、属性。在《韦氏大学词典》中,"社会性

---

[1] 《牛津高阶英汉双解词典》第 6 版,商务印书馆 2004 年版,第 1667 页。
[2] 《马克思恩格斯选集》第 1 卷,人民出版社 1995 年版,第 345 页。

(sociality)是指人的社会特征或属性,是与人交往和参与群体的倾向性。"①
其实"社会性"是一个多学科共同关注的主题,无论是从哲学的视角,还是
从社会学、文化人类学、心理学等视角来说,都是极其重要的学术概念。不
同学科从其学科视角对"社会性"概念的理解有所不同。任何关于社会性
的研究,如果未界定其"社会性"的真实意蕴,根本无法进行深入研究。

1. 哲学视域中的"社会性"

作为个体的人,必然经历一个确证自身本质的过程,即人从他自己造成
的不成熟状态中挣脱出来,并最终达到"成年状态",这是人社会性的存在
意象。社会性是人的本质属性。社会性在哲学范畴中的研究立足于人与自
然、人与动物、物质与意识的本质思考。哲学上对"社会性"的关注始于哲
学家对人性或人的本质的不同见解中触及人的社会性。古希腊亚里士多德
(Aristotle)提出"人天生是政治动物"②,"人是政治动物,天生要过共同的
生活"③的观点。这里的"政治"主要指城邦国家和社会共同体。④ 德国伊
曼纽尔·康德(I.Kant)在晚年时指出:"没有人能够独自生存,人类的相互
依赖性不止体现在他们的需求和渴望中,更体现在他们的高级官能
(faculty)、人类心智(human mind)中,离开人类社会,这些功能将不再存
在"⑤,这可以以人的"社会性"来概括。法国奥古斯特·孔德(A.Comte)提
出实证哲学的任务是彰显人性的两种卓越属性:一为智慧,二为社会性。⑥

---

① [美]梅里亚姆-韦伯斯特公司:《韦氏大学词典》第 10 版,世纪图书出版公司
1995 年版,第 1114 页。
② 《亚里士多德全集》第 9 卷,颜一、泰典华译,中国人民大学出版社 1997 年版,第
6 页。
③ 《亚里士多德全集》第 8 卷,苗力田译,中国人民大学出版社 1997 年版,第
205 页。
④ 郝松山:《社会的人——比较亚里士多德与马克思对人的社会性的认识》,《前
沿》2005 年第 7 期。
⑤ [美]汉娜·阿伦特等:《康德政治哲学讲稿》,曹明等译,上海人民出版社 2013
年版,第 132 页。
⑥ [法]奥古斯特·孔德:《论实证精神》,黄建华译,商务印书馆 1996 年版,第 43
页。

在社会思想史上,马克思是彰显"社会性"并以之为武器批判资本主义社会的经济和政治制度,从而建构真正"人类社会"的第一人。在马克思的文本中,"社会性"具有双重含义:首先是规范意义或者哲学人类学意义上的,它是指有意识的人之间现实的、全面的、自主的和平等的互动关系,人在这种消除了"异化"的互动中获得自己作为真正的人的本质就是社会性①;其次是描述意义上的,它是指人与人之间的互动关系,即社会关系。马克思在《关于费尔巴哈的提纲》中对人的本质作了精辟的概括:"人的本质并不是单个人所固有的抽象物,在其现实性上,它是一切社会关系的总和。"②因此,人有两种属性:自然属性和社会属性。自然属性是人存在的基础,是指人的肉体存在及其特征;社会属性是指在实践活动中人与人之间发生的各种关系。人的本质不是由人的自然属性决定的,而是由人的社会属性决定的。人最根本的特性是人的社会性。社会性既是人类所独有的区别于其他事物的人的共性,它能将人同其他一切事物相区别;同时,社会性又是每个人以这种属性在具体表现上的差异,从而显示出其独特人格的特殊性,它能将人与人相区别。人的本质是具体的、历史的、发展变化的。因此,在马克思的论著中,"社会性"是表征人和社会同一性的概念,其基本含义是指人们相互依赖协作的社会属性,它的现实形态就是人们的各种社会关系。

人的社会性一方面表现为最普遍、最一般的交往关系,另一方面表现为特定时空条件下形成的社会关系,这种社会关系既是社会性的真实体现,它对人的社会性本质又有着制约和规定的作用。基于人类社会性具有物质性这一特点,交往实践与认识活动在本质上也是一种社会活动,在交往与实践的这一过程中人们形成一定的社会关系。从这里可以看出,马克思强调人在实践中的社会性本质,从而使人成为"社会存在物"本身,并且在社会实践活动中实现人的社会性本质。因此,实践活动中的个体不是社会关系的起源,而是这些关系的"承受者",也就是说,是这种社会关系使个体变成一

---

① Barbalet, J. M., *Marx's Construction of Social Theory*, London: Routledge & Kegan Paul, 1983, p.73.

② 《马克思恩格斯选集》第 1 卷,人民出版社 1995 年版,第 60 页。

种社会的人,进而形成某种独特的社会品性。人总是在一定的社会关系中进行活动,行动的条件和手段都要由社会来提供,都具有社会性,并随历史条件的变化而变化。

就人类的社会特性来说,即从人类与动物的相互区别而言,社会性成为人类的主要特性归纳起来分为两大类:一类是实践的社会性,另一类是意识的社会性。实践的社会性主要是指人类的实践总是社会的实践;意识的社会性主要表现在个体意识活动的社会性和个体意识形成社会意识两个方面。个体意识活动的社会性旨在表明,虽然意识只能在每个人的头脑中形成和活动,但具有头脑和意识的人不是彼此隔离的,他们在实践中组成了社会。在社会中,语言是彼此之间交流意识与观点的桥梁,而且人与人在社会实践中还有一定的关系,这就促使人们拥有共同的意向、决策以及知识,从而使得每个人的意识都打上社会的明显烙印。个体意识形成社会意识旨在阐明个体的意识是以语言等形式相互沟通的,并以文字、符号、图画等形式存在于社会联系中,于是形成了群体的社会意识。①

人的社会性主要表现为:第一,人类共生关系中的依存性。"人类文明史中没有任何一种生活不是以群体生活为基础的。"②依存性是社会性最基本的含义,这一点是绝对不可超越的。③ 第二,人类在物质、精神方面的社会交往性。自有人类,便有交往。人类的交往形式,表明了交往必然是一种双向互动的行为,是一种制约与联系的行为。因此,作为交往主体的人类必然具有社会性。④ 第三,社会生活中的道德性。道德性体现了人类对自身存在社会性的自觉意识和责任担当。第四,社会活动中的合作性。人类在生产劳动中必然结成一定的人与人之间的社会关系,生产劳动必然以一定的社会合作的方式进行。人在生产劳动中的合作性是基础性的人性特征,决定着人的社会性的其他方面。合作性,它是人的社会性的第四层,也是关

---

① 韩民青:《人类的本质:动物＋文化》,广西人民出版社 1998 年版,第 102—103 页。

② ［美］马斯洛:《人的潜能和价值》,林方译,华夏出版社 1987 年版,第 45 页。

③ 韩震:《略论人类社会性的内涵》,《青海社会科学》1988 年第 1 期。

④ 王军:《人的社会性探析》,《河北师范大学学报》(社会科学版)1990 年第 4 期。

键的一层。① 总之,人类共生关系的依存性,最重要的内容是人们在劳动中对合作性的依赖,只有合作,才能使人类成为世界的主人;人际关系中的社会交往性,从根本上说是产生于人们在劳动中为了加强合作和提高生产力而进行信息交流和交换劳动资料、劳动成果的需要;社会生活中的道德性,归根结底无非是为了调节人们之间以生产关系为基础而形成的全部利益关系。②

2. 社会学视域中的"社会性"

在社会学语境中,对社会性及其本质的研究大体是通过"社会化"这个概念来表述的。在社会学家的研究视野中,"社会性"还没有完全脱离哲学的襁褓,基本上是指马克思关于社会性的本体论。法国社会学家奥古斯特·孔德(A.Comte)认为,"人之所以能够组成社会是因为人具有社会性,实证精神最大可能地而且毫不费劲地拥有直接的社会性。单纯的人是不存在的,而存在的只可能是人类,因为无论从何种关系来看,我们整个发展都归功于社会。"③英国社会学家赫德(Herder,J.G)提出,人一开始就是社会性的存在,人是存在于社会之中的,人这种社会性的根源就在于人是社会的产物。④ 法国社会学家埃米尔·迪尔凯姆(E.Durkheim)认为,社会性是一种客观事实存在,因而它外在于人的意识并具有客观真实性、普遍性和强制性。⑤ 英国社会学家白瑞·斯马特(B.Smart)指出,"社会性是一种抽象思维或被建构成推理知识的对象,社会理论就是肇始于社会性情境中并反思现代性工程的活动。"⑥

在现代社会学框架中,"社会性"侧重于"社会化"的含义,即"人和人之

---

① 韩震:《略论人类社会性的内涵》,《青海社会科学》1988 年第 1 期。

② 吴倬主编:《马克思主义哲学导论》,当代中国出版社 2002 年版,第 306—307 页。

③ 王养冲:《西方近代社会学思想的演进》,华东师范大学出版社 1996 年版,第 73 页。

④ Herder,J.G.,*On Social and Political Culture*,Eedited and Translated by F.M. Barnard,Cambridge:Cambridge University Press,1969,pp.117-177.

⑤ 苏国勋:《社会学与社会建构论》,《国外社会科学》2002 年第 1 期。

⑥ Smart,B.,*Facing Modernity:Ambivalence, Reflexivity and Morality*,London:Sage,1999,p.35.

间的相互影响及作用结合成社会的过程就是社会化的过程"①,主要强调人类必须要经过社会化过程,通过学习而掌握知识、技能和规范,才能够获得参与社会生活的资格。社会化过程就是人类发展自己社会性的过程。② 人是社会的动物,人的本质属性是社会性。但是,人的这种本质属性不是与生俱来的,而是"人们获得个性并学习其所在社会的生活方式的社会相互作用过程中习得的"③。社会中的每一个个体,从出生到参与社会生活,都需要一个在社会中学习和成长的过程,把社会的知识、技能、价值、规范、行为方式和态度内化到个体内部,并指导个体社会行为的过程。社会学从社会结构的角度探讨社会化过程,把社会化看成是人获得社会角色、维持社会结构的完整、完成世代交替的过程。我国著名社会学家费孝通认为,"社会化就是指个人学习知识、技能和规范,取得社会生活的资格,发展自己的社会性的过程。"④郑杭生则认为,"社会化就是社会将一个自然人转化成为一个能够适应社会环境,参与社会生活,履行一定社会角色的社会人的过程。"⑤

在社会学中,社会性就是生物人接受社会文化、行为模式、价值观念的教化,是其认同社会、适应社会生活、成为社会人的过程。社会化就是改变人的天性,让人获得社会性,成为个性化、文明化、价值化、角色化的社会成员,借以融入社会,融入群体,参与社会生活。人的社会化的目的,从根本上说,是形成人的社会性,因此,社会性是人社会化的目的,也是人社会化的结果,社会化是人形成社会性的途径,人的社会性是通过社会化实现的。社会学视阈下的社会性强调人是在与社会相互作用中生成的,关注个体在社会互动中的角色学习,赋予了社会性以社会结构中的主体交互生成的意义。

---

① ［德］齐美尔:《社会是如何可能的》,林荣远译,广西师范大学出版社 2002 年版,第 22 页。
② 王军:《人的社会性探析》,《河北师范大学学报》(社会科学版)1990 年第 4 期。
③ ［美］罗伯逊:《社会学》,黄育馥译,商务印书馆 1990 年版,第 138 页。
④ 费孝通主编:《社会学概论》,天津人民出版社 1984 年版,第 54 页。
⑤ 郑杭生主编:《社会学概论新修》,中国人民大学出版社 2001 年版,第 112 页。

### 3. 人类学视域中的"社会性"

在人类学的话语体系中，"社会性"的内涵更多地被"社会化""濡化"（enculturation）的概念所取代。人类学家认为"社会化"其实质就是社会文化的内化过程，即将个人社会化置于一定的文化背景中来进行考察，把人的社会化看作是个体接受世代文化遗产，以保证社会文化延续的过程，也就是说，适应并传承人类文化的过程。美国著名的文化人类学家玛尔戈特·米德（M.Mead）认为，社会化的过程就是接受社会文化教化的过程，也就是社会文化塑造人的全过程。美国人类学家柯尼格（S.Cornige）则认为，"所谓社会化就是一种过程，个人由此成为他所出身的那个社会恪尽职守的一分子，其行为符合社会的民俗民德。"①美国文化人类学家约瑟夫·本斯曼（J.Bensman）和伯纳德·罗森勃格（B. Rosenberg）认为，"各种文化模式——规则、价值、思想和实际——代代相传的方式，还说明了从一个群体到另一个群体，从一个人到另一个人传播的方式，他们把这个传播传送文化方式的过程叫社会化。"②

人类学家认为"濡化"就是指个体在日常生活中，通过日积月累的行为重复而形成习惯系统的过程。美国人类学家威廉·哈维兰（W.A.Haviland）指出："文化从一代传到下一代的过程称为濡化。"③美国人类学家弗朗茨·博厄斯（F.Boas）认为，人类群体的行为习惯在一定程度上是由社会性决定的。由此可见，人类学是从个体发展的角度把社会性看作个体学习社会文化的过程，这为我们从个体层面认识社会性提供了另一视角。这种"社会的文化"，主要是指一种社会群体的社会规范和价值观。只有当个体了解了这些社会规范和价值观，认同了这些社会规范和价值观，才能使自己的社会性有所提升，从而能够作为社会人去独立和有效地参与群体和社会生活，个体的社会性便具有了社会文化性的特征。

---

① 裴时英编著：《教育社会学概论》，南开大学出版社1986年版，第76页。
② ［美］约瑟夫·本斯曼等：《社会化：使人适应其社会》，载克鲁克洪等：《文化与个人》，高佳等译，浙江人民出版社1986年版，第110页。
③ ［美］威廉·哈维兰：《当代人类学》，王铭铭等译，上海人民出版社1987年版，第247页。

由此我们可以看出,文化人类学对社会性的分析是以文化为线索的。从文化发展的角度,把人的社会性看成个体"接受文化熏陶"和群体的"文化世代相传"的过程,强调在"人化自然"的过程中实现着"文化化人"。

4. 心理学视域中的"社会性"

心理学比较多地关注个体的社会性发展问题。学者们从不同的角度对其做了阐述,其主要有以下几种观点:

第一,广义与狭义说。狭义的社会性是指因为个体是社会的一员,个体基于固有的自然属性在社会化过程中所形成的独特的认知结构和心理特征。广义的社会性是指个体在社会化过程中所形成的社会特征的总和,主要包括个体的社会认识特征、政治特征、经济特征、道德特征和心理特征等。这里的个体社会性是和个体作为生物种的生物性相对而言的。

第二,单纯广义与单纯狭义说。单纯广义的社会性强调个体除生理和认知以外的其他心理特征,一般被视为非智力因素、人格等。单纯狭义的社会性是指人际关系的情绪、性格等人格层面。

第三,先天和后天合成说。社会性是指由人的社会存在所获得的一切特性。就个体而言,社会性包括先赋社会性,由出生时所处的既定历史条件和社会关系所获得的社会性;也包括后成社会性,通过学校教育和自身活动继承、学习、创造而获得的社会性。

总之,心理学对"社会性"的阐释可以从三个层面来进行理解:一是社会性是相对于个体的生物性而言的,将社会性理解为在生物性基础上形成的一切社会特征。二是社会性是相对于个体的生理、认知等心理特征而言的,强调个体在社会交往互动过程中所形成的稳定的心理特征。三是从人格发展的层面来认识社会性,强调在个体社会性发展过程中的自我形成心理发展的重要性。

5. 教育学视域中的"社会性"

一个人出生后,他只是具备作为一个动物的先天条件,还远不能算一个真正的人。他从生物的人到社会的人的过渡要在后天的各种教育中完成,特别是学校教育,它把他培养成为一个具有人的类本质特征的个人。教育学对"社会性"的理解强调教育作为人类社会特有的培养人的活动,它是使一个自然人成为一个社会人的特殊社会实践活动。这种实践活动一方面要促使个体的社会化，另一方面要促使社会的个性化发展，其中个体的社会化就是依据一定社会的客观要求，把个体培养成为符合特定社会发展所必须具有的一定知识、技能、价值、规范、行为方式和态度的人；而社会的个性化是指把社会的各种行为规范和价值观念内化到不同的个体身上，从而形成不同个体独特的认知心理结构。

综观上述，通过不同学科视阈对"社会性"内涵的分析，我们可以看出不同学科其关注的侧重点不同（见表1-1）。哲学从社会关系的角度来理解人的社会本质，社会性是人的本质属性；社会学强调在社会化过程中、人与社会互动过程中的角色形成过程；人类学则更加关注个体社会性生成过程中的文化特性；心理学将社会性理解为个体在社会学习过程中所获得的人格发展和自我形成的结果，并关注社会化过程中的个人成长；教育学将社会性理解为个体的社会化，关注个体社会化和社会个性化的教育制度设计。

**表1-1 不同学科对社会性的理解**

| 学科＼维度 | 社会性的理解和解释 | |
|---|---|---|
| | 侧重点 | 关注点 |
| 哲学 | 从社会关系来理解人的社会本质 | 社会性是人的本质属性 |
| 社会学 | 人与社会的互动和社会对人的规范作用 | 社会规范内化、社会角色形成 |
| 人类学 | 个体接受文化熏陶和群体的文化世代相传的过程 | 文化模式对其成员人格、社会行为的影响 |
| 心理学 | 个体社会性；个体与社会环境相互作用 | 个体特点、学习经验和人格差异在社会化中的作用及社会心理经验在自我形成中的影响 |
| 教育学 | 制度化教育对个体社会化的功用 | 个体社会化和社会个性化的教育制度设计 |

总之，"社会性"是人的社会属性的反映。"社会性"具有概括性强、包容性大等特征，社会性既是对人类活动所固有的各种属性（如相互依存性、交往性、合作性和道德性等）的包含，却不能简单地归结为某一种属性，而

是对这些属性做概括的、历史的、社会的说明和提升。本书所要界定的社会性是人类在社会活动中所表现出的相对稳定的社会属性和特征。

### （三）学习的社会性

"社会性"是一个复杂性概念。社会性所设定的对象不同,社会性所指的内涵就不同。如"人的社会性""知识的社会性""宪法的社会性""科学的社会性"等,这些"社会性"所表达的具体含义不尽相同。学习本质上是一种认识活动,或者认识与实践相统一的活动。认识与实践相统一的标志是改造和超越,它们是认识与实践活动的共同特征。无论是实践对外物的改造,还是认识对信息的改造,都在为"超越"服务。改造是超越的前提,超越是改造的结果。① 学习在本质上是人类个体和人类整体的自我改造和自我超越。因为实践的社会性是认识社会性的根源所在。实践是认识的基础,实践又是与自然相对而自觉地改造世界的活动,并且它只有置于特定的社会关系中方可进行。所以,作为认识与实践相统一的活动的学习,就不可避免地具有社会性。

在承认学习社会性的同时,并没有否定学习的自然性和个体性。而且充分强调学习的社会性是使学习的自然性和个体性得以正确说明的前提。我们承认学习是个体自己的、他人无法替代的个体性活动,但这种个体性活动从来就不是个体孤立所进行的活动。人类个体的学习活动只有在社会文化环境中才得以进行,每个社会成员的学习活动难解难分地融为一体。② 学习是一种社会性活动,但它是由一个个具体个人来实现的。个体的学习中包含着反映其特定生活条件、社会经历以及特殊心理体验的内容,离开具体个体就没有群体,没有社会,也没有学习和学习的社会性。可以说,"学习的社会性既是传统学习方式的创新,又是人类本然学习方式的回归。"③

基于前面对"学习"和"社会性"系统的梳理与分析,我们可以看出学习

① 高文武:《认识活动论》,人民出版社 1991 年版,第 207—208 页。
② 桑新民:《学习究竟是什么?——多学科视野中的学习研究论纲》,《开放教育研究》2005 年第 1 期。
③ 郑太年:《论学习的社会性》,《全球教育展望》2003 年第 8 期。

的社会性所表现出的基本内涵。

首先,社会性体现在学习构成要素之中。学习活动是由学习主体、学习客体、学习中介、学习环境等要素构成的。社会性体现在学习构成要素之中,学习主体就是学习中的人,人的社会性就是学习主体的社会性;学习客体可以看作知识,知识具有可传递、可交流、可选择、可应用等特征,这些特征都具有社会属性;学习中介主要是指语言、图式和媒介等,人类语言和图式既可以看作符号系统又可以看作意义和价值系统;学习环境除了本身的客体性之外,它又是一种相互关系的集合体,这种相互关系涉及学习生态系统内的各种各样的关系。

其次,学习的社会性是人类学习方式的回归。学习不再是发生在个体头脑中的活动,学习不是孤立的程序化的活动,学习是一个发生在社会关系框架中的过程,学习的发生离不开社会群体的支持,这意味着,学习更多的是个体通过观察、模仿、讨论、争辩以及他人的指导等多种方式,与社会关系中的其他成员进行交往、合作和对话的过程,从而实现自我意识和自我超越。

最后,学习的社会性是学习的本质属性。学习的属性除了社会性之外还有能动性、继承性、创造性等。学习的能动性强调学习主体需要高境界的学习动机、明确的学习目标和学习过程中的自我调节精神。学习的继承性是从人类的认识和发展来看,知识的链条是通过一代又一代人的努力而发展的。学习的创造性要求学习主体在学习过程中树立创造意识、激发创造才能、培养创造精神,为创造而学。学习的能动性、继承性、创造性都是以学习的社会性为基础,没有学习的社会性就无法谈论学习的其他属性,所以社会性是学习的本质属性。这种本质属性更多指的是一种关系属性,而不是实体属性。学习不是一个具体的实有存在,而是一种主体人的活动。学习活动是在社会关系下,必须有一定的学习对象和中介,而且学习的发生需要与学习的对象客体、其他主体以及自我之间进行交往和互动,所以这种属性表现的是一种关系属性。

总之,学习的社会性(sociality of learning)是指:学习作为一种认识或与实践相统一的社会活动,在复杂的社会关系中所表现出来的相对稳定的社会属性和特征。学习作为个体基于对符号知识和经验知识的理解,探究外部世界并建立与客观世界之间关系的活动,本身就是一种特殊的社会样式。学习的社会属性是指学习活动和人的生存方式所具有的社会属性的三大本质规定性:一是确立人作为活动的主体地位;二是主客体通过统一达成内在关联性,形成人与客观世界的"关系世界";三是主客体统一所体现的合价值性目标,即活动具有满足主体内在需要的内源性意义。① 从静态来看,它是指社会性弥散于构成学习的诸要素之中,即构成学习的诸要素都具有社会性,即学习主体、学习客体、学习中介和学习环境等都具有社会性特质。从动态来看,学习的社会性强调在学习过程中参与学习活动的学习主体相互联系、相互作用的过程,以及在其过程中所具有的社会属性和特征。学习的社会性不是一种新的具体的现成实体,而是在现实的社会关系中生成的一种动态属性的总和。由于学习是人的本体存在方式,人的社会性的某些表现也不同程度地反映在学习活动中,使得学习的社会性具有了具体表现。② 这里特别需要说明的是,在本书中"学习的社会性"在某种意义上等同于"学习社会性",其理由主要如下:

首先,从词性角度来看,"的"属于结构助词,放在短语中是为突出句子的结构功能,它对句子具有辅助的作用,而没有实在意义。"学习"在这里做名词,直接修饰中心语"社会性",构成定中短语,可以不加"的"。另外,"的"在韵律上具有标识短语的功能,如果短语具有整体语义效应,上下音节可以协调,读来顺口,那么"的"就可以不保留。这里的"学习社会性"具有整体语义效应,音节协调,具有表达学习具有社会性这一特点的意义存在,相当于"学习的社会性",所以"的"可以不保留。类似例子又如"灵魂的深处"可以写成"灵魂深处","长江的源头"相当于"长江源头"。

其次,从语法角度来看,"学习的社会性"属于定中偏正粘合结构短语。在理论上讲,定中偏正粘合结构的每一个修饰词后都可以有一个"的",但

---

① 郭元祥、伍远岳:《学习的实践属性及其意义向度》,《教育研究》2016 年第 2 期。
② Somayyeh Radmard, Nurettin Beltekin, *A Research on Sociality of Learning and Success-Istanbul Street Children Case*, Procedia-Social and Behavioral Sciences, 2014, (141):1335–1338.

"的"的过多而层次过多、停顿过多而使得佶屈聱牙,读起来显得不顺口,因而韵律上会要求省略去其中的部分"的",也就是一个短语宜用一个"的",这样便使得定中组合结构被压缩成粘合结构,也就是将这里的"学习的社会性的……"组合结构变成为"学习社会性的……"粘合结构句式,使句子显得更加通顺。类似这样的例子我们还可以举出如"公司的方案的主要的内容"也就相当于"公司方案的主要内容","学校的操场的运动器材很多"就可以说成"学校操场的运动器材很多"。因而,在这里,"学习社会性"相当于"学习的社会性",在本书中出现"学习的社会性"和"学习社会性"的互换现象是成立的。

## (四) 相关概念辨析

由于学习社会性的复杂性,我们很有必要对相似概念的深邃意蕴和有效范围进行厘清与界说。仔细辨析核心概念与相似概念的异同,是明晰研究脉络和拟定研究框架的基础,防止与相似概念内涵的混淆,使研究脉络变得模糊不清,甚至产生一些关键性的偏差。与本书的主题相关的相似概念有:学习型社会、社会性学习、学习个体性、社会学习与个体学习等。

### 1. 学习社会性与学习型社会

"学习型社会"是一个舶来词,其英文表达"learning society"具有不同的中文译法,如"学习社会""学习化社会"等。"学习型社会"这一概念是美国罗勃特·M.哈钦斯(R.M.Hutchins)1968年在其著作《学习型社会》(The Learning Society)中提出的。哈钦斯对其作了如下表述:"这个社会不但要向全部年龄段的人提供学习需要的教育,而且要对其进行成功的价值转换,其转换的根本方式是通过学习帮助每个个体实现抱负、成就人生;并且正式的学校教育制度也得导向这个目标。"[1]学习型社会概念自哈钦斯提出到现在已近半个世纪,但至今没有统一的定义。有学者认为:"学习型社会是一个所有公民能获得一定年限的通识教育,接受高质量的职业培训,能从事较

---

① Hutchins,R.M.,*The Learning Society*,New York:Encyclopedia Britannica,Inc,1968,p.134.

为固定的工作,同时能终身持续不断地参与继续教育和培训的社会。"①台
湾的黄富顺教授认为,"学习型社会是一个能保证给予每个个体因达成自
我实现而在一生中任何时间都有学习机会的社会。"②学者厉以贤认为:
"学习型社会的基础是终身教育体系与学习型组织,其理念是终身学习,中
心是学习者,以此来满足全体社会成员的各种学习需求以及获得社会可持
续发展的社会。"③顾明远先生提出,"'以学习求发展'是学习型社会的实
质,具体内涵包括:以个体的学习来追求个体的发展,以组织的学习来追求
组织的发展,以国家的学习来促进国家的发展,以终身的学习来追求终身的
发展,以灵活的学习来追求多样的发展,以自主的学习来追求内在的
发展。"④

　　总之,"学习型社会"这个语词强调的是"学习"。学习型社会从纵向的
时间维度和横向的空间维度强调学习的终身性和全民性,可以说,学习型社
会是一个终身学习的社会,是一个人人学习的社会,是一个人人主动学习的
社会,是一个信息化的社会,是一个未来理想化的社会。"学习型社会既强
调学习概念的能量范式所关注的学习活动在空间、时间和资源上的拓展,又
强调学习概念的信息范式所它关注信息和知识的开放与自由流通,它关注
知识、学习、文化等多样性。"⑤学习型社会属于学习的下位概念,而学习的
社会性属于学习的本质概念。学习型社会属于学习的类本质范畴,学习可
以从不同角度或层面分为许多种类,对不同种类学习本质的规定是学习的
类本质。而"学习的社会性"是属于学习属本质范畴,学习与自然的本质区

①　Christina Hughes & Malcolm Tight,"*The Myth of the Learning Society*",In British
　　Journal of Educational Studies,1995,(3),754-765.

②　黄富顺:《大学在学习社会所面临的挑战与因应》,《开放教育研究》2001 年第
　　1 期。

③　厉以贤:《终身教育、终身学习是社会进步和教育发展的共同教育》,《教育研
　　究》1999 年第 7 期。

④　顾明远、石中英:《学习型社会:以学习求发展》,《北京师范大学报》(社会科学
　　版)2006 年第 1 期。

⑤　张永:《"学习型社会"界定的反思:基于信息空间理论的视角》,《教育学报》
　　2011 年第 2 期。

别,学习与其他社会实践活动的必然、内在、普遍、稳定联系和相对的区别,是学习的属本质。

2. 学习社会性与社会性学习

"社会性学习"又称"社会化学习",其英文为"social learning"。社会性学习在人类学、心理学、犯罪学、教育学等中被广泛使用,其主要强调个体在社会情境下学习时受到社会规范的影响。美国人类学家米勒(Millet)和杜拉德(Dollard)强调,模仿是社会性学习的重要模式,他们认为社会性学习乃是个人社会化的过程,此过程采取社会交互作用的形式进行。当个体置身于社会环境之中时,就必须与父母、兄弟姐妹、朋友、师长以及社会中的其他成员接触。在社会交互作用中,个人的行为就依循社会既成的典范而表现且改变,这一连串的学习活动与学校的学习活动不尽相同,其所涉及的刺激与反应都是社会性的,故称之为社会性学习。个人通过此种学习,而完成个人的社会化。美国心理学家班杜拉(A.Bandra)认为,个体行为的获得是通过观察或模仿他人的行为及其强化结果而形成的。① 在犯罪学领域中,社会性学习强调,个体通过一系列社会生活方式,从生物人变成社会人的过程。很明显,人类学、心理学和犯罪学对社会性学习的理解中都受到行为主义学派的影响。如学习要通过强化来改变行为发生的频率,需要观察学习、榜样学习等。教育界认为社会性学习分为三类:一是指在学校之外的一切内容、一切形式的学习。二是指社会文化教育机构中的学习。例如各级各类的文化馆、博物馆、艺术展览馆、图书馆、纪念馆等中的学习,人们从中可以受到某一方面、某种程度的教育影响和训练。三是对现代化的信息传播手段进行利用,在国家统筹组织的安排下有计划地在家庭中学习,这也是一种逐渐发展完善的现代学习方式。

从以上的分析可知,社会性学习可以理解为以下几点:其一,是个人在社会化的过程中采用社会交互方式进行价值观念、社会规范、生活技能等社会生活方式的学习,这使个体从生物人变成社会人;其二,从学习环境(场所)来说,它一般是指在学校之外的一切内容、一切形式的学习。而学习的

① Bandura, A., *Social Learning Theory*, Englewood Cliffs, NJ: Prentice Hall. 1977, p.128.

社会性,是强调学习活动具有社会属性,也就是说,在学习活动中所表现出来的社会属性和特征。学习的社会性强调只能在现实的社会关系中生成,学习的社会性不再是一种新的抽象现成实体,而是一种动态生成的社会关系的总和。

3. 学习社会性与学习个体性

社会性是相对于个体的自然性(生物性)、个体性而言的。自然性(生物性)是与生俱来的,是个体的本能表现。尽管人类存在与发展离不开自然性,但是就本质而言人仍然是社会活动之产物,而且学习虽是由单个人进行的,但不可否认的是任何个人的学习都是在相应的社会关系中进行的。学习不再仅仅是个体性的存在,而更应是一种社会性的存在。学习虽然有个体性与社会性之分,但学习的个体性是统摄于社会性之中的。事实上,个体与其所在环境间的关系不是静止的,而是动态的,对学习的社会性与个体性过度作简单的划分,会影响我们对人类学习全面的认识和把握。因此,两者之间不是分离的、互不相干的,它们是一种互惠共生的关系。[1]

学习的社会性强调人类的学习不能与其发生和存在的社会分离,学习是无止境的,关注个体与他人及社会文化间的交互联系以及学习活动及"识知"(knowing)。而学习的个体性则强调学习是个体独立的活动,个体所获得的知识决定了其地位,使其不断地充实自我,它把知识视为对象并于个体之中,关注学习产品——"知识"(knowledge)。综上所述,学习的个体性和社会性的区别如下(见表1-2):

表1-2 学习的个体性与社会性的区别

|  | 个体性 | 社会性 |
| --- | --- | --- |
| 学习目的 | 个体的发展 | 共同体的发展 |
| 学习场域 | 个体独立活动 | 社会、集体活动 |
| 学生 | 接受者、消费者 | 参与者、实践者、生产者 |

---

[1] 郑葳、王大为:《超越学习的个体性和社会性之争——活动理论之于现代学习论的影响》,《全球教育展望》2005年第1期。

续表

|  | 个体性 | 社会性 |
|---|---|---|
| 教师 | 提供者、促进者、中介者 | 参与者、实践/话语的维持者 |
| 知识、概念 | 财产、所有物、商品 | 实践/话语/活动的形式 |
| 学习方式 | 拥有、占有 | 归属、参与、交往、合作等 |

**4. 学习社会性与社会学习、个体学习**

对"社会学习"的理解,应该从词汇意义上做详细具体的分析,如果把"社会学习"中"社会"看作名词是"学习"的主语,则强调以社会为主体的学习,而不是以个人或集体为主体的学习。如果学习是以个人或集体为主体进行的,我们可以说它是个体学习或者集体学习。

如果把"社会学习"中"社会"视为形容词,即表示为"社会性的"或"社会的"来修饰"学习","社会学习"就变成"社会的学习"或"具有社会性的学习",它所强调的是学习的社会性。任何人类学习都是一定的社会人在一定的社会条件下借助于一定的社会工具而对一定对象的学习,无论是在学习内容上还是在学习形式上都具有社会性,强调了学习的社会特性。因此,从这种意义上来说,"社会学习"与通常所说的"学习"或"人类学习"具有等价的含义。相应地,这种意义上的社会学习与现在通常所说的学习在本质上并没有什么区别。为了使研究问题更加明确,避免产生歧义,采用了学习的社会性作为题目。

通过"学习的社会性"相关概念的辨析,我们可以看出:"学习型社会"等同于我们现实生活中"学习社会""学习化社会",其强调学习的全民性和终身性;"社会性学习"等同于"社会化学习",其强调人在社会化的过程中对价值观念、社会规范、生活技能等的学习,它使个体从生物人变成社会人。而"学习的社会性"是学习活动本身具有的属性特征之一,因为学习还具有其他特性,如能动性、继承性、创造性等,它属于学习属本质范畴。

# 四、学习社会性研究的总体设计与主要方法

研究设计是对研究活动开展的全过程的设计,是科学研究方法的重要组成部分,也是确保研究质量的关键环节。通过设计,可以将研究思路、方法、内容和框架结构化,凸显和强调研究的核心问题。

## (一) 研究思路

在对研究内容进行详尽论述之前,需要说明本书在总体思路上是按照"一个核心,两个维度,三个立场,四个把握"来进行总体设计,具体如下:

### 1. 一个核心

本书将研究的问题域聚焦在学习的社会性这一核心问题上,实现对学习的两种外观的突破,具体来说:一是突破学习个体性的外观。现实的学习总是在个体身上发生的,因为只有个体才具有学习的生理器官和心理结构,才能获得具体的知识。这种学习的个体性掩盖了学习社会性特征。要突破学习的这种个体性外观,就要用马克思主义关于人的社会性观点说明学习主体的社会性;用知识的社会性说明学习客体的社会性;用语言、图式和媒介的社会性说明学习中介的社会性;用个体与三个世界的联系来说明学习过程的社会性。二是突破学习绝对自主性的外观。学习的自主性是遮盖学习的社会性本质的又一外观。我们承认,人的学习确实具有自主性,这种自主性具有相对性,但在现实中人们往往把这种自主性夸大,使相对的自主性变成绝对的自主性。要突破这种绝对自主性的外观,就要克服传统理性主义对学习的非社会化、非生活化的理解。

### 2. 两个维度

本书在研究过程中从历时性和共时性两个维度来考量学习的社会性。首先,追溯了学习社会性思想的历史源流,系统地考察当代学习社会性思想的主要观点,从历时性探究了学习社会性的本质。从共时性来看,学习的社会性表现为所有学习要素都渗透、积淀着社会文化的因素。因此,本书主要从学习主体、学习客体、学习中介和学习环境四个方面对学习的社会性进行

多维分析,并对其具体表征和存在方式进行阐释。

3. 三个立场

一是活动形态:学习作为一种社会性的实践活动,通过个体的积极参与和意义建构,使个体知识转化为社会知识,并关注个体与共同体之间的互动,克服活动的静态性和预定性,回归学习的社会属性。

二是社会属性:学习的社会性不仅体现于构成学习要素的各要素都具有社会性,即学习主体、客体、中介、环境具有社会文化的属性,而且学习的社会性体现在学习过程之中,学习主体与他人之间在其中通过交往、合作和互动而促进意义协商和知识建构。

三是实践指向:学习活动不是对与世界关联的抽象知识的记忆和再现,学习活动应该镶嵌于探究世界活动任务之中,通过学习获得的知识是为了更深刻地认识世界和解决问题,而不是占有知识。

4. 四个把握

第一,进行系统性把握。学习活动并不是孤立自存的封闭系统,对学习的研究不能就学习而研究学习,应该把学习活动放到整个社会关系系统中进行考察,把学习的构成要素及其学习过程同社会生活与实践结合起来,否则就无法把握学习社会性的本质。

第二,进行动态性把握。长期以来,学习获得隐喻一直占据主导地位,学习主要被理解为一种心理活动,强调学习发生在个体身上,这是传统认知方式,是笛卡尔哲学认识论的延续,却存在不可避免的认识悖论和价值困境。学习参与隐喻实现了人类认识论的发展,消解了获得隐喻面临的责难,但又遭遇了阻碍学习迁移和虚化学科内容的难题。当前,人类已经迈入知识社会,简单地将两种隐喻加以整合,并不能深刻揭示人类学习的真谛、价值和诉求。由此,学习不仅成为知识消费和传承的活动,更应该成为知识创生的活动。

第三,进行跨层面性把握。对学习的社会性研究不仅要从宏观层面进行整体性把握,阐明学习的社会性存在方式,即学习社会性的内隐表达——知识创生,外在呈现——学习共同体,而且还需要从微观层面依据学习社会性的具体表征考察课堂学习的社会性状况。

第四,进行中介性把握。从学习中介来看,学习主体通过具有社会性的工具或中介,与他人进行交往、合作和互动,实现自我意识和自我超越。学习的工具既有物质工具、知识工具还有语言工具,学习的物质工具是学习主体学习的载体,知识工具是学习主体学习的对象,语言工具是学习主体交流的媒介,它们都带有明显的社会性。对学习的社会性进行研究时,必须指出它们的社会属性,这有助于对学习的社会性本质具有更深刻的理解。

## (二) 研究方法

运用何种方法,不是方法本身来决定,而是所研究问题的性质来决定。本书在对学习的社会性研究中采用了理论与实证研究相结合的方法,而在实证研究部分既有定量研究又有定性研究。具体方法如下:

### 1. 文献研究法

文献研究法是教育科学研究所采用的主要方法,通过查阅、分析、整理国内外有关文献资料而力图寻找事物规律与本质属性的一种研究方法。本书主要属于理论层面的研究,因此,文献研究法是首要的方法,也是最主要的方法。本书通过查阅、分析、整理,系统地梳理了学习社会性的历史源流,并运用人学、哲学、社会学、心理学和教育学等学科视角阐明了学习社会性的立论基础,进而阐述并建构了学习社会性的理论图景。通过文献研究法,使本书对有关学习社会性的历史资料和已有成果有了更精确的把握,而且为本研究整体框架的建构提供了清晰的思路。

### 2. 比较研究法

比较研究法是先对事物的相同点、异质点进行对照、比较,以此揭示事物本质的思维过程和方法。可以说,比较研究法不仅是一种具体的分析方法,更是一种思维分析方式。首先,本书在透视了历史上具有代表性和当代有影响力的代表人物的学习社会性思想的基础上,对中西学习社会性的思想进行比较分析,反思与批判,汲取精华,为阐明学习社会性本质提供理论依据。其次,在学习社会性的现实考察章节中,本书通过对不同群体间学习社会性的具体表征进行比较分析,析出学习社会性所存在的问题。

### 3. 问卷调查法

本书依据学习社会性的五个具体表征，自编调查问卷，在前测的基础上，邀请专家对问卷中各个项目的适切性进行评定，并结合前测的结果和专家评定分析，对问卷的部分题目进行调整，最终形成了《课堂学习的社会性调查问卷》（学生版和教师版）。本书采用随机整群抽样的方法，以小学高年级、初中、高中和大学的学生和教师为被试，发放正式问卷进行施测，目的在于考察学校学习社会性存在的问题。

### 4. 案例法

本书在学习社会性的现实考察章节中，采用案例法对问卷调查法所没有涉及的或者涉及深度不够的问题进行了系统的、透彻的分析，这有助于透视学习社会性存在的问题。

# 第二章　学习社会性的历史透视

　　在历史这面镜子中我们看到了当下的狭窄性,并找到了衡量事物的标准。没有历史,我们将失去精神的空气,如果我们掩饰历史,那么在我们不知道何原因的情况下,我们将遭到历史出其不意的袭击。①

——雅斯贝尔斯

　　历史不仅是知识中很有价值的一部分,而且还打开了通向其他许多部分的门径,并为许多科学领域提供了材料。②

——[英]休谟《论历史研究》

　　学习社会性的思想古已有之,只是在不同的时代背景下蕴含着不同的时代意义,因此,应该首先在人类历史长河中去挖掘学习社会性的思想,在关于学习的思想史中追寻学习社会性的起源与发展。人是学习的存在,学习是人的本体存在方式。学习活动的产生与学习方式的变革受到一定社会生活条件和一定文化模式的制约。马克思在《政治经济学批判·导言》中指出,人类掌握世界的思维的、宗教的和艺术的三种相对独立的方式,就是认知(真)方式、价值(善)方式和审美(美)方式。在这三种方式中,认知方

---

① [德]雅斯贝尔斯:《什么是教育》,邹进译,生活·读书·新知三联书店 1991 年版,第 136 页。
② 郭东斌主编:《格言大辞典》,辽宁人民出版社 1992 年版,第 1120 页。

式所获得的学习成果是科学和技术;价值方式所获得的学习成果是道德和宗教;审美方式所获得的学习成果是艺术创造,这三种掌握世界的方式创造了文化。① 人类学习是在社会生活实践中产生的,它通过以语言为中介与他人交往互动,促使人类自觉地、积极主动地掌握社会经验的过程,其最大的特征是人类学习是具有社会性的,而这种特性在人类社会发展的历程中从遮蔽走向张扬。

## 一、学习社会性的认识学说

在人类社会发展的早期阶段,"学习"的内涵是人类用思维着的头脑掌握世界的内容与方式,学习更多的是在意识的宗教形式中形成的一种文化行为,它无不具有鲜明的宗教色彩。学习的内容是宗教的、巫术的,学习与宗教活动之间存在着同构性。"学"字作为一种观念符号,其最初意义蕴含着三个部分:在固定的场所内进行;通过传授和仿效的方式;其内容与宗教活动有关。学习是宗教性的"原始的丰富",学习又是在渐渐地摆脱并消解着宗教本身。② 从这种意义上说,学习即宗教,宗教即学习。

随着人类社会的发展与进步,人究竟是怎样学习的,是通过何种途径获得相关对象知识的,学习的社会性本质是如何体现的,这些问题历来是认识论研究所关心的中心问题。认识论认为,人类的学习与人类的经验有着密切的关系,所谓"学习"乃是人类从经验中汲取意义或建构意义的结果。人的学习发源于直接经验,即先有被反映者,后有反映;先有感性认识,后有理性认识。学习是动态的,而且无法脱离与社会的变化发展的联系。因此,学习是以求知为目的关于对象的认识社会性活动。关于人类认识的起源与发生,认识论形成了"流射""影像""理念""活动"四种经典的学说。

---

① 胡小林、袁伯诚主编:《中国学习思想通史》,人民出版社 2007 年版,第 25 页。
② 胡小林、袁伯诚主编:《中国学习思想通史》,人民出版社 2007 年版,第 25—26 页。

### （一）"流射"说

人的学习过程,就是对事物的反映和认识过程,同时也是获取知识的过程。因此 19 世纪末以前,人类研究个体取得知识的路径与个体知识的形成机制实质上就体现为对人所具有的认识现象的探究,即通过研究"反映"这一"从物到观念"的路径,去探索认识形成与发展的机制。①

当然,由于受社会发展和科学水平所限,古代哲学家对"反映"过程的认识和理解相当浅薄,将其过程描述得也很简单,而且仅是思辨性的推测,如表述"反映"思想较早的人——古希腊赫拉克利特(Heraclitus),他非常形象地把人的身体视为蜘蛛网,而把人的灵魂视为蜘蛛,是居于蜘蛛网的中央。如果人身体的某一部位受到外界刺激时,人的灵魂便非常灵敏地沿着蜘蛛网到那里,与外界事物进行亲密的接触。② 这种形象的比喻使人们认识到人的精神的产生是与外界刺激物有关,即"反映"(认识)是主客体相互作用的结果。在此基础上,古希腊恩培多克勒(Empedocles)对物到感觉的过程作了更为细致的猜测。他认为,一切事物作为客体都会发出一种"流射",这种"流射"与人的感官通道相适应时,它就可以进入人的感官通道,从而引起人的感觉和认识。这就是恩培多克勒的"流射"说,"流射"说肯定了感觉是外物作用于感官而产生的,是对外部事物的反映,能从客体的方面去研究人的学习发生问题,显然已具有唯物主义反映论的性质。③

15 世纪末叶,随着生产、科学、社会的进步,欧洲又开始重视认识论研究,并出现了经验论学派。经验论者明确指出,认识从感觉经验开始。英国哲学家弗朗西斯·培根(F.Bacon)认为,人类首先应该同自然进行交往,通过这种交往我们可以获得有关自然界的感觉经验。但培根也指出人类对自然界的认识只是人类认识的一部分,也就是说,感觉经验只是认识的第一阶段,因此认识不能停留在感觉经验阶段,而应该用理性的方式对感觉经验进

---

① 朱宝荣:《认知科学与现代认知论研究》,上海人民出版社 2013 年版,第 50 页。
② 北京大学哲学系外国哲学室教研室编译:《古希腊罗马哲学》,生活·读书·新知三联书店 1957 年版,第 25 页。
③ 朱宝荣:《认知科学与现代认知论研究》,上海人民出版社 2013 年版,第 51 页。

行再加工、再整理,使其上升为理性知识或认识。① 而英国哲学家托马斯·霍布斯(T.Hobbes)认为,人类的知识和观念来源于人类的感觉。他还认为,我们感觉到的客观事物的内容,如它的颜色、形状、质地等,只是我们感觉的影像,而并非客观事物本身的性质。

英国约翰·洛克(J.Locke)从"白板"说出发,充分肯定"流射"说在知识、观念形成中的重要作用。他认为,知识来源于经验,或者说知识是建立在经验之上的。② 在这里,洛克是一位从物到感觉、从物到思想的唯物主义反映论者。他跟霍布斯一样,否定感觉的客观内容,认为颜色、声音、滋味等并非事物的真实反映,并指出客观事物的具体内容不是事物的本质。可见,19世纪前的欧洲经验论哲学家已具有唯物主义反映论的思想,但这种思想还很不成熟。

总之,"流射"说是古希腊朴素的认识论学说,是解释万物从物质或精神本原派生以及认识问题的有关学说。具有唯物主义倾向的"流射"说强调人的认识起源于感觉,感觉是由客观事物流射出的影像进入人的感官而引起的;而具有唯心主义倾向的"流射说"则强调人的感性认识是感官、可感对象和太阳发出的流射"物"相遇而形成的影像,它们留在心灵上。

## (二)"影像"说

古希腊德谟克利特(Democritus)继承了恩培多克勒的"流射"说,提出了"影像"说。他认为外界物体都会发射出一种波流,呈现出这种物体的"影像",这种"影像"作用于人的感官,透过身体内部,便产生了人的感觉和认识。也就是说,感觉和思想是透入我们的"影像"产生的。"影像"已不再是原子本身,而是原子与人体器官相互作用(反映)的产物,这种产物既可形变为感觉也可进一步转化为思想。德谟克利特的"影像说"已是一种深含唯物论与辩证法思想的反映论。

---

① 朱宝荣:《认知科学与现代认知论研究》,上海人民出版社2013年版,第52页。
② 北京大学哲学系外国哲学史教研室编译:《十六—十八世纪西欧各国哲学》,商务印书馆1975年版,第366页。

亚里士多德(Aristotle)明确指出,人的感觉是外物作用的结果。他还认为,感觉决不是感觉自身,而一定有某些外于感觉者先于感觉而存在……①古罗马时期的卢克莱修(Lucretius)除了坚持感觉是构成物体的原子射出的"流"刺激感官而产生的思想之外,更重视理性的作用。他认为,感觉能够提供可靠的知识,而理性能起更大的作用,理性必须以感觉材料为依据才是正确的。

与"影像"说在学习的社会性本质上认识较为一致的概念是"反射"。这个概念最早由法国哲学家笛卡尔(Descartes)提出,他认为反射是外界刺激作用于人和动物身上,使人和动物做出不随意的活动。到 19 世纪下半叶,俄国生理学家谢切诺夫(И.М.Сеченов)在《脑的反射》一书中进一步阐明了"反射"的内涵。他认为,人的全部心理活动都是由反射活动引起的,反射活动是由开始、中间和终末三个主要环节构成的。② 谢切诺夫的反射原理为人与外界事物之间的相互作用提供了一种新的解说。

显然,"影像"说也是从客体的方面去探索人的学习发生机制,特别是反射三环节原理在某种程度上揭示了学习活动的神经机制。当客观刺激作用于人体感官后便经人体感官的作用,把刺激能量通过介质转换成神经冲动,并由传入神经通过神经中枢最终传入大脑,即反射的开始环节;知识信息通过神经活动传递产生观念、思想等,即反射的中间环节,反射的中间环节在形式上是神经活动;当大脑产生观念、思想等后通过反射的终末环节引起一定的效应活动,这使个体产生对事物再认识或对客体做出反应活动。当然,反射进入终末环节并不意味着活动的终结。效应活动的速度、强度、部位等又能变为刺激或感觉信号,由内向神经反转入神经中枢,引起相继的神经活动,使神经中枢借此对业已进行的认知活动进行必要的调节和矫正。③ 由此可见,"反射原理"非常详细地揭示了神

---

① ［古希腊］亚里士多德:《形而上学》,吴寿彭译,商务印书馆 1959 年版,第 77 页。
② ［俄］谢切诺夫:《谢切诺夫选集》,杨汝菖等译,人民卫生出版社 1957 年版,第 198 页。
③ 朱宝荣:《认知科学与现代认知论研究》,上海人民出版社 2013 年版,第 55—56 页。

经冲动的流向路径及其转换形态,这为研究人类学习的过程起了重要的作用。

总之,通过分析可以看出,"影像"说是由物体流射出来的影像同人们的感官接触而引起感觉和思想的学说。"影像"说认为人的认识是由外部事物引起的,人的各种感官得到的物体的影像是人全部认识的来源,并强调认识起源于感觉,而感觉是物体的影像。它其实是一种阐释人的认识来源的朴素反映论,对唯物主义认识论的发展产生了深远的影响。

### (三)"理念"说

学习方面的早期观点是由古希腊哲学家柏拉图(Plato,公元前 427 年—公元前 347 年)提出的。他的哲学(理想主义)将心灵或者精神视为一切存在事物的基础。所以,现实世界是由心灵的纯理念组成的,知识是由理念和概念组成的,这种理念和概念从人类出生开始就以模糊表象的形式存在于心灵之中。学习就是将这些天生的理念发展成为知识体系的过程。按照柏拉图的观点,心理通过学习诸如圆形、方形等数学图形和古希腊、古罗马的经典著作而得到发展。

柏拉图提出的有关知识的"先验论"在哲学史上是一个古典标本,影响深远并成为以后发展成形的各种"天赋论"的胚芽。当然,柏拉图的思想在很大程度上受苏格拉底"产婆术"的影响。柏拉图提出了"理念"说,就学习的社会性而言,柏拉图强调主体在认识发生中的重要作用。他认为人的认识主要是借助于人本身的思维反省通过回忆产生的。他认为世界是由"理念世界"和"阴影世界"两部分构成的。人的灵魂在进入肉体之前居于理念世界之中。因为"人的灵魂是不死的,它在一个时候有一个终结称为死,在另一个时候又再生出来,但是永远地不会消灭……"①灵魂既然是永远不灭,并能投生多次。它就洞察了理念世界和现实世界的一切东西,具有了一切知识。他认为知识存在于灵魂中,在人未出世前就存在。当灵魂附于身

---

① 北京大学哲学系外国哲学史教研室编译:《古希腊罗马哲学》,生活·读书·新知三联书店 1957 年版,第 191 页。

体之后,由于受各种条件的限制,理念知识出现短暂的遗忘,为了让这些遗忘的理念知识恢复原来的面目,人就需要学习。①

洛克认为构成知识的前提和条件是理念的获得,如果理念存在的话,心灵才有可能把不同的理念联结起来,在判断它们的关系之后,"知识"才会产生。洛克指出"心灵中没有天赋的原则"②,洛克虽然坚持自己的心灵"白板"说和知识的"后天"说,但当他在谈到数学知识时,却认为数学是不依靠感觉经验,而由心灵单独构成,这反映了洛克的唯物主义思想并不坚定、彻底。而笛卡尔认为,真理性的知识只能来自直觉和演绎。他曾指出:"离开精神直觉或演绎就不可能获得科学知识。"③"除了通过自明性的直觉和必须性的演绎之外,人类没有其他途径来达到确定性的知识"④,由于笛卡尔认为知识来源于心灵自身,否认其来源于感性,这就注定了他的观念是天赋论和直觉论。所以他认为,在人未出世前,观念、知识被上帝赋予人的心灵之中。

总之,"理念"说是古希腊客观唯心主义体系的理论基础和核心。理念乃是共相、概念、普遍的真理,原理大法。理念先于宇宙而存在,并主宰宇宙间之万物,是真理和至善的源泉,是独立而客观实在的本体,它是一切事物的本源。

### (四)"活动"说

人类没有一个时期不是生活在群体之中的——我们是社会动物,社会动物实际上在群体之中才得以进化,我们绝对是由同样生活在群体之中的人类之前的祖先发展而来的。那么,一起生活、沟通和活动,与我们所处社会群体中的其他成员合作完成任务等,是符合人类历史发展的标准的,而不是一种后天的"附加物"(and-on)。我们的祖先是在群体中获得理性的,不

---

① 朱宝荣:《认知科学与现代认知论研究》,上海人民出版社 2013 年版,第 102 页。
② 《十六—十八世纪西欧各国哲学》,商务印书馆 1975 年版,第 361 页。
③ [法]笛卡尔:《笛卡尔哲学著作》第 1 卷,英国剑桥大学出版社 1911 年版,第 45 页。
④ [德]莱布尼茨:《人类理智新论》,陈修斋译,商务印书馆 1996 年版,第 445 页。

是因为有了理性而形成群体的。我们甚至是在一个社会或文化群体中才变为个人的。①

亚里士多德试图综合"流射"说、"影像"说和"理念"说三种看法,从主体和客体两个方面出发,去寻找人的认识的发生根源,并提出了"活动"说。亚里士多德认为,感觉是认识的起因,但只有通过人的理性思维才能认识事物的真正本质。亚里士多德的思想虽然仍然带有明显的唯心主义成分,他把人的全部认识都归结为人的心灵功能作用的结果,但他毕竟从主体和客体相互作用的视角,首次努力去理解人的认识的产生。

亚里士多德是柏拉图的学生,他提出了一种不同于柏拉图的学习观。亚里士多德认为,现实存在于自然界中,而非心灵概念中。普遍的法则不是天生的意念,而是在自然界中观察到的各种关系。因此,知识的来源是自然环境,学习是通过与环境的接触而发生的。在亚里士多德的思想体系中,个体最初通过形成感觉经验的表象及表象之间的联想来习得知识。②

马克思主义创始人剔除了包括形而上学和机械论因素的旧唯物主义反映论,把辩证法引入认识论,解决了反映论未能解决的问题。如在反映论中应用了辩证法,认为人对客观世界的反应是积极地、能动地反映,而不是消极地、被动地反映,这体现了人具有主体性;把社会实践引入反映论,认为人的认识活动需要通过社会实践,从感性认识上升到理性认识,反过来,又通过社会实践检验理性认识,逐渐揭示客观事物的本质。

现代认识论认为,"人脑"是认识活动中的核心概念。无论是人对客观事物的认识,还是人对客观事物最终形成的映像或观念,它们都是在人脑中进行的。对于这种观点,列宁曾经认为,人脑形成各种形式的映像或观念主要需要三个要素:客观事物、人的认识(人脑)和反映形式(概念、规律等)。为了合理说明人脑如何如实地反映客观事物的本质,现代认知心理学把

① [美]D.C.菲利普斯等:《学习的视界》,尤秀译,教育科学出版社2006年版,第62页。

② [美]Margaret E Grade:《学习与教学:从理论到实践》,张奇等译,中国轻工业出版社2007年版,第4页。

"信息"作为"中介变量"引入认知研究领域,认为人脑对外部事物的反映是通过一系列信息流(接受刺激——启动感受器——转换成神经信息——信息感觉登记——信息短时记忆——信息长时记忆——反应发生器——反应器)来实现的。总之,从学习社会性的认识论学说来看,通过"表征"研究,现代认知心理学已能初步解释三个问题:其一,客体是如何反映到人脑,并被识别的;其二,作为认知活动成果的映像或观念形态的知识究竟以怎样的形式存储于人脑之中;其三,人脑中的知识表征如何对人的再认识或识别客体发挥其应有的指导作用。不可否认,学习是心智发展和知识增长的真正机制问题,事实正是如此,当代认知心理学对认知过程的详尽研究,已为人类揭示认知机制提供了可能。尤其是现代认知心理学的最新研究成果使人类对认识机制的研究进入了微观层面,所以以现代认知心理学为主体的现代认知论在研究对象方面与哲学认识论已有了非常密切的汇聚点,这为学习社会性的研究提供了契入性元素。

总而言之,先哲们对认识的解释尽管内容各异,但他们均具有朴素唯物主义倾向,都试图以客体反射外物作用于感官的方式来解释认识的本质。其实,此类猜测性学说并不能解释认识现象的本质。因为,客体反射的外物并未进入认识主体,而仅仅作用于人体表面的感官而已。直到 19 世纪末,马克思主义创始人在继承以往唯物主义反映论的基础上,强调实践的作用,只有通过社会实践才能取得对客观事物本质的认识。实践环节便被看作是主客体相互作用的中介,是形成认识的必要途径。① 但是,这些对认识的本质的研究在某种意义上也是对学习本质的阐释,为我们深化对学习的社会性认识提供了历时性视界,具体来说:

第一,古代认识论在人的认识发生问题上存在两条相反的研究路线:一是从客体出发,认为人的认识来源于客体;一是从主体出发,认为人的认识来源于主体。但从总体上看,古代认识论还没有真正看到人在认识中的主体地位,四种学说之间的争论还只局限于主体和客体谁是第一性的问题上。而其后的近代认识论,才真正开始使用主客二分的思维方式,去思考人的认

① 朱宝荣:《认知科学与现代认知论研究》,上海人民出版社 2013 年版,第 63 页。

识发生问题。① 这为我们认识学习主体的社会性提供了思想基础。

第二,传统认识论所关注的是个体,获取知识的主体是个体意义上的认知者。然而,随着当代认知科学研究取向的不断扩展,社会认知已成为当前学界研究的一个生长点,体现在认识论研究方面,已形成了认识论研究的社会取向。这为我们研究学习的社会性提供了理论依据,也就是说,我们在研究学习的本质问题上必须把个体置于社会背景中,综合考察复杂的社会因素对个体获取知识的影响作用。在诸多社会因素中,个体所处的人际环境对个体行为倾向与认知决策的影响最为直接,进而深刻影响个体实践活动的效率与认识进程。因而,在社会群体层面深入探索学习的社会性问题亦成为现代认识论研究的一个新的维度②,这为我们认识学习主体的社会性提供了现实依据。

第三,依据马克思主义的认识论,在人的认识活动中,主体的感性认识是经过知觉途径获得的,其主要是通过主体的活动改变客体并认识了客体的内容,如结构、形式、特征和性质。在这一活动中作用于客体的主体通过非知觉途径把对客体的认识纳入自身的思维之中,最终形成主体的认知结构。与此同时,主体在活动过程中所发生的主体和客体之间的相互关系、主体和主体之间的相互关系和主体与自身之间的相互关系,主体在活动过程中凭借理性与环境交往互动,通过各种相互关系和方式以达成主客体间的统一。③ 因此,这为我们认识学习主体的社会性提供了一定的理论前提。

## 二、西方学习社会性思想钩沉

没有一个"世界"比其他的世界更"真实",任何一个世界都没有本体论

---

① 李松林:《发展之源与教学之方:学生发展的活动机制及其教学应用》,教育科学出版社 2013 年版,第 115 页。

② 朱宝荣:《认知科学与现代认知论研究》,上海人民出版社 2013 年版,第 188—189 页。

③ 李松林:《发展之源与教学之方:学生发展的活动机制及其教学应用》,教育科学出版社 2013 年版,第 119 页。

上的优越性而成为一个唯一的真实世界。① 究其本质，人类的思维并非对客观实在完全、真实的再现，它只是一种有限的媒质——生存于集体中，并在集体之上维持。② 西方许多哲学家、思想家、科学家重新验证和解释了人类的学习本质。亚里士多德对人的灵魂的三个层次（阶段）的考察，体现出鲜明的自然主义倾向，成为他的教育与人的发展思想的生物学和心理学依据。据此，他在教育史上首次论证了教育要遵循人的自然发展原则，要求依照儿童年龄特征施教；他主张对儿童施行身体、道德、知识全面而和谐的教育；他认为人的发展是自然（本性）、环境和教育三要素的结合而起作用。在这样一种理念下，个体的发展便成为一种遵循自然本性的社会化过程，这个过程既承认个体发展的必要性，又强调实现个体社会性生成的自然主义理念和方法。③ 纵览西方学习思想史，我们可以梳理出西方学习的社会性基本思想谱系，主要体现在以皮亚杰为代表的发生认识论、以维果斯基为代表的社会文化论、以杜威为代表的实用主义、以班杜拉为代表的社会学习理论、以莱夫和温格为代表的社会实践论和以吉尔根为代表的社会建构论等。

## （一）皮亚杰的社会发生认识论

瑞士著名认知心理学家让·皮亚杰用动态观点和历史主义态度来研究认识的发生和发展，他的理论称之为"发生认识论"。发生认识论的深刻性和丰富性在于：它不仅对各种认识理论进行比较分析，从中发现认识具有发生、发展的历程，而且借助心理实验，对产生认识的具体机制与过程进行了全面而深入的探讨。④ 在皮亚杰看来，人们应该在可靠的理论和经验研究的基础上对人认识的发生和发展给予科学的回答。他从心理发生学的角度

---

① Bruner, J., *Actual mind, possible worlds*, Cambridge, MA：Harvard University Press，1986，pp.95—100.
② ［英］戴维·伯姆、李·尼科：《论对话》，王送涛译，教育科学出版社 2004 年版，第 8 页。
③ 史铭之：《课堂场域中的学生社会性生成：一种交往视角的分析》，上海教育出版社 2015 年版，第 59 页。
④ 朱宝荣：《认知科学与现代认知论研究》，上海人民出版社 2013 年版，第 107 页。

对人的认识的发生、发展的过程和结构进行研究,这对于研究学习的发生和发展产生了很大的影响。① 皮亚杰的发生认识论为学习的社会性的研究提供了切入点。具体来说:

1. 学习是主体与客体之间的相互作用

皮亚杰认为,新的认识与已有的认知结构密不可分,新知识的形成机制与认知结构的发展密切联系。新知识的获得和认识水平的提高能够推动人的认知结构从低级向高级发展。人的认知结构的形成是一个发生和发展的过程。主体与客体之间的相互作用是认知结构发生发展的起点。主客体间的相互作用主要通过同化和顺应两个环节。所谓"同化",就是认识主体对客体做出反应的过程。所谓"顺应",就是认识主体改变已有的认知结构,以适应环境。在促进主体认知结构(图式)的发展中,同化和顺应是不可分割的。主体和客体的相互作用在机能上就表现为把环境同化到主体和主体调整内部认知结构使之顺应客体。② 皮亚杰由此断言:"我们必须强调这一事实,即没有同化也就不存在顺应。"③同化与顺应的相互作用促进主体图式的发展,这就是"建构"。所以,在主体图式的建构、认识水平的提高、心智的发展中,同化与顺应缺一不可。

皮亚杰认为,心智的发展也就是认知结构(即认识的功能结构)连续地建构和再建构。"建构"即结构(图式)的建造之意,通过建构致使初级的结构过渡到较复杂的结构,最终建立起结构谱系。皮亚杰把认知结构(图式)的发展过程称为主体的建构(construction),主体只有对客体进行加工、改造,才会认识客体,从某种意义上来说,主体对客体的认识程度取决于主体采用哪种认知图式。

就学习的本质而言,学习是主体与客体之间的相互作用。皮亚杰是从

---

① 郑葳:《学习共同体:文化生态学习环境的理想架构》,教育科学出版社 2007 年版,第 75 页。

② 朱宝荣:《认知科学与现代认知论研究》,上海人民出版社 2013 年版,第 107—108 页。

③ [瑞士]皮亚杰:《皮亚杰学说及其发展》,陈孝禅等译,湖南教育出版社 1983 年版,第 25 页。

主体与客体的相互作用,即主体对客体的改造和客体对主体的改造来把握活动的本质的。人的认识是在主体与客体相互作用的活动中得以发生与发展的。皮亚杰认为,人的认识是起因于主体与客体之间的相互作用,而不是一个独立的自我主体,也不是印在主体之上的客体。人的认识是发生在主客体间相互作用的过程中,它既包含主体又包含客体。①

2. 活动是学习主体与客体联结起来的中介

皮亚杰认为,人要认识客体,首先需要通过一定的中介将主体与客体联结起来。这个中介就是活动。皮亚杰认为,主体要与客体发生某种作用,进而产生某种认识,就必须借助某种中介。而将主体与客体联结起来的中介,只能是活动。即是说,活动的重要功能是充当主体与客体之间的中介,而主体与客体之间相互作用的过程就是活动。②

皮亚杰的活动范畴强调认识起源于主客体相互作用的活动,他认为人的认识产生的基础是活动,其实皮亚杰所强调的"活动"一方面是侧重于认识的个体发生,另一方面又侧重于有意识的活动和无意识的活动。这与马克思主义的实践范畴十分相似。马克思主义的实践范畴一方面强调社会群体的认识形成,另一方面强调在一定的社会条件下,人类如何运用社会工具有意识地、有目的地改造客体。

皮亚杰指出,我们把活动作为中介的信息导入认识论研究视野,必将有助于合理解释认识活动中主客体间的相互作用机制。因为只有把人与客体进行相互作用的具体环节、把认识论研究的视角由外部宏观层面引向内部微观层面、进而在外部与内部、宏观与微观的结合点上,去探索主客体相互作用机制,才能客观地把握认识活动的真实过程及其认识产生、发展的规律。

3. 学习主要体现在主体的机能活动和外部活动

活动范畴是皮亚杰的发生认识理论的逻辑起点和中心范畴。就学习的

---

① ［瑞士］皮亚杰:《发生认识论原理》,王宪钿等译,商务印书馆1981年版,第21页。
② 李松林:《发展之源与教学之方:学生发展的活动机制及其教学应用》,教育科学出版社2013年版,第34页。

活动范畴来说,皮亚杰把"活动范畴"划分为两个基本的方面:主体的外部活动和主体的机能活动。主体的外部活动,就是主体对物体直接施加行为的活动,如称重量、量长度、旋转东西、推、摸、投等特定的活动,主体在此活动中获得了关于客观物体特性的知识。而认识主体的机能活动一方面是指主体改造客体的同化活动,另一方面是指客体改造主体的顺应活动,其主要包括有意识的活动和无意识的本能活动。综合来看,皮亚杰对活动范畴的研究主要集中于两个方面:一是认识的起源,认为人的经验一方面源于活动理论,另一方面源于认识运动的内在机制理论——平衡,平衡是为了适应,适应既可以是一种过程,也可以是一种状态。有机体通过同化和顺应两种作用取得与环境的平衡,达成适应状态;二是主体与客体的关系,包括人在发展过程中对已有认知结构改造的内在机制、人的能动性、主体认识结构和功能等问题。

皮亚杰的活动概念是从生物学的立场出发,用于解释个体的活动,即主体与客体的相互作用,其目的在于说明个体对环境的适应,它带有明显的自然主义的性质。[1] 皮亚杰把儿童的活动视为仅仅把客观物质放置在时空场域中,而不是建构客体或创造人工制品。活动只是一种工具性活动,它应对的是一个预先独立存在的现实,是关于世界的知识是如何建构的,而不是本身。[2]

4. 知识需要建构一个能够适应环境的结构

皮亚杰认为人对于现实的理解是通过与世界持续不断的互动而建构的,知识被组织成图式,图式随着人的成长而变得越来越复杂。就学习的路径来说,知识并不是现实的静态事物,不是被动地从环境中吸收的,不是预先在儿童头脑中形成并随着儿童的成熟随时出现的,而是由儿童积极、主动地探索周围环境,并通过自己的心理结构与环境之间的相互作用而积极地建构的。也就是说,知识在本质上不是从客体发生的,也不是从主体发生

---

[1]  程利国:《皮亚杰心理学思想方法论研究:关于实践唯物主义心理学的活动理论》,福建教育出版社1999年版,第75页。

[2]  Martin ,J .P,Jessie G.,*Socialcultural and Constructivist Theories of Learning:Ontology,Not Just Epistemology*,In:Eduational Psychologist,2000,35(4):227-241.

的,而是从主体和客体之间的相互作用中发生的,它需要建构一个能够适应
环境的结构,人的认知结构是逐步建构起来的。皮亚杰认为,知识是个体在
与环境交互过程中逐渐建构的结构,它既不是客观的东西,更不是主观的东
西。① 可见,皮亚杰的认知发展理论把知识的生长看作学习者在与环境的
交往互动中,通过同化、顺应的历程发展而成的。按照皮亚杰的观点,知识
与人类的智力一样,需要建构一个能够适应环境的结构,而且在建构认知结
构的过程中,不能将学习者与外界分离开来。因为我们不能够提前指明二
者的关系,况且这种关系总是处于变化之中。

知识既不是现实的复制,也不是先验形式对现实的加强;相反,它是两
者之间的中介——一种通过有机体与环境之间的交流促成的建构。② 皮亚
杰关注社会性知识如何经过同化、顺应纳入个体内在认知结构的过程,社会
文化、社会关系等社会因素是作为个体心理发生、发展的影响因素或者前提
而被考虑或对待的,强调每一个人对新知识的建构。皮亚杰认为不断发展
和改善"平衡"的过程就是新知识形成和发展的过程,它促进个体不断地积
累、建构新知识,形成新的认知结构,实现对环境的适应。

总之,皮亚杰发生认识论重点研究个体内部的意义建构过程和机制,尤
其是为个体建构主义学习论奠定了心理学基础。当然,这是目前学术界的
一般性理解。皮亚杰除了注重个体意义建构之外,还强调社会性经验对人
的认知发展的影响。他认为,个体智力的发展是社会互动的函数,社会互动
是逻辑发展的必要条件。③ 皮亚杰也指出了集体的智慧是在合作环境下个
体之间相互作用的结果。④ 皮亚杰在认识到环境对个体认知的贡献的同

---

① 施良方:《学习论——学习心理学的理论与原理》,人民教育出版社 1994 年版,
第 79 页。

② [美]小威廉·E.多尔:《后现代课程观》,王红宇译,教育科学出版社 2006 年版,
第 83 页。

③ Resnick, L.B ( Eds ): *Knowing, Learning and Instruction: Essays in Honor of Robert
Glaser*, Hillsdale, NJ: Lawrence Erlbaum Associates, 1989, pp.395-396.

④ 郑葳:《学习共同体:文化生态学习环境的理想架构》,教育科学出版社 2007 年
版,第 75—76 页。

时，又探究个体内部认知结构的变化。这就是学习是一种能动的社会化过程的一种诠释，也是学习的社会性的重要表征。

### （二）维果斯基的社会文化论

苏联心理学家列夫·维果斯基是一位深刻认识到学习的社会属性的学者。我们从他的高级心理机能的社会起源说、活动说、工具说和内化说来说明关于学习的社会属性的观点。他并不是非常重视儿童目前所处的发展"阶段"，因为皮亚杰理论中的发展阶段是一种相当静态的指标，只能够说明儿童可以独立地完成什么样的智能作业。维果斯基意识到学习是在社会环境中产生的，因此他对于儿童可能具有的学习潜能（亦即在成人或是年长同伴的指导之下，儿童可能完成的事物）更感兴趣。他认识到，同处于皮亚杰理论中的某个发展阶段或是拥有相同智商的两个儿童，若能给予适当的激发，则这两位儿童未来的发展潜能可能会有显著的不同。他提出了"最近发展区"（zone of proximal development）——或称潜在（Potential）发展区。① 所谓"最近发展区"是指，儿童能够独立地解决问题的发展水准，跟教师、伙伴介入时能够实现问题解决过程的发展水准之间所存在的"发展可能性"的领域。通过这种"最近发展区"的揭示，维果斯基批判了把学习还原为成熟的生物学模式的发展理论，同时也批判了把发展与学习视为同义的行为主义发展理论。

在维果斯基看来，"最近发展区"不只是一种体现学校教育的固有性而主张"科学概念的教育"与"教育的主导性"的概念，而且是一种主张学习的活动性质与关系论理解的概念；一种在语言的"内容性含义"（meaning）——"科学概念"起作用的"人际关系"（interpersonal relations），与语言的"感受性含义"（sense）——"自发概念"起作用的"自我内关系"之间，体现广泛的学习可能性的概念。在这里，"人际关系"起作用的"内容性含义"超越了语脉建构的普遍意义，而"自我内关系"生成的"感受性含义"

---

① ［美］D.C.菲利普斯等：《学习的视界》，尤秀译，教育科学出版社 2006 年版，第 67 页。

则是建构同特定的具体对象的指示关系。①

维果斯基指出,使用"语言"这一"心理学工具"的人类的学习首先是在"人际关系"的社会过程之中形成的,然后向"自我内关系"的心理过程发展。"最近发展区"的内涵意味着人类学习的社会性意蕴,它在某种程度上揭示了学习过程中"社会"与"自我"的关系。维果斯基的最近发展区的任务要求有同伴和教师的帮助,也就是维果斯基所说的"社会性他人"。② 维果斯基在语言、思维、学习和发展上的深度研究是扎根于一个个唯物主义的社会理解框架之中的,其学习社会性思想主要体现在以下几个方面:

### 1. 社会文化是认识学习的源泉

维果斯基所追求的是一种综合性的视角,用它来看待人类心理的发展,这种视角使人们有可能用自然科学可接受的术语来解释和描述更高级的心理功能。在维果斯基看来,解释意味着很多,它包括对暗含着一种特殊功能的脑机制的识别,包括构建对同一行为所表现出来的简单和复杂形式之间所建立关系的发展历史的详细解释,而且很重要的是,它包括对行为发展所处的社会情境的详细说明。维果斯基的目标是极富雄心的,也许这样做并非理智之举,他没有实现这些目标,但他确实也在这一方面取得了成功,因为他提供给我们一种敏锐和有预见的现代心理学分析框架。③ 然而维果斯基更强调从社会文化的视角来审视学习,将其内部学习过程和互动过程紧密联系在一起。维果斯基指出,一切文明的东西都是社会的东西,因此,行为的文化发展来自社会的发展。人的心理发展是人与社会环境中的他人以心理符号为中介通过交往来内化人类文化成果的过程,其心理是高级的、社会的、文化的和历史的。

维果斯基通过一项跨文化的研究,对中亚农民在集体化过程中的心理过程进行了分析,发现许多心理过程是直接由基本的人类活动实践和现行

---

① [日]佐藤学:《学习的快乐——走向对话》,钟启泉译,教育科学出版社 2011 年版,第 31 页。

② 高文等编著:《学习科学的关键词》,华东师范大学出版社 2009 年版,第 147 页。

③ Lev S. Vygotsky, *Mind in Society: The Development of Higher Psychological Processes*, Cambridge: Harvard University Press, 1978, pp.5-6.

的文化形式塑成。另外,维果斯基选单个儿童为被试,观察儿童最初的反应是如何出现的,如何形成的,最后又是如何发生变化的,通过大量的观察得出的结论为:儿童心理的发展是儿童与社会环境互动的结果。维果斯基指出,在儿童心理发展过程中,个体活动、集体活动和社会活动对儿童高级心理发展起着不可估量的作用。他提出了人类高级心理机能发展的两次登台,即第一次为心理间的机能发展,是通过集体活动和社会活动实现的;第二次为内部心理机能发展,是通过个体活动即儿童自己内部思维方式来实现的。

维果斯基认为,社会文化是心理发展的源泉。在《思维与语言》一书中,维果斯基表达了这样一种认识:在发展的一般过程之内,有两条不同质的发展线路,它们可以区分出不同的源起:一是基础的、初级的心理过程,是生物起源的;另一个是高级的心理机能,起源于社会历史。儿童行为的历史是由这两条线交互编结而衍生的。人类高级心理机能是由社会文化层面的参与发展而来的。社会文化层面无论在时间上,还是在事实上,都是优先于心智的个人层面而存在的。所以,人类独特的高级心理机能首先出现在心理间的舞台,它的出现源于社会过程,即是在成人和儿童合作解决问题时出现的,通过一系列内化过程,最终形成内部心理机能,其渗透着、保持着"准社会"属性。

2. 学习是以语言符号为工具的话语实践

维果斯基一直关注社会、文化、历史、体制和情境是如何塑造人类的心理机能。维果斯基认为人类的高级心理过程是以社会性地发展和演化而来的符号和工具为中介的。① 换言之,人的心理实质就是社会文化历史通过语言符号的中介而不断内化的结果。语言是人类思维的工具,是一种高级的心理过程。人的高级心理机能是在人的活动中形成和发展起来并借助语言实现的。维果斯基认为,语言可以使得儿童获得他人掌握的知识,帮助儿童认识世界,这有助于个体将共享的知识变成个人的知识,是一种

---

① [俄]维果斯基:《维果斯基教育论著选》,余震球译,人民教育出版社1994年版,第56页。

认知工具;语言又是控制和反映儿童思维的重要途径,语言符号是最基本的调节工具,学习者通过语言的调节使其心理机能达到从低级到高级的转化。①

维果斯基认为语言可以分为沟通性语言和思维性语言,沟通性语言就是外部语言,思维性语言就是内部语言。他认为学习就是沟通性语言向思维性语言的内化过程,即外部语言向内部语言的内化过程。也就是说,学习是科学概念的沟通语言内化为自发概念的思维语言的结果化过程。维果斯基把它称之为"内化"理论说。他认为人的发展首先是作为社会过程发生的,其次才是心理过程发生的。他还认为"自我"的发展是通过"内部语言"体系发展而来的。也就是说,人类思维发展的方向不是从个人思维向社会思维发展,如同皮亚杰的研究结论;而是相反,是由社会思维向着个人的方向前行的。可以说,这正是维果斯基的理论被称为社会文化取向的心智研究典范的缘由。

在维果斯基看来,儿童语言的发展首先是"外部语言"在沟通中体现与发展的,这种"外部语言"经过"内化",转化为"内部语言"。"语言"原本是社会性的东西。维果斯基认为,学习首先是运用语言的一种社会活动,其心智的发展表现为人与他人在沟通中的社会过程。其次是,这种沟通的语言是作为"内化"的"心理过程"表现出来的。

3. 活动是构成学习的社会性中心概念

维果斯基认为,所有高级心理机能源于人与人之间的现实关系,源于人与人之间的社会活动,即人与人之间的交往活动和协同活动。儿童的心理发展先是涉及发生在人与人之间社会水平上的心理过程,然后才是发生在儿童内部的个体水平上。基于此,维果斯基指出,在儿童心理发展中,先有心理间机能的发展,它是通过人与人之间社会活动实现的;再有内部心理机能的发展,它是通过内部思维来实现的,维果斯基把此称为儿童文化发展的一般发生法则。

---

① 王振宏主编:《青少年心理发展与教育》,陕西师范大学出版社 2012 年版,第 31 页。

维果斯基将人的工具分为两个层次:一种是石刀、斧头、机器的物质工具,它们指向外部,引起客体的变化;另一种是符号、词、语言的精神工具,它们指向内部,影响人的心理结构和行为。维果斯基指出,动物的心理机能之所以永远停留在低级水平,恰恰是因为动物没有也不可能使用这种精神工具,而人因为有这种精神工具,他们才形成了动物所没有的高级心理机能。在他看来,物质工具是人的外部活动的中介与手段,精神工具是人的内部活动的中介与手段。人的高级心理活动是由以物质工具为中介的外部活动转化为以精神工具为中介的内部活动,这就是内化。而人的高级心理机能就是在外部的物质活动与内部的心理活动相互转化的过程中才得以形成,因此"活动"是维果斯基理论的中心概念。

维果斯基理论中"活动"的重要性,也可以把它置于列昂节夫(A.N.Leontiev)、鲁利亚(A.R.Luria)等人的"活动主义学派"的出发点得以理解。在《思维与语言》一书中的"思维"与"语言"这一术语,即是"思维"与"口头语言"相对应于"建构意义"与"建构语言","建构意义"即思维是从概括化知识系历史地形成的这一角度来表述学习的历史性的,而"建构语言"即口头语言是通过语言建构人际关系这一角度来表达学习的社会性的。[①] 作为"心理学工具"的语言建构意义与关系的"活动",不是把概念的意义视为知识所内蕴的东西,而是通过"活动"、通过社会、通过"内化"、通过心力来建构。

4. 学习是与由社会性构成的世界相互间的交往

在历史上,维果斯基较早地注意到活动的社会性构成以及活动中的交往关系。在他看来,人的高级心理机能只能是在人与周围人的交往过程中得以形成,而且还受到社会文化历史发展的深层制约。[②] 维果斯基强调人与人之间的沟通在学习中的重要作用,他认为学习是与由社会性构成的世界相互间的沟通,应该把学习置于社会文化情境中加以考虑。维果斯基的

① [日]佐藤学:《学习的快乐——走向对话》,钟启泉译,教育科学出版社 2011 年版,第 33—34 页。

② 李松林:《发展之源与教学之方:学生发展的活动机制及其教学应用》,教育科学出版社 2013 年版,第 36 页。

这种观点受到心理学家、人类学家、社会学家等人的认可,对个体学习的研究逐渐置于社会文化活动和社会活动中进行研究。维果斯基认为,学习是在与客观事物的对象性活动中通过社会活动的沟通实现自我发展的过程。这样,维果斯基为我们提供了综合地认识学习的理论,这种理论不仅把学习视为认识过程,而且把学习视为建构人际关系的社会过程和建构自我发展的过程。

维果斯基认为,儿童通过模仿来学习的能力是社会学习中的一个关键因素。在合作的社会情境当中与成人以及同伴们的互动,为儿童提供充分的机会去观察、模仿继而发展更高层次的心智功能。维果斯基指出,在儿童的发展中,儿童与成年人的相互作用是不对称的,特别在婴幼儿期,向婴幼儿传递所有文化信息的任务是由成年人来完成的。如果没有建设性的社会相互作用的帮助,那么一些高级心理机能,如聚精会神、逻辑记忆、运用语言和概念的思考以及复杂的感情等,在儿童发展过程中,就难以产生并且难以成熟发展。

总之,人的内部心理结构与人的外部行为以及心理结构发生时的社会情境是分不开的,知识内嵌于社会,人的学习是通过社会活动的沟通而发生的,这样人的心理结构和社会结构是相互渗透和相互贯穿的。维果斯基的学习是以语言、逻辑、符号、概念之类的"工具"为媒介的社会沟通的活动。

### (三) 杜威的学习"社会性"思想

美国哲学家、教育家,实用主义的集大成者杜威深刻认识到了学习的社会本质。杜威认为,任何社会安排,只要它保持重要的社会性,或充满活力为大家所分享,对那些参加这个社会的人来说,就是有教育意义的。① 在杜威看来,人类的共同生活过程就具有教育作用。这种共同生活,可以扩大并启迪人类的经验,刺激并丰富人类的想象,并对言论和思

---

① ［美］约翰·杜威:《民主主义与教育》,王承绪译,人民教育出版社 2001 年版,第 11 页。

想的正确性和丰富性担负责任。他批评道,学校教育脱离社会共同生活。① 杜威深刻地认识到了学习的社会属性,并主张应该从社会性的视角看待整个教育活动。

1. 学习的核心是同环境的交互作用

杜威指出一个不容争辩的事实是:每个个体都需要而且还必须都在社会环境中才能成长。这是因为在一个既具有既定意义,又具有公认价值的环境中所生活与活动的个体,他的反应会从环境中获得意义,或者他的反应会依据环境的变化显得愈发明智。通过社交活动或通过对具体包含信仰的活动的分享,个体经由行动逐渐获得自己的心智。因此,认为心智是由完全孤立的自我所拥有的,这完全与真理背道而驰……自我并不是独自重构知识的孤立心智。② 杜威批判身心二元论,认为心智思维与身体活动的联系被身心二元论割裂了,也就是割裂了主体与客体的关系。

杜威曾经指出,传统教育把个体和社会完全割裂开来,把学习视为学习者与所学内容之间的对应关系。杜威认为,知识来源于人们的社会实践,相应地,教育也应该依赖于人们的行动。因此,意义或者思想的产生应该离不开社会环境,学习者应该在有意义的情景中,在参与群体的活动中分析材料、建构知识或者经验。这种分析、改变、重塑意义或思想(观念)的手段就是“思维”,而这种“思维”是活动的,而不是静止的。③ 他指出人应该在问题情境中把学习活动视为思维与实践活动的结合。杜威称这种思维为“问题解决思维”。在杜威看来,这种“问题解决思维”中的“经验”不仅是认知性活动、文化性活动,更是社会性、政治性、心理性、伦理性活动。因此,杜威认为学习“经验”是个人的过程,同时也是社会的过程;是心理的过程,同时

---

① [美]D.C.菲利普斯等:《学习的视界》,尤秀译,教育科学出版社 2006 年版,第 62 页。

② [美]D.C.菲利普斯等:《学习的视界》,尤秀译,教育科学出版社 2006 年版,第 64 页。

③ Dewey.J., *How We Think*, Boston, MA: Houghton Mifflin Company, 1998, p.68.

也是政治的、伦理的过程。① 杜威还指出活动不存在某种实体形式，它乃是一种关系性的存在方式，其实质是主体与客体（环境）的相互作用，并认为教学活动即经验的不断生长。经验是一个兼收并蓄的整体，其中既包括了一切"主观"的东西又包括一切"客观"的东西，它具有两层意义。也即是说，经验意味着主体与客体、经验者与被经验的对象或者说有机体与环境的交互作用。对于自然而言，只有在经过了与人这种有机体相互作用后，才能称其为经验。经验乃是个人的、主观的、内在的因素，与诸如物质的、社会的、文化的等环境因素互动的结果，而这种互动就是生活，是实践，是行动。经验从何而来？ 只能是主体与客体的相互作用，这就是学习。

杜威的"学习"是借助同客体相互交往的"工具性思维"以及同他人相互交往的"同环境的交互作用"。杜威谈及人类与动物"同环境的交互作用"的差异时指出，在人类的活动场合中，在"同环境的交互作用"中，作为"经验之经验"的语言和符号对人的发展起着决定性的作用。人类是以语言和符号为中介，与对象展开"工具性思维"，与他人展开"沟通"活动。进而，人类反省性地思考自身的经验，内省自身。也就是说，学习经验的获得不仅需要主体与环境的交互，更需要与客体、他人及自身对话的重叠性交互性的经验。意义的获得不是赐予的，而是通过不断地沟通生成的，即沟通的学习就是实现意义与关系的编织。意义把握是借助活动来完成的，是在与他人的沟通中生成、变化的。学习就是意义，学习就是关系的编织，学习就是活动的过程、社会的过程。

2. 学习是建构自身同他人关系的社会性经验

杜威跟行为主义心理学家华生、桑代克等人关于"学习"的论著是不同的。杜威认为，学习被积极地赋予了人类对于环境的活动性交往意义，并提出了以反省性思维为基础的"探究"学习的概念。由于杜威对"学习"的论述获得了建构意义的"探究"性质，跟动物顺应环境的学习概念有区别，这奠定了人们在社会环境中进行交往活动所使用语言、符号与工具的"工具

_____

① ［日］佐藤学：《学习的快乐——走向对话》，钟启泉译，教育科学出版社 2011 年版，第 12—13 页。

性思维"的基础。人们不是通过对环境刺激的"反射"被动地学习,而是先提出问题,再运用工具挑战环境,最后展开洞察、反思、探究之类的活动,在有意义地建构环境的同时,其实也再重新建构自身的经验。① 杜威主张使用经验的方法来消解主体与客体、心与物之间的对立,把它们作为一个统一的整体来认识。问题解决性思维、反省性思维就是人际交往的社会过程。这种社会沟通交往的社会过程使人能建构意义。也就是说,这种问题解决性思维既是个人活动同时又是社会共同体活动。人通过"学习",不仅建构自己与环境的关系,而且通过这种意义建构的过程,也建构人际关系和共同体关系。

杜威深刻地意识到,学习是以工具为媒介同环境的相互作用。人类学习跟动物学习的不同之处是,学习是以语言符号为媒介的工具性思维与反省性思维的过程。也就是说,人类是以工具性思维和反省性思维为中介在沟通中建构意义,这种认知过程和人际过程具有社会性,并且这种认知性、人际性过程是作为更完善的人格建构自己、学习民主主义伦理的过程。杜威强调学习的社会性,把学校看成是学生行使民主和有机会进行合作来发展和解决问题的场所。教育的目的是个人和社会的成长,因此需要一个学习环境,让学生在其中探究他们感兴趣的事情。"学校"本身就是一个"民主主义胚芽"的社会,并且它必须是"学习的共同体"。② 因此,杜威对"学习"的论述既是学习主体与环境建构的认知性经验,又是自身与他人关系建构的社会性经验。而"学习"这一"经验",具有连续地扩大发展的性质。儿童"学习经验"的形成,应当同科学家的探究关联起来,同社会生活与历史关联起来,使学校成为共享这些"探究"的"共同体",为民主主义社会做好准备。杜威把满足这些要求的学习经验,表达为"有意义经验"(meaningful experience),而这种"有意义经验",正是课程应当组织的学习经验。

3. 学习是在共同体的参与过程中发生的

杜威认为,人类个体天生地是社会性的。对这种造物来说,共同体是自

---

① [日]佐藤学:《学习的快乐——走向对话》,钟启泉译,教育科学出版社 2011 年版,第 29 页。

② ][日]佐藤学:《课程与教师》,钟启泉译,教育科学出版社 2003 年版,第 328 页。

然的,而且共同体是绝对必要而不可或缺的,因为我们需要群体以使自己成为人。在共同体生活中,我们发展我们的人性和个性。"通过学习赢得人性",他指出:"就是通过人际关系的交换沟通,来发展出一种成为共同体中在个体上与众不同的成员的实在感觉;这个共同体理解和重视自己的信念、期望和方法,并且为进一步将有机体的力量转变成人类的才智和价值贡献其力,这个过程'永无止境'。"共同体中的参与对于人类存在的实现来说是必不可少的,因为这种参与使得所有成员的更多样和更丰富的经验成为可能。①

在杜威看来,"个人"与"社会"是相辅相成的概念,不是对立的概念。杜威的本质性概念是"共同体",无论"个人"还是"社会"都是从"共同体"概念中析出的。在特定的个人生存与特定的社会之中,个人的状态同时也是社会的状态,因此,应当克服把"个人"与"社会"对立起来思考的方法。②因为"人们因为有共同的东西而生活在一个共同体内,而沟通乃是他们达到占有共同的东西的方法。为了形成一个共同体或社会,他们必须共同具备的是目的、信仰、期望、知识——共同的了解,并和社会学家所谓志趣相投"③。

杜威强调学校是个"社会"(community),杜威希望学校可以鼓励学生参与有意义的活动,在这些活动中他们要和其他同学一起解决问题。杜威认为,在社会情境中有目的的活动才是达成真正学习的不二法门。教师所有的工作就是"提供情境以刺激思考",并采取关爱的态度。教师必须与学习者一起拥有"共同的经验"(a common or conjoint experience)。无论如何,教师都不可以仅仅告诉学生"这个新观念是很有效的",因为学生可能会通过死记硬背来学习这个新观念,而无法理解这个观念的含义或是了解这个

① 〔美〕拉里·希克曼:《阅读杜威:为后现代做的阐释》,徐陶译,北京大学出版社2009年版,第37页。
② 〔日〕佐藤学:《学习的快乐——走向对话》,钟启泉译,教育科学出版社2011年版,第14页。
③ 〔美〕约翰·杜威:《民主主义与教育》,王承绪译,人民教育出版社2001年版,第5页。

观念和其他观念之间的关联性。根据杜威的说法,学习新观念的最好方法就是"与其他人进行正常沟通"——在沟通的过程当中,学习者会与教师以及同学,在有目的的活动中,或是在共同兴趣的探索下,进行互动。

杜威在《我们怎样思维:经验与教育》一书中谈道:"当学生们组成一个班级,而不是组成一个社会团体时,教师必然是大部分从外部发挥作用,而不是作为人人都参与的交往过程的指导者。当教育以经验为基础时,那么教育经验便被看作是一种社会的过程,这样,情况就发生了根本的变化。教师失去了外部的监督者或独裁者的地位,而成为团体活动的领导人。"①每一个学习的主体既要能够自我发展,同时这一发展又必须依赖于其周围环境中的人与物。在这样的生态系统中,没有中心,没有权威,没有主宰,有的只是相互间的交往合作,共生共在。

4. 学习是发生在交往性框架中的一种过程

杜威认为:"教育,从最广泛的意义上说,是生命实现社会连续性的方式。一个社会群体的组成元素中的每一个人,无论他生于何处,生来就没有信仰、思想。每个人,作为群体中生活经验的承载者的每个单元,都会离开人世,但群体的生命在延续。一个社会群体中每个组成成员的不可回避的出生和死亡,决定了教育存在的必要性。"②在杜威看来,所谓知识、认知、意义、语言,无非是表现同一个对象——认知活动——的不同侧面而已。这是因为,知识的意义就是语言的意义,这种语言是建构意义的社会工具,这种语言的意义就是认知的产物。杜威说,"意义"不是"心理实体",而是"行动的产物"。建构这样"意义"的"语言"的本质,不是现成"精神"的表现,而在与某种合作活动中的人际关系"交往"。③

杜威认为,人的知识起源于人的经验,求知的目的在于解决人们生活中

---

① [美]约翰·杜威:《我们怎样思维·经验与教育》,姜文闵译,人民教育出版社 1991 年版,第 279 页。

② [美]D.C.菲利普斯等:《学习的视界》,尤秀译,教育科学出版社 2006 年版,第 62—63 页。

③ [日]佐藤学:《学习的快乐——走向对话》,钟启泉译,教育科学出版社 2011 年版,第 63—64 页。

遇到的疑难问题,知识就是人与环境交往性的对话的结果,而学习则是以工具为媒介同环境的交往活动。交往与沟通对于意义的形成是极其重要的,学习的认知过程实际上是一个社会性过程。杜威认为,社会不仅通过传递、交往继续生存,而且,社会在传递中、在交往中生存。对于社会生活和教育活动而言,交往使得人们可以相互传递信息和经验,从而形成信息与知识的传播与学习,实现着教育的目标。同时交往活动也使人们获得了共同的意识和价值理念,因为人们通过交往生活不仅传递知识和信息,同时也传递着观念、意识和价值观,形成了共同的道德、价值和理想的追求,而这也促进了人与人之间的紧密联系,促进了共同体的形成。① 通过交往,人们充分地交流着彼此的价值观、目的、期望和信仰,而这正是形成一个共同体的基础,可以说,交往生活不仅促进了共同体的形成,同时也促进了教育关系的形成。在交往生活和共同体的实践中,人们接受了来自不同的人的不同信息和知识,接受了不同的价值观和生活经验的熏陶,从而在知识的传递和价值观的学习中不断地成熟和成长,而这也印证了杜威所言的"教育即生活""教育即生长""教育即经验的改造"。甚至可以说,交往生活本身就是一种教育。②

总之,杜威触及学习的社会属性并强调了两点:一是脱离社会关系的个人,不可能产生任何的经验和教育;二是社会对人行为的影响取决于人所处的社会环境。人只有通过相互沟通、交流才能赋予自己行为意义,才能发生真正意义上的交往。

### (四) 班杜拉的社会学习理论

20 世纪中叶,美国心理学家班杜拉深刻地批判了过分强调实验控制而忽视环境因素对人影响的研究,提出了社会学习理论。他认为人类的学习是通过对榜样的观察与模仿而获得的,是通过形成一定的行为表象来指导

---

① John Dewey, *Democracy and Education*, Carbondale, IL: Southern Illinois University Press, 1980, p.7.

② [美]D.C.菲利普斯等:《学习的视界》,尤秀译,教育科学出版社 2006 年版,第 62—63 页。

自己的操作或行动。① 学习的过程就是文化的传承和再造的社会过程,其离不开人类的模仿行为,意味着这个过程是以人际关系为基础的。也就是说,"学习即模仿"同时也表达了"学习"的社会性。

1. 观察和模仿是人类学习的重要方式

人类社会自诞生时起,就有了学习的社会性之现象。人类学习既有直接学习又有间接学习。人类学习主要是通过直接学习、观察学习和自我学习三种途径发展起来的。班杜拉认为,直接学习的方式是通过反应结果进行学习的,这种反应结果可以传递信息、激发未来行为、强化现行行为,但人类学习并不仅仅局限于反应结果。人类的学习可以不必表现任何行为。学习的发生不必出现任何反应。这就是说,人类能够通过观察来学习,只要通过观察榜样的示范,就能够获得仅靠直接经验行为的任何学习;只要观察者能够观察到他人在特定条件下所表现出的行为及其行为结果,在这种观察过程中,观察者可以不直接进行反应,也可以不亲自体验直接的强化,就可以学会此种行为。

人从出生的那一刻起,就无可选择地生活于社会之中。班杜拉认为,人类大多数的学习是通过观察而获得的,也就是人通过模仿来学习的。学习者观察他人的行为,并把行为信息保存于大脑之中,其目的是为将来而使用。他指出,模仿比通过直接经验学习更有效,因为学习者可以避免无数可能受到的惩罚或不被强化的行为。模仿并不是简单地效仿或模仿所观察的反应,而是对所观察到的行为进行扬弃,这需要从一种观察泛化到另一种观察。所以,班杜拉认为观察和模仿是人类进行学习的重要途径,社会经验的传递其主要是通过年轻人观察和模仿成人的社会实践,或跟随成人直接参加社会生产实践活动而实现的。人类的学习社会性,主要是在社会的交往中,通过对他人行为的观察、模仿而进行的。

2. 学习是以强化为中介的社会性行为

班杜拉认为,人的社会性学习不是生物的本能表现,而是以强化为中介

---

① 施良方:《学习论——学习心理学的理论与原理》,人民教育出版社 1994 年版,第 375 页。

通过直接学习、观察学习和自我学习三种途径来实现的。在人类学习活动中,强化对人的行为起控制和调节作用。强化可以划分为直接强化、替代强化和自我强化。

直接学习主要依靠直接强化,而直接强化是学习者直接接受到外部强化的影响。外部强化没有任何限制,既可以是物质的又可以是非物质的,可以是外在的又可以是内在的,可以是积极的又可以是消极的。观察学习主要是依靠替代强化,而替代强化是通过观察他人行为或者行为结果是否受到奖惩,这种强化也将会影响到观察者的行为动机。自我学习主要是依靠自我强化,人的行为并非仅仅都形成于直接强化或替代强化的环境中。人在发展过程中通过直接学习和观察学习设立或者获得自我评价的标准和能力,形成了人的自我强化的系统,在学习过程中根据自己设立的目标和标准来评判自己的行为以及自己行为是否延续。

人的学习行为受到直接强化、替代强化和自我强化的调控,其实质是学习行为结果对学习行为的影响,这些强化是决定学习行为的结果因素,而决定学习行为的因素不只是学习结果因素。在学习活动中,学习者正是借助于与他人的交往,在直接强化和亲身实践的基础上,通过替代强化和观察学习、自我强化和自我学习获得并发展其社会性行为。

3. 学习是通过自我调节来实现的

班杜拉认为,人的行为是由外在因素和自我生成的内在因素决定的,人具有根据自我的认知框架来评价和调节自我行为的能力,也就是说,人具备通过将个体对行为的预设与行为的现实成果加以对比并进行评价能力,这个能力实现的过程其实就是人自我调节、自己行为的过程。而自我调节需要通过自我观察、自我判断和自我反应三个过程完成自我生成的内在因素对人行为的调节。自我观察是人通过对自己思维模式和行为的特别关注促进自我指导,并依据相关信息确定自我行为是否符合现实行为标准,对自己的行为做出评价。人在行动之前需要确立自己的目标,并以此评判现实行为与目标之间的距离,对自我做出相应的评价,这个过程是由自我判断来实现的。另外,个体通过自我观察和自我判断后,对自己的行为做出评判后产生各种积极或者消极的情感反应,这就是自我反应的过程。

自我调节强调人在个体、行为和环境三个因素交互中具有主观能动作用,说明人具有理性认知和调控自己行为的能力。班杜拉认为,在人的学习中,社会性行为的习得在很大程度上是由于人具有自我调节的能力,自我调节从本质上来说就是行为、个体和环境三种因素的交互作用。自我调节不仅需要自我控制行为技能,还需要在相关情境中操作这些技能的知识与个体动因。① 也就是说,自我调节只有在特定情境下才能被激活并运行其作用,它不是自动发生的。

4. 学习是行为、认知与环境三元交互决定的

为了解释和说明人类学习的社会性,将近一个世纪以来,心理学家对学习问题进行了大量的实验研究。在早期的学习研究中,不管是心理学的行为学派、认知学派还是人本主义学派,都不同程度地探讨行为、认知、环境三个因素之间的关系,其结果不是环境决定论就是个人决定论。班杜拉在批判和继承两种决定论的基础上,提出了自己的三元交互决定论,即强调在学习过程中学习者的行为、认知以及学习环境之间是彼此交互的。学习者的行为受认知因素、其他个人因素和环境因素的影响,而且人与环境的交互作用对学习活动产生决定性影响。

班杜拉认为,行为不是单向受作用于有机体的环境刺激所控制,人也不是单向受内在倾向性所决定。认知、行为和环境三者都是作为彼此交互的决定因素而起作用,并且这些具有决定性的因素是双向交互影响的,这种交互并不意味着对双边影响的程度具有等同性,而是对三元交互起决定因素的个体、行为和环境所起的相对作用会因不同的人、不同的活动以及不同的环境而不同。具体来说,人的行为在某种程度上会改变环境或者创造环境,而改变的环境或者创造的环境又会在某种程度上影响和制约着人的行为。同样,个体的认知因素和其他因素也参与到行为和环境的改变或创造之中,认知因素与行为、环境与行为、认知与环境之间是相互依赖和彼此交互的,学习是个人为应付环境而习得行为模式的过程。

---

① 乐国安、纪海英:《班杜拉社会认知观的自我调节理论研究及展望》,《南开学报》(哲学社会科学版)2007 年第 5 期。

总之,班杜拉是从行为主义出发,在吸收人本主义心理学和认知心理学的基础上,形成了自己独特的社会学习理论。他认为,把人类学习视作通过借助于直接经验和对榜样的观察两种途径进行学习是不够的,因为人类的学习主要是个体主动地与客观世界、主观世界和自我世界通过交往互动掌握人类社会历史经验的过程。在人的行为、个体认知因素和环境关系的考察中,其强调人的行为是外界影响和内部过程交互作用的产物,同时强调环境是决定行为的潜在因素,个体的认知因素和自我调节在学习过程中起着重要的作用,这对学习社会性思想的发展起了重要的促进作用。

## (五) 莱夫和温格的社会实践论

美国吉恩·莱夫与爱丁纳·温格从人类学视角出发对裁缝、军需官、助产士、屠夫和戒酒的酗酒者的学习过程进行研究,深刻反思"学习"的本质。他们认为,知识是个人与社会或物理情景之间联系的属性及其之间互动的产物,而不能把知识视为心理内部的表征;学习不仅仅是个体性的意义建构的心理过程,而更是社会实践共同体中一个社会性的、实践性的、交往性的合法的边缘性参与过程,学习的本质是一种参与的过程和身份的变换。学习不仅处于实践之中——似乎它仅仅发生在某处可以具体化的过程,学习是栖居世界中具有能动性的整个社会实践的一部分。[1] 换言之,学习是一切活动的一个方面的社会实践活动。[2]

### 1. 学习是一个社会性的过程

知识不是一个抽象具体的对象,不是事实,不是一组表征或一件事情,不是心理内部的表征,也不是规则和理论的云集,而是个体与环境交互作用过程中建构的一种交互状态,是个人和社会或物理情景之间联系的属性以及互动的产物,是一种动态的建构与组织,是一种人类协

[1]　J.Lave & E.Wenger, *Situated learning:legitimate peripheral participation* ,Cambridge: Cambridge University Press,1991,p.35.

[2]　J.Lave & E.Wenger, *Situated learning:legitimate peripheral participation* ,Cambridge: Cambridge University Press,1991,p.37.

调一系列行为而去适应动态变化发展的环境的能力。① 莱夫认为,知识在社会情景中才能够理解并获得支持,它是由社会所确定的;而社会情景对人的认知发展既有帮助又有限制,学习者积极参与互动有助于推理和学习。②

学习不是被简单地作为把抽象的、具体的、去情境化的知识从一个人传递或者灌输于他人;也不仅仅是一个个体性的意义建构的心理过程,是发生在具体物质环境与社会环境构成的情境之中共同构建社会知识的过程,更是一个社会性的、交往性的、实践性的,并以差异资源为中介的参与过程。知识在学习过程中被学习者共同所建构,建构的意义同学习者自身的意识与角色都是在学习者和学习情境的互动以及学习者之间的互动过程中生成的,其总是处于一个特定的情境中,并渗透于特定的社会和自然环境中。③所以,学习不是独立于实践,建构的意义也不是与实践和情境脉络相分离,而是在实践和情境脉络中进行协商的。换言之,学习是一种社会性、实践性、情境性活动。没有哪种活动不是社会性、实践性、情境性的。学习是整体的、不可分割的社会实践活动,也是现实世界创造性社会实践活动中完整的一部分;学习是处于共同体中的学习者积极参与共同体的实践,并在实践中建构知识的意义和确认自我的价值。

2. 学习是合法的边缘性参与过程

合法的边缘性参与源于 20 世纪 80 年代莱夫和温格的学徒制研究,他们在利比里亚裁缝店学徒共同体中调查学艺过程时发现,新手在学熨斗之前就已对缝制好的成衣有了整体的了解,随之,他们逐步了解加工成衣的各个步骤,其学习过程慢慢地从共同体的边缘逐渐向中心移动,并不断地学习其所属共同体的文化。换言之,学徒制的过程是新手在某个领域中从边缘

① 王文静:《基于情境认知与学习的教学模式研究》,博士学位论文,华东师范大学教育学院,2002 年,第 22 页。

② J.Lave, *Cognition in practice: Mind, mathematics, and culture in everyday life*, Cambridge:Cambridge University Press,1998,p.56.

③ J.Lave, *Situating learning in communities of practice*, Perspectives on socially shared cognition,1991,(2):63-82.

走向中心的过程,在此过程中个体逐步建构着身份和意义。①

　　所谓"合法",它强调对资源的组织以及对资源的控制。换言之,如果个体不是一名合法的参与者,其将会被禁止接触实践的资源。在实践共同体中,"合法"是指学徒资格的确定,是学习的一个重要条件,对学徒来说,在实践共同体中没有资格可以完全使用共同体的各种资源,还需要一段经验积累的过程。也就是说,"合法"意味着学习者对共同体中所有资源有使用的权力。这里的"合法",实质上就是在实践共同体中的身份问题。"边缘性"一词被用来区分实践中的新手和老手,它描述的是一种状态,即新手的学习者只能不充分地、部分地参与共同体的某些活动,而老手的学习者能够充分地、全面地参与共同体的活动。这里"边缘不单纯指外围的、不重要的,而是指在一个领域中多元的、多样性的、或多或少的参与其中,它是一个有潜力向活动领域更深入的方向前行的位置"②。"参与"强调在知识产生的真实情境中,新手的学习者通过与专家、同伴的交往互动,了解并掌握建构知识的过程和步骤。

　　需要特别强调的是,人类学家认为"合法的边缘性参与"是一个整体性概念,不会衍生出与"合法的""边缘性"和"参与"相对的"不合法的""中心性"和"不参与"的理解,它本身并不是一种教育、教学形式,更不是一种教学策略或教学技术,而是一种分析学习的观点、一种理解学习的方式③。换言之,在真实的情境学习中,新手学习者不是完全地、全部地参与实践活动,而是开始仅仅只是观察他人的操作,到渐渐地参与部分实践活动的讨论、协商和合作,到最后成为实践共同中合法的全部活动的积极参与者。也就是说,合法的边缘性参与强调在实践共同体中,新手学习者由远及近、由外及内、由边缘及中心、由部分参与到全部参与,通过观察、模仿以及实践活动,逐步获得本专业的实践能力。在此过程中,他不是一个游离

---

① 　[美]莱夫、温格:《情境学习:合法的边缘性参与》,王静文译,华东师范大学出版社 2004 年版,第 3 页。
② 　陈向明:《从"合法的边缘性参与"看初学者的学习困境》,《全球教育展望》2013年第 12 期。
③ 　王文静:《人类学视野中的情境学习》,《外国中小学教育》2004 年第 4 期。

于实践活动之外的旁观者,而是直接参与实践活动的参与者或实践者,其身份在不断地变化,即从新手到专家、从模仿者到示范者、从合法边缘性参与者到共同体的核心成员,从知识、技能的接受者和共享者到完善者和创生者。

3. 学习是参与实践共同体的活动

莱夫和温格在 1991 年其《情境学习:合法的边缘性参与》一书中首次提出实践共同体(Communities of Practice)概念,并指出共同体的生产与再生产,学习是实践共同体的合法边缘性参与和学习是参与社会文化的实践的观点。随后,温格在 1998 年《实践共同体:学习、意义和身份》著作中把实践共同体视为学习分析的基本单元,把原来的"合法的边缘性参与"转向"学习—实践—共同体—身份—意义"的讨论。后来,温格在 2002 年《培育实践共同体》著作中强调实践共同体的实践运用,重视实践共同体的知识管理研究,从知识管理的视角强调实践共同体的商业价值。

莱夫和温格认为,共同体并不意味着要同时存在,它有一个明确界定身份的小组,或者存在明显的社会界限。它意味着对一个活动系统的参与,其中参与者共享着理解,知道他们在干什么,以及他们的所作所为在他们生活中意味着什么,对共同体意味着什么,参与者有共同的理解。① 实践共同体是人、活动和世界之间的一系列关系,这些关系是跨时间的,并与其他相切、重叠的实践共同体发生联系。实践共同体是知识存在的内在条件,任何知识都存在于文化实践中,参与到这种文化实践中去。② 而一个实践共同体是由诸多的个体集合而成的,这些个体继承着由共同目标、协商的意义和实践而构成的共同的文化历史传统,他们共享着共同信念、追求着共同的事业。在实践共同体中,新手的身份具有再生性,其再生轨迹为:从旁观者到参与者再到成熟实践的示范者,即从新手到专家,从合法的边缘性参与者到共同体的核心成员。在此过程中,学习者的身份是在真实的实践

① [美]戴维·H.乔纳森:《学习环境的理论基础》,郑太年等译,华东师范大学出版社 2002 年版,第 34 页。

② 李茂荣:《实践共同体概念的转化与反思:基于文本的分析》,《教育学术月刊》2015 年第 7 期。

中产生的,是逐步通过共同体中的实践参与获得身份发展和再生,是与共同体实践意义紧密相关的。①　需要强调的是,身份的形成过程其实质上是一个学习的轨迹,在此过程中,认同和协商交织的机制发挥着作用,具有明显的社会建构性。在生产循环中,通过循环,新手成为老手,实践共同体才可以得以维持。

　　温格认为,相互的投入、共同的事业和共享的全部技能这三个维度或者三个关键特征构成了实践共同体中个体之间的相互作用的过程②(见图2-1)。相互的投入强调共同体成员之间的互动,在其互动中能够产生对某一问题或事物的共享意义,其指标包括持续的共同关系——和谐的或冲突的,共同参与活动的共享方式,信息的快速流动和创新的传播,对所要讨论问题的快速设置,介绍性说明的缺位,对话和互动式仅仅是持续过程的继续等;共同的事业意指参与实践活动的所有成员共同努力一起朝着共同的目标迈进,并分享各自的经验和经历,其指标包括参与者的归属描述的实质性重叠,知晓他人知道什么、他们能够做什么、他们如何能够为事业作贡献,相互界定的身份,评估行动和产品适当性的能力等;共享的全部技能强调共同体中所拥有的共同的固有资源,以及成员之间进行意义协商和学习时所使用的行话和术语等,其指标包括特定工具、表征和其他人工制品,本土化知识、共享的故事、内部笑话和特定笑语,行话和交流捷径以及生产行话的便利,认可的展示成员关系的特定风格,反映特定世界观的共享话语等。换言之,人们参与到社会实践中,需要彼此之间以共同的事业或者共同的目标为目的进行协商社会实践的意义,并且参与者之间会自然而然地形成相互承担责任的关系。随着社会实践活动的升华,个体参与共同体实践会产生共同体成员共享的具体细化的实践、符号和人造物,即知识创生。

　　总之,莱夫和温格的社会实践论从最初的"情境学习"变成了"实践共

①　[美]莱夫、温格:《情境学习:合法的边缘性参与》,王静文译,华东师范大学出版社2004年版,第译者序5页。
②　赵健:《学习共同体——关于学习的社会文化分析》,华东师范大学出版社2006年版,第81页。

**图 2-1　实践共同体的相互作用过程**

同体"，从"合法的边缘性参与"变成了"学习、意义和身份"再到"实践共同体的实践运用"，实践共同体经历了从作为一个"启发性装置"或分析性视角到理论的转变，从理论到运用的转变，即把实践共同体视为一种获得社会性学习的分析视角，转向把实践共同体视为一种组织中解决问题和意义制造的手段或工具——它能够被用来生产特定的结果，即知识创生与学习。①

### （六）吉尔根的社会建构论

美国社会心理学家吉尔根（Kennth J.Gergen）是社会建构论的主要代表人物，其从多学科研究领域中汲取营养，先后问世的主要代表作有《朝向社会知识的转变》《现实与联系：社会建构探秘》《社会建构的邀约》，并提出了独特的社会建构论。他试图揭开了传统知识论的症结，反对传统的经验论和逻辑实证主义，彻底抛弃了二元论的传统，从微观社会关系层面来消解二元论，转而分析人的语言，并指出语言是其观点的核心概念，语言是学习媒介的表达，学习即对话或会话。

1. 知识是社会建构的产物

知识不是一种科学发现，不是现实的"映像""表征"或"表象"，而是一种建构，这种建构并非个体性的建构，而是社会性的建构。知识的生产过程不是对客观世界的被动反映，不是个体理性决定的，而是一个能动的社会生

---

① 李茂荣：《实践共同体概念的转化与反思：基于文本的分析》，《教育学术月刊》2015 年第 7 期。

活中的人际互动的过程,是一种文化历史的过程,是社会协商和互动的结果。① 正如吉尔根所言:"我们所欲经历的这个世界,它自身并不能给出一套让我们对其进行理解的概念术语。我们所具有的关于这个世界的知识不是归纳法的产物,也不是假说——演绎法的产物……我们据以理解这个世界的概念术语是一种社会性的人造品,是人们在一定历史环境中相互交往的产物。"②

吉尔根主要强调知识的社会属性,认为知识不是客体在蜡块上的痕迹,不是反映事物本质的"自然之镜",不是通过客观方法所谓的"发现",而是蕴含着一定主观因素,是认知主体在特定社会环境中通过对话、沟通与协商共同建构的或者达成的妥协。③ 知识是社会建构的产物,知识就是在学习者进行他人所知的建构活动中获得。在其建构的过程中,特定的社会文化历史条件决定了知识形成的类型以及知识的性质。知识并非某种客观的、静态的、中性的东西,而是社会文化的产物,是一种文化建构,它反映了特定文化的价值。④ 所以,知识根本不存在于个体内部,而是属于社会的,它以文本等语言形式存在,所有的人都以自己的方式解释文本的意义。⑤

2. 语言是知识积累、传递与表征的方式

吉尔根强调社会对个体发展的影响,彻底与知识的外源论和内源论决裂。他的关注点既不是把知识的起源置于外部客观世界,知识是外在事件的复本,也不是知识产生过程中主体固有范畴和形式的作用,而是语言。语言是知识的文化积累、传递与表征的方式,对任何领域中任何问题的表征都需要经过社会的交换、协商与约定过程,即社会性的相互转换,才能获得合

① 叶浩生:《社会建构论与心理学理论的未来发展》,《心理学报》2009 年第 6 期。
② K. J. Gergen, *The Social Constructionist Movement in Modern Psychology*, American Psychologist, 1985, 40(3):266—275.
③ 高盼望:《社会建构论解释教学现实的意义与限度》,《电化教育研究》2014 年第 9 期。
④ 叶浩生:《第二次认知革命与社会建构论的产生》,《心理科学进展》2003 年第 1 期。
⑤ 辛自强:《知识建构研究:从主义到实证》,教育科学出版社 2006 年版,第 50 页。

理性。语言之所以能够获得合法性,并不是它们反映和描绘世界的能力,而是能通过社会的交换过程进行语言意义的建构。①

语言的意义是基于情境的。语言并不代表个人看法或思想的表达,也不反映或描绘一个独立的世界,而是语言与指代物之间关系是存在于社会互动中的约定,这种约定根植于特定的社会历史环境,在特定语境中发展起来。任何主张或理论一旦离开了其特定的外部环境都毫无意义,就不能告知他人它所适用的条件。其意义不仅是基于情境的,且是通过社会性的相互依赖而获得的,这意味着,意义的产生和形成不是个人所建构的,而是多人共同努力的结果,意义的获得是基于共同体中各成员间的交流或对话来实现的。② 语言只有存在于社会关系的共同体中,其意义才能产生合理清晰的表达。而社会关系的范型是协商、合作、冲突、修辞、礼仪、角色和社会场景等。

因此,语言的意义存在于社会性互动中,其功能是社会性的,所有语言都只能在某种共同体中获得和呈现自身的意义。语言不是事实的运载,对语言的理解不能脱离使用语言的语境,其主要服务于社会功能。在社会互动中,语言被用来执行我们的行动,其他人则依据现场制定"游戏"规则对这些行动作出反应。③

3. 学习是对话或会话

吉尔根在 1995 年使用"对话"去衡量学习的实效性。他提出了一个学习的隐喻:对话。从学习即对话隐喻来看,知识被视为伴随着对话的进行而不断被生产出来的东西,换言之,在对话发生时知识在不断地产生着。人如果想要变得富有知识,就必须在某一确定的时空中,处于某一正在进行的对话关系中占据某一确定的位置。④ 知识的东西就是对话空间中的暂时定

---

① [美]莱斯利·斯特弗等:《教育中的建构主义》,高文等译,华东师范大学出版社 2002 年版,第 19 页。

② 高文、裴新宁:《试论知识的社会建构性——心理学与社会学的视角》,《全球教育展望》2002 年第 11 期。

③ 辛自强:《知识建构研究:从主义到实证》,教育科学出版社 2006 年版,第 49 页。

④ K.J.Gergen, *Scocial Construction and The Educational Process*, *Constructivism in education*, New Jersey:Lawrence Erlbaum Associate,1995,pp.30-31.

位,可以说是话语的范本,这些范本被赋予"富有知识的谈论"(knowledgeable tellings),其实质上是对话的某些片段在对话空间中某一时刻暂时定位。

　　吉尔根认为,要激活对话关系,就要用具有实践意义的主题去发展对话的意义,就要停止对个人的指责,寻求与自己有关的责任,积极肯定他人与表达自我,共同建构,欢迎多元声音加入对话中来,并进行自我反省。① 只有这样的对话,才能具有创造出光明世界的力量。对话关系可以发生在学习者与指导者、学习者之间以及学习者与环境之间。意义生成于对话,在对话实践中进行意义共享,其重点强调在差异中共存、共享,这是由于人们处于不同文化环境中,对同一事物有着不同的理解。有时,这种不同的理解很难达成一致,而应该通过对话,使得人们能够理解这种不同,并考虑实现容忍和理解差异的可能,异中求同,同中求异。正如吉尔根所倡导的此种对话是"具有变化力的对话",此种对话不是决定"规则",而是在理解的基础上,保存多样性和差异性,切实地构筑多样化的实践样态,让人们根据情境去选择对话的方式。这种样态不是固定不变的,其意义会随着时间的变化而变化,或者因添加新声,而使样态自身也发生变化和扩容。②

　　吉尔根认为,作为普通人,我们的真实是依靠我们对话的方式构建起来的,这种方式存在于维持我们相互之间日常交流的生活传统之中。我们必须创造能进行不同传统间之共同基础的"对话"。处于可持续的"生活传统"中对话的方式才是中心,正是这些对话方式组成了我们的经验。因为,对话本身提供的不是"心智表征",而是可以形成意义、发现已有意义符号的"心理工具"。③ 只有这样,才能重新获得对世界的理解,并不断生成新

---

① 高文、裴新宁:《试论知识的社会建构性——心理学与社会学的视角》,《全球教育展望》2002 年第 11 期。

② 沈晓敏:《对话教学研究》,北京师范大学出版社 2014 年版,第 12—13 页。

③ 高文、徐斌艳、吴刚主编:《建构主义教育研究》,教育科学出版社 2008 年版,第 91 页。

的理解和创造力。① 这就是语言的对话功能,语言只有通过"对话"才能获
得并发展其意义,它能够激发和生成不断"流淌着"的集体协商认可的
意义。

总之,吉尔根的社会建构论不仅将知识视为社会建构的产物,也被视
为共同体互动、交流和协商的结果,它以文本语言等形式存在。他试图从
语言的性质出发,指出语言不是客观事物的反映,语言的意义是在社会文
化关系之中产生的。语言是知识积累、传递和表征的形式,而知识就是在
学习者进行他人所知的社会建构活动中通过对话而获取的,它不单是一
个解释框架和分析框架,更是被当作一种信念,一个共同体的承诺,即学
习即对话。②

表 2-1　学习的"社会性"理论

| 理论视角 | 学习的内涵 | 关注焦点 | 代表人物 | 时间 |
|---|---|---|---|---|
| 发生认识论 | 学习是主体与客体之间的相互作用 | 个体内部的意义建构过程与机制 | 皮亚杰 | 20 世纪中后期 |
| 社会文化论 | 社会文化是学习的源泉 | 学习是与由社会性构成的世界相互间的交往 | 维果斯基 | 源于 20 世纪 30 年代,风靡于 20 世纪 80 年代 |
| 社会共同体 | 学习是在共同体的参与过程中发生的 | 以工具为媒介同环境的交往活动 | 杜威 | 20 世纪中叶 |
| 社会学习理论 | 学习即观察,学习即模仿 | 认知、行为与环境相互交互 | 班杜拉 | 20 世纪中叶 |
| 社会实践论 | 学习是实践共同体中合法的边缘性参与过程 | 个体与社会实践之间的关系 | 莱夫、温格 | 20 世纪 90 年代 |
| 社会建构论 | 学习是对话或会话 | 语言在社会情境中的意义和功能 | 吉尔根 | 20 世纪 90 年代 |

---

① 沈晓敏:《对话教学研究》,北京师范大学出版社 2014 年版,第 12 页。
② 高盼望:《社会建构论解释教学现实的意义与限度》,《电化教育研究》2014 年第
9 期。

综观西方学习社会性思想的理论体系,我们可描绘出西方学习社会性的理论图谱(见表2-1)。在20世纪中叶,学习的主要隐喻是"学习是知识建构",强调学习是知识建构和意义制定的过程,而不是知识的接受和吸收的过程,而知识的建构和意义的制定是学习者在已有知识和经验的基础上主动理解和探索进行的,学习者是意义的确定者。20世纪中后期,皮亚杰、维果斯基、杜威和班杜拉等思想逐渐在世界传播并产生了重大影响,在这些人思想中逐渐凸显出"学习是知识的社会协商隐喻",强调学习者的知识建构与认知发生于社会与学习的文化情境之中,学习具有社会性,意义建构总是发生在一定的社会之中,知识和认知活动分布于知识存在的文化与历史之中;学习具有情境性,学习是受其所发生的情境调节的。20世纪后期,莱夫、温格等人关注情境认知与学习、关注普通人日常认知和从业者的认知以及学徒制,提出了"学习是实践共同体的参与",与其所在环境、环境中的物质和人力资源进行积极互动、意义建构的同时发展身份认同,并强调实践共同体中学习者的社会参与,从而将参与视为学习的主要成分。社会建构论的吉尔根关注语言在社会情境中的意义和功能,语言是知识积累、传递和表征的形式,语言的意义制定是学习者在特定社会文化环境中与他者进行对话而获得的。

## 三、我国学习社会性思想谱系

学习是每个社会人都必须参与的个体活动与社会群体现象,是任何人、任何社会都不可缺少的生存与发展的前提。我国学习思想是发展中华文化、造就我国古老文明的基础和动力源泉。[①] 中华民族每一次重大进步,都离不开学习,离不开学习思想的升华和发展。正如著名学者杜维明所言:没有学习,儒家文明就不可能延续,儒家文化是一个学习文明。[②] 我国古代的

---

① 乔炳臣、潘莉娟编著:《中国古代学习思想史》,人民教育出版社1996年版,第5页。
② [美]杜维明:《走向普世价值的儒家伦理》,山东大学出版社2005年版,第36页。

思想家和教育家,在儒家文化的主流价值观下,凸显教育的"化民成俗"的社会目的,即通过社会教化而实现人文、伦理、道德及其规范的个体内化。因此,追寻我国教育中学习的社会性思想,乃是对我国教育思想的一种新挖掘和新探析。

## (一) 先秦时期学习社会性思想的滥觞

我国学习思想的起源与发展,可追溯到远古至先秦时期。纵观先秦学习史,自"圣本"与"民本"学习思想出现后,我国的学习思想才得到了空前的繁荣与发展。① 在"以学为本"的思想推动下,形成了诸侯国各自为政、各自为教的社会特征,从而促进了阶级进一步分化,政治进一步动荡,也引起了一场思想上的大变革。尤其"私学"的普遍建立,为士阶层与平民创造了从学而入政的有利条件,一些有作为的知识分子,为了实现自己的理想和抱负,利用讲学、游说机会,极力宣扬自己的政治主张和思想意识,扩大势力范围,这对思想解放与学术发展,都起到了推波助澜的作用。特别是百家争鸣,不仅造就了一大批闪烁智慧光芒的私学大师与著名学派,而且也推动了人们重学思想的极大发展。在这一时期的文化典籍中,不但《老子》《论语》《墨子》《孟子》《荀子》《管子》《吕氏春秋》等书中记载了大量的学习思想和具体资料,而且还出现了像《劝学》《修身》《解蔽》《弟子职》等专门论述以学习为主的篇章,孕育了《大学》《学记》等学习论名篇的诞生。可以毫不夸张地说,先秦学者论述的学习思想,为我国学习的社会性思想发展,奠定了坚实的基础。

1. "仁"与"礼"是人的社会属性的要求

孔子作为我国古代伟大的思想家、教育家,毕生致力于教育人的事业,对人的教化问题,提出了许多精辟的见解。孔子认为,人的先天素质差别是很小的,由于教化的不同和环境的习染,才造成人性与人的个性的差别。

---

① 乔炳臣、潘莉娟编著:《中国古代学习思想史》,人民教育出版社 1996 年版,第 29 页。

"性相近也,习相远也。"①基于对人性的这种认识,孔子首次提出了要加强儿童早期教化的理论。孔子曰:"少成若天性,习惯之为常。"②他不仅注重教化中"教"的方面,而且十分注重"化"的方面,重视习惯的养成。

孔子提倡"仁"与"礼"相结合的社会教化目标。"仁"是学人群相处之道,是人性的自然流露,"仁"强调处理好人与人之间的关系。"礼"是社会规范对人的要求,体现人的社会属性。可见,孔子的"仁""礼"要求其实是为实现人的社会性,人必须既具有"仁"又具有"礼",达成"仁"与"礼"的结合。

孔子曰:"古之学者为己,今之学者为人。"③《论语·宪问》"为己"并不只是考虑自己,不考虑他人④,儒家向来认为,人生来就要进入现实社会,不可能囿于个体世界,人要学习各种各样的知识文化,要学习处理人与人之间的关系,正是在这个意义上"礼"作为规范才显得必要。"为己"是针对为他人而言的。朱熹引用程子的话说:"为己,欲得之于己也。为人,欲见知于人也","古之学者为己,其终至于成物。今之学者为人,其终至于丧己。"⑤"为己"是提高自身素养成就理想人,"为人"是希望博得好名声,二者出发点截然不同,但"为己"蕴涵着"见知于人"这种结果,这正是孔子说"不患人之不己知,患其不能"⑥⑦的依据所在。孔子"仁"与"礼"相结合的思想是他思想体系的核心,他把"仁"提高到哲学的高度,并赋予其最高的伦理范畴极其广泛的意义,这成为儒学的基础。

2. 学习需要学习者群体的相互作用

学习活动不仅需要主观努力,而且还需要志同道合的学习者群体的相

---

① 《论语·阳货》。
② 《大戴礼记·保傅》。
③ 刘宝楠:《论语正义》,上海书店1986年版,第147页。
④ [美]杜维明:《道、学、政:论儒家知识分子》,钱文忠译,上海人民出版社2000年版,第32页。
⑤ 朱熹:《四书章句集注》,中华书局1983年版,第155页。
⑥ 刘宝楠:《论语正义》,上海书店1986年版,第147页。
⑦ 《论语·宪问》。

互作用,比学赶帮,从而共同进步。《论语·学而》开篇:"学而时习之,不亦说乎? 有朋自远方来,不亦乐乎? 人不知而不愠,不亦君子乎?"这段话暗含了学习者与世界(客观、主观、自我)的关系。孔子曰:"《诗》云:'如切如磋,如琢如磨'。"①他倡导学习者之间要经常商讨、辩论,切磋学问,形成良好的学习氛围。孔子曰:"择其善者而从之"②,劝勉年轻学子要主动组建一个好学上进的学习群体,大家切磋琢磨,学习进步更快。孔子也指出了"择善"的标准是:"益者三友,损者三友。友直,友谅,友多闻,益矣;友便辟,友善柔,友便佞,损矣。"③即要正直、诚实、见识广博。孔子曰:"视其所以,观其所由,察其所安。"④通过观察结交朋友的做事方式,判断其有无进取心,去"择善从之"。在孔子看来,择善从之,切磋琢磨,之所以能促进学习者取得较快的进步,其原因是榜样学习、模仿学习、社会学习的作用。正如孔子所说:"见贤思齐焉,见不贤而内自省也。"⑤孔子曰:"鸟兽不可与同群,吾非斯人之徒与而谁与?"⑥这说明孔子已经意识到人类生活就是群体生活,以此推导出人的社会性是人的社会属性。"良弓之子,必先为箕,良冶之子,必先为裘"⑦,古贤的智慧中就已蕴含了学习即参与群体活动的内涵。

　　荀子曰:"人能群,彼不能群也。"⑧荀子指出教育对于保证人之群体实现的重要性,人类要生存与发展,就必须成群,但其中也存在着危害人类群体的纷争,"人生而有欲",就"不能无求,求而无度量分界,则不能不争"⑨。荀子提出"为之制礼义以分之","明分使群"⑩,使人各守其分,改造人的本

---

① 《论语·学而》。
② 《论语·述而》。
③ 《论语·季氏》。
④ 《论语·为政》。
⑤ 《论语·里仁》。
⑥ 《论语·微子》。
⑦ 《列子·汤问》。
⑧ 《荀子·王制》。
⑨ 《荀子·礼论》。
⑩ 《荀子·礼论》。

能,养成群体意识。这一过程同样也适合于教育过程,教育是通过个体的学习来实现的,个体如果在群体的学习环境中学习将会取得显著的成效。荀子认为"学莫便乎近其人"①,倡导"隆师而亲友"。他认为:"得贤师而事之,则所闻者尧舜禹汤之道也;得良友而友之,则所见者忠信敬让之行也。身日进于仁义,而不自知也,靡使然也。"②只有受高师指教,并与良友切磋,才能使自己的学识和品德日臻完美。③"隆师而亲友"是由人的社会属性决定的。人是社会性动物,人是一切社会关系的总和。人与人之间总会相互联系、相互影响。荀子曰:"不如其子,视其友;不知其君,视其左右。"④强调学习的群体性对学习者的影响,他建议选择有益于自己学习的群体。他认为:"非我而当者,吾师也;是我而当者,吾友也;谄谀我者,吾贼也;故君子隆师而亲友,以致恶其贼。"⑤荀子重视环境对学习的影响。荀子指出:"君子居必择乡,游必就士,所以防邪辟而近中正也。"⑥"蓬生麻中,不扶而直;白沙在涅,与之俱黑。"⑦总之,荀子是从学习的社会环境以及学习的群体性,即学习的社会性来阐述环境对人发展的影响。

3. 倡导交往合作的学习方式

在《公冶长》中详细地记载着孔子与其弟子们进行思想交流的对话,如"颜渊、季路侍。子曰:'盍各言尔志'? 子路曰:'愿车马衣轻裘,与朋友共,敝之而无憾'。颜渊曰:'愿无伐善,无施劳'。子路曰:'愿闻子之志'。子曰:'老者安之,朋友信之,少者怀之。'"孔子还列举了自己与学生卜商交往的例子以明此理:"绘事后素。起予者商也,始可与言《诗》已矣。"⑧孔子强调跟学生进行交流时要以平等的态度对待学生,不能以师者自居,因为"三

---

① 《荀子·礼论》。

② 《荀子·礼论》。

③ 申国昌、史降云:《中国学习思想史》,科学出版社 2006 年版,第 59 页。

④ 《荀子·性恶》。

⑤ 《荀子·修身》。

⑥ 《荀子·劝学》。

⑦ 《荀子·劝学》。

⑧ 《论语·八佾》。

人行,必有我师焉"①。在师生关系上,孔子强调建立亲如子的和谐融洽的关系,他出于"爱之""忠焉",本着"己所不欲,勿施于人"的教育思想。

孔子还强调学习需要合作,要乐于交游,善于交游,在《论语》中翔实地记载了孔子与其弟子子贡论诗的情景。子贡曰:"贫而无谄,富而无骄,何如?"而孔子曰:"可也;未若贫而乐,富而好礼者也。"子贡又曰:"诗云:'如切如磋,如琢如磨,其斯之谓与?'"孔子又曰:"赐也,始可与言诗矣,告诸往而知来者。"②孔子与子贡论诗的过程被视为师生交往、合作和对话的过程,体现了学习的社会性。子路曾问孔子:怎样的人才称得上是"士"?孔子答曰:"切切偲偲,怡怡如也,可谓士矣。朋友切切偲偲,兄弟怡怡。"(《子路》)孔子认为师友之间要互相切磋学问、交流思想、互勉共进。学习就是乐交师友,乐交师友就是学习,正如《礼记·学记》所云:君子"安其学而亲其师,乐其友而信其道,是以虽离师辅而不反也"③。孔子之"学"是"在人际关系中形成的","在自己和他人","尤其是在朋友的关系中发生的"④。

4. 对话是学习的一种重要形式

作为儒家学派的经典著作《论语》是由孔子门生及其再传弟子辑录的孔子以及一些门生的言行而汇编成的。它记录了孔子谈话、孔子答弟子问、弟子之间的相互讨论以及弟子对孔子的回忆等,其中弟子当面请教,孔子直接回答,这种"对话"内容几乎占了全书的大半部分,《论语》实际就是用精练对话的形式写成的。而其中《论语·子路曾皙冉有公西华侍坐》篇就是典型的围绕孔子问"志",与学生言"志"展开的对话。如子曰:"以吾一日长乎尔,毋吾以也。居则曰'不吾知也!'如或知尔,则何以哉?"子路率尔而对曰:"千乘之国,摄乎大国之间,加之以师旅,因之以饥馑;由也为之,比及三年,可使有勇,且知方也。"夫子哂之。"求!尔何如?"……孔子在与弟子的对话中产生了交互主体的关系,寓教学于对话之中,通过对话而使学生有所

① 《论语·述而》。
② 常国良、金林祥、于珍:《孔子的创新学习思想探微》,《船山学刊》2008 年第 3 期。
③ 易思平:《从〈论语〉之"游"说孔子的快乐学习观》,《教育评论》2016 年第 10 期。
④ 夏可君:《论语讲习录》,黄山书社 2009 年版,第 37 页。

悟。所以,教学不是简单地传递知识的活动,而是一种有生命的相互活动。另外,孔子自身在教学中也非常重视对话教学的形式,如"不愤不启,不悱不发",在教学中善于对学生循循善诱,通过与学生进行有效对话,反复启发以实现"启"与"发"的目的。当时"对话"不仅是人们之间互相认识、讨论、情感交流的重要形式,也是学者们的学习方式、思维方式与论证方式。[1]

5. 道德修身是为学的根本所在

孔子强调学的根本在于道德修身。在《里仁》中强调:"夫子之道,忠恕而已矣。"孔子指出应该从自身的道德修身推及对社会的责任,学习应该与自身的修身结合起来,学习与修身是相互促进的关系:学习促进修身,修身有助于学习。如《学而》中所述:"贤贤易色,事父母,能竭其力。事君,能致其身。与朋友交,言而有信。虽曰未学,吾必谓之学矣。"师友之间可以"忠告而善道之"[2],可以切磋交流,互相促进道德学问的提高。《季氏》云:"益者三友","友直,友谅,友多闻,益矣。"《里仁》云:"见贤思齐焉,见不贤而内自省也。"孔子认为与贤人君子交游,可以耳濡目染,感同身受,自己会变得高尚完善起来,"所谓如入芝兰之室,久而不闻其香,即与之化矣。"[3][4]孔子强调以经典的文化知识《诗》《书》《礼》《乐》为教学内容,使学生得到全面的修身。在文化修养上,"子以四教:文、行、忠、信。""兴于诗,立于礼,成于乐"[5],这说明孔子非常重视培养学生的个性品格和社会品质。

孟子虽然继承了孔子的"知天"的认识论,但孟子曰:"知其性,则知天矣。"这个"天"其实就是现在所说的社会环境、条件和机遇等,或者称之为"社会性"。孟子把"知性"与"知天"联系起来,以"尽心——知性——知天"的逻辑关系来把握性与天道的关系。实际上表明了这样一个观点:人性的伦理和道德(善)是为"社会性"(客观存在的社会关系)所规定的。孟

---

① 李森、伍叶琴主编:《有效对话教学理论、策略及案例》,福建教育出版社2012年版,第90页。
② 《论语·颜渊》。
③ 《孔子家语·六本篇》。
④ 易思平:《从〈论语〉之"游"说孔子的快乐学习观》,《教育评论》2016年第10期。
⑤ 《论语·泰伯》。

子把性与心相联系,以心为主体道德意识、情感,以性为仁义道德理性,把"心"和"性"结合起来,心性是本心与本性、道德与伦理、意志与境界的关系。①

荀子把"学习"视为人类最广泛的一种实践活动,并指出人类的学习有别于动物的学习。荀子认为学习是:"可学而能,可事而成之在人者,谓之伪。"②"伪"就是人类广泛的学习活动。荀子认为,学习首先需要修养品德气质,才能持之以恒,从而实现完全而纯粹的精神境界。荀子曰:"问楛者,勿告也;告楛者,勿问也;说楛者,勿听也。有争气者,勿与辩也。故必由其道至,然后接之;非其道则避之。故礼恭,而后可与言道之方;辞顺,而后可与言道之理;色从而后可与言道之致。故未可与言而言,谓之傲;可与言而不言,谓之隐;不观气色而言,谓之瞽。故君子不傲,不隐,不瞽,谨顺其身。《诗》曰:'匪交匪舒,天子所予。'此之谓也。"③从这段话我们可以看出,荀子关于学习者之间进行交流的观点,已经在孔子的基础上有所发展。他指出不能盲目地进行交流切磋,要根据有一定的原则去选择学习交流的对象和内容。

通过梳理先秦时期关于学习社会性的思想,我们可以看出,先秦时期的教育家、思想家倡导社会教化的目标是"仁"和"礼"的统一,这既强调要处理好人与人之间的关系,又强调人的行为必须符合社会规范,也就是说,人的发展首先要实现自然人向社会人的转变,使人具有社会属性。在学习过程中,强调学习的根本在于道德修身,学习者群体对学习有重要的影响,并指出通过相互交流进行更好地学习,这些关于学习的思想已经体现出学习活动具有一定的社会属性。

## (二) 秦汉魏晋南北朝时期学习社会性思想的拓展

秦王朝统治时期很短,实行法治耕战政策,注重富国强兵。为了建立并

---

① 张立文:《儒学意蕴新析》,《现代哲学》2001 年第 1 期。
② 《荀子·性恶》。
③ 《荀子·劝学》。

巩固中央集权,秦始皇除了建立一套对我国封建社会产生极为深远影响的封建官僚机构之外,在文化教育上也实行了一系列统一的措施,这对我国人才培养与教育曾发生过极大的影响。两汉各代,在"独尊儒术"文教政策思想指导下,相继建立了一系列为社会制度服务的、具有一定规模的文教制度。魏晋南北朝各代统治时间短暂,基本上是处在不断分裂与战乱中。这时期,由于社会矛盾更加尖锐复杂,新出现的儒道兼综、以道家为主的玄学占了上风,形成了玄、儒、道、佛四家互相斗争、互相吸收并逐渐趋于调和的状态,因而,人们在学术思想和社会意识上,也出现了比较复杂的认识。

1. 肯定"学"在教育过程中的主体地位

《学记》是西汉戴圣所编《礼记》四十九篇中的一篇。它是以先秦儒家学派的"学本论"思想为主的专著,共 1200 多字。有人说它是以论述教与学的关系为主的,其中不乏强调教必须依据学的原则、方法和规律,有针对性地教学,才能取得良好的教学效果。也有人认为它是论述学校教育的重要性,但它命名《学记》而非称之为《教记净》或《育记》,作者是有良苦用心的,它与先秦诸子的重学思想分不开。具体来说,《学记》曰:"玉不琢,不成器;人不学,不知道。"强调了"学"的重要意义和作用。《学记》不承认人的知识和才能是天生就有的,而是经过后天学习获得的。学习在从师外还要重视交友,《学记》曰:"一年视离经辨志,三年视敬业乐群,五年视博习亲师,七年视论学取友,谓之小成。"①《学记》把"亲师""取友"作为学习的重要内容。

《淮南子》是在汉初淮南王刘安主持下,"招致宾客方术之士数千人"集体所作。它运用朴素的唯物主义和辩证法思想,对学习思想进行了较详细的论述。尤其书中强调了学习的重要性,认为通过学习可以补救一个人的不足,可以继承和发扬文化遗产,获得有用的知识,"教顺施续,而知能流通。"强调知识的获得要通过学习,而不由天赋的智慧。

2. 学习具有务本的广阔领域

学习思想发展到汉代,重视人的自身学习与修养,发挥人学习的主观能

---

① 孙希旦撰:《十三经清人注疏·礼记集解·学记》(中册卷36),中华书局 1989 年版,第 969 页。

动性,肯定"学"在人的一切活动中的主体地位的"学本论"思想,已成为当时思想家、教育家和学者们的共识。他们认为,一个人要真正达到成才与发展的目的,就必须在修身、重道、务本、求学方面下苦功夫。于是,这时期的很多学者,都曾围绕如何"修身""务本""建本""为善"等学习问题发表了许多见解,这大大发展了先秦学者的"学本论"思想。"君子终日乾乾进德修业者,非直为博己而已也,盖乃思述祖考之令问,而以显父母也","学也,禄在其中","是故工欲善其事,必先利其器;士欲宜其义,必先读其书"①。说明学习是使人光宗耀祖、飞黄腾达、获得才能的重要手段。

东汉班固认为:"学之为言,觉也,悟所不知也。故学以治性,虑以变情。故玉不琢,不成器;人不学,不知道。"②意思是说,学习就是为了使人从愚昧变为觉醒,领悟所不懂的东西。通过学改变人的自然属性,通过思虑改变人的情感意志。学习就像对玉石进行加工制作一样,玉不经加工制作是无用的东西,而经过人的加工改造,璞玉成金,就成了无价之宝,人人喜爱的珍奇异物。同理,人若不学,就不懂人生之道,也没有人生的价值存在,这说明学对人的成才与发展有重要作用。

3. 习染是学习重要的条件

习与染,是从学习实践和学习环境对学习的影响来说的。人生活在社会中,既不能没有学习实践,也不能脱离环境和教育的影响。因此"习染"就构成了学习与发展的重要条件。西汉董仲舒曾说:"今万民之性,有其质而未能觉,譬如瞑者待觉,教使之后善。当其未觉,可谓有善质而不可谓善,与目之瞑而觉,一概之比也。"③人世间的黎民百姓,都有其自然形成的本性,只是没有得到发展而已,好比人有眼睛闭着一样,睁开即可见到光明;只要对他们进行教育,都可使其变成善良者。

千百年发展而来的文明史,任何初生之人都不可能重走一遍,只有经过学习、继承、借鉴前人积累的知识经验成果,才能进行新的发展、创造,

---

① 《潜夫论·赞学》。
② 《白虎通·辟雍》。
③ 《春秋繁露·深察名号》。

进入更新的文明。东汉王充曾提出了"学古今之事""通百家之言"的学习要求。"学古今之事",是继承借鉴已有的知识、技能和智慧;"通百家之言",是集众人之智、之能、之长于一身,为发展创新找出路。这说明王充已非常明确地认识到继承、发展和创新对学习的影响,这是非常有远见的学习思想。

自西汉私学和太学大力发展之后,学校对入学者的资格和年龄都没有严格限制,这就使更多的人得到学习深造的良好机会。特别是汉代学风大兴,使很多人养成了"明本源,防伪冒"的良好风气,形成一种"重是非,不畏权势"的严格治学精神。到了东汉,又出现了许多兼通古今、融合百家的通儒。他们广采众说、编注各经,自出新意、著书立说,自成一家之言。

纵观秦汉魏晋南北朝时期关于学习社会性的思想,我们可以看出,这一时期进一步强化了在人的教化过程中学习的主体作用;强调从师和交友对学习的重要性;强调学习对人发展的作用不仅仅是修身,而应该具有更广阔的领域;强调学习实践和学习环境对学习的影响,这是对先秦儒家学派关于学习社会性的思想拓展。

## （三）隋唐宋时期学习社会性思想的发展

在我国封建社会长期而缓慢的发展过程中,隋唐宋是一个很重要的历史发展时期,在学习思想的发展方面也不例外。在学术思想方面,更值得提出的是,理学已成为当时学术思想发展的主流。理学是一种哲理化的、精致的、富有思辨性的思想体系,它对自然、社会和人生等问题都做出了全面而系统的解释。理学家所论述与关心的问题,大部分都与人的学习修养有关,其中有不少文章和著作,都是专门论述学习问题的。

### 1. 学习的实质在于"致知力行"

隋唐宋时期的学者发展了先秦、两汉、魏晋南北朝时期学者关于学习的含义。提出学习的实质在于"致知力行",学习是一个从"未知未能"到"求知求能",进而由"求知求能"到"行之不已"的过程。北宋关学学派创始人张载把"行"作为学习的重要内容。张载认为:"诵诗虽多,若不心解而行之,虽授之以政则不达,使于四方,言语亦不能,如此,则虽诵之多,奚以为?"①他认为,若不理解、领会书中的意思,去从政则不能达于四方,出外应对使节,语言也跟不上,这样的学习,即使会背诵很多的经书,又有什么用呢?因此,他把人的学习能力分为几等:"闻而不疑则传言之,见而不殆则学行之,中人之德也。闻斯行,好学之徒也;见而识其善而。"②

南宋理学家朱熹给学习下的定义是:"未知未能,而求知求能之谓学;已知已能,而行之不已之谓习。"③这个定义简明扼要,严谨精辟,把握住了学习的基本内涵。"知"是知识,"能"是能力,"行"是实践,学生获得知识,发展能力叫做"学";"习"则是指学生复习巩固知识与运用知识的过程。学习的过程是由"未知未能"到"求知求能",进而由"已知已能"到"行之不已"的过程,这是一个由未知到已知、由知到行、由认识到实践的过程,即学生的知识与能力协调发展的过程。因此,学习的实质在于致知力行。

朱熹是非常重视致知力行的,他认为致知力行是学习过程的核心所在,他说:"大抵学问只有两途,致知力行而已。"④其学生黄勉斋将他的治学之道概括为:"穷理以致其知,反躬以践其实。"⑤可谓深得他老师的精髓。朱熹认为,致知与力行,两者是不可偏离的,也不可须臾分开的。"所谓知行常相须,如目无足不行,足无目不见。论先后,知为先;论轻重,行为重"⑥。另外,朱熹认为"学"是学生获得文化知识和形成能力的过程,"习"是把知识应用于实践的过程,这两个过程的统一构成了学习的总过程。

2. 重视学习的社会意义

隋朝颜之推提倡"实学",他强调培养出来的人必须具有"德艺同厚"。"德"要加强孝悌仁义的学习,"艺"既要学习儒家的经学,又要兼顾"百家之

① 《张子语录》。
② 《正蒙》中正篇第八。
③ 《续近思录》卷二。
④ 《朱文公全集》卷四十。
⑤ 《朱子行状》。
⑥ 《朱子语类辑略》。

书"，以及社会实际生活所需要的各种知识和技艺。①

北宋程颢和程颐强调学习的社会意义以及学习在人成长中的作用。在《二程集·粹言》中，"善言治者，必以成就人才为急务。人才不足，虽有良法，无与行之矣。欲成就人才者，不患其禀质之不美，患夫师学之不明也。师学不明，虽有美质，无由成之矣。"他们认为，国家的发展在于人才，人才的培养在于教育与学习。基于此思想，他们在《二程集·请修学校尊师儒取士疏》中指出："治天下以正风俗，得贤才为本。"这再次强调了学习对社会的重要性。

北宋苏轼认为"古之为学者四，其大者则取士论政，而其小者则弦诵也。今亡矣，直诵而已。……有学而不取士，不论政，犹无学也"②，这说明他重视社会实践活动。他指出应该把学习与社会实践活动相结合，实现直接经验与间接经验的统一。

朱熹强调学习是"明人伦"，"父子有亲，君臣有义，长幼有序，朋友有信，此人之大伦也。庠、序、学、校皆以明此而已"③。他认为学习除了对个体具有"明明德"之事外，对社会的作用则是"亲民"之事，即齐家、治国和平天下，并指出修己是治人的前提，治人是修己的功夫。④

3. 强调学习中与师友共同浸染的重要性

颜之推强调在学习时要与他人相互交流、相互启发和相互促进，不然会孤陋寡闻。他引用《尚书》中"好问则裕"与《礼记》中"独学而无友，则孤陋而寡闻"作为理论依据，认为只有在学习上好问求教与切磋，方能互相启迪，更快增长知识并避免出错，如"盖须切磋相起明也。见有闭门读书，师心自是，稠人广坐，谬误差失者多矣"⑤。

---

① 孟健、马晓丽编著：《先哲论教育》，国家行政学院出版社2012年版，第55页。
② 《苏轼文集·南安军学记》卷十一。
③ 《孟子集注》卷五《滕文公章句上》。
④ 赵厚勰、陈竞蓉主编：《中国教育史教程》，华中科技大学出版社2012年版，第92页。
⑤ 顾树森编著：《中国古代教育家语录类编（补编）》，上海教育出版社1983年版，第40页。

　　唐朝韩愈《师说》中写道："圣人无常师。孔子师郯子、苌弘、师襄、老聃。弟子不必不如师，师不必贤于弟子。闻道有先后，术业有专攻。"他指出师生之间也可以相互学习，把师生的关系不再看成是绝对不变的，他们是可以相互转化的。这是对封建社会"师道尊严"传统的一个突破。① 柳宗元提出"交以为师"的主张，即师生之间应和朋友之间一样，相互交流、切磋、帮助，在学术研讨上是平等的，而不是单纯的教导与被教导的关系。②

　　北宋欧阳修认为："修非知道者，好学而未至者也。世无师久矣，尚赖朋友切磋之益。苟不自满而中止，庶几终身而有成。固常乐与学者论议往来，非敢以益于人，盖求益于人者也。"③在他看来，与朋友交往，不仅有助于相互切磋学习，还能吸收他人的思想、观点。博学于人有利于丰富自己的学习内容，所谓"积千万人之见，庶几得者多而近是。"④这表明欧阳修重视广交良友，从良友那里获得启发，掌握知识。

　　程颢、程颐还注重学习的交流与沟通。他们认为在学习的过程中要结识良友，相互交流，共同提高。程颢说："朋友讲习，更莫如相观而善工夫多。"⑤"相观而善谓之摩。"⑥据记载，嘉祐元年，张载至京师，程颢同张载在兴国寺讲论终日，为一时盛时。⑦《宋史本传》载："尝坐虎皮讲《易》京师，听从者甚众。一夕，二程至，与论《易》，次日语人曰：'比见二程，深明《易》道，吾所弗及，汝辈可师之。'撤坐辍讲。"⑧可见，双方的学术交往是比较有影响的。

　　除了二程和张载重视在学习中访友善问之外，陆九渊认为，在学习者自

----

① 赵厚勰、陈竞蓉主编：《中国教育史教程》，华中科技大学出版社 2012 年版，第 88 页。
② 赵厚勰、陈竞蓉主编：《中国教育史教程》，华中科技大学出版社 2012 年版，第 91 页。
③ 《居士集》卷四十七。
④ 《居士集》卷十九。
⑤ 《近思录》卷二。
⑥ 《礼记·学记》。
⑦ 《程氏遗书》卷二。
⑧ 《宋史本传》。

立自重的前提下,他要做到隆师亲友,相互切磋,共同进步。陆九渊论述道:"道广大,学之无穷,古人亲师求友之心亦无有穷已。以夫子之圣,犹曰:'学不厌',况在常人? 其求师友之心,岂可不汲汲也! 然师友会聚,不可必得。有如未得会聚,则随己智识,随己力量,亲书册,就事物,岂皆蒙然懵然,略无毫发开明处? ……学者未得亲师友时,要当随分用力,随分考察,使与汲汲求师友之心不相妨害,乃为善也。此二者,一有偏胜,便入私小,即是不得其正,非徒无益,而害之也。"①陆九渊说:"圣贤垂训,师友切磋,但助鞭策耳。"②不过,这种鞭策作用于贤才身上,作用就很大。他说:"自古圣人,亦因往哲之言,师教之言,乃能有进。""自为之,不若与人为之;与少为之,不若与众为之,此不易之理也。""与众人焉共进乎仁,则其浸灌熏陶之厚,规切磨砺之益,吾知其与独为之大不侔矣。"③他强调了学习中与师友共同浸染的重要性。总之,陆九渊有关学习的思想暗含着学习的个体性和社会性相统一的思想。

朱熹曰:"讲学以会友,则道益明;取善以辅仁,则德日进。"④这是说学习可以提高自身道德修养,与朋友交往,共同学习,相互提高,并培养仁爱之心,全力以赴将仁爱推而广之,这阐明了与学友合作学习的目的和重要性。朱熹注曰:"友直则闻其过,友谅则进于诚,友多闻则进于明",即学习朋友的优点,以提升自己。

4. 凸显学习主体作用

颜之推强调"自古明王圣帝,犹须勤学,况凡庶乎"! 他认为学者自身是学习的主体,学习效果如何主要取决于自己,而不决定于老师,所以,要发挥自身的主体性才能有所得。他认为任何学习者都应勤学。

南宋著名的哲学家和教育家陆九渊非常重视学习主体作用的发挥和自主意识的凸显,他将其概括为"自作主宰",并强调:"大凡为学,须要有所立,……理会得这个明白,然后方可谓之学问。"学习者只有把自己摆在主

① 《陆九渊集》卷三。
② 《陆九渊集》卷五。
③ 《陆九渊集》卷三十四。
④ 朱熹:《四书集注》,岳麓书社 2004 年版,第 158 页。

体地位,独立就学,自求自立,才能获得大学问。所以,他告诫:"请尊兄即今自立,正坐拱手,收拾精神,自作主宰。万物皆备于我,有何欠阙?""自作主宰",首先要求学习者自信,切勿自暴自弃。他说:"不可自暴、自弃、自屈。"学习者要有充分的自信心,不能有一丝一毫的自卑情绪,应时刻相信自己的学习能力,自信定能取得成功。其次,学习者自立,不能总是依赖别人去学习。他说:"自立自重,不可随人脚跟,学人言语。"在学习中,要时刻体现出自己的自主地位,表现出自己的主动性与积极性,要有自己的思考与判断。朱熹为学,力主"我注六经";而陆九渊宣称:"六经当注我,我何注六经!"①

我们应该也必须看到,隋唐宋时期是我国古代关于学习社会性思想的发展期,不仅丰富了学习社会性思想的内涵,而且在某种程度上触及了学习的社会性本质。指出学习的实质在于致知力行,强调社会实践对学习的重要影响,同时也强调学习对人的发展,尤其对社会发展的重要性,并重视在学习过程中要访友善问,进行交流与沟通,相互启发、相互促进,实现共同进步。

### (四) 元明清时期学习社会性思想的深化

元明清时期是我国封建社会统治的最后时期,为了巩固政治、经济的发展,封建统治者竭力强化中央集权制度,在思想上也实行一些控制措施。此时期实施的与学习思想有关的文教政策,以崇儒、尊儒为诱饵,确立以儒家学派的程朱理学为正统思想,大力提倡理学教育。我国关于学习的社会性思想发展到元明清时期,学者在继承前人思想的基础上,有所发展。从多维度、多层次、多方面进一步探讨适应时代要求的学习实践经验,并非常注重总结他们发展创新的学习思想、学习原理和科学学习方法。明清学者在继承前人"性习"论、"习染"观与师法师承理论的基础上,也发表了很多独到见解。

1. 习染对学习的重要影响

明清以前,学者把学习视为"学"与"习"彼此联系而又各有其主要功能

---

① 陈功江:《陆九渊"心学"学习观析论》,《教育研究与实验》2016 年第 1 期。

的两个方面。他们认为，"学"是通过效法或模仿使人获得知识经验，从而受到启发并提高认识，即认识过程；"习"是通过复习演练，经过反复实践运用，从而熟练巩固知识经验，并形成技能、技巧的过程，即实践过程。学习是认知过程和实践过程的统一体，这样的解说，既揭示了学习的不同特征与实质，又显示了二者的内在联系，当然，这只是把学习作为一个粗线条的完整过程来看待。

　　清代王夫之强调社会"习染"能对人产生极大影响。他认为，人和动物的最大区别是：人会学习、会创造，人具有极大的可塑性。他说人犹如"一亩之田，可栗可莠；一罂之水，可沐可灌"①。他认为，"性者天道，习者人道"②。"性"是先天性的，是一种客观存在，是人所具有的正常情感和理性；"习"是后天性的，是人受社会环境影响而形成的习惯和性格。他非常重视"习"的作用，提倡要从小养成良好习惯。他认为，人可以通过"习""未成可成，已成可革。""故君子之养性，行所无事，而非听其自然，斯以择盖必精，执中必固，无敢驰驱而戏渝已。"③

　　清代李光地也强调"习染"对人发展的影响。他引用《论语·答记》中："其智愚贤不肖之所就悬绝者，由其习使然耳。"这句话强调"智愚贤不肖"之差别，是"习染"产生的结果。

　　清代颜元也指出："祸始引蔽，成于习染""与财色等相习而染"④，并且强调"引愈频而蔽愈远，习渐久而染渐深"⑤。他认为，"恶"虽然起源于"引蔽习染"，但"非其本然"，只要开始不让人误入恶的、不良的环境，恶就没有产生的可能，善性就容易得到发展。

　　2. 学必有师，取友相师

　　为学求师，是我国古代学者一贯的优良传统。孔子、荀子、扬雄、韩愈等，他们不但是求师尊师的典范，而且对为学求师的意义和作用，也都有过

---

① 　王夫之：《续春秋左氏传博议》。
② 　王夫之：《俟解》。
③ 　《尚书引义·甲太二净》。
④ 　《颜氏学记》卷五。
⑤ 　《颜氏学记》卷五。

较深刻的论述。元明清学者在继承前辈师道思想的基础上,也提出了不少独到之见。

明末清初程登吉的蒙学教材《幼学琼林》专门有一节介绍交友的原则、过程和影响。它涉及了《论语》中论述的交友原则,如曾子曰:"取善辅仁,皆资朋友"和"与之俱化"的交往过程以及颜之推所说的"与善人交,如入芝兰之室,久而不闻其香;与恶人交,如入鲍鱼之肆,久而不闻其臭"交友影响等,并用正反例子如"伯牙绝弦""管宁割席"说明朋辈之间相互影响的道理。

清代金缨的《格言联璧》中提道:"宽厚之人,吾师以养量;缜密治人,吾师以炼识;慈惠之人,吾师以驭下;俭约之人,吾师以居家;明通知人,吾师以生慧;质朴治人,吾师以藏拙;才智之人,吾师以应变;缄默治人,吾师以存神;谦恭善下之人,吾师以亲师友;博学强识之人,吾师以广见闻。"其意指,在培养宽容淳厚的时候,可以把性情宽厚的人引为老师;在修炼见识的时候,可以把心思缜密的人引为老师;在驾驭属下方面,可以把慈悲恩惠的人引为老师;居家方面,可以把俭朴节约的人引为老师;修炼智慧时,可以把明智通达的人引为老师;隐藏笨拙方面,可以把性格质朴的人引为老师;要提高随机应变的能力,可以把具有才智的人引为老师;要保存精神,可以把缄默不语的人引为老师;要亲近师友,可以把谦虚恭敬的人引为老师;要增广见闻,可以把博学强识的人引为老师。① 这说明了根据自身需求的不同,可以选择适合自己的老师。

3. 学习是复杂的心理活动过程

学习过程是人们求知、获智的复杂心理活动,它与学习目的、学习因素、学习规律、学习原则和方法有着密不可分的直接关系,是我国学习理论研究的核心问题之一。学习过程理论发展到元明清时期,一些唯物主义思想家和学者,又从理论高度与实践方面对其进行了更加深入地探讨。

学习过程是一个以认知活动为基础和核心的心理活动过程,它以智力活动为中心,以非智力活动为保障。明清启蒙思想家大都本着致知、致用的

---

① 范毅然编著:《中华圣贤经大全集》,中国华侨出版社 2011 年版,第 193 页。

目的,去论述学习过程。王夫之从学与思结合的角度去论及学习过程。①
他提出了学习过程的"五阶段论",即学、问、思、辨、行。王夫之还指出心理
活动过程是分步骤的,先有外物作用于感官产生知觉,再有从知觉转化成人
的认识,即"形也、神也、物也,三相遇而知觉乃发"②。颜元从认识论的角
度出发,提出了体现实学思想的学习过程论,即"学—习—行"的学习阶
段论。

通过对元明清时期的学习社会性思想的分析可以看出,这一时期是对
唐宋以前各时期学习社会性思想的深化,并继续强调学习是一个复杂的心
理活动过程和社会实践过程,即学习是认知过程与实践过程的统一体;强调
社会环境对人的学习和发展的影响;强调为学求师的意义和作用以及朋辈
之间在学习过程中的相互影响。

## （五）近现代学习社会性思想的成熟

我国近现代学习思想史是在中体西用思维的引导下,立足我国国情,力
求吸收西方有益经验,以达到中西结合的终极目的。近现代学习思想家们
大都能够运用非凡的哲学思辨与逻辑概括能力,以高瞻远瞩的态势巧妙地
将我国传统学习观与西方现代学习观结合起来,这使近现代学习观富有现
代气息和时代精神。③ 本部分主要梳理与学习的社会性有关的陶行知、杨
贤江和陈鹤琴等人的学习思想。

### 1. 和谐的人际关系对学习的影响

我国著名教育家陶行知特别重视和谐的人际环境对学习的影响。他认
为,师生之间应发展一种优美、高尚、亲密、有生气的关系。陶行知强调学习
具有社会性的一面,认为一个人的学习不如大家在一起的学习。陶行知从
宏观角度论述了国家、社会需要全体成员团结协作、互帮互助,从而共同构
建和创造一个和谐的群体和组织。只有团结同志,共同去干,方能发生宏达

---

① 申国昌、史降云:《中国学习思想史》,科学出版社 2006 年版,第 239 页。
② 《正蒙注·太和》。
③ 申国昌、史降云:《中国学习思想史》,科学出版社 2006 年版,第 273 页。

久远的效力。陶行知强调青年学子要围绕学习的目的,通力合作,同舟共济,共同推动民族振兴与社会进步。他还提出了培养协作精神应遵循的原则:一是以"己所不欲,勿施于人"为标准;二是"你爱人人,人人爱你"。他强调只有坚持这两个原则,才能处理好与同学的关系,在学习实践中培养协作精神。

## 2. 群体学习对学习的促进作用

陶行知认为,一个人的学习能力是有限的,而集体的力量是无穷的,应该通过讨论切磋,集思广益。陶行知说:"交谈问答,盖交谈学理,彼此之意见融通,问答辩难,事物之真理阐发,其助学识,诚非浅鲜。"①关于讨论切磋,陶行知又特意提出"四戒":一曰闲谈;二曰盲从;三曰成见;四曰武断。"忘己则大公无我,真进是徇;忘人则独抒己见,不畏诽谤。""讨论既毕……将其良者竭力推广,导人效则。"②这些交流和讨论的规则至今仍有指导意义。陶行知还说:"个人学习不如集体学习,偶尔学习不如经常学习。"为进行经常学习,最好是联合、组织起来。这些都是讲学习的途径,即要脑、手、嘴、眼各种感觉都动起来,通过各种渠道进行学习,将读书与实践思考结合,个人自学与集体学习、求师访友结合起来。③

杨贤江也主张学友之间相互督促、相互观摩,结群立会。他认为:"未有群之不良,而分子能独良者。"④强调良好群体学习对学习有重要的促进作用。倡导在读书时采取"合作读书法",它使学习者能够一起交流、沟通,通过学习者之间的交往,使大家都受益,促进学习更快地发展。

## 3. 互动是学习的重要方法

陈鹤琴认为,儿童从学习中得到的结论不可能是完全正确的,要通过集体讨论、小组讨论、共同研究等形式进行总的评判。大家的思想互相感应,从

---

① 《陶行知全集》第 1 卷,四川教育出版社 1991 年版,第 271 页。
② 《陶行知全集》第 1 卷,四川教育出版社 1991 年版,第 272 页。
③ 王坤:《在陶行知学习观指导下建设教师学习文化》,《教学与管理》2009 年第 12 期。
④ 《杨贤江全集》第 1 卷,河南教育出版社 1995 年版,第 134 页。

而使儿童"在讨论和共同研究中相互启发、相互鼓励来达到完善"①。这样"一个人同时可以学到许多东西,等于研究了许多问题",正如陈鹤琴所说:"一个人的思想,需要有刺激,有了刺激,思想就越来越多,也越进步。"②

毛泽东强调"组织学习""集体讨论""互相帮助"等。他指出,"不仅看看书就算了,而且要有组织地学习","提倡个人活动与组织活动配合起来,对学习既有自觉的热情又有健全的领导","大家都要努力,互相帮助,把从前有书只管自己读不给人家读的作风改正过来,今后要互相帮助学习,互相做先生,互相做学生、做同学。"③

4.强调学习客体的社会属性

陈鹤琴认为儿童应该学习活的、有生命的知识,与生活实际相关的,有助于发挥创造力的课程内容及活动。儿童的学习内容应来源于自然、社会和儿童的生活,其组织形式也必须符合儿童活动和生活的方式,符合儿童与自然、社会环境的交往方式。他认为,"大自然和大社会"是知识的主要源泉,其中的知识是无穷无尽、丰富多彩、蕴含哲理的"活教材",主张儿童去向"大自然大社会"学习,去向活的直接的"知识宝库"探讨研究,与大自然、大社会接触,才不至于变成书呆子。④ 并且"儿童能够直接去学习、去研究,结果收获当然要比只靠书本大得多"⑤。

毛泽东认为,社会是学校,一切在工作中学习,学习的书有两种:有字的讲义是书,社会上的一切也是书——"无字天书"⑥。只有向民众学习,向环境学习,向友党友军学习,了解他们才能对于工作实事求是,对于前途有远见卓识。⑦ 他指出:"读书是学习,使用也是学习,而且是更重要的学

---

① 《陈鹤琴全集》第 6 卷,江苏教育出版社 1991 年版,第 303 页。
② 《陈鹤琴全集》第 5 卷,江苏教育出版社 1991 年版,第 75 页。
③ 《毛泽东文集》第 2 卷,人民出版社 1993 年版,第 179—180 页。
④ 贺鹏丽:《陈鹤琴儿童学习理念论析》,《焦作大学学报》2010 年第 4 期。
⑤ 《陈鹤琴全集》第 4 卷,江苏教育出版社 1991 年版,第 366 页。
⑥ 《毛泽东年谱》中卷,中央文献出版社 2002 年版,第 55 页。
⑦ 《毛泽东选集》第 2 卷,人民出版社 1991 年版,第 523 页。

习。"①获得书本知识是学习,但还不全面,更重要的道理是"实践出真知",注重在实践活动中加强学习。

5. 重视学习中共同体的作用

1928年,陶行知提出了一种名为"艺友制"的教育,为我们创建课堂学习共同体提供了良好思路与借鉴。陶行知对"艺友制"的解释是:"艺者艺术之谓,亦可作手艺解,友为朋友。凡以朋友之道教人艺术或手艺者,谓之艺友制教育",强调互助学习。1932年,陶行知又提出了"小先生制"构想,要学生一边当"学生",一边当"先生","把学到的知识随时传给周围的同伴"付诸实践,即为"即知即传人"的思想,可以说是"学习共同体"的实践者。陶行知从"教学做"合一的原理出发,倡导教师与学生共学、共事、共修养。他认为这才是真正的教育,是最好的教育。②

中国近现代学者从多学科视角出发探讨了现代学习观,指出学习是一种社会性活动。学习者通过观察、模仿他人的行为,获得个体知识的建构。与共同体成员通过交往、合作、对话,达成共识,实现视域融合,获得了社会知识的建构。通过梳理中国学习的社会性思想史,我们会发现这样一条路径:从强调个体经验(知识)的获得走向关注学习的社会属性,显然学习理论的发展已悄然从个体走向群体,从个体性走向社会性,最终实现个体性和社会性的统一。

纵观学习社会性思想的历史演进,在历史发展的进程中并不缺乏学习社会性的思想,在不同的历史时期或不同的文化背景下学习社会性的内涵有所不同,并且随着历史发展不断演绎出新的学习社会性品质。悠远的历史中深厚的学习社会性思想为学习社会性研究奠定了深厚的文化根基。它不仅是学习社会性研究的重要组成部分,而且是我们在回顾历史中展示出的现在与过去的一种对话。在这种对话中,我们逐渐打开了通向其他许多研究部分的门径,并为本书提供了必要的准备材料。通过学习社会性的历

---

① 《毛泽东选集》第1卷,人民出版社1991年版,第181页。

② 易文华主编:《121课堂师生学习共同体教学研究  构建学习共同体》,西南师范大学出版社2015年版,第6—7页。

史透视,使我们看到了学习具有社会性的演进过程及其特征。尽管过去的观点把学习视为一种社会过程,它们只关注学习具有社会性的某个方面或者某些方面,在很大的程度上直接系统地谈论学习社会性的情况较少,但我们还是可以从不同的角度反映学习社会性的历史特点或趋向。

第一,学习社会性的关注日益凸显。在人类社会发展的早期阶段,学习更多的是以求知为目的的关于对象的认识活动,学习的过程就是个体对事物反映的过程或者获取知识的过程,更多的谈及学习是发生在个体"头脑内"的事件,这关注人脑是如何反映客体并识别客体的、人脑以何种方式存储映像或知识的、人脑已有的知识表征如何作用于人的再认识或者对其他客体的再识别等。随着人类社会和科学技术的发展,人们对学习的认识不再局限于传统认识论之境地,逐渐认识到学习超越个人心智的疆界,表现出其社会性的一面。又随着皮亚杰、维果斯基、杜威、班杜拉、莱芙、温格和吉尔根等涉及学习的论著的出炉,人们逐渐认同了学习活动具有社会性。

第二,学习社会性的内涵日益丰富。在人类发展的早期,认为人的发展既要处理好与他人的关系,又要使自己的行为符合社会规范,如何处理好关系,怎样使自己的行为符合社会规范,这就需要通过学习来完成。此时的学习内涵认识到学习具有使自然人向社会人转变的功能,在学习过程中学习不是个体性存在,学习还需要教师的教和友人的切磋等。随着人们对学习研究的深化,人们意识到知识不仅存在于个体和社会协商的心智中,而且也存在于个体间的话语和社会关系之中。也就是说,学习发生在个体之间、个体与群体之间凭借工具而达成的交往互动中。

第三,单一视角阐释学习的社会性。从对学习社会性思想的透视中发现,已有思想是从单一视角出发阐释学习的社会性。如皮亚杰从认识的发生和发展作为切入点来说明学习的社会属性;维果斯基从社会文化论视角用社会"起源"说、"活动"说、"工具"说和"内化"说来阐明学习的社会属性;杜威从社会的、共同体的角度来认识学习,指出学习的过程是重建社会的、共同体的过程;班杜拉从社会学习理论的角度出发指出学习是通过对榜样的观察与模仿而获得的,这在某种程度上意味着学习过程是以人际关系为基础的。

第四,思辨与实证并重。通过梳理学习社会性的思想,我们发现,我国的学习社会性思想多源于研究者自身在学习过程中的体验和所采用的学习方式中所体现出的社会属性,没有形成理论体系,阐述多以思辨为主,而国外对学习的社会性思想的提出是在实证的基础上进行的。无论是形而上的"思辨",还是形而下的"实证",在学习社会性研究中都是不可或缺的,我们也不能不假思索对以往研究方法全盘否定。其实,每一种研究方法都有其优势所在,在进行研究时我们要秉持"扬弃"的态度,根据具体的研究问题,选择较为理想的研究方法。

# 第三章　学习社会性的立论基础

　　从本质上讲人是一种社会性动物,那些生来离群索居的个体,要么不值得我们关注,要么不是人类。社会从本质上看是先于个体而存在的。那些不能过公共生活,或者可以自给自足不需要过公共生活,因而不参与社会的,要么是兽类,要么是上帝。①

——亚里士多德

　　当我们正在思的时候,我们渐知去思意味着什么。但是,如果我们的努力是卓有成效的,那么,我们就必须准备学习思。一旦我们让自己涉身这样的学习,我们就已经承认自己还无能去思。最激发思想的事是我们至今还不思——甚至还尚未思。②

——海德格尔

　　任何从一种内部视角出发——即从某个学科自身的视角出发——提出的模型都只描述了一个有限的方面,它们不可能为教育或文化提供一种具有足够操作性的整体模型。③ 学习研究涉及神经生物学、生理学、生物化

---

① ［古希腊］亚里士多德:《政治学》,吴寿彭译,商务印书馆1965年版,第7页。
② ［德］海德格尔:《人,诗意的栖居:超译海德格尔》,郜元宝译,北京时代华文局2017年版,第345—346页。
③ ［法］安德烈·焦尔当:《学习的本质》,杭零译,华东师范大学出版社2015年版,第7页。

学、控制论、遗传心理学、社会心理学、社会学、人类行为学、族群学、认知科学、人工智能、教育学等学科。本书主要从人学、哲学、社会学、心理学和教育学的视角对学习的社会性作立论基础研究。

## 一、人学视角：认识学习社会性的逻辑前提

人学，简言之，即关于人的哲学，是指根据从人的历史性实践活动出发，它植根于现实生活世界去关注人的生存境遇与发展样态，旨在弘扬与解放人的主体性，并从整体上研究人性、人的本质、人的活动、人的存在和发展规律，以及人生目的、意义及价值等问题的学问。从历史上看，黑格尔主张理性自决的力量生成人的本质，费尔巴哈主张感性生活自发生成人的本质，而海德格尔认为非理性的个人体验生成人的本质，历史上的学者诠释出的是"单个人所固有的抽象物"。马克思则把人同社会历史和实践联系起来，将人的本质置于唯物主义基础之上，从人的存在方式的社会性角度出发理解人，并将其与人的自然性存在的过程相结合，阐明了人的社会性本质，从这一角度为我们理解学习的社会性提供了新的立论基础。

### （一）人是个体存在和社会存在的统一体

在其他一切自顾自的动物领域中，每个个体都体现了它的整体规定性。① 动物不能生产出任何超越其自然获得的规定性的东西，因而，动物不能从事交换。它们不具备把同类不同特征总结起来的能力，也不能为同类的共同利益作出一些贡献。虽然在有的动物中，个体为了群体、为了群体的利益而牺牲自我，但这也只是动物自身物种遗传性的一种本能表现，并没有留下超出其自身物种规定性的东西，没有因此而发展动物的社会性，也没有因此而扩大动物赖以生活的自然界的范围。

人与社会相互生成源于人类的趋社会性存在，社会性是人类的存在倾向和自然天性，是"社会"的人学前提。人的意识是社会的产物，而且只要

---

① ［德］康德：《实用人类学》，邓晓芒译，重庆出版社 1987 年版，第 235 页。

人类一直存在,它就依然是从社会中产生的。① 学习既是对个体所有的丰富,也是对社会存在的丰富。对于不同的人来说,学习可能是一种乐趣、一种热情、一种激动、一种愿望、一种喜悦、一种冒险、一种承认,或是它们的不同组合。因为只有在社会中,自然界对人来说才是人与人联系的纽带,才是他为别人的存在和别人为他的存在,才是人的现实的生活要素;只有在社会中,自然界才是人自己的人的存在的基础;只有在社会中,人的自然的存在对他来说才是他的人的存在,并且自然界对他来说才成为人。② 当个体走进社会现实,自然而然就处在一种"关系"之中。人与人之间的社会关系是人的本质的表征。

　　人是个体存在与社会存在的统一体。人虽然是一种自然之物。但人在本质上是社会存在之物。在现实性上,人正是通过自己所从事的活动来开展和处理各种社会关系。活动就是人的动态的关系或人的关系的动态表现。人的关系在活动中的展开和处理所产生的实际效应既决定着人的现实的存在状况,也决定着人的现实的本质力量以及它们的持续发展。当然个体无时无刻不卷入与物质环境之间的互动当中,但这种互动的性质总是社会性地和人际交往性地加以传递的。今天的社会中,这种传递是十分突出且非常显眼的——物质世界中的人类烙印在今天是如此的普遍,使得找到某种"未被触及的"自然元素变得极其困难。以学习相关的观点来看,环境的物质面是服从于更为控制性的社会面的。这就意味着人类的心智状况也是一种社会性的存在,人的心理功能只可能在一个社会空间中得到发展。③ 因此,人是构成社会的要素之一,但社会绝不是人的简单相加。社会,从根本意义上来说是一种在交往关系基础之上形成的所有社会关系的总和。从这个方面来说,学习不仅是人内在自然属性的需求,而且是人社会本质属性的需求,学习是从属于社会关系之中的一种社会

---

① 《马克思恩格斯选集》第 1 卷,人民出版社 1995 年版,第 81 页。
② ［德］马克思:《1844 年经济学哲学手稿》,人民出版社 2000 年版,第 83 页。
③ ［丹］克努兹·伊列雷斯:《我们如何学习:全视角学习理论》,孙玫璐译,教育科学出版社 2012 年版,第 105 页。

性活动。

　　人是个体存在和社会存在的统一体对学习社会性研究的重要意义在于：承认并明确人的学习是一种集个体性和社会性于一体的张力性存在。人是社会性存在物,人的存在和活动离不开人际交往的社会情境,学习活动也是如此。从人在学习环境中的存在来说,人的学习主要包括学校学习环境、自然和社会学习环境(见图3-1)。学习活动的主体是人,是生活在社会中的现实的人,人的存在是个体存在和社会存在的统一体。学习活动还是有目的的活动,其目的是不仅为了满足个体需要,而且也是为了满足社会生活的需要,因此,我们说学习具有社会性。人类的生物经验和非生物经验的传承离不开个体的学习和积累,通过个体学习前人的经验,再加上自己创造的经验,所有的个体经验有机结合所形成的总体经验才是人类的经验。因此,人类的总体经验是个体学习的前提,个体的学习和创新所产生的经验反过来又促进了人类经验的发展。从这个意义上我们可以得出,学习活动是社会性与个体性的结合。①

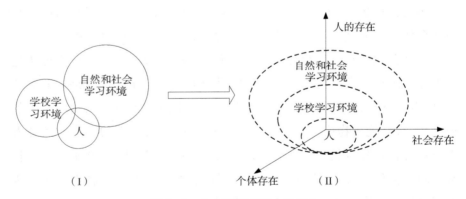

图3-1　人在学习环境中的存在

## （二）学习作为人的一种存在方式

　　人是一种有生命、有欲望、有意识的能动的现实的存在物,而学习就是

---

① 陈维维:《技术生存视域中的学习力》,教育科学出版社2010年版,第109—120页。

人的存在状态、存在方式，并且正是学习形成人的能动的生活过程和发展过程及其在思想、观念、意识中的反射和反映的发展，从而也形成人类的历史。现实的人是作为特定的主体在一定的时空界域内自主地选择自然界、外部感性世界的某种或某些事物作为客体，形成具体的主—客体相关联结构，并通过能动的创造性活动在对自己有用的形式上掌握客体，创造能满足人的需要的价值对象。① 学习是体悟和认识自然本性与秩序、社会本性与秩序，认识自身本性的活动。如果没有学习，人恐怕很难存在与发展，正因如此，学习是人的存在方式。具体来说：

首先，人类有机体诞生时的"未完成"特征，决定了人只有通过学习而成为人。"人初入世界之时是最无知的生物，但他马上就开始接受自然的教化，而这在所有其他的动物都做不到。他不只是每天都在学习，而且是每一分钟都有收益，从每一个思想中获得启迪。人类心灵的本质特点就是，人绝不是为当前的一刻学习，而是把一切都与他已知的东西联系起来，或为将来的联系而贮存起来。"②换言之，人类心灵在不停地考虑它已积聚的东西和进一步要积聚的东西，它永不歇止地积聚着力量。这一过程伴随着人的一生，直至死亡。人似乎永远不是完整的人，他始终在发展、在进步、在完善。可以说，没有学习，人类将不复存在。学习本身成为学习者在社会世界（social world）中生存的一种方式。随着人类社会的不断发展，学习作为人的一种生存方式，其功用和特性越来越明显。这也意味着人在一定意义上是由学习而生成的。因此，只要是存在，就有自己特定的存在方式，任何存在都以自己特定方式而存在。人是完整的人，人的基本存在方式是人的活动。人是以人的活动为基本存在方式的完整的人。③ 从这个意义上来说，学习是人的存在方式，也是人的发展方式。人在学习中展现并寻证着人之为人的本质。

其次，学习是人的社会存在方式。人是学习的主体，但人作为学习的主

---

① 夏甄陶、韩庆祥：《人：关系、活动、发展》，河南人民出版社 2011 年版，第 129 页。

② ［德］赫德尔：《论语言的起源》，姚小平译，商务印书馆 1998 年版，第 75 页。

③ 张苗：《论学习中人的存在》，《内蒙古师范大学学报》（教育科学版）2013 年第 10 期。

体,不单纯是肉体的自然性主体,在本质上是社会性主体。在学习中,人不是以纯粹自然的和刻板单一的形式出现,相反,人要在接受社会的塑造和训练中,在参与社会的各种对象性关系中获取和占有社会所提供的各种资料和手段,如经验、知识、技能、工具、方法等,从而使人发展出多种多样的本质力量,进而能够从事各种各样的社会活动。因此,虽然个人的学习可以采取与他人合作进行和自己单独进行等方式,但无论哪种方式,个人的学习都不能脱离社会。因为不仅学习的前提条件是由社会产生的,而且人及其对象都是由社会产生的,都具有社会历史性。离开了社会,不仅个人无法作为人而存在,而且个人也不能作为人来建构自己的活动。更为重要的是,个人的学习总是发生在一定的社会关系之中,总是实现着一定的社会关系。在社会关系系统之外,任何学习都将不再以人的活动的形式存在,因而也不再是人的学习,即学习是人的社会存在方式。

再次,学习是我们在社会世界中的存在方式,而不是打算认识它的方式。学习绝不是离开社会实践的一种沉思,它同样是一种或一系列的社会实践。学习主体既要介入他们的学习的情境脉络之中,又要介入这些情境脉络产生于其中的更为广阔的社会世界之中。没有这种介入,就没有学习;在适当的介入得以维持之处,才是学习发生之地。学习更是一种实践,或一系列的实践。① 学习是人获得知识的途径,知识是与人的精神结构相互链接的,知识渗透到人的精神结构中并不断内化为人类精神生长的一项重要指标,使心灵与外界的对抗逐渐消解。个人融入社会并不是固守着自己的一隅之地,而是在学习的过程中不断成为他自己。因而,学习正是借助于个人的社会性存在将个体带入广阔的社会之中。

最后,从人发展的根本来看,人只有在现实的学校、自然和社会学习环境中学习,形成一定的思维定势和相应的理性思维能力,才能具有现实思维,并有了自由探索和创造的能力,实现人的进一步发展。人只有在社会中通过后天的学习和社会交往,才能获得前人已经创生并为社会做出贡献的

---

① ［美］莱夫、温格:《情境学习:合法的边缘性参与》,王文静译,华东师范大学出版社 2004 年版,第 9 页。

科学知识和精神文化成果,形成一定的认知和精神文化定势;并且只有参与到群体性的社会主体的活动中去(即使以个体活动的形式出现,也同总体性的社会主体的活动相联系),才能进行新的科学知识和精神文化的生产与创造。在社会中历史地积累起来的科学知识和其他精神文化不可能通过生物遗传的方式如同把个体机体内部的生理遗传基因传给后代,而只能作为存在于语言文字或其他感性手段等社会性器官中的社会"遗传基因"通过社会遗传方式传递给后代。① 所以,人类在社会中赖以生存的其他形式或方式都必须通过学习才能获得。

### (三) 交往作为学习的一种存在方式

人是什么? 德国哲学家卡尔·雅斯贝尔斯(K.Jaspers)把人规定为"交往内存在"。与人共在方面,丹麦哲学家索伦·克尔凯郭尔(S.Kierkegaard)意义上的赤裸裸的自身存在(孤独个体)是毫无意义的。② 个体在交往中完成现实化的转变,但这并不意味着个体学习是没有差别的,没有个性可言的。反之,人是在以自身生存的实体进入交往的过程中实现相互唤醒、相互创生的。人之为人的过程实质就是以"交往"为主要形式的社会实践性活动过程。人全面发展过程的实质是在理性的社会性交往活动中个体精神自主性的扩张过程,也是在交往实践基础上实现个体社会化本质力量的过程,是更好地丰富个体个性和完美人性的过程。个体在历史一次性意义上具有不可替代性、唯一性,但个体在封闭的、个别化的孤独意义上却不具有唯一性,而且,人只有在与他人进行交往的过程中才能成为他自己。因此"交往是人的普遍存在条件"。在交往时,通往真实存在的道路即与人共在的道路;通往与人共在的道路便是通往自我,并且在自我之中不断超越的道路,进而使人与人的精神达成契合,使文化得以传递。

人是如何认识自己的呢? 马克思认为,人是借助两种东西作为"镜子"

---

① 夏甄陶、韩庆祥:《人:关系、活动、发展》,河南人民出版社 2011 年版,第 177 页。
② 梦海:《交往是人类大同之路——论雅斯贝尔斯的交往理论》,《求是学刊》1998年第 5 期。

认识自己、反映自己的：一是"生产"，我们的生产是反映我们本质的镜子；①二是"交往"，人起初是以别人来反映自己的，通过交往来认识自己的。人的自我意识并不是在封闭的自我中自动生成的，而是人在通过与他人的交往中逐步建立起来的。人作为类存在物，人类的一切知识源于交往。人存在和发展的完整性，在很大程度上取决于人交往的全面性。只有普遍的、全面的交往活动，单个人才能摆脱种种民族局限和地域局限而同整个世界的生产（也同精神的生产）发生实际联系，才能获得利用全球的这种全面的生产（人们的创造）的能力。② 在限制、阻碍交往的环境中，人的本性、潜能与需要的实现和提高，会受到极大的压抑；而在文明开放的交往环境中，人的本性、潜能等才能得到较好的、较全面的发挥和发展。因此，交往是社会个体获得全面发展的重要保证。

人的交往涉及生活世界的各个层面，正如德国哲学家尤尔根·哈贝马斯（J.Habermas）提出的人类"生活世界"理论：人类的生活世界是由客观世界、社会世界及内在主观世界三个部分构成。自然存在构成的实体世界称为"客观世界"；在"客观世界"基础上由社会事实所构成的整体世界，也就是"社会世界"，包括人与人的交往而形成的社会网络，如组织、机构和规范等，其核心是社会规范；个体的内心世界就是"主观内在世界"，包括个体的情感、体验等。由此可见，完整人类的各种交往行为也会摄入这个生活理论的某个或多个世界，并产生一定的社会性交往关系。

人类文明的发展与进步就是以人与人之间的交往为基础的，这种交往的实现是以语言为媒介的。人通过交往可以吸纳外界的各种符号、信号、信息和知识等，交往的过程在某种程度上就是学习的过程。也就是说，学习作为一个社会活动过程，"交往"是其核心。学习不仅是一种个体获得知识和发展能力的认识过程，同时也是共存的主体之间的相互交流、相互作用、相互沟通、相互理解的交往过程，是学习主体通过学习客体，认识客观世界进行知识、态度、情感等方面的交流与对话，从而形成互识与共识。交往作为

---

① 《马克思恩格斯全集》第 42 卷，人民出版社 1995 年版，第 37 页。
② 《马克思恩格斯选集》第 1 卷，人民出版社 1995 年版，第 89 页。

学习的基本形式,没有社会性的学习交往活动,就不可能有卓有成效的学习质量。学习的发展更是离不开人的交往能力和进行交往所采用的手段的增加。交往是人们生命得以表现的基本形式,交往的过程是人们的内在潜能得以双向对象化的过程。交往是学习活动的最基本形式,亦是人的最基本的精神需要之一。这种交往,就是共在的主体际之间的相互理解、相互交流、相互作用和相互沟通,这是学习基本的存在方式。

总之,人的学习活动就是一种交往过程,学习活动是通过交往而存在和发展的。交往是学习活动的存在方式,学习的本质就在于社会交往。离开了交往,学习活动便难以存在,也无法变化和发展。社会交往的形式,规定了交往必然是一种互动的行为,是一种联系与制约的行为。这样,作为交往主体的人类,必然要置身于社会中,具有社会性。① 因此,学习就是与客观世界、社会世界和主观内在世界进行交往与对话的过程。在这个过程中,人们不断建构客观世界意义的文化性、认知性知识,建构人际关系的政治性、社会性知识,并实现自身修养的存在性、伦理性知识。可以说,学习的过程就是"构筑世界""构筑伙伴"和"构筑自身"的实践活动过程。"学习"的本质就是统摄在这三个维度之中的社会性实践活动。②

## 二、哲学视角:确证学习社会性的理论旨归

任何一种新思想的产生,都是以一定的哲学观作为其支柱的。对于学习社会性的研究也离不开哲学观的指导。人发展的过程伴随着人学习的过程,人的学习促进人的发展,人的发展又促进人的学习。人的发展主要包括人的个性发展、社会性发展与类特性发展。在人的个性、社会性和类特性三个层面的发展中,又包含着认知、情感和技能三个方面的发展。而学习对人的各方面的发展功能会从这些维度全方位地表现出来,而不只是表现于某

---

① 王军:《人的社会性探析》,《河北师范大学学报》(社会科学版)1990 年第 4 期。
② [日]佐藤学:《学习的快乐——走向对话》,钟启泉译,教育科学出版社 2011 年版,第 20 页。

一方面或者某些方面。具体来说,人的发展内涵可以从以下三个方面加以规定:一是在人的个体本质方面,人是以个体的形式而存在的,人的发展就是在社会实践活动基础上实现人的自然素质、社会素质和心理素质的发展,就是在人的各种素质综合作用的基础上实现人的个性和本质的发展。二是在人的社会本质方面,人以群体的形式而存在,就是包括人的社会交往的普遍性和人对社会关系的控制程度等层面的人的社会关系和社会本质的发展。三是在人的类本质方面,人以类的形式而存在,人的发展就是人的类本质的发展,其实质是人的活动及其活动能力的发展。从哲学层面来看,哲学理论中的交往理论、"生活世界"理论、主体间性理论对学习社会性的研究提供了一些重要思想和观点。

### (一) 交往理论:印证学习的存在方式

人是在一定客观的社会交往实践关系中生存和发展的,这种社会关系进而在一定程度上决定着一个人的发展程度。人的个性发展实际上是人的交往活动的发展对社会关系的不断突破。从这个意义上讲,交往是人的社会关系的存在方式。在交往实践唯物主义那里,交往是主体以他人或客观世界为对象的实践性活动,是主体与主体之间互为主客体和主体与客体之间的相互作用的过程。交往是体现人的社会本质的关系范畴和实践范畴活动。交往是一个由"主体—主体"和"主体—客体"所构成的双重关系的统一体,也就是说,这种统一体是"主体—客体—主体"的实践结构,在特征上表现为社会交往性、多极主体性和双向建构与双重整合的系统。学习的复杂性内在地存在于"交往"这一复杂、开放的社会系统之中。①

1. 雅斯贝尔斯的交往理论

德国哲学家、精神病学家、现代存在主义哲学家卡尔·雅斯贝尔斯认为交往的形成以存在为前提,存在通过交往实现自身。交往形式不同,人与人之间形成的交往共同体就不同,已形成的共同体是各有层次和类型的。例如,一般意识交往就形成观念共同体,此在交往便会形成经验共同体,精神

---

① 徐书业:《人类学视野中的教育交往》,《江西社会科学》2002 年第 8 期。

交往则会形成文化共同体。交往的价值体现的是其精神价值,即促进人实现全面自由发展的价值,而不是外部的物理作用。为此,雅斯贝尔斯认为交往是最普遍的真理尺度。真正有价值的交往是存在之路、真理之路、人类大同之路,真正的交往就是在对话中形成的人与人的共同体。

雅斯贝尔斯认为,人只有在与别人的交往中才能存在着。① 交往是人面临的基本任务,亦是哲学研究的核心课题。② 交往使人作为人而存在,存在是与人共在。交往的意义就在于,个体只有在与他人的交往中才能进一步认识自我,才能获得一定的自由,才能使可能的生存变为现实性。雅斯贝尔斯把交往分为两种,即"生存的交往"(existence communication)和"存在的交往"(daseins communication in existencee)。生存的交往恰似我们的日常生活,而存在的交往是我们从经验性的角度所理解的交往,恰似我们的精神生活。其中存在交往又可分为此在交往、意识的一般交往和精神交往三种形态。此在交往意味着每个个体都是独立的,人与人之间是彼此把对方当作完成自己目标的手段,都把他人作为客体来使用而不是人格的交流,人与人之间彼此互不信任。意识的一般交往体现的是个体完全融化于"共性"和共同体之中,在交往过程中,每个个体都是尽量把自己的认识和普遍意识相等同,努力去模仿他人,最终使一切人都趋同化。精神交往则是在一定理念支配下每个个体的理智都遵循于具有普遍合理性的原则,进而使交往共同体产生一个处于高度理想化的全面性的理念,正是通过这种理智的理念,人与人之间有了赖以互相交往的媒介。

雅斯贝尔斯的交往理论所表达的核心思想是:人存在的基本方式是交往。他认为,这一方面是因为人是具有自我独特的个性和意识自我的存在;另一方面是因为人是生活在社会中的社会性存在。人作为自我的存在,是一个不同于他人的"孤独个体",个人在他的精神世界中总是将自己当作一个独立的自我,把自己的独特个性及其发展完善作为终极目标。但个体并

---

① 涂成林:《现象学的使命——从胡塞尔、海德格尔到萨特》,广东出版社 1998 年版,第91页。

② 刘放桐等编著:《新编现代西方哲学》,人民出版社 2000 年版,第363页。

未因个人的"孤独"而排斥与他人的交往,反而个体的独特之处只有在交往的基础上才能够得以更加完善,"如果我只是我自己,我就是荒芜。"①人不能依靠其自身而成为人,自身存在只有在同另一个自身存在相交往时才是实在的人,只有在与他人相处时,自我才能在相互发现的活动中被显露出来,存在即与人共在。雅斯贝尔斯通过孤独与交往的关系说明人只有在与别人的交往中才能存在,如果没有交往,那么人将失去存在。人的孤独只有通过交往才能得以消解。雅斯贝尔斯认为,人的自由实现就是人通过真诚的相互交往实现其为真正的人,交往是实现自由的必要条件。因此,交往是自我走向自觉和进一步完善的道路,也是自我形成、发展的前提条件和根本途径,个体在交往中才能形成独特个性所具备的特色品质与生活方式。

总之,雅斯贝尔斯的交往理论将西方的主体际性理论研究向前推进了一大步。一方面,他继承了存在主义的基本精神,认为个体是一个独立的自我,将个体的独特个性及其发展完善作为追求的终极目标;另一方面,他认为交往是个体自我和独特人格形成的必要条件,是实现个体个性发展的根本途径,个体只有通过和他人的交往才能获得自由,"现实的自由,从来不仅仅是个别人的自由,每一个个别人都只有在别人是自由的时候才是自由的"②,从而试图将"孤独"与交往、个人与社会有机地统一起来,以克服个人本位主义和社会本位主义各自的片面性,其探索对认识学习社会性具有重要的理论价值和现实针对性。

2. 哈贝马斯交往行为理论

德国哲学家、社会学家、批判理论家哈贝马斯认为,人总是某个社会的人,生活在社会中的人不能没有"交往行为",不能脱离人与人之间的交往关系,人一定是生活于"交往行为"关系之内的。从它的意义层面来讲,交往行动是以共享、合作为追求目标的过程。在此过程当中,行动主体不仅会和客观世界相互作用,同时也会和社会世界,以及内在主观世界相互作用。

---

① [德]汉斯·萨尼尔:《雅斯贝尔斯》,张继武、倪梁康译,生活·读书·新知三联书店 1988 年版,第 16 页。

② 刘放桐等编著:《新编现代西方哲学》,人民出版社 2000 年版,第 363 页。

哈贝马斯认为"交往关系是人类生存的基本关系,人们必然会发生各个类型的交往行为,也就是说,人们必须相互理解"。因为,交往行为是发生在具有不同生活世界的主体间,以语言作为交往的媒介,将表达并达成有效性要求的共识作为其沟通目标,目标的实现以"对话""协商"为沟通方式。①

交往是哈贝马斯研究的哲学主题之一,他把交往视为架构其理论合法的重要支柱,实现交往行为向社会理论的过渡,促进社会进化和人类解放的契机,并提出了"生活世界"的概念。"生活世界"是促使"文化再生产"的场所和重要条件,包括三种不同的解释范式:一是关于文化方面的解释范式。"文化"主要指的是交往者内在拥有和共享的有关价值、信仰、文化传统、语言结构及其在交往过程中如何运用知识储存。这个解释范式能够起到在我们的生活世界筛选、传承、保存和更新文化知识的作用。二是关于社会方面的解释范式。"社会"主要指的是"合法秩序",这个解释范式能使交往者知道如何通过交往互动来推动社会整合与交往者之间团结的需求。三是关于个性存在方面的解释范式。"个性"主要指的是"使一个交往主体在行动能力和语言能力方面具有的资格"②。这个范式是交往者在"生活世界"通过交往行为的社会化实现个体认同进而满足其个性成长需求所必需的。这三种解释范式同时也符合社会整合的三种路径:一是通过交往互动所达成的理性是服务于传播、筛选、传承、保存和更新文化知识的;二是交往行为达成了交往互动并且满足了推动社会整合与交往者之间团结的需求;三是交往行为使得交往者社会化程度越来越高,这满足了其人格形成的需要。③

哈贝马斯认为,人类有两种行为:工具行为(instrumental action)和交往行为(Communicative action)。工具行为主要是指人与物的关系,表现为人

---

① 〔德〕哈贝马斯:《交往行为理论:行为合理性与社会合理性》,曹卫东译,上海人民出版社2004年版,第84—85页。

② 〔德〕哈贝马斯:《作为"意识形态"的技术与科学》,李黎等译,学林出版社1999年版,第189页。

③ 〔德〕哈贝马斯:《作为"意识形态"的技术与科学》,李黎等译,学林出版社1999年版,第205—240页。

从符号层面对客体的反思和从操作层面对客体的塑造,其结构形式为"主体—客体";交往行为主要是指人与人的关系,表现为主体之间的相互作用、相互交流、相互沟通和相互理解,其结构形式为"主体—主体"。人类这两种行为是相互作用并互为前提的。人的交往行为中也存在着一定的工具行为,其交往行为的结构形式转变为"主体—客体—主体"。因此,可以说,工具行为和交往行为是两种不同的行为方式,工具行为以工具理性为基础,它遵循的是一种合理的技术规范;而交往行为是以交往理性为基础,它遵循着人际间的伦理规范。也就是说,交往行为是指一种主体之间通过符号协调的相互作用,以语言为媒介,通过对话而达到人与人之间的相互理解,进而形成一种平等而真诚的人际关系。

总之,哈贝马斯的交往行为理论是把交往建立在人与人的语言对话的基础上,强调交往过程中个体与客观世界、社会世界和主观世界间关系的重要性。在理论认识上正是通过对话交往与三个世界形成和谐的关系,从而达成主体间的精神融通、视域融合和道德同情。

### 3. 马克思主义的交往实践观

如果说哈贝马斯的交往理论强调的是一种建立在规范性基础上的理想性交往,那么,马克思对于交往的阐释则是一种物质性的现实交往。正因如此,哈贝马斯的交往行为理论更多地从价值论的意义上为人们理解交往提供了一种价值指向,而马克思的交往实践观主要从本体论意义上给人们理解交往的内涵以更深远的启示。

马克思在提出历史唯物主义之时将社会交往看作一个重要的基本范畴,并最终形成了马克思主义的交往实践理论。在马克思主义看来,"Verkehr"(交往)是一个具有整体性的范畴和系统,主要包括三个层面:物质交往、精神交往和语言交往,其中"物质交往"是作为精神与语言交往的基础出现的,它是通过不同主体之间物质交换来实现的。精神交往是从物质交往中分化出来的。物质交往决定精神交往。马克思还肯定了语言在交往活动中的媒介作用,认为语言行为作为一种重要的交往行为,乃是由实践的需要,尤其是由物质生产的需要决定的。交往实践有着自身的基本框架,即"主体—客体—主体"结构,这就是我们所说的多个主体之间存在的交往实践。每一个交往主体所面对的交往客体,不仅与"我"相关,而且也与"他人"即另一个主体休戚相关。

我们可以把人类实践活动相对区分为人对自然的作用和人与人的相互作用两大类。其中人与自然界的作用可以归结为"生产实践"的范畴,人与人之间的交往互动归结为"交往实践"的范畴。交往作为实践的一种基本形式,是人类生存和发展的重要体现,是人的本质社会属性之一。人类自身的交往实践能够改变生产实践和交往实践,这在某种意义上来说是社会发展的深层原因,人类社会生产力水平的提高和世界交往的普遍性发展是社会进步的客观尺度。① 马克思主义交往实践理论认为,交往的根源在于人的物质生命活动本身,这也是人自身生存与发展的需要。这种需求可以促进社会发展,是社会发展的内在动力,最终是通过社会生产来实现的。基于这一点,为了实现人类自我的生存和发展,人类首先必须要有生产物质资料,这类物质资料生产活动也成为人类其他历史活动的重要物质基础。

总之,在马克思主义交往实践理论中,人类实践的根本目的不在于获取认识论意义的"主体性"和"客观性",而是与人的存在、发展和最终获得解放密切相关的交往。换言之,马克思不是在认识论层面而是在本体论层面研究人类的交往实践。

综观上述,尽管雅斯贝尔斯、哈贝马斯和马克思等对"交往"的言说视角不同,但他们的交往理论却对学习社会性研究有重要启示:人的学习必然要以社会交往的方式而存在,完全孤立的个人学习是不存在的。也就是说,交往是人类学习存在的一种基本方式。交往赋予学习丰富的意义与价值。在交往中,学习主体在认识自己、完善自己的同时也使他人得以认识和完善。学习是通过人与人之间对话性交往,在交往的过程中实现与三个世界的和谐与共生,从而达成主体间的精神融通、视域融合和道德同情。

## (二)"生活世界"理论:回归学习的社会网络

在交往行为理论的基础上,哈贝马斯提出人类的"生活世界"理论,并

---

① 何捷一:《交往理论与历史唯物主义建构——兼评哈贝马斯对历史唯物主义的"重建"》,《武汉大学学报》(人文科学版)2005 年第 5 期。

指出人类的"生活世界"是有别于客观世界、社会世界、主观内在世界的"独特的世界"。"客观世界"是自然存在构成的实体世界;在"客观世界"基础上由社会事实所构成的整体世界,也就是"社会世界",包括人与人的交往而形成的社会网络,如组织、机构和规范等,其核心是社会规范;个体的内心世界即"主观内在世界",包括个体的情感、体验等。"生活世界"不是与三个世界并列或作为补充的概念,它是一个完全不同的独特世界,是行动者之间通过对三个世界的解释而达致相互理解、取得一致意见的关系。① 哈贝马斯认为,"生活世界"包括文化、社会和个人三大结构,其中把文化称之为知识储存。当交往参与者对某种事物获得理解时,他们就按照知识储存来加以解释。把社会称之为合法的秩序,交往参与者通过这些合法的秩序,把成员调节为社会集团,并从而巩固联合。把个性理解为使一个主体在语言能力和行动能力方面具有的权限,换言之,使一个主体能够参与理解过程,从而能论断自己的同一性。②

生活世界是变化的,其变化经历着合理化。生活世界的合理化就是生活世界的再生产。生活世界的再生产可以分为文化再生产、社会整合和个人社会化,这与生活世界的三种结构是相对应的。文化的再生产确保了传统的连续性及其更新;社会的整合能够促使社会群体秩序和团结的形成;个人社会化为自我认同的高级阶段提供了前提条件。③ 为了实现生活世界的再生产,必须发挥交往活动的功能。交往活动既在文化方面直接促成了知识总体的形成和传承,呈现出一种解释活动;又在社会方面使参与者实现相互理解、相互合作,最终达成共识;还在个人方面的交往活动中肯定、提高、发展自己,实现自我认同。也就是说,交往活动既发挥了一种传播和更新文化知识的理解功能,又发挥了服务于社会整合和巩固团结的协调功能,还发挥了有助于个体同一性形成的社会功能。

---

① [德]哈贝马斯:《交往行为理论》第2卷,洪郁佩、蔺青译,重庆出版社1994年版,第101页。
② [德]哈贝马斯:《交往行为理论》第2卷,洪郁佩、蔺青译,重庆出版社1994年版,第189页。
③ 邹铁军主编:《20世纪哲学名著导读》,陕西人民出版社2011年版,第389页。

哈贝马斯将社会行为分为目的行为、规范调节行为、戏剧行为和交往行为四种。前三种行为分别与客观世界、社会世界、主观世界中的单个世界发生关系，也就是说，前三种行为模式只是与一个或两个世界发生联系，行为者与世界之间的关系发展是片面的、狭窄的。而在交往行为中，行为者不是单一的与某个世界发生关系，而是通过语言媒介与客观世界、社会世界、主观世界同时相关联。也就是说，行为者与世界建立了全面性、整体性关系。由此可见，完整人类的各种交往行为都会摄入这个"生活世界"理论的其中某个或多个世界，并产生一定的社会性交往关系。因此，完整的交往实践需要关涉到这三种世界，并产生与之相关的三种关系："认识主体与客观世界的关系；在一个交往社会世界中，处于互动中实践主体和其他主体的关系；交往主体与其自身的内在本质、自身的主体性和他者的主体性的关系。"①

与三重世界相对应，哈贝马斯基于普通语用学的分析，提出制约交往的三种有效性要求：第一个是"真实性"要求。在认知式的交往中，当反映关于外在自然的"那个"世界时，要采取客观性的态度，并通过认知言语达到"事实之呈现"。第二个是"正确性"要求。在相互作用的交往过程中，当反映关于社会的"我们的"世界时，采取遵从性的态度，并实现合法人际关系的建立。第三个是"真诚性"要求。在表达式交往中，当反映关于内在自然的"我的"世界时，采取表达性的态度，揭示出言语者的主动性。②

总之，哈贝马斯的生活世界理论从整体上构成了一个主体在交往过程中共同从属的关系架构。交往主体通过这个关系确定了其关系体系。从根本上来说，只有经由这个关系体系我们才能更好地理解本身及周围世界。生活世界理论对学习社会性研究的意义在于：人类在学习的过程中将会与客观世界、社会世界以及主观内在世界进行相遇，通过社会交往与对话，共同构筑世界、伙伴与自身。也可以说，学习是构筑世界、伙伴与自身的社会性实践活动。

---

① 包亚明主编：《现代性的地平线：哈贝马斯访谈录》，上海人民出版社 1997 年版，第 57 页。

② ［德］哈贝马斯：《交往与社会进化》，张博树译，重庆出版社 1989 年版，第 70 页。

### （三）主体间性理论：承认学习者间的主体性

主体间性哲学，它是西方单一主体性哲学盛极而衰的产物。它消解了人的优位性（primacy of human）和人的理性主义，消解了主客二元对立模式，它是与主体的生态性、流动性和创造性相并列的新主体哲学，也是当代人类生存危机的哲学自觉。主体间性（inter-subjectivity）又译作交互主体性、共主体性、主体际性等，严格来说，主体间性范畴正式成为哲学话语，肇始于20世纪德国哲学家胡塞尔（Husserl）的现象学。胡塞尔从认识论角度将主体间性看成通过"赋义""统摄"达到主体间的互识和主体间的共识，但胡塞尔的主体间性理论仍依赖于传统的认识论。德国哲学家马丁·海德格尔（M.Heidegger）则摆脱了胡塞尔的这种局限，他重建存在主义哲学，用"共存"来解释自我与他我在生存上的联系，而结成主体间性。存在论将主体间性看成存在具有解释性，但解释必须以理解为基础，理解产生于不同主体之间。而德国哲学家伽达默尔（H.G.Gadamer）提出，文本不是客体而是主体，人们对文本的解读过程实际上就是自我与他人的交流过程，对文本的解释是主体之间的对话而形成的"视域融合"（fusion of horizon）。哈贝马斯从本体论的角度看待主体间性，他针对人们长期把自我当作主体，把他人当作客体的"自我中心主义"倾向，提出了"互主体性"概念。他认为人的主体性必须在交往活动中生成，要求主体以语言为中介，进入互动状态，形成一种主体间性。只有在主体间性中所实际操作的是交往行为，才能保证主体相互之间平等互动。

哲学视域中的"主体间性"是相对于"主体性"提出来的。主体性是主体与客体发生关系时所表现出来的以自我为中心的能动性、占有性等特征；而主体间性则是主体与主体在交往活动中所表现出来的以交互主体为中心的和谐一致性等特征。主体性生成于对象化活动之中，而主体间性生成于交往活动之中。主体性思维是"主体—客体"或"主体—中介—客体"，而主体间性思维是"主体—主体"或"主体—中介—主体"。因此，主体间是主体之间的关系，而主体间性是主体之间在语言和行为上相互平等、相互理解和融合、双向互动、主动对话的交往特点和关系，是不同主体间的共识，是不同主体通过共识表现的一致性。① 主体间性是对主体性的继承与超越,它超越了主体性的自我化倾向,倡导主体间的共通性,但又保留了主体性本身的根本特征,它不泯灭主体性,但又强调整体性与和谐性。

无论在何种社会中,人是社会关系的产物,而非抽象的、孤立的个体存在。所以,真正的主体性是一种内在地包含着主体的主体间性(intersubjectivity)。主体间性是主体性在主体与主体之间交往时的关系的延伸,是交往主体在实践中主体性的彰显。主体间性关系超越了主体与客体的简单关系模式,体现的是主体与主体交往的新型关系模式。主体间性不仅客观地反映了人的"共在"和社会性特质,而且也反映了人与人之间的社会关系。主体间性不仅是交往遵循的基本原则,更体现了交往的本质特征。主体间性强调交往主体之间的互识与共识,即两个或两个以上的交往主体在交往过程中能够相互认识,并在相互理解的基础上达成一定的共识。

主体间性理论对学习社会性研究的重要意义在于:主体间性理论强调交往的思维模式从主体性思维模式发展为主体间性思维模式,其实质强调学习者在学习中的地位发生变化,它赋予学习者主体地位,而不是把学习者等同于消极的、被动的"客体",这避免了学习者在学习过程中处于被控制、被灌输、被强制境地,从而将学习的主动权还给学习者。它强调学习者与他人关系是主体间的交往关系,即主体间关系,这立了师生之间新型交往关系模式。在学习活动中,师生之间进行平等的对话,师生主体间的对话应该是心灵的沟通、情感的共鸣、知识的交流、能力的相长、思想的碰撞、智慧的体悟、人格的敬仰;是平等、双向、主动、自由和共有的,不是霸道、单向、被动、强制和占有的。"教育追求人与人之间精神之相契合,使得文化能够通过其自身得以传递,而人与人之间的交往是双方面对面的对话与敞亮……所谓教育,本质上不过是人与人的主体间灵肉交流活动。"②

---

① 郝文武:《教育:主体间的指导学习——学习化社会的教育本质新概念》,《教育研究》2002 年第 3 期。

② [德]雅斯贝尔斯:《什么是教育》,邹进译,生活·读书·新知三联书店 1991 年版,第 2—3 页。

## 三、社会学视角:透视学习社会性的互动效应

从社会学视角来看,社会实践理论一是强调行动主体与活动、世界、意义、学习和知识之间相互依存的关系;二是强调社会活动中人的思想和行动的社会性和意义固有的社会协商特性;三是主张学习活动是处于、关于或者源于以社会、文化方式建构的世界之中,这种世界是以社会互动的方式构成的。社会学理论对学习社会性的研究具有重要理论意义。从社会互依理论来看,学习具有依存性,倡导在学习过程中要相互交流、相互沟通、相互协商;从符号互动论强调意义与象征符号是在社会互动中生成,这个意义来看,人具有主观能动互动性;从共同体理论来看,学习者在学习共同体中进行相互交往与交流,不断地碰撞和融合思想,进而形成学习者认同与共享的意义;从身份认同理论来看,学习的过程其实质就是学习者身份认同的过程,所有这些理论对学习社会性研究产生重要的启发意义。

### (一) 社会互依理论:澄明学习活动中的依存关系

社会互依理论源于格式塔心理学和群体动力理论,1949 年莫顿·道奇(M.Deutsch)首次提出,后来经约翰逊(Johnson)等人的不断发展与完善,形成较完整的理论体系。该理论认为,个体成员之间的依存可以转化为群体,群体的本质就是能使个体成为一个成员之间互依的动力整体。在这个动力整体中,任何个体成员状态的变化都会引起其他成员状态的变化,个体成员之间借助内部的张力状态来促使群体朝向并实现共同的目标。社会互依理论认为,"互依有积极、消极和中性之分,所谓积极的互依性是指个体之间关系融洽,共享资源,相互促进;消极的互依性是指个体之间关系淡漠,相互竞争,甚至阻碍他人的进步或成功;中性的互依性就是无互依性,即在没有互依存在的情境下,会出现无互动的现象,即个体之间彼此独立。"①

---

① 郑淑贞:《合作学习理论的新发展——基于社会互赖的视角》,《远程教育杂志》2009 年第 4 期。

　　人的类存在就是人在类关系中通过人有意识的类活动所实现和表现的人的生存和发展。人的类存在的这种意义表明作为类存在物的人具有共同生存、共同发展的权利。人的存在不是自顾自的单个存在,而是相互依存、相互肯定的类存在。① 个体的生存离不开对他人和社会的依赖,这种依赖是指人在物质生活上需要他人的支持,更是指人在精神生活上会接受他人和社会文化的影响。人的正常发展离不开与他人和社会的联系,尤其是完整的精神世界。曾经出现过的"狼孩"就从反面说明了社会对于人的成长所具有的不可缺失性,尤其是对于个体精神生命发展更具有不可缺失性。同时,个体与他人、个人与社会的这种依赖关系是相互的,个体在依赖他人和社会时,也在为他人提供着各种支持和影响。②

　　社会互依理论对学习社会性的重要意义在于:学习源于社会,社会是学习赖以存在和发展的必要条件,脱离社会的人类学习是不存在的。学习活动是在一定的社会文化和社会关系中产生的。人类的学习就是一个通过社会的交往、互动、协商与约定的过程而获得合法性知识的过程。在学习活动中主体之间合作和交互的程度,即它们相互依赖的程度,就是学习的依存性。积极的互动源于学习者之间积极的相互依存关系,这种积极的相互依存关系会对学习起到促进作用。如果学习者之间存在消极的相互依存关系,比如非正常性的竞争等,对立的互动就会产生。这种对立的互动只会使学习者之间互相妨碍,而不是互相支持。在缺少相互依存的条件下,学习者都是独自学习的,良性的群体互动就不会产生。学习在本质上是社会性的,所有学习过程都是在一定边界内(boundedness)发生。③ 这些可以确定人类的学习具有相互依存性,这种特性也反过来说明了人的学习脱离社会是无法生存的,人一出生就处在特定的社会之中,特定的人群、集体生活或社会生活对个体来说是一种内在需要。所以,依存性是人学习社会性的重要

_____

① 　夏甄陶、韩庆祥:《人:关系、活动、发展》,河南人民出版社 2011 年版,第 231 页。
② 　柳斌主编:《中国教师新百科》中学教育卷,中国大百科全书出版社 2002 年版,第 160 页。
③ 　Alexander,J.C.,*Theoretical Logic in Sociology*,London& Henley:Routledge & Kegan Paul,1982,p.59.

方面,即学习社会性特征之一就是学习主体对客观世界、社会世界和自我世界的一种依赖关系。

## (二) 符号互动论:阐发学习中的符号互动意义

符号互动论源于美国的社会学家乔治·赫伯特·米德(G.H.Mead)的理论,符号互动论是试图通过分析日常环境中人们的交往活动发生的方式、规律和机制,进而分析人类群体生活本质的社会理论派别。它的核心观点是,符号是发展的,是通过互动的过程而发现意义的。所有的事物都是符号存在,对符号认识越多,人们互动得就越顺利。① 符号是指所有能够代表人的某一种意义的事物,例如语言、文字等都是一种符号,它是认识或使用该文字的人的沟通工具,可以实现人们之间的复杂交往;人们在交流中的姿态同样能传达一定的信息。另外,物品也是重要的符号,如国旗是国家的象征,即使一定的社会情境也具有符号的意义。可见,人们赋予一种事物某种大家公认的意义时便会赋予这种事物以符号。

米德系统地研究了人际互动对个体自我生成和发展的重要意义,认为人的自我意识是个体在与他人的互动和交往中实现的。人类的行动是被文化意义所规制的,而文化意义是具有象征性的。行动是指一个人在特定情境下的主要反应,包括人们的实际行为、环境中特定事物和人的关注以及人们对那些事物或人的想法。人的行动是具有社会意义的,人与人之间的互动是通过各式各样的符号来实现的。个体在应付所遇到的事物时,会通过符号去运用和修改事物对他的意义,也会通过符号去认识自我行为对他人产生的实际影响。② 在米德看来,人的精神、心理和思想,并非某种作为"精神实体"的"习性"或"属性",而是人的有机体同他的生存环境,特别是社会生活环境进行象征互动的结果,是人的复杂的行为过程的产物。在这过程中,不论是人的精神、心理和思想方面,还是作为人的生存环境的社会互动

① 李芹主编:《社会学概论》,山东大学出版社 2009 年版,第 135 页。
② 李松林:《发展之源与教学之方:学生发展的活动机制及其教学应用》,教育科学出版社 2013 年版,第 175 页。

条件来说,都要靠象征性符号作为中介因素,靠这些象征体系在不同因素间的互动,才能存在和不断演化。① 因此,正是在活动基础上的交往与交往之中的活动,才使人的自我意识真正形成。

　　人既是社会的人,又是具有独立性的主体。个人创造社会,社会更创造个人。自我和社会不是分裂的结构,而是人际符号互动的过程。符号,作为中介因素,就成为意义的内容和形式的统一体,成为一种具有双重结构的象征。米德认为每个个体都会有自我与自我进行交往的过程,这种交往是按照符号进行的,所有的符号都具有文化意义上的特征,互动是以有意义的符号为基础的行动过程。在符号互动理论看来,人是能动的,人与人之间的相互交往并不是对外界刺激的直接反映,人总是要先去理解和分析刺激,然后再设法做出反应。所以,相互交往在符号互动理论中具有两方面的内涵:一是与自我的相互交往,即经由自我对话,向自己提问,重组事件的情景,作出判断、决定;自我的相互交往是一个反思的过程。二是与他人的相互交往,与他人的相互交往不是直接的,它以某种东西为中介,这就是象征符号。符号可以是文字、语言、动作、物品等,符号本身可以说是无意义的,但也可以说是任意的,因为符号所象征的意义不是符号本身所具有的,而是互动双方在交往过程中形成而赋予它的,所以,同一符号在不同情景中的意义可以是不同的,这取决于互动双方对符号意义的认同。② 人的“自我”只有在同“他人”(others)的沟通和交往中,才能在行为中真正地存在和呈现出来。

　　美国社会学家布鲁默(Herbert Blumer)的符号互动论强调符号和意义对于人们互动过程中的重要意义,人们不仅仅是对对方的行为做出反应,同时也会通过自己的解释去理解他人行为的意义。因此,社会互动也是以符号的使用、通过理解互动主体行为的意义作为桥梁的。③

　　布鲁默提出解释意义在人类行动中的作用以及意义的来源的三个基本原则:一是人们对客体的行动是根据人们对客体所赋予的意义作出的。也

---

① Mead,G.H.,*Mind,Self and Society*,Chicago:University of Chicago,1934,p.49.

② 周运清主编:《社会学》,武汉大学出版社 1988 年版,第 51 页。

③ 李芹主编:《社会学概论》,山东大学出版社 2009 年版,第 138 页。

就是说,人们是根据自己对事物所赋予的象征意义而对其采取相应的行为。只有这样,才能保证自己与互动对象在相同情境下思想与行为的一致性。二是意义不是个人任意赋予的,而是人们在相互交往的互动过程中逐步形成的。也就是说,人们赋予事物的意义其实是来源于社会互动。人们对于事物所蕴含意义的理解不是主观臆断或凭空想象的,而是根据他人的经验所做出的理解。这些经验可能是他的直接经验,也可能是间接经验,但二者都是社会互动产生的结果。三是意义是一个动态变化的过程,它往往要经历解释或修改的过程才会确定。也就是说,人们在相互作用的过程中,通常要经历一个自我解释、确定意义以及决定如何行动的过程。行为的象征意义根植于互动的社会情境中,社会情境不同,所包含的行为意义也不同。因此,要对不断出现的新情境进行某种创造性的定义和再定义,才能决定怎样行动。①

　　符号互动理论对学习社会性的重要意义在于:符号互动论强调通过互动习得意义与象征符号,这确证了人的学习是通过互动而生成"意义"的过程。学习是在以符号为中介的社会互动中形成,即使是同一事物,由于所处的社会情境不同,不同学习者对其理解不同,建构的"意义"也不同,这其实正在消解着知识的客观性。脱离主体而存在的客体是不存在的,社会世界实质上是由符号和意义构成的世界,不是主体意识依赖于客体,而是客体依赖于主体赋予它的意义。符号互动论强调人具有能动性,人的能动性表现为人具有主观认识性和具有主观选择性,确证了学习者不是受动者或被动者,而是学习者具有主体性,学习不是被动地把知识灌注入人脑的过程,学习是学习者积极地参与学习过程,对学习内容进行主动选择,以符号为中介通过与他人互动而建构"意义"的过程。

### （三）共同体理论:构筑学习活动的互动场域

　　"共同体"(Community)一词是一个社会学概念。学术界认为,德国社会学家斐迪南·滕尼斯(Ferdinand Tnnies)是真正完整意义上深入探讨共

---

①　周运清主编:《社会学》,武汉大学出版社 1988 年版,第 54—55 页。

同体思想的第一人。他在其经典名著《共同体与社会:纯粹社会学的基本概念》中指出,共同体是古老的、传统的、小范围的、整体本位的、自然形成的,但共同体不是一成不变的,而是伴随着人类社会的发展而不断地演变。他把共同体分为三种类型:血缘共同体、地缘共同体和精神共同体。血缘共同体是以血缘关系为基础,是共同体最原始形态。地缘共同体是由血缘共同体分化而来,其特征是以共同居住地为纽带,形成了互相合作、休戚与共、守望相助的地缘共同体。精神共同体是共同体的高级形式,其特征是以共同的信仰和价值追求为纽带,让既无血缘关系又无地缘联系的陌生人组成拥有共同价值观和精神需求的共同体。①　总之,血缘共同体作为行为的统一体发展和分离为地缘共同体,地缘共同体直接表现为居住在一起,而地缘共同体又发展为精神共同体,作为在相同的方向和意义上的纯粹的相互作用和支配。地缘共同体可以被理解为动物的生活的相互关系,犹如精神共同体可以被理解为心灵的生活的相互关系一样。因此,精神共同体在同从前的各种共同体的结合中,可以被理解为真正的人的和最高形式的共同体。

英国著名社会学家齐格蒙特·鲍曼(Zygmunt Bauman),从现代性的视角讨论了"共同体"的现代意蕴。他在《共同体》一书中指出,随着启蒙运动和现代化进程推进,个体解放却使人处于不安的、碎片化的生活之中,人们没有归属感,社会呈现一种单子化的状态。"共同体"传递着一个温馨"家"的良好感觉,在这个家里,家庭成员能够提供生活的某种确定性和安全,而身居其中的成员维系着一种紧密的社会关系,彼此信任、互相依赖。②　英国社会学者保罗·霍普(Paul Hope)在其《个人主义时代之共同体重建》中指出:"共同体是人类的一种基本需要,它所构成的自足系统可以满足人类的合群需求,并让人类获得一种归属感。共同体也是人类生活的一个基本构成。共同体必定是一个事关我们是否能够发挥创造性,能够形成伙伴关系

---

①　[德]斐迪南·滕尼斯:《共同体与社会:纯粹社会学的基本概念》,林荣远译,北京大学出版社 2010 年版,第 53 页。

②　[英]齐格蒙特·鲍曼:《共同体》,欧阳景根译,江苏人民出版社 2007 年版,第2—3 页。

或友谊关系,并能够获得幸福感的决定性因素。"①这强调共同体是人类获得幸福的必需条件。

法国社会学家涂尔干(Emile Durkheim)从社会分工的视角切入认识共同体,认为共同体不是一种社会结构或外实体,而是人们互动中的一些特性。1893年他发表的《社会分工论》中指出"机械团结"和"有机团结"是人类社会两种不同的结合方式。"机械团结"存在于古代社会,工业程度较低的且社会分工不发达的社会,是基于社会成员的价值观念、共同信仰和共同情感以及强烈的集体意识将同质性成员结合在一起。随着社会分工的发展,个体差异逐渐凸显,价值追求和信仰的多元化,出现了"有机团结"。"有机团结"存在于近代社会或发达社会,是基于功能上的耦合而连接起来,个体通过自己的专业和他人发生关系,个体既独立又不脱离整体,社会成员作为不同的个体为社会整体服务。② 涂尔干还认为,在"有机团结"的现代社会,原来局部社会的集体意识或者群体性价值、规范、习惯、情感会以分化的形式继续存在于不同层次,这就意味着可能产生超越原始团结或局部社会的新共同体。③

综观所述,社会学术语的共同体,指共同生活中由特定关系和纽带联系起来的人群,结合为一个共同的生命存在圈的形式。共同体中的人与人的生命之间存在某种比较稳定的相互关系,包括氏族、部落、民族、国家、阶级、政党、公开或秘密的社会团体、家庭、家族、生产组织、学术组织,等等。④ 社会学领域中对共同体的理解,更加注重其社会特性,强调其中的成员个体可以建立互动、友好和密切的社会联系,而这种社会联系的构建是建立在成员自愿的基础之上,并且包括共同体以外的个体。

① [英]保罗·霍普:《个人主义时代之共同体重建》,沈毅译,浙江大学出版社2010年版,第142—143页。
② [法]爱弥尔·涂尔干:《社会分工论》,渠东译,上海三联书店2000年版,第89—91页。
③ 高亚芹:《"共同体"概念的学术演进与社区共同体的重构》,《文化学刊》2013年第3期。
④ 王原君:《象征资本》,线装书局2015年版,第53页。

　　共同体理论对学习社会性的重要意义在于：真正的共同体是拥有共同特质和相同身份与特点的群体关系，是建立在自然基础上的、历史和思想沉淀的联合体，是有关人员共同的本能和习惯，或思想的共同记忆，是人们对某种共同关系的心理反应，表现为直接自愿的、和睦共处的、更具有意义的一种平等互助关系。① 共同体所表现出来的特质首先应具有共同性。也就是说，不管是何种共同体，共同体成员应拥有相同或相似的价值观念、生活习惯、生活行为方式等，这便于交流、交往，从而达成共识。其次，应具有自愿性。共同体的形成不具有法律上的强制性，是自愿结盟而成的，其结构相对松散，时间无任何限制，参与方式比较灵活，成员之间地位平等并拥有自己的利益格局，体现出强烈的民主色彩。最后应具有公共性。共同体成员须排除一己私利，不追求眼前利益和局部利益，应着眼于长远利益和整体利益，具有公共精神和公共意识。② 在共同体中，学习者相互交往与磨合，不断地进行思想文化的碰撞与融合，最终形成学习者认可并共享的文化，也就是说，在共同体中学习者已拥有共同的学习信念或者愿景。在学习过程中，通过与其他人相互依赖、探究、交流和协作，分享着各自的见解和信息。

### （四）身份认同理论：建构学习者的身份

　　"身份"（identity）一词已经成为社会学一个重要概念，是社会研究的基本单位，是现代语境中文化研究的热门话题。不同学者对身份的界定有所不同，美国社会学家曼纽尔·卡斯特尔（Manuel Castells）认为，身份指向人的存在意义与生活经验的来源，是个体在自我建构的过程中逐渐达致的集体认同，是一种社会角色。③ 英国社会学家斯图尔特·霍尔（Stuart Hall）在《文化身份与放逐》一文中指出，身份是人为的思维，并非天然的，而是经由

---

① ［德］斐迪南·滕尼斯：《共同体与社会：纯粹社会学的基本概念》，林荣远译，北京大学出版社 2010 年版，第 2—3 页。
② 陈红梅：《教育共同体视域下学校与社区互动的研究——基于现代学校制度建设的思考》，华中科技大学出版社 2015 年版，第 102 页。
③ Castells, M., *The Power of Identity：The Information Age：Economy, Society and Culture*, New Jersey：Wiley-Blackwell, 2003, p.83.

历史、文化、社会、哲学的发展和沉淀而来的结果,它存在于不断的递变与构筑之中,并永远存在于建构过程。① 英国社会学家凯瑟琳·伍德沃德(Kathryn Woodward)认为,身份源自多种复数的组合,包括国家的、种族的、阶级的、社群的和性别的,而每个人总会常常在这些复合的身份角色间挣扎、磋商或妥协。② 我们可以看出,从一般意义上来讲,身份是指人的出身、资格和人在一定社会关系中的地位;从理论意义上来讲,身份是指社会成员的社会属性和社会分工的标识,它同类别、角色和地位等概念紧密联系。

　　对身份认同的认识可以加深对个体存在方式的理解。在社会学领域中对身份认同的研究主要集中于精神分析理论、符号互动论、结构功能主义和批判理论等。美国心理学家埃里克森(Erik H .Erikson)最早将"身份""认同"引入社会心理学,并将作为其人格发展理论阶段性划分的重要维度。他认为人格发展的每个阶段是由身份认同危机来界定的,一个稳定的自我认同源自对这些身份认同危机的解决。③ 受米德的符号互动论的影响,英国社会学家耐尔森·富特(Nelson Ford)认为,身份认同是一个对有关自我的产物通过命名来进行占有和承诺的过程,它需要重要他者的认可。法国社会人类学家克洛德·列维·斯特劳斯(Claude Lévi-Strauss)在 1956 年《镜子与面具:关于认同的研究》一书中,强调认同是来自于自我和他人对"我"的评价,其包括个人的出身、经历、资格、声誉、地位等评价,是一个互动的事实过程。随着认同研究的进一步深化,1963 年美国社会学家尔文·戈夫曼(Erving Goffman)在《污名:关于被损害了的认同的管理笔记》一书中,将认同划分为自我认同、个人认同、社会认同,并借助认同划分界定了"污名"的概念。④ 美国社会学家彼得·伯格(Peter Berger)受经典社会学

① 　Hall,S., *Cultural Identity and Diaspora in Identity : Community , Culture , Difference* , London:Lawrence and Wishart, 1990, p.102.

② 　Woodward,K., *Identity and Difference*, London:Sage, 1997, p.67.

③ 　[美]戴维·波普诺:《社会学》第 10 版,李强等译,中国人民大学出版社 1999 年版,第 151 页。

④ 　[美]欧文·戈夫曼:《污名:受损身份管理札记》,宋立宏译,商务印书馆 2009 年版,第 77—78 页。

著作和社会现象学观点的影响,认为自我认同、个人认同和社会认同都是社会实在,都是社会建构的,尤其强调个人认同是活跃于个人经验并镶嵌于个人身体中的社会实在。随着社会结构的不断分化,使得认同成为一个"时尚的术语",认同与社会结构、宗教相联系起来,使得认同既成为一个人在混沌环境中所占据的固定方位和对环境作出的积极防御,又成为一个基于信仰、规范和价值的综合体,能抵抗外在事物对其自身环境与成员的威胁并维续自身。① 哈贝马斯受精神分析理论和马克思理论的影响,认为认同是基于沟通能力、理性和容忍而建立的。

从社会学的视域来看,身份是社会赋予,并由社会支撑和转换的。换言之,身份不是与生俱来的,身份的产生、维持和变化都要依赖于他人的社会承认,身份是通过社会化而内化于个体的社会存在。② 身份建构既需要群体自身对其身份的主观认同,同时又需要客观外在于群体之外的社会性建构;既要考虑到历史文化的影响,也要注意当下具体社会结构、社会情境的制约,身份建构具有主观和客观双重性。身份是一种建构的过程,是不断变化而非一成不变的,换言之,是在演变中持续和在持续中演变的过程③,同时,这种身份建构过程,又是一个从一般性到特殊类别的过程。④

认同就是对自我身份的确认:回答和解决"我是谁""我想成为谁"的问题。认同除了产生于个人心理过程之外,还产生于他者的关系之中,也反映了个人与社会、个体与集体的关系。不同的关系产生不同的认同,关系间的变化也会引起身份认同的变化。身份认同是个体自我和社会自我的统一体。身份认同不仅仅是自我认定,也要得到他者的认定,他者眼中的"我"

① Hans J.Mol,*Identity and the Sacred*,New York:The Free Press,1976,p.65.
② [美]彼得·伯格:《与社会学同游:人文主义的视角》,何道宽译,北京大学出版社 2008 年版,第 120 页。
③ 钱超英:《身份概念与身份意识》,《深圳大学学报》(人文社会科学版)2000 年第 2 期。
④ Somers,M.R.,Gibson,G.D.,*Reclaiming the Epistemological Other Narrative and the Social Constitution of Identity*,in Social Theory and the Politics of Identity,(ed.) by Craig J.Calhoun.U.k.USA:Blackwell,1994,p.91.

与身份同一时,身份认同才形成。身份认同的内涵包括自我认同、他者认同、社会认同。自我认同是一种内在性认同,它是一种内在化过程和内在深度感,包含个体自我意识的同一性、自我生活的归属感和自我生命的意义感,是个人依据个人经历所形成的。作为反射性理解的自我,主要集中于对人自身意义的反思。他者认同意指被他人接纳和接纳他人,向他人的世界开放自身,开放自身就意味着自我展现,个体生活意义的创造离不开他者。社会认同表现在个体将自身认同于某些社会群体,意味着个体觉得自己与该群体的其他成员具有相似性,与他们共享某些显著的群体特征(如资格获得、制度规约和伦理规范)、价值观、意义和目标,并获得认同感和归属感。总之,自我认同、社会认同和文化认同三者之间存在着密切的关联,自我认同不能脱离相关社会、文化和历史语境,社会行为、文化归属和传统成为人类经历和建构自我认同的多维背景,它们谁也离不开谁。①

身份认同理论对学习社会性的重要意义在于:身份是一种在实践中参与和协商的经验;身份是由一定的成员关系所界定的,具有社会性;身份是学习者把过去和将来融合进当前活动的境脉中,能够真正从事有意义的学习过程;身份是通过协调的过程,跨越实践的边界,将多种成员关系结合起来。② 身份是一种社会性的产物,它经由社会、文化共同建构而成。身份的形成并不能通过简单的灌输和传递的方式来实现,而是通过学习的方式而获得。身份的形成是在共同体中,在认同与协商的双重过程中,在参与合作与竞争、同意与斡旋、社会团结和个人权益之间的平衡中实现的,而参与的鲜活经历,也是一系列事件、经验和资格的固化堆积。③ 人的身份认同是自我的根本中心,学习者身份为自我认同提供了框架和视界,自我认同也就成了学习者的内在性根源。学习的本质就是身份认同发展的过程。学习是学

---

① 任裕海:《全球化、身份认同与超文化能力》,南京大学出版社 2015 年版,第 11 页。

② 赵健:《学习共同体——关于学习的社会文化分析》,华东师范大学出版社 2006 年版,第 96 页。

③ Gmez,P.& Rico,L.,*Learning Within Communities of Practice in Preservice Secondary School Teachers Education*,PNA,2007,2(1):17–18.

习者理解并参与某些社会实践、获得共同体成员身份、建构与共同体相关的认同,并在实践共同体中对其意义进行协商的过程。学习的过程,是学习者不断改变身份认同,由实践共同体的边缘参与者转变为充分参与者,参与意义建构的认同变化过程。这一过程,关系到学习者归属于什么共同体,获得怎样的自我认同,如何体验生活意义,如何在实践中行动。所以,学习意味着学习者要变成一个不同于以往的人,是身份认同发展和变化的媒介。

## 四、心理学视角:剖析学习社会性的内源需求

心理学流派纷呈,至今没有任何一种理论能够一统天下。心理学的各学派都从自己的理论出发,提出与自己相对应的学习理论,这在一定程度上指出了人类学习的某些特征,但对全面揭示人类学习的本质还存在一定的局限。学习社会性理论研究仍然需要心理学的相关理论作为基础,其主要体现在人本主义、社会认知和建构主义三个方面。

### (一) 人本主义:实现学习的终结性旨归

20世纪中叶兴于美国的人本主义心理学反对行为主义环境决定论和精神分析生物还原论,它注重人的独特性和社会性,主张人是一种自由的、有理性的动物,具有人发展的潜能,人的行为主要受自我意识的支配,要想充分了解人的行为,就必须考虑到人具有一种指向人发展的基本需要。其主要的代表人物有马斯洛(A.H.Maslow)、罗杰斯(C.R.Rogers)等。

马斯洛认为人类行为的心理驱力是人的需要。人的需要自下而上依次为生理需要、安全需要、归属与爱的需要、尊重需要、认识需要、审美需要和自我实现需要。人在满足高一层次的需要之前,至少必须先满足低一层次的需要。也就是说,人满足了生存需要之后,才发自内心地渴求发展和实现自我潜能的需要。如果满足了这种自我潜能的需要,人才能进入真正的自由状态,才会体现人的本质和价值。这实际上是在强调需要是调动人的主体积极性的内在动力,更加强调了满足需要在人的发展中的重要作用。马斯洛认为真、善、美、正义等是人类共有的内在本性,它们具有共同的价值观

和道德标准。人的自我实现的关键是改善人的自我意识,使人意识到自我的内在潜能或价值。另外,马斯洛首次提出了超个人的动机或超越性动机的概念,认为自我超越并不是一种没有任何基础就能自发出现的心态,而是人性的一种合乎规律的高度发展和执着追求。

罗杰斯是美国人本主义心理学的又一重要代表人物。他的自我论和马斯洛的自我实现论在基本观点上是一致的,都认为人有追求自我价值实现的共同趋向。但他更强调人的自我指导能力,经过引导,人能认识自我实现的正确方向。罗杰斯认为,教师应当将学生视作一个完整的个体去接受,去珍视自己的学生,学生是一个尚未臻于完美的人,但是却埋藏着巨大的潜能。这种接收或者珍视反映教师对人这一有机体的能力有着极强的信任感。人虽生而为人,但也要依靠他人人性的感染和自身不断地努力,取得进步,才能成长为真正的人。人类的本质有时是靠自然的生发,有时则要靠用心雕琢。成为完整的人是一门艺术,不论他是好人还是坏人。孩子出生所在的共同体,就已经暗示了他要被强制学习,并暗示了学习的特点。① 罗杰斯旗帜鲜明地提出了"完人"的教育理想。所谓"完人",也称"功能完善者"(fully functioning person),是指知识和情感兼备,"躯体、心智、情感、精神、心力融合一体"的人。罗杰斯认为学习者的学习应该是"完整的",而不应该只是"在颈部以上发生的学习"。他认为学生学习应当分为两个部分:认知学习和经验学习。其中,认知学习的很大一部分内容对学生自己是没有个人意义的,它只涉及心智(mind),而不涉及感情或个人意义,是一种无意义的学习。学生只能被迫地、无助地、顺从地学习枯燥乏味、琐碎呆板、现学现忘的教材。而经验学习的前提条件是学生的经验,需要以学生学习的主动性、自发性为动力,充分调动学生的学习兴趣、愿望和需求,积极有效地促进个体的发展,因而这种学习必然是有意义的学习。

人本主义对学习社会性研究的重要意义在于:学习的根本价值是满足人的需要和实现人的潜能。它强调必须尊重学习者,尊重学习者的情感、意

---

① [西]费尔南多·萨瓦特尔:《教育的价值》,李丽、孙颖屏译,北京大学出版社2012年版,第6页。

愿、需要和价值观,认识到学习活动的主体是学习者,相信学习者可以通过自我指导实现真正的学习;强调人的整体性、独特性、自主性和社会性,重视人的内在价值和潜能的成长,鼓励人们积极进取、自我实现。学习的根本目的是"完整人"的实现,坚持以人的价值和人的全面发展为重点,强调把自我实现、自我选择和健全人格作为人生追求的价值和态度,实现自身潜能,达到最佳的境界。① 总之,学习是为了满足人各个层次的需要和使人的潜能得以发挥,也就是说,学习是为了人的知、情、意、行和谐统一的发展,即实现健全的、和谐的人格发展和自由的"完整人"的实现的活动。事实上,现实的人总是存在于复杂的社会关系之中,并通过人与人之间的交往、合作进行活动的。人通过自己从事的活动来处理各种关系,但是人类活动与关系的开展,却决定了人的现实存在状况,也表现出人的现实特性、本性与本质力量,并期望着它们的发展。可以说,正是在人与人的社会关系中,人获得了他的社会规定性,实现了人的主体性与社会性的同时提升。正是在人与人的交往、合作活动中,人才得以超越,并通过对象性活动使自身获得完整人格发展的条件。

### （二）　社会认知:阐明学习的交互性存在

以罗特(Rotter)、班杜拉和米歇尔(Michelle)为代表人物的社会认识论,强调行为的社会根源及认知过程的重要性。它特别注意到人们在指引其生活方向与学习复杂行为上的主动性。由于罗特、米歇尔的社会认识论涉及有关学习具有社会属性的观点与班杜拉有相似之处,本书以班杜拉的社会认知论为例进行说明,但对罗特和米歇尔的有关内容不再赘述。

20世纪70年代后期,美国心理学家阿尔伯特·班杜拉对当时过分强调实验控制的研究范式进行了深刻批判,并结合个体行为的内驱力理论(drive theory)提出,"人的学习,尤其情感和行为方面的学习是通过观察与

---

① 吴刚:《从课程到学习:重建素质教育之路》,上海教育出版社2007年版,第135—136页。

模仿现实社会中的他人而实现的。"①人们不仅仅通过直接经验来学习,而且还能够通过观察他人的行动及其所获得的收益来学习。他既强调充当榜样和教师的他人的作用,即社会认知中的社会性成分,又强调思维、信念、期望、预测、自我调节以及进行比较和判断的社会认知中的认知性成分,即强调学习过程的观察学习以及重视个体特征在学习过程中自我效能感的作用。至 20 世纪 80 年代,研究者开始关注在一定社会情境中的个体学习现象,侧重从社会认知角度来考察个体的学习过程。从以"自然人"到以"社会人"为研究对象的这一视角转变,引发了在学与教诸多方面的讨论。②

　　1986 年班杜拉将个体认知、行为及其所处物理和社会环境置于一个动态相互作用的系统中进行考察,提出了三元交互决定论。他认为,个体认知包括信念、期望、态度以及知识等;行为包括个体的行动、选择以及口头陈述等;物理和社会环境包括资源、行为结果、他人、榜样和教师以及物理设置等。他指出:"人既不是完全受环境控制的被动反应者;也不是可以为所欲为的完全自由的实体,人与环境是交互决定的。环境中各种外部因素是通过单向的相互作用、部分双向作用和三向的相互作用三种主要方式来影响自我调节过程。"③个体的学习活动是认知、行为和环境三个变量不断相互作用的函数。在学习活动中,学习者的环境因素,如榜样、教学策略或教师反馈,会影响学习者的个体因素,如目标、对任务的效能感、归因以及自我调节过程。环境和个体因素会鼓励学习者做出有助于学习的行为,而这些行为又会反过来影响个体因素和社会环境。个体对外在影响的反应有积极的也有消极的,而且外在环境也会因为个体的反应而发生改变。人的行为是由内因和外因共同决定的,但是人的行为既非由单一因素决定,也非由二者的简单结合决定的。在班杜拉的交互决定论中,奖惩之类的外因和思想、期望之类的内因是一个相互作用的影响系统中的一个部分,它不仅影响行为,也影响系统中的其他部分,也就是说,系统中的每一部分都彼此互相影响。

①　Bandura, A., *Social Learning Theory*, Engle wood Cliffs, NJ: Prentice-Hall, 1977, p.26.
②　刘雍潜主编:《学与教的理论与方式》,北京大学出版社 2011 年版,第 6 页。
③　Bandura, A., *Social Learning Theory*, Engle wood Cliffs, NJ: Prentice-Hall, 1977, p.56.

他认为某些个人特质,例如性别、种族、外貌、吸引力等经常会引发不同的社会待遇,而不同的社会待遇则会影响个人的自我观念。期望与价值观念会影响个人行为,而行为的评量常常独立于环境的回馈。行为会激活环境的偶发事件,而被激活的偶发事件又会改变活动的强度或方向。社会认知论中有关自我控制及动机的机制描述了人类是能动处理资讯、解决问题的社会性生物,认知之发展(包括规则与道德的判断)是基于与他人的观察与互动。而班杜拉认为人类使用符号来表达资讯的能力,也使得人可以创造、想象、进行强制行动,并可以分析经验及与远处人进行沟通。①

社会认知理论对学习社会性研究的重要影响是:在社会环境中,不管学习者是从直接经验中学习还是从间接经验中学习,绝大多数的学习都关涉到社会环境中的他人,也正是学习者在观察他人或者在与他人交互的基础上,学习者的认知水平才得到发展。人的学习是环境因素、学习者对环境的认知以及学习者行为三者决定的。也就是说,人的学习是环境、行为与学习者的内在认知过程三方面微妙而精细的交互决定的。人的学习不单是内在力量的驱动,人所习得的行为,也并非单纯因行为表现后受到了外在环境的控制。在学习过程中,学习者还会受到环境中他人的影响,同时学习者也会影响环境中的他人。而行为之习得不能由环境与学习者之间的简单双向关系来决定,必须是三者交互决定的。

### (三) 建构主义:兑现学习的建构性承诺

建构主义(Constructivism)最早源于瑞士日内瓦学派著名心理学家让·皮亚杰(Jean Piaget)关于儿童认知发展领域的理论,其核心思想是:儿童是在与周围环境相互作用的过程中,逐步建构起关于外部世界的知识,从而使自身认知结构得到发展。在皮亚杰理论的基础上,建构主义得到进一步发展和完善,其基本内涵可以概括为以下四个方面:第一,就"实在"而言,"实在"是由我们赖以生存的各种事物及其关系的网络构成的。认识者在他的

---

①　贾馥茗主编:《教育大辞书》,文景书局有限公司 2002 年版,第 754 页。

经验以及他与环境交往的基础上,解释并建构了"实在"。因此,"实在"实际上是一个经验的世界。我们每一个人都是通过解释(自己对)外部世界的感知经验来建构自己的"实在"。第二,就知识的性质而言,知识是建构的,它内在于人的心灵中,是人对真实世界的解释。它绝非对静态现实的拷贝,而是对动态现实的积极建构,是一个不稳定的、混沌的非线性系统。"知识必须被理解成一个动态的系统,是不断变化、不断重塑的。"①认知主体与世界之间是双向建构的关系,在这一互动过程中,知识得以生成。第三,就人类交往的性质而言,我们的交往依赖于共享的或相互间协商的意义,其本质是合作性的,而不是一种权威和控制。第四,就科学的性质而言,科学实际上是一种有意义(meaning)的创造活动。与人类的其他活动一样,科学是带有偏见的,是经由人的价值观做出筛选的结果。②

建构主义大体可分为四个谱系:心理学建构主义、以人工智能为模型的认知心理学建构主义、社会建构主义和文化人类学建构主义。建构主义虽然存在不同谱系,但它们都认为学习是一个主动建构的过程,强调社会性相互作用(social interaction)在学习中的重要意义,关注社会化的学习,并强调学习的社会性和文化性。建构主义对学习社会性研究意义在于:

1. 学习是意义建构的过程

意义是人对自然世界、社会世界和生活世界的理性认识。而意义建构是对它们三者的一种理解。人并不是寻找对它们唯一存在的客观真理,更多的是探寻人对它们个人的理解,这些理解能够帮助人解决很多起初人认为深不可测的问题。③

在意义传播过程中,人赋予客观信息以含义,这是人储存、传递和交流

---

① Norton,P., *When Technology Meets the Subject-matter Disciplines on Education*, Part one:Explaining the Computer as Metaphor, Educational Technology, 1992, 32(6): 38-46.

② 郑葳:《学习共同体:文化生态学习环境的理想架构》,教育科学出版社 2007 年版,第 33—34 页。

③ [美]保罗 M.马金斯基:《心理学与工作——工业与组织心理学导论》,姚翔等译,机械工业出版社 2014 年版,第 241 页。

的内容,人通过分享信息、思想和情感而进行内外交流互动,建构意义和创生价值。学习是学习者建构知识的过程。知识不是由外界强行输入的,而是学习者与外界环境在相互作用中建构而生成的。学习是知识的意义建构过程,学习者是知识的积极主动建构者,这意味着学习者不是被动地接受刺激,而是对外部信息进行主动的选择和加工,从而主动地建构信息的意义。

学习者在个人现有的世界模式和矛盾的新观点之间的冲突中挣扎,运用发展的文化工具和符号建构的新体现和新模式,作为人类创造意义的冒险活动,并通过合作的社会活动、交谈和辩论来进一步协商所创造的意义。① 学习是学习者创造其内部知识表征的过程,它是从经验中建构并获得的。每个学习者都有自己的经验世界,知识或者意义产生于个体在特定情境中对自己的经验的诠释。但是经验不仅包括直接的经验,而且包括通过与他人的交往而获得的经验。② 学习是学习者对客观事物以及外部世界的一种个人理解,共有的事实是不存在的;学习是学习者关于知识意义构成的自身不断解构与重构的过程。

2. 学习是社会建构的过程

学习者关于知识意义构成的自身是通过不断解构与重构的过程来实现的,知识是学习者在与物理环境的相互作用中建构起来的,社会性在其中所发挥的作用甚至更加重要。知识是由学习者建构的,而不是来自外部的注入。知识源于对事物的社会意义的建构,这种建构不仅发生在与他人沟通的环境中,是社会互动的结果,而且也是通过人际互动发生在一个有意义的周围环境中。可以说,任何学习都必然存在于特定的环境中,并通过与他人的互动来实现的。人的知识是动态发展的,需要不断地进行内在建构。学习并不是每个学习者单独在头脑中进行的活动,而是通过对某种社会文化的参与而内化相关的知识和技能,从而掌握有关的工具的过程。它需要以社会与文化的方式借助各类工具和符号为中介进行交往互动,并通过对知

---

① Yilmaz, K., *Constructivism Its Theoretical Underpinnings*, *Variations*, *and Implications for Classroom Instruction*, Educational Horizons, 2008, 86(3), 161–172.

② 赵健:《学习共同体的建构》,上海教育出版社 2008 年版,第 40 页。

识的社会性协商来进行知识的社会建构,以此主动建构和内化自己的认知结构。

学习活动不是指导者向学习者机械地"单向传递知识",而是在指导者与学习者之间的相互作用和周边社会文化系统的影响中,聚焦学习者自身的"内在逻辑发生变化"的活动。因此,教学在本质上不是一个技术化、定型化的训练过程,而是一个学习者靠指导者"实践智慧"的引导而展开对话和修炼的过程。① 在现实的学习过程中,社会性的相互作用可以为学习营造一个较为广泛的学习共同体,从而为知识建构提供多样的资源和积极的支持。

3. 学习是关系的建构过程

"将人类学习的解释阵地转移至关系领域……从关系中追踪人类学习的来源,以及从公共交流中理解'个体功能运作'。"②在关系的范畴之内,学习才能存在为学习,而学习与世界发生关系的方式有两种:一种是"学习"与"它"的关系,可以理解为学习与物的关系;另一种是"学习"与"他"的关系,可以视为学习应有的真正的关系。"学习"与"他"之间建立起来的是关系世界,双方是自由平等的互动关系。学习的根本目的是发展处于关系中主体个人的能力,使学习者能够在对世界整体的认识中,在关系中找寻到个人存在的意义。学习不仅是作为"认知活动"的心理过程来进行"意义建构",而且是作为构成学习过程的社会关系、社会境遇来进行"社会建构"的。换句话说,学习是关系的建构过程,这不仅强调在学习过程中学习者与环境的交往,而且在于突出以人际关系为基础的交往。③ 学习不是为了维持这种关系而产生的手段,学习本身就是关系。学习是人与自然的对话、他人的对话、人与自我的对话。作为学习的存在关系的对话,是学习主体间的对话。因此,"学习"既是意义的建构又是关系的建构,即学习是认知、人

---

① 钟启泉:《教育的挑战》,华东师范大学出版社 2007 年版,第 232 页。

② Gergen, Kenneth J., *Realities and Relationships*, Cambridge, MA: Harvard University Press, 1994, pp.68-69.

③ [日]佐藤学:《学习的快乐——走向对话》,钟启泉译,教育科学出版社 2011 年版,第 56 页。

际、自我三个维度复合的实践。

具体而言,学习是通过设问及互动探求世界并对世界的认识与意义进行自我建构的认知性、文化性实践。在这种实践活动中,学习者建构着知识与知识之间的关系、未知世界与已知世界的关系、客体与主体关系。在学习场域中,学习者通过与教育者关系、与其他学习者关系进行人际间的社会性沟通来实现社会性、教育性实践。在这种实践中,学习者开展着重新编织与指导者、同伴和其他人的人际关系。在学习过程中,学习者不仅与学习内容、与教室内外的他人相遇、对话,而且也需要不断地与自身相遇、对话,通过相遇、对话,学习者能够证明自身的存在,也能够表明自我的态度,更能够不断地重塑自我和重新编织自我,其学习过程是一种伦理性、存在性实践。①

总之,建构主义认为这个世界和社会并不是客观的元素,可以通过学习过程来获得,人类世界是被积极地建构起来的。这种建构,既可以发生在个体之中,通过与周围世界的相遇以及互动而发生,又可以在共同体中发生与发展,即学习是发生于共同体之中,并持续不断地与发生在内部学习过程中的个体进行积极地建构。

## 五、教育学视角:分析学习社会性的学理依据

教育是人类社会过去、现在和未来连接的桥梁,是人类社会延续和发展不可或缺的工具。教育在整个社会中起着不断扩大再生产的作用,是一种"有意识的、以影响人的身心发展为直接目标的社会活动"②,其原则是"通过现存世界的全部文化导向人的灵魂觉醒之本源和根基,而不是导向由原初派生出来的东西和平庸的知识"③。真正的教育,其责任必须以引导学习者成人为任务,以发展人性、培养人格、改善人生为目的,以此促进人类生命

① ［日］佐藤学:《教育方法学》,于莉莉译,教育科学出版社 2016 年版,第 84 页。
② 叶澜:《教育概论》,人民教育出版社 2006 年版,第 10 页。
③ 李政涛:《教育学的智慧》,安徽教育出版社 2008 年版,第 191 页。

个体健康成长,并实现生命个体由自然人向社会人的高度转化。

从教育学的层面上来看,教育学对学习社会性研究的重要意义在于:学习是个体的社会价值及其他价值存在和发展的本原,是个体的生命以及个体个性和社会性全面形成与发展的基石。没有学习就没有教育,教育学忽视了学习问题的研究就成了无源之水和无本之木。在特定的社会背景之下,教育是一种促进个体社会化和社会个性化的实践活动。在很大程度上,个体的社会化和社会的个性化发展是通过社会性活动来实现的,例如与他人进行社会性的交互活动,进行自身的社会性建构,最终实现个体的社会化和社会的个性化的发展,即个体的发展是离不开社会性的交往与互动的。教育作为促进人类发展的社会实践活动,是一种相对独立的社会子系统,这个子系统主要是由四种基本要素:"教育者""学习者""教育内容""教育过程"构成的。深入地认识这四种要素及其相关关系有助于进一步明确教育概念的内涵,理解教育活动发生的内在机理,也能深化对"学习"概念的理解,并为学习社会性的认识提供一定的思想基础。

## (一) 教育者和学习者的社会性

凡是在教育活动中对学习者在知识、技能、思想、品德等方面产生教育影响的人,都可以视为教育者。就广义教育而言,教育者主要是指各级教育管理人员、专职和兼职的教师以及家长等;就学校教育而言,教育者包括具有一定资格的专职教师和兼职教师。在教育活动中,教育者是教的主体,以教育影响为手段,引导和促进学习者身心发展变化为目的,力求使学习者发生合乎预期的变化。教育者是教育活动的组织者、引导者和促进者,影响着学习活动的内容、时间和效果,从而在很大程度上也影响着学习者个体发展的质量。

凡是在教育活动中从事学习活动和接受教育的人都是学习者,他们是教育实践活动的对象和学习的主体。在广义教育中,几乎所有人都有可能成为学习者;在学校教育中,学生就是学习者。所以,学习者既包括在各级各类学校中学习的儿童、少年和青年,也包括在各种形式的成人教育组织中学习的成年人。学习者是教育过程中学习和发展的主体,其有自身的需求性、选择性、主动性和能动性,他们可以依靠自身独立人格主导自身行为,不仅可以学习人类优秀文化遗产,而且还具备重组、创生知识的能力。

就学校教育而言,学习者的学习主要是以班级授课制为主要教学模式的集体活动。在这种集体活动中个体不可能完全脱离集体而进行流畅的学习,必须在一个大的整体当中通过合适的竞争和合作方式完成学习目标。学习者是学习过程的主体,学习者与教育者之间的主体性表现为彼此共存的主体间性。教育者和学习者是共同探究问题的合作主体和教学对话的行为主体。所有的教育者和学习者都是具有社会性的人,关于人的社会性问题,本书在学习社会性的多维分析部分做了专门论述,这里不再赘述。

关于学习者的社会性主要有三种观点:一是把学习者的社会性理解为人的一切特征,包括社会成员的社会政治特征、道德特征、心理特征、审美特征等,这既是和人作为生物个体的自然性相对而言的,又是个体社会化的内容和结果;二是把学习者的社会性看成是学习者个体在社会化过程中获得除生理和认知以外的一切心理特征,如情感、性格等;三是将学习者的社会性视为学习者个体参与人际交往和社会互动,在其固有的生物特性基础上所形成的特有的社会心理特征。虽然看法不一,但有两点基本的共识:一是学习者的社会性是学习者参与人际交往的产物,学习者在人际交往中才能获得其社会性;二是学习者的社会性是学习者的社会化的内容和结果。①

## (二)教育内容的社会性

教育内容是教育活动中的客体,是教育活动中教育者与学习者共同认识、掌握、运用的对象。没有教育内容就无法实现教育活动。教育内容是指经选择而纳入教育活动过程的知识、技能、行为规范、价值观念、世界观等文化总体。② 就范围而言,它主要包括人类社会各领域活动的知识、经验和技能技巧;就价值而言,它具有发展人的劳动能力、审美能力、品质和智慧等各

① 李松林:《发展之源与教学之方:学生发展的活动机制及其教学应用》,教育科学出版社 2013 年版,第 151 页。
② 顾明远主编:《教育大辞典》增订合编本(上),上海教育出版社 1998 年版,第 765 页。

方面的作用;就形态而言,它有物质的、精神的、行为的和符号的;就呈现方式而言,它以书本或媒体为载体,以知识、技能、思维、情感、态度、价值观等方式呈现出来。这些内容代表了社会对学习者发展方向的期望,在一定程度上也反映了人类社会进步的方向。

众所周知,科学知识和一切精神文化,本质上都是社会性的、总体性的社会主体共同创获的成果。马克思曾言,即使他从事的是一种在很少的情况下才能与他人直接进行交往的活动,甚至他从事的是科学之类的活动,他也是社会的,因为他是作为人活动的。他从事活动所需的原料,还有思想家用来进行活动的语言本身,都是以社会产品的方式给予他的,而且他自我的存在也正是社会的活动。因此,他意识到自己是社会的产物,从他自身所做出的东西,就是他从自身为社会做出的。①

教育内容是以一种社会性的方式存在的。从狭义层面来说,教育内容主要是知识。首先,知识的产生过程是社会性的。新知识的产生,在很大程度上是从事认识和探究活动的个体进行心智活动的结果。这里需要明确的是,个人的心智活动是在一定的社会背景下进行的,并且是在前人知识沉淀的基础之上,是在与同时代的人相互促进中进行的。我们知道有很多的科学研究都是科学家们集体协作、攻关的结果。其次,现存的知识整体是社会性的,尤其是从某个区域范围来看,这些知识都是社会选择的结果。无论是人民群众在生活生产中逐步产生、慢慢沉积起来的知识,还是科学家们在实验室中不断制造、创新的知识,这些能够随着社会变迁得以保存和流传的知识都是社会选择的结果,也是社会性传承的结果。

## (三) 教育过程的社会性

教育,从最广泛的意义上说,是生命实现社会连续性的方式和手段。可以说,教育本身被视为一种过程。组成社会群体的每一个个体,不论是在现代城市还是在原始部落中,生来就是不成熟的、无助的,他们不会讲话,也没有信仰、思想或社会标准。每个人都是成长在一定的社会环境中的个体,而

① 《马克思恩格斯全集》第 42 卷,人民出版社 1979 年版,第 122 页。

且个体必须在社会环境中成长。这是因为个体只有生活在一个具有既定意义和公认价值的社会环境中，通过教育借助社交活动或是对具体包含信仰的活动的分享，他才能经由行动逐渐获得自己心智的发展，个体的社会性才有望获得意义。①

　　学习者发展的核心内容之一就是其社会性发展，主要是指学习者如何正确认识自己、他人与社会，如何处理这三者之间的关系。它具体包括学习者在社会认知、社会情感、社会价值观念以及社会行为等几个方面的变化与发展。其中，道德品质是学习者的社会性发展的重要部分，是学习者的社会性发展的核心标志。促进学习者的社会性发展是教学活动的内在要求和基本目标，而教学活动又通过内部的各种功能机制，为学习者的社会性发展开辟出了一条现实的途径。②

　　教育过程是在教育者主体与学习者主体之间展开的，是活动者之间相互交往、共同建构的过程。在课堂活动中，教育者和学习者在活动中进行交往，在交往中产生互动，在互动中促进发展。学习就是学习者与他人、环境等相互作用，参与实践的过程，是促使学习者形成参与实践活动的能力、提高社会化水平的过程。③　学习者的学习离不开社会。无论是学习者之间进行的社会性互动，还是学习者之间单纯的社会性交往，社会在学习者的学习过程中都是必不可少的。无论是从学习理论上，还是到具体的教学模式上，学习者都无法脱离群体进行完整而圆满的学习。学习者必须把自己融入一个具体的情境里面，利用教育者所传递的教学资源或者自己所获得的经验与知识，通过与他人进行社会性的交互活动，来改善自身的不足，取人之长，补己之短，同时也给予他人以适当的帮助，从而最终达到预期的学习目的。

　　总之，教育者、学习者、教育内容和教育过程四个核心要素是开展任何

---

① ［美］D.C.菲利普斯等：《学习的视界》，尤秀译，教育科学出版社 2006 年版，第62—63 页。

② 李松林：《发展之源与教学之方：学生发展的活动机制及其教学应用》，教育科学出版社 2013 年版，第 147 页。

③ J.Lave & E. Wenger, *Situated Learning：Legitimate Peripheraal Participation*, Cambridge：Cambridge University Press, 1991, p.124.

教育活动都必不可少的成分,它们在活动过程中相互联系、相互影响。四个核心要素的社会性说明社会性在人学习中存在的合理性和重要性,这为学习的社会性研究提供了分析依据。无论是个体的学习活动,还是一个集体、团体或者学习共同体的学习活动,它们都必须在一个社会化的环境中进行,都无法单独孤立地学习。

# 第四章　学习社会性的理论图景

　　理论只要说服人,就能掌握群众;而理论只要彻底,就能说服人。
所谓彻底,就是抓住事物的根本。但是,人的根本就是人本身。①

——马克思

　　理论是思考的根本,也就是说,是实践的精髓。②

——波尔茨曼

　　人类自诞生以来,就有了学习活动;人类从进入文明时代起,就有了真
正意义上的学习活动。学习是动物生存的本能之一,也是人类生存的本能
之一,而人类对文化(文明)学习的本质亦是人类的学习生存本能的延伸。
人类的文明发展史,就是一部学习史。如果说,劳动在从猿到人转变过程中
起了决定作用的话,那么,学习在从自然人到社会人的转变过程中以及在从
现代人到未来人的转变过程中则起决定性作用。也许有人会说,在这一转
变过程中起决定性作用的是科学技术,但是科学技术是人类学习教育活动
的成果,科学技术又成为人类学习活动的推动力,亦即成为人类发展的推动
力。具体地说,人类社会生活中所需要的社会政治思想意识、生产科学技
术、文化艺术,以及人类社会成员的智力和体力的发展都需要学习活动来传

---

① 《马克思恩格斯全集》第 1 卷,人民出版社 1995 年版,第 9 页。
② 刘素娜主编:《名人名言》(知识卷),长春出版社 2007 年版,第 37 页。

承和创新。① 本章主要从三个层面对学习的社会性进行分析：一是从静态层面分析学习主体、学习客体、学习中介和学习环境等学习基本要素的社会性；二是从动态层面分析学习过程的社会性，并透视出学习过程的社会性为：文化性、依存性、交往性、合作性和道德性；三是整体性元分析学习的社会性，并阐明学习的社会性存在方式为内隐表达和外在呈现。

# 一、学习社会性的多维分析

在生活世界中，人不是一个预先完成的概念，而是一个可选择的概念。人是一种自相关的存在，人的存在即生活，人选择生活就是选择存在方式，选择存在方式就是创造自身。人的存在因其自相关性而不确定和不可测，因此人的存在有了命运问题。命运之不可测，不是指自然的偶然性，而是指人为的创造性和自由度。命运由人们所做之事所定义，事可成也可不成；命运不是自己能够独自完成的，而必定与他人有关，因此，命运是人与他人的关系，人际就是命运之所在。人的存在不是一种自在存在，而是互动存在；人的互动是创造性的，互动关系创造了一个仅仅属于人的世界，一个存在于互动关系之中的世界，一个不同于物的世界（world of things）的事的世界（world off acts）。② 学习是人类生存和发展的方式。从某种意义上说，对学习的研究就是对人类存在方式和发展方式的研究。学术界对学习的研究侧重于学习发生的个体生理、心理等机制研究，忽视了学习的社会文化境脉和学习过程的社会互动层面，这不能全面揭示人类学习的实质。要突破学习的个体性外观，首先要从构成学习的主要要素（学习主体、学习客体、学习中介和学习环境等）入手，静态地阐明构成学习的要素本身就具有社会性。学习是一种关系性描述，学习系统中的学习主体、学习客体、学习中介和学习环境等实体要素并不是毫不相关地孤立存在，而是以一种相互联系的关系存在的。

---

① 蔡晓红：《学习教育与人的发展问题研究》，中国文史出版社 2008 年版，第 4 页。
② 赵汀阳：《共在存在论：人际与心际》，《哲学研究》2009 年第 8 期。

## （一）学习主体的社会性

学习的主体就是学习中的人，学习主体的社会性就是学习中人的社会性，对学习主体的社会性阐述就是对学习中人的社会性进行说明。

### 1. 人的社会属性

人的自然性是人的自然机体中作为本能而存在的那种属性，人之所以为人，不在于人的自然属性，而在于人的社会属性。人类没有一个时期不是生活在群体之中的——我们是社会动物，社会动物实际上在群体之中才得以进化，我们绝对是由同样生活在群体之中的人类之前的祖先发展而来的。那么，一起生活、沟通和活动，与我们所处社会群体中的其他成员合作完成任务，等等，是符合人类历史发展标准的，而不是一种后天的"附加物"（and-on）。我们的祖先是在群体中获得理性的，而不是因为有了理性而形成群体的。我们甚至是在一个社会或文化群体中才变为个人的。人的社会属性则是人在社会关系和社会活动中通过锻炼、培养和学习而表现出来的那种属性，它超越了人的自然本能，是人的自然本能的延伸和拓展。自然属性是人存在的基础，人的社会属性是在此基础上发展的，人是自然属性和社会属性的统一体。

社会是人的社会，没有一个个鲜活的个体生命就没有社会，最起码不会有一个充满生机活力、朝气蓬勃的社会，没有一个个丰满的人的生命存在，社会就如一潭死水。同样，人是社会的人，"正像社会本身生产作为人的人一样，社会也是人生产的。活动和享受，无论就其内容或就其存在方式来说，都是社会的活动和社会的享受。……只有在社会中，人的自然的存在对他来说才是自己的人的存在，并且自然界对他来说才成为人。因此，社会是人同自然界的完成了的本质的统一，是自然界的真正的复活。"①对于人的社会存在，马克思进一步说："我本身的存在是社会的活动，因此，我从自身所做出的东西，是我从自身为社会做出的，并且意识到我自己是社会存

---

① ［德］马克思:《1844 年经济学哲学手稿》，人民出版社 2000 年版，第 83 页。

在物。"①

2. 人的社会性本质

马克思认为:"人既是一个特殊的个体又是特殊的总体,观念的总体,他的特殊性使他既成为一个个体、一个现实的、单个的社会存在物,又成为被思考和被感知的社会的自为的主体存在。"②"人的本质不是人的胡子、血液、抽象的肉体的本性,而是人的社会特质"③,"人的本质并不是单个人所固有的抽象物,实际上它是一切社会关系的总和"④。按照马克思主义的理解,人的社会关系是人们在物质和精神活动中结成的各种关系的综合,是人们在实践活动中所产生的一种必然关系,不是由生物本能决定的。人的社会性是在人的社会关系中形成和表现出的属性和特征。人的社会性是最普遍、最基本的社会关系。人类社会具有物质性,而人的实践是在物质基础之上的一种社会性活动,人在实践活动中创造或者生产着人的社会关系,从而使人成为"社会存在物",并在社会实践活动中实现人的社会性。人的社会性具有质和量两个方面。社会性是人们活动的一种性质,这种性质是超个体、超自然的社会性质,也就是说,社会性的"质"是指社会性的历史规定性。而社会性的"量"是指社会实践中人相互依赖协作的范域。在一定的社会关系中社会性的质和量是相统一的。

马克思关于人的社会性本质的观点不仅是理解学习主体的社会性根基,也是理解学习的社会性基础,人的社会性的基本观点具体包括以下几个层面:

第一,人的社会性主要是在后天的社会生活和实践中形成的。人的社会性是相对于人的个体性而言的。如果说人的个体性强调的是人的独特性和自主性,那么,人的社会性强调的则是人们在社会生活和社会实践中符合社会规范和传统习俗的共性的行为方式。

第二,人的社会性是相对于他人而言的。在某种程度上说,人的社会性

---

① [德]马克思:《1844 年经济学哲学手稿》,人民出版社 2000 年版,第 83—84 页。
② [德]马克思:《1844 年经济学哲学手稿》,人民出版社 2000 年版,第 84 页。
③ 《马克思恩格斯选集》第 1 卷,人民出版社 1995 年版,第 270 页。
④ 《马克思恩格斯选集》第 1 卷,人民出版社 1995 年版,第 60 页。

表现为对他人的依赖关系。个人的行为要受他人的规定与限制,个人的价值要以他人的价值为前提,个人的自我认识与自我完善也要以他人为鉴。正是从这种意义上说,人是社会互动的产物。

第三,人的社会性是多层次多维度的。从个人的有限性和人为了生存需同他人联合的类本性来看,人的社会性是指作为个人需同他人联合的合作性和集体性;从个人必须与他人进行交往的交往需要来看,人的社会性是指作为个人同他人交往的社交性和互补性;从个人必须承担一定社会角色和社会职能来看,人的社会性是指作为个人承担一定社会角色和社会职能、同时被社会关系和活动方式所决定的社会制约性;从个人对社会的适应和创造方面来看,人的社会性是指作为个人对活动和交往的形式、社会职能与文化经验的占有和掌握的社会文化性。①

总之,人的存在并不是作为一种单一实体而孤立地、静止地和固定不变地存在着,人是在复杂的关系中、多样化的活动中和变易的绝对运动中来实现、表现和确证其存在的。②"人类个体的活动是一个社会关系系统。它不能脱离那些社会关系而存在。"③我们需要明确的一点是:马克思关于人的社会本质的命题并不是给"人"下了一个定义,而是给我们思考"人"的社会性提供了思路。

3. 人脑的社会性特质

人类心智活动的物质载体是人脑。由于人脑生理结构的复杂性、自组织性以及机制的活动性等特征,决定了人脑的心智功能是一种隐性机制。现有的科学技术水平,很难用仪器设备进行直接探测;而采用解剖手段,来干扰人脑的具体组织来研究人脑的具体功能。④ 1908 年,德国解剖学家科比尼安·布罗德曼(K.Brodmann)仅仅在皮层位置,即人脑最上层的部位,就发现了大脑皮层图。其实,脑的许多其他区域,包括更内部的区域,也在

① 韩庆祥:《论马克思主义的个人社会性思想》,《浙江学刊》1993 年第 2 期。
② 夏甄陶、韩庆祥:《人:关系、活动、发展》,河南人民出版社 2011 年版,第 2 页。
③ [美]戴维·H.乔纳森:《学习环境的理论基础》,郑太年等译,华东师范大学出版社 2002 年版,第 94 页。
④ 朱宝荣:《认知科学与现代认知论研究》,上海人民出版社 2013 年版,第 24 页。

发挥协调功能、促进学习的作用,此外,还要算上脑的延伸部分——感觉器官,它们也作出了不可或缺的贡献。

在 20 世纪 80 年代末,我国学者就指出人脑是人在社会群体生活中自然演化的产物,认为人脑具有社会性的特征。人脑的基层是原始脑,中层是边缘脑,上层是大脑,加上额叶前部,这就是人脑自然演化的四个阶段。人脑是个信息判断器官,思维在其中并非线性活动,而是大脑许多机能不同的神经细胞单元的并行性活动,形成一个大联盟通到额叶,用语言表达决策,摆脱了机械反射,形成了理性认识。宗教、神话、民间传说是人通过想象获得精神安慰的产物;言行病态是因脑不健全。① 当然,脑并不是一个封闭、孤立的结构,它的发展和运行取决于环境,它不是简单的生物决定论的傀儡。人脑通过社会文化的发展而发展。在人类进化发展过程中,人类呈现出不同的文化习惯、信念信仰或者异常的行为和思想,也是难免的,这说明人脑具有可塑性,也是人脑独特性所在。

早期关于人脑具有社会性特征的研究表明:刚出生的婴儿能够学习任何一种语言,随着婴儿跟外界环境的接触和母语刺激逐渐增多,婴儿的大脑结构就会发生变化,趋向于母语刺激的方向发展,其他识别能力会逐渐消退甚至消失。② 研究还发现,婴儿的目光会随着说话者目光的转移而移动,这种“眼神追踪”(gaze following)的特点证实婴儿习得行为具有社会性。③ 研究表明,婴儿的语音如果受到父母的倾听和积极及时反馈,就会促进婴儿语言能力的发展,这说明婴儿语言学习的动力可能源于婴儿在社会交互过程中产生的注意。④ 另

---

① 林凤藻:《人脑的社会性》,《心理科学通讯》1989 年第 4 期。

② Meltzoff, A.N., *Introduction to social influences in informal and formal environments*, Meltzoff.(Chair), Social Influences on Learning.Symposium Conducted at the International Convention on Science of Learning,Shanghai,2014.

③ Kuhl, P.K., Tsao, F.M., &Liu, H.M., *Foreign-language Experience in Infancy: Effects of Short-term Exposure and Social Interaction on Phonetic Learning*, Proceedings of the National Academy of Sciences,2003,pp.9096–9101.

④ Goldstein, M. H., King, A. P., & West, M. J., *Social Interaction Shapes Babbling: Testing Parallels Between Birdsong And Speech*, Proceedings of the National Academy of Sciences,2003,100(13):8030–8035.

外,关于人脑神经可塑性的研究表明,大脑会根据外界客观事物和他人的变化来改变自身神经回路,从而适应复杂社会的变化,即具有自我与他人行为联系在一起的大脑"神经——认知"系统。① 这说明大脑的神经认知系统具有社会性。这些研究揭示了社会交互过程会改变婴儿的大脑,并印证了人类学习的社会属性。

　　法国思想家埃德加·莫兰(E.Morin)认为,人类认识的产生主要基于两个条件,一是生物——大脑条件,二是社会——文化条件。尽管二者的性质完全不同,但却通过相互联系和相互作用,共同生成着人类的认识。② 的确,学习是构成脑的不同结构、次结构互动的结果。这些结构和次结构的数量不计其数。学习因为依赖于记忆和调动机制,所以也受到环境互动机制的支配,只有在环境变化时,脑才会学习。每次互动都可以被看作一次教育行为。因此,知识是一种不能被授递的个体认知,任何人都必须把知识变成自己的经验。教学的作用只能是组织一些条件,以促进对另一种行为、另一种知识的探寻。教师只能通过改变学生所处的环境,间接地对其认知组织发挥作用。③ 生物性构成了一种支撑,学习以神经机制为基础,但不能被简化为神经机制。学习的发展来自个人所处的物理环境和社会环境。越来越多的研究表明,环境在学习中发挥着决定性作用。学习甚至能改变脑区域的分布,拥有这种先天能力(这是不可以忽略的)才能更好地适应环境的要求。

　　综上所述,关于脑的研究为人脑具有社会性提供了切实证据。但是,我们要承认人类的学习必然超越动物的本能活动。这不仅是因为人类有发达的大脑,有复杂的语言系统,有丰富的社会组织关系,有悠久的历史文明,更是因为经过长期的发展,人类已积累了深厚的教育与文化沉淀,在学习与成

① Meltzoff,A.N.,Kuhl,P.K.,Movellan.J.,& Sejnowski.T.J.,*Foundations for a New Science of Learning*,Science,2009,(325):284-288.
② 郑葳:《学习共同体:文化生态学习环境的理想架构》,教育科学出版社 2007 年版,第 106 页。
③ [法]安德烈·焦尔当:《学习的本质》,杭零译,华东师范大学出版社 2015 年版,第 40 页。

长方面形成了丰富的经验。这些经验通过人类的语言符号系统,经由最初的言传身教,发展到有组织的学校教育制度,使人类的学习行为不单指向个体成长,更是涵盖在社会发展过程之中。

## (二) 学习客体的社会性

一个存在物成为活动的对象具备两个条件:一是它是社会存在物,要求它具有意义;二是它是个体所需要的,也就是说,它必须满足个体的需要,个体才把它视为个体活动的对象。更重要的是,人还必须通过自己的活动事先加工改造这些对象,并转化成物质生活和精神生活的一部分。而学习其实就是采用不同方式对活动对象进行加工改造的活动。因此,学习活动一定是对象性的活动。① 学习是学习主体通过与他人交往或对话进行社会协商和意义制定,达成知识共享与组建,进而实现人类个体自我意识和整体自我超越的一种认识或与实践相统一的社会活动。因此,从狭义上来说,作为对象性活动的学习的对象是知识。

### 1. 作为学习客体的知识

知识是人类对世界的认识成果,是人类创造性的智力成果。它是在人类改造世界的实践基础上产生的认识和经验,又经过实践检验对客观实际的反映总和。人们在日常生活、社会活动和科学研究中所获得的对事物的了解,其中可靠的成分就是知识,其是"经验、信息、工具、逻辑和思想创意的数字符号系统"②。

根据知识对世界反映的深刻性和系统性程度不同,将其分为生活常识和科学知识。生活常识是对日常生活中某些事实的判断和描述。科学知识是通过一定的科学概念体系来理解和说明社会活动和科学研究中事物的知识,其是人类认识结晶,又是社会发展和人类实践的必要条件。知识具有发展性,由少到多、由浅入深、由片面到全面不断地运动发展,不断地由量的积

① 李松林:《发展之源与教学之方:学生发展的活动机制及其教学应用》,教育科学出版社 2013 年版,第 109 页。
② 宋大庆:《二十一世纪白皮书:知识革命论》,贵州民族出版社 1996 年版,第 55 页。

累到质的飞跃,不断进行深化和扩展,这种处在辩证运动中的知识具有历史继承性、不可逆性和加速度增长的特点。① 尽管知识没有实体,但其通过各种媒介表达出来,无论是通过字符、声音、图画还是动作进行表达,其都具有使用价值;知识的存在并不是固定不变的,某阶段产生的知识可能在下一阶段失去其原有的价值,其价值具有时效性;知识还具有可操作性,当我们把知识视为一种为人类所用的资源,并把其输向媒介时,此过程就是对知识的一种操作。

学习客体是指自在的、客观的,如知识、技能和能力等。学习就是学习者利用其他学习要素,对客观的知识、技能和能力等进行认识。学习不仅是一种个体获得知识和发展能力的认识过程,同时也是共在的主体之间的相互作用、相互交流、相互沟通、相互理解的交往过程。学习客体其实就是指学习的内容——知识。这里需要指出的是,知识并不等同于信息。知识是经验经过语言赋予意义的概念产物,其形成包括经验的主体、经验得以概念化的语脉和社会过程。而信息只不过是抽离了主体、经验、语脉以及社会过程的东西。对知识是学习客体的确定,是学习的社会性问题研究的一个重要维度。学习的对象是知识,这就要求学习者通过学习中介与他人进行交流沟通,得到人们在实践中获得的认识和经验。

2. 知识的现实构成

知识既存在于人的大脑之中,也存在于社会之中。"观念、思想形式和精神力量是与社会力量一起共同地存在和演变的。它们在社会过程某一特定时刻出现绝不是偶然的。"②知识是通过个人与社会之间的中介、进行交往互动、转化等形式而构建的一个完整的、发展的实体,如图 4-1 所示。③知识存在于个体之中,存在于人脑之中,它有结构性、程序性、反思性和执行性等;知识存在于社会之中,它通过共同体活动、社会关系、团体交流等方式

① 《中国大百科全书·哲学卷》,中国大百科全书出版社 1987 年版,第 1169 页。
② [美]罗伯特·K.默顿:《社会理论和社会结构》,唐少杰、齐心译,译林出版社 2015 年版,第 747 页。
③ D.Jonassen & P.Henning, *Mental Models：Knowledge in the Head and Knowledge in the World*, Educational Technology, 1999, 39(3):37-42.

形成社会性知识、活动性知识、对话性知识、人工制品的知识。在个体与社会互动中,存在于个体的知识和存在于社会的知识通过交往互动而达成共识,形成有效的、合理的知识结构。所以说,知识不是一种简单的科学发现,而是一种积极主动的社会建构。知识的生产过程不是个体单独理性的决定,而是一种社会文化历史的交往过程。知识并非对客观世界的映照或表征,而是社会互动与协商的产物。知识并不是现实的静态事物;相反,它与人类的智力一样,需要建构一个能够适应环境的结构。而且在建构认知结构的过程中,不能将学习者与外界分离开来。

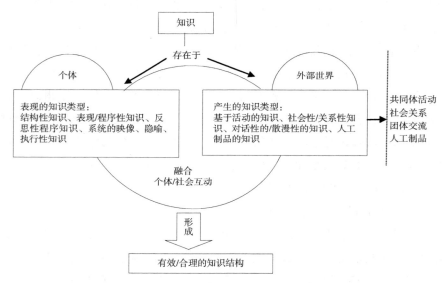

**图 4-1　知识存在/形成的个体性与社会性特点及其关系**

人类知识是个体的主观知识经与他人交流和互动的社会过程中产生的,如他人的审视和评判,通过理解、认同并转化为使他人有可能接受的客观知识,也就是说,个体的主观知识经发表而转化为使他人有可能接受的客观知识,这一转化需要人际交往的社会过程,或者说,这一转化需要人与人信息交流的过程。因此,这些客观知识的客观性本身就应具有社会性,因为对客观知识的理解,每个个体都有各自的理解和建构。就其本质而言,个人所具有的主观知识被内化、被建构为社会性的知识。这充分说明了人的主观世界是和客观世界相联系的。在人类社会范围里,知识是通过自身的认识过程及其个体间、各种社群间的社会协商而建构的,即知识具有个体性与社会性存在的特点。社会成分始终存在,并且始终是知识的构成成分。它并没有说社会成分是知识唯一的成分,或者说必须把社会成分确定为任何变化的导火线:它可以作为一种背景条件而存在。①

3. 知识的社会性表征

知识是以社会性的方式而存在。知识是人类在认识并改造主客观世界过程中获得经验的总和。知识是在实践基础上产生的,反过来,又需要在实践中检验来对客观实际进行反映。这说明知识产生的人类实践活动具有社会属性,具体表现在以下三个方面:

首先,知识的可改造性。知识是非知识信息通过个体加工改造而来的。能够实现这种转变的个体都是具有社会性的存在,该个体生存活动于一定的社会关系网络之中,依靠这种社会关系网络对非知识信息进行加工改造。如此生成的主观知识必然打上特定的社会关系网络的印迹。在一定的社会关系网络中产生出来,在这种网络中不断传播和流动,被大小不等的社会群体所公认,并成为客观知识。所以,非意识信息的意识化运作总是依托一定的社会关系进行的,意识化的过程就是赋予知识以显在社会性的过程。主观知识是客观知识的源头。每个个体头脑中的世界并非作为一种纯粹的自然物独立地存在,而是依托一定的社会关系、社会存在,因而从本质上规定了主观知识具有社会性。所以,主观知识尽管仅仅存在和运行于个人头脑中,却都已经具有无法摆脱的社会性,不存在没有社会性的主观知识。但主观知识既然只存在于个体之中,就只具有潜在的社会性,而不具备显在的社会性。②

其次,知识的可传递性。知识是人类认识和实践的成果。从形式上来看,知识产生于个体的发现与发明,经过社会实践的检验,取得人们对它的

---

① ［英］大卫·布鲁尔:《知识与社会意象》,艾彦译,东方出版社 2001 年版,第 262—263 页。

② 李喜先等:《知识系统论》,科学出版社 2011 年版,第 82 页。

理解与认同后,成为普遍指导人们生产和生活的知识,并得以继承与传播。人的主观知识跟其他个体进行知识交流、思想碰撞,经过其他个体的审视、批判、接受、传播,才能成为客观知识,而这种审视、批判、接受、传播只能在充满社会性因素的环境中进行。两个人的交流具有主体间性,主体间性已经具有了可交流性。如果主观知识和客观知识成为社会知识,那么可以为他人共享,在人际间传送、辩驳、筛选。

最后,知识的可选择性。从某个区域范围来看,现存的知识整体是社会选择的结构。不管在实验室中从实验结果中总结出来的知识,还是在社会生活中人们逐渐通过生产、交往、协商、合作等积累起来的知识,它们都是社会对知识选择和传承的结果。从事认知活动或者探究活动的个体所进行的心智活动的结果可能会产生新的知识,需要指出的是个体在特定的社会环境中所进行的个体心智活动是站在巨人肩膀之上的,同时是与他人进行社会协商的结果。

### (三)学习中介的社会性

人活动中的中介,既有历时性反映又有共时性反映,即人活动中的中介既是人的活动历时性地延伸与发展的中介,又是人的活动共时性地出现与展开的中介。[1] 人活动的中介有物质、语言符号和思维等,这些中介既是人类活动产生和创造的结果,也是人的知识经验、智慧才能等凝结的结晶。人类通过这些中介,不仅可以保存人类的知识经验、智慧才能等,而且可以历代积累和传递下去,在人类历史发展进程中不断丰富、不断发展。

学习活动不是无中介或媒介的大脑活动,而是以工具、素材和他人为中介或媒介,同客观世界对话的活动。[2] 当人类运用符号时,他们投入了中介行为,不只是对环境刺激进行反应,而且他们的行为也受到自己的符号或者"中介"的影响。从本质上来说,学习就是主体与环境的相互作用的过程。

---

① 夏甄陶、韩庆祥:《人:关系、活动、发展》,河南人民出版社 2011 年版,第 15 页。
② [日]佐藤学:《学习的快乐——走向对话》,钟启泉译,教育科学出版社 2011 年版,第 18 页。

主体在与环境的相互作用中,既认识和改造着环境,又认识和改造着自身。依据人活动的中介分类,学习活动的中介也可分为物质的、语言符号的以及思维的三种形式。物质的中介可以引起客体的变化,是指向外部的,本书主要指学习环境。后两者则指向内部,可以影响人的心理及行为。语言符号和思维的中介在本书中主要是指学习中的语言、学习过程中的认识结构即图式、视频图像等。可以说,学习中介的表达将从基于语言、图式表达,转向基于语言、图式、视频图像的交融式表达。

1. 语言的社会性

人生活在一个符号世界之中,符号能够把感性材料析出、抽象和提升为某种普遍的、人们能够接受的形式,以此赋予一定的意义,这是符号本身的特点。另外,符号本身是个别与一般相结合的产物,一方面,符号是感性的,它有物质的外壳,而另一方面符号具有普遍的意义,它能够为他人所了解、交流,它又是社会的。人类语言不是一种本能性、获得性的文化存在。语言既是一套符号系统又是一套意义系统和价值系统。因为人在使用任意一种语言时都会不自觉地接受该语言所涵盖的文化或价值意义。这种接受是不由自主的。语言作为各种符号系统,尤其是语词系统,作为在实践活动过程中产生的人与人交往的方式和社会文化发展的产物,不仅创造了我们对世界的认识,而且还创造了我们自身。

语言是符号的最直接、最重要的形式。一切客体都是以符号化的形式存在,当人把一个客体从其他客体中被区别并被表达出来的时候,人就在以符号化的形式对这个客体进行认知。认知的过程也就是客体符号化的过程。也就是说,认知客体是主体认知的对象,主体无限地接近客体,但绝不把认知客体当作它的最终目标。认知的最终目标是要建立关于客体的符号化表征并储存于头脑中,使认知客体形成符号化的内在表达。伽达默尔(Gadamer)认为,个体有意义的行为都应以语言为基础,人与这个世界的一切关系都通过语言来表达,人也要通过语言的方式来把握这个世界。在学习过程中,要将感性材料转换成语言材料继而转变为神经信号,方能引起大脑神经的冲动,从而产生意识与思维。而这种意识和思维又凭借语言的社会性,通过“个人与公共对话性交互作用”“与自己、同事、文本和历史的对话"①,生成着意义。

　　吉尔根(K.J.Gergen)对语言的本质做了三点说明:一是语言的意义通过社会性的依赖而获得的,也即语言的意义并非由单个人制定的,而是需要两个或者更多人的共同制定。二是语言的意义依赖于语境,即语言的意义生成需要依赖于语言环境,说明语言意义的生成要根植于特定的社会文化历史环境。三是语言具有服务于公共的功能,语言不是对简单事实的运载,不能脱离语境来理解语言,必须把语言的功能放在动态关系中进行把握,才能通过社会交往、协商等过程获得语言意义的合法性。

　　语言是人类最重要的学习中介,它使得更高级形式的学习、问题解决、技能获得成为可能。维果斯基和杜威都认识到,语言首先是一种交流的途径。在语言中所捕捉到的概念以及关系,都是在社会环境中传递并获得的。就语言本身而言,任何语言活动都是一种沟通,本身都具有社会实践性。人类语言活动本是一种沟通性言说、一种对话性言说、一种社会性言说。② 所有的语言和知识一样,是人的活动与情境互动的产物,也是对世界的索引。③ 所以,语言也是一种社会现象,其受社会文化因素的制约,这种制约使得学习具有了社会建构的特征。语言是一种交往媒体,是为理解服务的,而行动者通过相互理解,使自己的行动得到合作,以实现一定的目的。④ 关于人的高级心理机能发展的学习,不是人自身所固有的,而是人类以语言符号为中介,在与他人的交往过程中实现的。也就是说,语言符号的交往或者以语言符号为中介的交往,是人的学习存在和发展的重要条件。

　　语言是学习的中介,是学习的符号。语言的社会性还表现在人们对心

① ［美］小威廉姆·E.多尔:《后现代课程观》,王红宇译,教育科学出版社2006年版,第194页。
② 郑葳:《学习共同体:文化生态学习环境的理想架构》,教育科学出版社2007年版,第93页。
③ 高文等编著:《学习科学的关键词》,华东师范大学出版社2009年版,第17页。
④ 陈学明等:《通向理解之路——哈贝马斯论交往》,云南人民出版社1998年版,第104页。

灵与物质、语言与世界的关系中。由于语言也是人社会思维的主要载体,以语言和言语活动揭示客观世界必然带有社会性的一面,我们可以认为,语言是人类智力和心理结构的一部分,是人类社会性的具体体现。并且,鉴于语言和言语活动内含的种种社会性思维方式的差异,我们可以找出语言和言语活动的社会思维理据将成为学习活动重要的出发点,这就要求学习必须与时俱进地创新发展,创设更多的社会文化情境感知渠道,注重对学习的社会性意识的培养。①

### 2. 图式的社会性

心智的发展也就是认知结构(即认识的功能结构)连续的建构和再建构。"建构"即结构(图式)的建造之意,通过建构致使初级的结构过渡到较复杂的结构,最终建立起结构谱系。皮亚杰把认知结构(图式)的发展过程称为主体的建构(construction),客体经过主体结构的加工与改造才能为主体所认识,而主体对客体的认知程度则取决于主体所具有的认知图式。我们所学习到的东西当中绝大部分是从他人那里习得的,其中最重要的东西是"心理工具"(psychological tools)。心理工具是人类发明的产物,是用来帮助人类有效解决问题的媒介。符号、逻辑、认知结构(图式)等就如同物质工具一样,是人们用来建构世界的工具。学习者只有获得一种新的"心理工具"后,新的可能性才会发生。心理工具首先是在外部活动中作为中介进行交往沟通的,然后把外部信息内化为内部信息,这已是一个社会性的过程。

人的工具可以为两个层次:一是石刀、斧头以及机器等构成的物质工具,这类工具指向外部,能动于客观世界,引起客体的变化;二是符号、词以及语言等构成的精神工具,这类工具指向内部,作用于人的主观世界,引起心理和行为的变化。动物的心理机能之所以永远停留在低级水平,是因为动物没有使用精神工具,而人使用了精神工具,才获得了高级的心理机能。维果斯基认为,物质工具是人的外部活动的中介与手段,精神工具是人的内部活动的中介与手段。人的高级心理活动起初是作为以物质工具为中介的

---

① 周文娟:《大数据时代外语教育理念与方法的探索与发现》,上海交通大学出版社 2014 年版,第 23 页。

外部活动形式而形成的,而后才转化为以精神工具为中介的内部活动,具有内部活动的形式,这就是内化。而人的高级心理机能在外部的物质活动与内部的心理活动相互转化的过程中才得以形成。[1]

学习中的主体与客体具有信源与信宿的本质特征,既能输出信息也能输入(接受)信息。基于此,学习中的主体与客体就能凭借各自的信息功能,在信息交换中,促进彼此互动,实现相互作用,建立反映与被反映的特殊关系。可见,信息交换才是主、客体相互联系的中介,更是主、客体相互作用、彼此互动的内因。如果不以信息为中介,主、客体之间的联系、作用与互动就无法体现,认识论对主、客体相互作用的理解只能停留在思辨与猜测阶段。[2] 而主、客体相互作用的中介是信息,主体反映客体特征的载体也是信息,所以主体要实现反映客体的目的,必须在认知系统中对来自客体的信息进行传递、加工、处理与编码,才能在人脑中最终形成被反映客体的抽象形式,即观念或表象。

3. 媒介的社会性

媒介有广义和狭义之分,广义的媒介泛指一切人工制造物和一切技术。狭义的媒介是指报纸、杂志、电影、广播和电视等具体的媒体形态。媒介经历了从前口语、口语、印刷到电子发展阶段,电子媒介无论在影响范围还是在传播速度上都远远超过了前口语、口语和印刷媒介,尤其视频图像电子媒介对人类学习的发展产生了深远的影响。

视频图像就是连续的静态图像的序列,是以电信号方式加以捕捉、记录、处理、储存、传送与重现的各种技术,是一种对客观事物更为形象、生动的描述。随着科学技术手段急剧发展和普及,视频图像拍摄设备易于携带,且费用也更加低廉,人们对视频图像资料的运用已经扩展到社会各个领域,如视频图像的车辆运动跟踪、视频图像的火灾自动检测、视频图像的人脸识别与检测、视频图像侦查、视频图像中监控目标的空间定位等,我们可以看出视频图像媒介技术已经开始深入人们的日常生活。

---

[1]　李松林:《发展之源与教学之方:学生发展的活动机制及其教学应用》,教育科学出版社 2013 年版,第 27 页。

[2]　朱宝荣:《认知科学与现代认知论研究》,上海人民出版社 2013 年版,第 64—65 页。

　　自 20 世纪 50 年代以来,视频图像也不知不觉地影响着人类的精神状态或存在状态,变成人类生存方式或存在方式的一部分,学习作为一种人类存在方式也难以幸免于视频图像的影响。人们制作了大量的教学视频用于知识性学习、实验性课程学习、德育学习等,视频图像作为一种新型的学习中介呈现在学习过程中,丰富了学习的内容,其教育性功能和代偿性作用已显而易见。近年来,视频图像的延展,使得图像数字化时代中的视频图像不仅是一种已然存在的被动、静态的中介,而且也逐渐成为人们实践行动的参与者和构建者。数字视频图像不再只是具有补偿性作用的学习媒介,而且还是新时代学习者获取知识最为重要且无可替代的学习方式。视频图像不仅包含着世界的道理,而且包含着我们是怎样理解世界的。我们既不是单单理解视频图像,也不是单单理解世界,我们是通过理解一种视频图像来理解世界,一种实践的世界和理论的世界。在这个过程中,我们不仅是发现、还原、显现和表达世界,更是建构和创造世界。视频图像不仅"呈现并表达"着世界与社会现实,同时还构造并生产着社会现实,即视频图像的意义不只是已然具有的,更是被赋予、被建构出来的。① 可以说,我们对视频图像的理解与反思,就是理解与反思我们的世界。

## (四) 学习环境的社会性

　　学习活动离不开学习环境的支撑,并且学习环境还对学习活动起着关键的影响作用。人与环境绝非对立的关系,而是一种所属关系,人处于环境中,二者相互影响。"环境"一词本身就有"紧紧包裹"的意思,像养育胎儿的胎盘。② 随着学习活动的发生与发展,学习发生的场所也在发生着变化:从最初的以大自然山林,到庠序、私塾、书院等私学以及太学、国子监等官学,最后到学校。学校不是脱离于社会生活、专属学习功课的场所,而是一个雏形的小社会,在这个小社会里,学习是需要群体共同参与、交

---

① 李政涛:《当代教育研究的视频与图像转向——兼论视频图像时代的教育理论生产》,《华东师范大学学报》(教育科学版)2017 年第 5 期。
② [法]艾德加·莫兰:《社会学思考》,阎素伟译,上海人民出版社 2001 年版,第 327 页。

流与合作的。学习场所(环境)——无论是会议室、俱乐部还是教室,都可以暂时被认为是一个系统,构成学习环境的各要素之间不是独立存在的,它们是相互关联的,与不同的个体或者持不同文化的个体进行交互时影响着我们的学习。①

1. 学习环境是一种相互关系的整合体

社会由互动的个体组成,他们的行动不只是反应,而且还是领悟、解释、行动与创造。个体不是一组确定的态度,而是有活力的并不断变化着的行动者,一直处在生成中,但永不会彻底完成。学习环境不是某种外在的静止的东西,它一直在影响和塑造着我们,但这本质上是一个互动的过程,因为学习环境正是互动的产物。② 学习是在互动过程中不断生成,学习环境也是在学习者间的互动过程中存在。

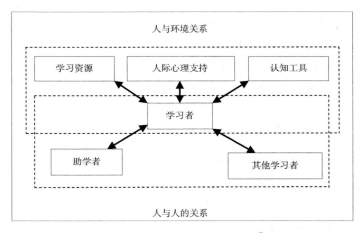

**图4-2　学习环境整体关系图③**

① Salomon.G., *Differences in Patterns*: *Studying Computer Enhanced Learning Environments*, In S.Vosniadou, E.De Corte & H.Mandl (Eds) Technology-Based Learning Environments: Psychological and Educational Foundations. NATO ASI Series F: Computer and System Sciences, 1994, p.137.
② 张华:《经验课程论》,上海教育出版社 2000 年版,第 66—67 页。
③ 张豪锋、卜彩丽:《略论学习生态系统》,《中国远程教育》2007 年第 4 期。

学习环境是学习者运用多样工具和信息资源,在寻求学习目标和问题解决活动过程中一起工作、相互支持的场所。① 可以说,学习环境是学习者最基本的"学习场"。学习环境是一种相互关系的集合体。具体来说,这种相互关系涉及学习生态系统内的各种各样的关系,如人与自然的关系、人与社会的关系以及人与人的关系。从构成学习环境各要素来看(如图 4-2 所示),学习的发生不仅需要学习者参与人与人之间的人际交互,即学习者与学习者、助学者、其他学习者之间的交互,还需要参与人与环境之间的交互,即学习者与学习资源、人际心理支持和认知工具等之间的交互。各要素之间首先是相互平等的,其次是相互依赖的。各级各类关系的主体互为条件、互为中心,不存在谁主导谁,谁绝对服从谁的状态。人类与其学习环境的关系就如同生态系统中生物与其生长环境一样,相互依赖、共融共生。我们要意识到学习环境是一个学习生态系统,是一个自我组织的有生命力的整体而不是部分组织。我们也要意识到我们自身的独立是有依存性的,也就是说,我们与学习生态系统存在着根本上的关系,这种关系让我们更加清楚地认识到世界不仅仅只是一个客体,人也不仅仅只是独立主体。

2. 学习环境中"技术"的社会性

技术不单纯是一种媒介,也不仅仅是"人的延伸",而是作为一种外来特质存在于系统中的各种关系当中。学习环境中的"技术"从追求一种永恒不变"实体"思维转向以"技术与人的生活世界相互关联"思维,这唤起我们对学习环境中"技术与学习者关系"的重视。

伊德(Ihde,D.)认为,技术不仅仅是一种工具,更是一种共生体,是个人造物与使用者的共生体。技术已成为人身体的一部分,人与技术也已融通为一体,人可以通过技术建立起对世界的感知,其关系可以用"(人—技术)+世界"来表征。② 在这里,人的身体既是具有运动感、知觉性与情绪性

---

① Wilson,B.G.,*Metaphors for Instruction*:*Why We Talk About Learning Environments*, Educational Technology,1995,35(5):25-30.

② Ihde,D.,*Technology and The Life World*:*From Garden to Earth*,Bloomington:Indiana University Press,1990,pp.72-111.

的在世存在物,又是在社会性与文化性的内部建构起来的身体。① 技术除了对人身体进行延伸外,还可以对人语言进行延伸,其主要表现在人借助技术所显示的信息而获得对外部世界的感知,即对人认知进行延伸。人把自身的本性给予了技术,让技术"拥有"人的表征,从而为自己塑造一个"人"的替代物。在这种"人与技术"的关系中,人与技术的交互关系就如同人与他人的交往关系一样。技术视为与人随时交互的它者而存在,可以接受人赋予的不同形式。人与技术的关系不是绝对的、预先给予的,而是发生于具体的实践情境之中的。人只有在与技术相互作用的实践中,其主体性才得以产生,同时一个有意义的经验世界才得以生成。②

现阶段,学习"技术"的社会性主要表现在社交机器人浸入真实世界,社会性教学代理人工智能技术,交互式学习环境平台,如 STAR+Legacy 软件模块③、WISE(Web-based Inquiry Science Environment)科学研究平台等,它们秉持以人为本和以共同体为中心的原则,强调学习者利用技术享受社会性支持,其包括给学习者提供了在真实情境中角色扮演的机会以及与专家、教师、同伴进行积极交流与合作,并发展了从环境中获得他人资源的协作性技能,从他人那里得到及时反馈,将自己的观念与他人的反馈进行对照,不断反思修正自己的观点,从而实现意义建构。④

3. 学习环境中"社会性"存在物

随着社会的发展和科学技术的进步,学习环境给我们展现了一个技术建构,这种技术给学习者学习环境带来了巨大的变化,也使学习者能够

---

① 杨庆峰:《物质身体、文化身体与技术身体——唐·伊德的"三个身体"理论之简析》,《上海大学学报》(社会科学版)2007 年第 1 期。

② 尹睿:《"互联网+"时代学习环境重构:技术后现象学的视角》,《现代远程教育研究》2016 年第 3 期。

③ 注:STAR 全英文为"Software Technology for Action and Reflection",意为"行动与反思的软件技术";Legacy 意为"留赠资源"。STAR+Legacy 模型给复杂问题的学习提供导航、聚焦和递进式、循环式的学习环境,正是切合了真实的复杂的学习所需要的环境模型。

④ Linn, M.C., Clark, D., & Slotta, J.D., *Wise Design for Knowledge Integration*, Science education, 2003, 87(4):517-538.

在现代技术建构的学习环境中获得更加丰富的知识资源,也获得更加真实、更加深刻的学习体验,使其具有社会性的特性更加明显:一是为学习者提供良好的交互界面的可移动终端,这是由学习环境的硬件技术来执行的,而学习环境的软件技术能够给学习者提供更加丰富的知识体验和应用的机会;二是交互技术紧密联系了学习者之间的关系,或者扩大了学习者之间的交往范围;三是无线网络技术的发展使课堂交往形式更加方便、灵活;四是远程交互技术的发展扩大了学习者的学习社会网络,并且社会网络的学习资源能即时进入学习的各个环节;五是云技术介入学习环境的构建为学习者提供更加丰富的知识资源支持(如图4-3所示)。①依据学习环境具有社会性的特点,对学习环境的设计也呈现出一些新的变化:从关注"人机互动"到"人际互动";从关注"师生交互"到"生生交互";从关注"课堂交互"到"课外交互";从关注"个体学习"到"学习共同体学习"。

在"互联网+"时代,学习环境更加注重融入协同创新、开放共享、跨界融合等互联网思维,以云计算、移动互联、物联网、增强现实及智能可穿戴技术等设备及工具为基础,形成"云+网+端"一体化的数字化、智能化、个性化、社会化的学习空间。② 网络学习环境是促进学习者发展的各种支持性社会条件的统一体,所以可以说,互联网创造了一个联合的世界、一个智慧的世界、一个每时每刻都有奇迹出现的世界、一个不断拓展人类想象力与梦想的世界。互联网的未来,就是我们学习的未来。

## 二、学习社会性的具体表征

宇宙由三个泾渭分明的次级世界所构成,也可称之为"三个世界"。具体来说,"世界1"是指物理状态的世界,如树木、河流、山谷等,或者是指物

---

① 叶新东、陈卫东、许亚锋:《未来课堂研究的转变:社会性回归和人的回归》,《远程教育杂志》2012年第3期。
② 尹睿:《"互联网+"时代学习环境重构:技术后现象学的视角》,《现代远程教育研究》2016年第3期。

图 4-3 学习环境社会网络图

质实体的世界;"世界2"是指心理的主观世界或精神的主观世界,包括气质、情感、意志等;"世界3"是人类心智的产物,如语言、科学知识、社会准则等。在对"三个世界"的理解过程中,我们会发现某些东西既属于"世界1"又属于"世界3",比如说书籍,它是属于"世界1"的,因为它是物质客体;但它又是"世界3"的,因为它具有内容、意义等。在学习活动中,一方面学习者会在与"世界3"的客体相互作用中建构自己的主观知识;另一方面学习者会把建构的主观知识与"世界1"的东西相互作用。这样学习者的"世界2"是学习的本体,这个本体需要将其纳入"三个世界"的相互关系中来审视,而不是孤立地来看待。"三个世界"的相互作用,就是科学学习的本质。①

　　人的社会关系是在交往中形成的,交往是建构社会关系的重要条件。依据不同的交往对象和方式,便形成了不同的社会交往关系,可以说任何一

① 刘瑞:《科学学习理论概论——科学哲学的视角》,科学出版社2015年版,第7页。

种社会交往关系既是交往活动的形成又是交往活动的结果。① 哈贝马斯认为我们的世界是由"外在世界"（即"客观世界"）"我们的社会世界"（即"社会世界"）和"特殊的内部世界"（即"自我的内在世界"）三部分构成的，并且这"三个世界"是并列的，具有多元性。作为现实人的交往是建立在"三个世界"基础之上的交往，并相应地构建了"三重关系"，即与客观世界的生产性关系、与社会的人际性关系和与自我的伦理性关系。本书借鉴哈贝马斯关于"三个世界"——"客观世界""社会世界"和"自我世界"的划分，以及在此基础上所建立起来的"三重关系"，这为我们理解学习的社会性提供了重要的启示。哈贝马斯关于世界中"三重关系"的提法具有一定的普适性。作为现实中的人，无论是物质交往、精神交往还是语言交往，都存在着与客体、与他人、与自我的"三重关系"。

　　活动的对象包括客体、主体的人和主体自身，相应地，活动既包括主体对客体的改造与认识活动，又包括主体与主体之间的交往活动，还包括主体对自身的意识或反思活动。学习活动包含着多种相互作用和相互转化的过程。在这种过程中，不仅客体得以认识和改造，而且主体的认识、社会性和个性也得以发展。活动是一个在多种关系中展开的动力系统。在这种系统中，人的各种关系得以展开，人的认识、社会性和个性也由此获得了发展的可能性。

　　活动是人与对象之间相互作用双向对象化的过程。在这种相互作用中，一方面是人通过物质和能量的输出改变着对象，另一方面是对象的某些方面延伸、融入、内化到人的生命结构之中，从而改变着人。换句话说，主体对象化（主体客体化）和客体非对象化（客体主体化）是人类活动的两个基本方面，它们互为前提、互为媒介。主体对象化是指人通过活动使自己的目的、理想、知识、技能、能力等本质力量转化为对象物，即主体的本质力量积淀、凝聚和物化在对象之中。客体非对象化是指客体从客观对象的存在形式转化为主体本质力量的因素或主体生命结构的因素，即客体转化变成主

---

① 韩震：《生成的存在——关于人和社会的哲学思考》，北京师范大学出版社 1996 年版，第 636 页。

体结构的一部分,这是客体失去对象化的形式。①

　　人的活动是对象性的活动,人是对象性的存在物。如果一个存在物在它本身之外没有对象,它就不是对象性的存在物;如果一个存在物不是第三者的对象,那么它就没有自己的对象,即没有对象性的关系,也就是说,它不是对象性存在物。与对象性存在物相对应的是非对象性的存在物,非对象性的存在物是虚构出来的存在物,它是非感性、非现实的,或者只是思想上的抽象的东西。而人不仅具有意识、感性和现实,还有物质和精神的需求,人的这些需求依赖于人之外对象的满足。

　　学习作为人的存在方式,其展开涉及不同的关系。人与世界的互动首先表现为学习主体对学习对象的作用,与之相关的是主客关系。以社会领域为背景,学习活动又伴随着学习主体之间的相互关联,后者具体表现为主体间关系。在学习过程中,主体不仅与客体和他人相涉,而且需要面对自我,由此进而发生主体与自我的关系。以上关系呈现多重形态,其交错、互动既构成了学习活动展开的前提,也赋予学习过程是以现实为品格的。②

　　学习作为一种认识或与实践相统一的社会活动,在学习过程中离不开与客体、与他人、与自我之间关系。正是基于此,本部分从动态来分析学习的社会性,强调学习者在学习过程中与客体、与他人、与自我交往互动中所表现出的社会属性和特征。首先,依据"三重关系"把学习过程中的关系划分为:在与客观事物的对象性关系、与他人的人际性关系、与自我的伦理性关系。其次,根据学习过程中三重关系析出相应的社会属性和特质:与客观事物的对象性关系中,学习者不仅以客观世界为基础,并表现出学习时对客观事物的需要,如对教材、学习环境等需要,也表现出对客观世界的依存性,而且学习者在社会文化再生产过程中掌握了关于客观世界的知识,形成对客观世界的感知能力、认识能力、实践能力、判断能力、审美能力和创造能力,从而实现了自身文化性的生成。在与他人的人际性关系中,学习者与他

① 李松林:《发展之源与教学之方:学生发展的活动机制及其教学应用》,教育科学出版社 2013 年版,第 67 页。
② 杨国荣:《人类行动与实践智慧》,三联书店 2013 年版,第 240 页。

人之间建立起相互关联,形成依存性、合作性、交往性和道德性,也就是说,
学习者在学习过程中一方面需要他人的指导和帮助,另一方面学会与他人
交往、合作,处理好与他人、社会的关系。在与自我的伦理性关系中,学习者
在学会认识自己、评价自己、反思自己和调节自己的基础上,形成自己独特
的个性,并通过对规范律令的自我反思,实现道德性的生成。另外,在自我
建构的实践活动中,通过主客体的相互作用不断改造自己、发展自己、完善
自己,对自身已有的心智结构进行审视与反思,实现对客观世界和自身的超
越,体验自身存在价值。正是在不同的关系中,学习者在学习过程中建构生
成了不同结构要素和具体表征。学习社会性所具有的具体表征:文化性、依
存性、交往性、合作性和道德性等将会在下文中具体详细地展开阐述(见图
4-4)。

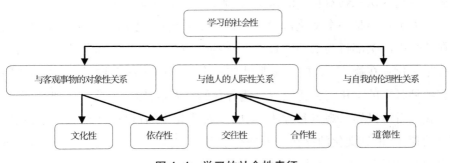

**图4-4　学习的社会性表征**

　　学习的社会性是对学习活动各种属性的概括,它既是对学习活动所固
有属性,如文化性、依存性、交往性、道德性、合作性等的包容,又是对这些属
性的根本说明。也就是说,社会性包含这些属性,但它却不能简单地归结为
这些属性,尤其是其中某一种属性,而只有将学习活动的个体性、自然性与
社会历史实践联系起来,才能得到全面、客观、科学的说明。具体来说,个体
性是一定社会条件下的个体性;自然性是人类长期社会历史实践积淀的自
然性。① 其他属性如文化性、依存性、交往性、合作性和道德性等能够更深

---

① 　郭华:《研究教学认识的社会性是教学论的重要任务》,《教育研究》2000年第
　　6期。

刻地反映学习的社会属性。

## （一）文化性

人类对主客观世界有着强烈的认知欲,面对主客观世界,人们习惯于不停地追问"这是什么""那是什么",即渴望知道一切。人认识山河、大地、宇宙、环境,可以扩大生命的空间,找出人生的定位,而认识社会、文化、历史、传统,可以延长生命的时间,展现生命的价值。对时空,要认知现实;对传统,要认知历史;对文化,要认知普遍;对信仰,要认知正当。园丁认知时令冷暖,才有花红柳绿;哲人认知时序起落,才明阴晴圆缺;为政者认知民心,才能获得肯定,参禅者认知自心,才能悟道明白。如果我们不认知这个世界,如何顺利地走在人生的道路上?① 人类始终跋涉于认识世界的旅途中,从对外物的认识到对自身的认识,表征着人类认识能力的不断深化。

人类社会是一个文化世界。人存在于社会中,也即存在于文化中。人在社会中的全部行为活动皆具有文化的性质与内涵。人既是社会存在物,也是文化存在物。② 人的一生都处在一个文化的生活世界里,接触和体验着各种各样的文化。文化世界塑造着我们的人格,影响着我们的智慧,形成了我们看待世界的观点和方法,完成了人社会化的过程。因此人不仅是生命的存在,也是文化的存在。人创造了文化,也是文化的创造物。③ 当儿童出生时,他们生于一个社会之中,这个社会的文化先于他们出现,并在他们生命结束之后依然延续。因此,文化看似客观的和外在的。但是儿童没有或只有极少的遗传本能,遵守社会文化能够帮助他们生活在这个社会中,因此他们不得不去掌握这种文化。那么首先对于个体来说,学习是一种客观事物的内化和转换……然而,这样的时刻会到来:他们开始为自己思考,会问问题,并且经常要去实验……儿童逐渐变得越来越独立;他们的思想越来越成熟,并试图加工外在的文化刺激,采用多种方式对外在文化刺激做出反

---

① 星云大师:《挺胸的意味:利他》,三联书店 2015 年版,第 171—172 页。

② 夏甄陶、韩庆祥:《人:关系、活动、发展》,河南人民出版社 2011 年版,第 63 页。

③ 高闰青:《人的文化存在性及其教育意蕴》,《河南师范大学学报》(哲学社会科学版)2009 年第 5 期。

应,反过来,个体开始对塑造他们的社会和世界发生作用。①

### 1. 文化性的内涵

人类的类发展以及人之所以区别于动物,关键在于人类文化的发展,而且人类基本的心理结构也是在与文化发展的互动之中得到发展的。人既是融入一个社会网络关系中的,又是浸润于一种或多种文化之中的,有着自我创造此类文化能力的生命体。这说明人不能离开人而过自己的生活,也不能离开社会孤独地生活,更不能脱离文化而过一种野性的、无规训的生活。我们必须超越简化论而得到一个整体的认识,生物学和文化是以无法解开的方式相互渗透在一起,并非一个是给定的,另一个建立在它之上……如果集体性(包括社会和文化)只是从累加在一起的个体属性中建构起来的,个体也就不真实、不重要。文化也造就了个体;二者谁都不是先在的,谁都不比另一方更为基本。② 人种志学者克利福德·格尔茨(Clifford Geertz)指出:"成为人就是成为个人,我们是在文化模式、历史地创造出的意义系统的指引下成为个人的,而这意义系统是根据我们给生命赋予的形式、指令、意义和方向而形成的。正如文化将我们塑造为单一的物种——毫无疑问它还持续改造着我们——它也将我们塑造成独立的个人。"③文化不是一种具体的对象,而是内在于人的一切活动,熔铸于人们生活的各个方面,并沉淀于人们生存方式中最稳定、深层而又无形的东西,而后又通过一种信仰渗透于人类生活的各个方面、各个领域。

文化是在人的自然生命基础上诞生出来的超越时间和空间的存在,是人的自然生命的延伸,是人的另一种生命存在,是人类发展的摇篮,是民族的灵魂。文化创造和丰富了人的本质,使人产生了超越自己的精神追求。人的世界是文化的世界,没有人的存在与发展,文化就将不存在;但文化也是人诗意存在的栖息地,只有在文化的世界中,人才是人;没有文化,人也就

---

① Jarvis, P., *Paradoxes of Learning : On Becoming an Individual in Society* , San Francisco, CA : Jossey-Bass, 1992, pp.22–23.

② [美]戴维·H.乔纳森:《学习环境的理论基础》,郑太年等译,华东师范大学出版社 2002 年版,第 71 页。

③ Clifford G., *The Interpretation of Culture*, New York : Basic Books, 1973, p.52.

什么都不是。因此可以说，人的本质是文化性的存在。人之所以为人，其根本一方面在于人依附于社会，有着自己独特的文化，另一方面在于人能够创造出新的文化。① 学习是有关积极地与他人一起获得、发展文化表达的过程。学习具有文化性。在本质上，文化并非强制性的，文化是尊重个人思想和尊重个人选择的自由；另外，文化又具有社会性，文化既是历史积淀下来的，又是被社会群体所共同遵循的，更是被社会群体所认可的共同行为模式。文化有着为整个社会群体共享的倾向性。②

2. 学习的文化性

美国教育家布拉梅尔德（Theodore Brameld）在《教育即力量》中指出，"每一种文化首先是学习的。我们从文化中学习，从文化的'教师'那里学习。教育既有传递的作用，也有改造的作用。因此，教育过程不是一个单边的过程，而是一个互补的过程。一方面，它是一个稳定的传递和保证文化连续性的过程；另一方面，它是一个纠正、改进和改变已获得的前辈人特性的过程。"③这是一个以纯生理机体装备上文化成分的过程，在这个过程中，人获得了生存和发展的能力。否则，人只能作为一个动物而存活。由此我们可以看出，是人的生物本能和文化需求规定了学习的现实存在及其特性，人类的发展和文化的延续需要学习的传播。学习不只是传承人类文化的生命机制，它本身就是一种文化，具有文化性。学习是通过参与某种文化才成为可能的。因此，在最终的意义上，心灵在创造文化的同时，又为文化所创造。人的活动都是对象性的活动，人们通过学习把人类积累下来的经验和知识传递后人，依次下去，每代人都可以从崭新的、高水平的生产和生活能力开始，在与客观世界的对象性关系中，实现着人类社会经验和文化的传递和传播，以此增强人的能力和社会属性，最终实现人的社会性的生成。个体和世界之间没有界限；学习是参与活动的人们之间的关系，而活动是处于社会性

---

① 赵旭东：《文化的表达：人类学的视野》，中国人民大学出版社 2009 年版，第1 页。

② 郑葳：《学习共同体：文化生态学习环境的理想架构》，教育科学出版社 2007 年版，第 59 页。

③ 单中惠：《西方教育学名著提要》，江西人民出版社 2004 年版，第 595—596 页。

地和文化性地建构的世界之中的,它们与之交往并源自其中。这样的环境是"一个正在进行的、目标导向的、历史条件下的、具有辩证结构的、工具中介的人类互动"①。

　　人要成为人,就是要成为具有文化内涵和具有文化性质的人的存在,人一方面要使外部自然界的自然存在"人化",另一方面要使自己的自然存在"人化",这说明在社会中,人作为社会文化的存在物,要按其存在方式同自然界与社会皆发生关系,这一过程既具有扬弃人作为纯自然状态的意义,也具有创造并生成新文化的意义。文化是通过人际间的交往活动而自我生成的。人的发展具有文化性质。由于有引导的参与(guided participation)是学习的重要方式。学习是在一个文化共同体中活动,这就需要每个学习者依据文化共同体的发展,不断地调整自己的参与方式。在文化共同体中,人学习的关键是交流和协调,学习者再通过交流和协调的结果,调整自己,并将共同理解进行拓展以适应新的文化。所以学习可以被理解为"对不断变化的实践的理解与参与"。

　　人类社会活动总是存在于特定的文化情境脉络中,任何活动都是具有社会性的,人类存在方式之一的学习活动也不例外。人类学习总是与特定的文化情境脉络相联系。也就是说,学习永远是被置于文化情境中,并且永远需要依赖和使用文化资源。学习者所学的任何知识不仅存在于文化实践中,而且还需要参与到相关知识的文化实践中。学习是发生在一定的文化情境脉络中的,如果没有一个适宜的文化情境脉络,理解和学习都会十分困难的,而且也不可能取得最后的成功。人在认识任何自己不熟悉的事物时,总是先从自己原有的经验或知识出发,但如果仅仅局限于此,人所得到知识的意义往往与真实意义相差甚远,或者是错误的意义,这种努力往往会导致对事物的误导和误解。因此,学习需要个体在社会系统的支持下与客体进行互动,在学习的过程中激活或者把相关的文化情境脉络纳入学习中,这就成为促使学习者建构有意义的知识,既要建构关于客体的意义,又要形成社

---

① [美]戴维·H.乔纳森:《学习环境的理论基础》,郑太年等译,华东师范大学出版社 2002 年版,第 92 页。

会化自我。①

　　知识传授和文化传承是学习的基本功能。在学习活动中,学习者与学习内容是一种对象性关系,学习内容作为一种社会文化的载体,体现着丰富而深刻的文化价值意蕴。学习者通过学习活动,将学习内容所蕴含的社会主流文化和价值观转化成为学习者能够接受的方式,使学习者在学习活动中,通过他人的引导和自主感悟而习得这些文化。学习者作为学习的主体与学习内容发生对象化作用,将学习内容所蕴含的文化价值主体化到学习者的观念结构中。当然,学习者对学习内容的文化价值内涵的内化,并不是简单的文化复制和价值输入,而是学习者运用自己已有的价值结构对学习内容所蕴含的文化价值意义做出自主解读、感悟和评价,形成学习者自己独特的文化体验。但需要说明的一点,我们应该让学习者明白,在日常生活实践中,我们的口语交际、书面表达等不仅仅只是交流的工具,而且也是一种文化。学习活动无时无刻不成就着人的文化修养,扩展着人的文化视界,体现着人的文化眼光。另外,在学习活动中,学习者与他人为了理解学习内容而形成了一种主体间交往关系。学习者与他人的交往是为了更好地理解和建构学习内容的意义,从而实现文化之于学习者的传承与创新。

　　学习文化体现出时代性、导向性和人本性等特征。② 时代性是指学习文化随着时代的变化而发展,不同时代的学习文化呈现出不同的特征。在人类社会发展早期,由于缺乏文字且思想文化发展缓慢,学习文化呈现泛社会化特点,具有非特异性、生活性和生物性。但到了 21 世纪的信息技术时代,学习文化却呈现出“以学会学习为核心,以信息化、全民化、终身化、自主化、协作化、速度化、个性化、创新化为重要要素”的特征。③ 导向性是指学习文化对人们的学习目标、方法和价值观等具有导向作用。例如,学习文化有其特定的文化因子,内含“为什么要学习”“应该学什么”“不应该学什

---

①　高文编著:《学习创新与课程教学改革》,广东教育出版社 2007 年版,第 46 页。
②　曾文婕、宁欢、谈丰铭:《我国学习文化研究二十年:成就与展望》,《现代远程教育研究》2016 年第 5 期。
③　胡小勇、祝智庭:《技术进化与学习文化——信息化视野中的学习文化研究》,《中国电化教育》2004 年第 8 期。

么""怎样学习"等与学习有关的价值理念、方法和手段等,而且会通过传习和熏陶等方式,让身在其中的学习者形成相对稳定的学习文化意识。特别是先进的学习文化可以引领、促进和优化学习的过程、成效和境界。① 人本性是指学习文化具有"为人"的本性。优秀的学习文化具备群体协作性、自我超越性和系统整合性等特征。② 当今,在数字化学习时代背景下,学习文化从"以教师为中心、维持传统学习的功利化目的和社会本位价值取向"朝"去教师为中心、以培养创新精神和创新能力为目标和追求人的全面而自由的发展"③方向转型。

## (二) 依存性

一切都是相互联系的,都起源并依赖于其他事物。这并不排斥个性、个体独立性或人的能动性,人与存在于社会结构中的生活世界是交织在一起的,人都是受他人、机构和物理环境影响的。④ 人,作为社会存在物是彼此不可分离的。在人类文明发展史中,即使在自然经济条件下,我们的思维方式、我们的语言、我们的情感,也是来自人与人之间的交往,更不用说彼此交换的生产和生活资料。脱离了社会的绝对个人是无法存在的,也没有任何一种生活不是以群体生活为基础的。想象中的鲁滨逊,也还是要依赖于从陆地上带去的由别人提供的东西。⑤ 人只有在与他人的关系中,才可能是自我的……自我只存在于人所称的共存关系中。人是天生的社会性动物,人只有在社会中才是某种独立性的动物。人只有在与他人的交往中才能形成各种各样的社会关系,在现实的社会活动中,由于人置身于各种社会

---

① 张国臣:《试论检察学习文化建设》,《河南社会科学》2011 年第 3 期。
② 刘奕涛:《以人为本的学习文化与大学学风建设的旨归和治理模式的转型》,《江苏高教》2013 年第 3 期。
③ 徐锦霞、钱小龙:《数字化学习的变革:理论基础、学习文化与学习范式》,《中国远程教育》2013 年第 11 期。
④ [英]霍杰茨:《社会心理学与日常生活》,张荣华等译,中国轻工业出版社 2012 年版,第 173 页。
⑤ 陈先达:《漫步遐想——哲学随想录》,北京师范大学出版社 2010 年版,第 82 页。

关系中,才形成了人的社会属性或者社会性本质。这说明人的共存关系中存在着相互依存性(interdependence),人不能脱离社会而独立存在。相互依存性是人的社会属性之一,这一点任何人是绝对不可超越的。个体与群体的人际性关系所形成的依存性,是社会性结构中的最基本特征。因为"没有任何个人不是以群体成员的身份出现的。"①人类文明史上没有任何一种生活不是以群体生活为基础的,没有群体交往,人就不能称其为人。脱离了社会环境,脱离了集体生活,人就无法形成其所固有的特性。

### 1.依存性的意蕴

个体生命存在和人性存在是与人类整体不可分割的,也必须通过社会交往吸取生命和思想的养分。从这个意义上说,与社会群体的关系造就了人的生存。如果说人一旦脱离了社会,脱离了自己生长的群体,个体就不能获得群体文化的滋养和滋润,个体潜在的心智功能也将被泯灭和幽闭,人的社会性发展更是无从谈起。人具有一定的社会属性,我们每个人无时无刻不生活在群体中,个体的行为除了以个人为本的社会行为之外,更多的社会行为是在个体与群体或群体与群体之间的互动中产生。② 正是在这个意义上,我们说,依存性是人的社会性的最基本含义。

个人对他人、社会的依存性,乃是现实的个人对于他人、社会总体及其社会本质之依存。这种依存性是个人实现其基本的社会本质和现实的社会存在最为基础性的特性。人的这种依存性并非个人对非我或异己的社会环境、社会集体以及其他社会规定的单方面的外在依存,而是个人从中获得本质和存在的积极行动。这就是说,个人对他人、社会的依存,不是一种主观的选择,而是自身存在和本质的本体规定。社会不是外在于所有个人的强加之物,它是诸现实个人之间的交互活动本身。无论社会表现为何种形式,它都不外是诸现实个人之间的交互活动的总和。所以,个人对于社会的依存,其实就是诸个人之间、个人与社会之间的相互依存和相互塑造。个人与社会之

---

① 林方主编:《人的潜能和价值》,华夏出版社 1987 年版,第 45 页。
② 朱宝荣:《认知科学与现代认知论研究》,上海人民出版社 2013 年版,第 189 页。

间的这种相互依存与相互塑造关系,就是现实主体之间的现实关系。①

马克思指出人发展的第一阶段是人的依存性。该阶段对应的是前资本主义的社会形态。由于是最初的社会形态,人的依存关系是自然发生的,是对自然的依赖性。人没有独立性,人以血缘关系为基础依存于共同体。人发展的第二阶段是人对物的依存,从对自然的依存性变为对社会的依存性,以物的依存性为基础的人的独立性。人的一切关系不是由自然决定的,而是由社会决定的。人的社会关系必须通过以交换价值为基础的物的交换关系体现出来,此阶段人的发展是对物的依存性的发展。个人自由而全面的发展是人发展的第三阶段,人的社会关系是自觉联合起来的人与人之间的自由交往,对应的社会形态是共产主义社会。人的社会关系是建立在丰富、全面和自由状态之下的,使人成为具有自由个性的人。马克思系统地、动态地阐述了人的发展、人的交往和社会形态之间是一个网状的交互过程。从某种程度上来说,人的发展史就是人的依存史,人的依存史实际上是一种社会发展史,其实现有赖于社会性关系。人的社会性建构并传播着社会关系,人在生产和生活实践活动中,通过与他人的交往而茁壮成长。总之,依存性所体现的是个体与他人或与群体的一种相互依赖关系,是作为社会人生存和发展的前提。

2. 学习的依存性

个体的生存离不开对他人和社会的依存,这种依存是指人不仅在物质生活上需要他人的支持,而且在精神生活上也需要接受他人和社会文化的影响。人的正常发展离不开与他人和社会的联系,尤其完整的精神世界。曾经出现过的"狼孩"故事就从反面说明了社会对于人的成长所具有的不可缺失性,尤其对于个体精神生命发展的不可缺失性。同时,个体与他人、个人与社会的这种依存关系是相互的,个体在依存他人和社会时,也在为他人提供着各种支持和影响。② 也就是说,人的活动、人的参与、人的认识,总

---

① 康健:《正确理解个人对于社会的依赖关系——从价值论与生存论的统一上来认识人与社会的现实关系》,《理论与改革》2001 年第 6 期。

② 柳斌主编:《中国教师新百科》中学教育卷,中国大百科全书出版社 2002 年版,第 160 页。

是与他者(可能是人,也可能是工具、符号、过程等等)的活动、参与和认识相联系、相依存。人如何活动、参与、认识,是由整个社会生态系统所决定的。

依存性是未成熟状态的特征之一。依存性是积极的,而不是消极的,它也是一种力量。"依存"一词在本质上显现出一种关系,即依存与被依存。在这一对关系中,双方必须是交往的、互动的,要不然依存与被依存的关系就变成一种无实质意义的关系,或者是无意义的依存。从本质上来说,依存是手段而非目的,未成熟者的依存出于发展的需要,这种依存具有发展性、主动性和张力性,不断地摆脱依存是为了不断地生出新的依存,来扩大自己的内发性依存,这个不断摆脱的过程就是发展或生长的过程,由人的自然属性和社会属性共同决定。人只有具备这种主动性,在依存与被依存的关系中才能产生相互作用。未成熟者通过交往互动接受来自被依存者的刺激,并在被依存者的精心引导下不断地进行内化,产生新的依存关系,或者产生与被依存者的内在联系。这种交往互动就是一种力量。人只有处在相互依存和相互作用的关系中,才能得以发展。人通过这种相互作用不断提高自己、发展自己,并取得相对独立。相对独立性的发展和能力的提高将在更高层次上为人与他人的相互依存和相互作用提供可能。也就是说,在个体概念框架下,个体的语言与行为都将丧失应有的意义。作为社会存在物的人,必须与他人交往,必须依存于他人,必须与他人互动,这是人之为人发展的力量源泉。

社会是学习行为赖以存在和发生的重要之源,脱离社会的人类学习是不存在的。学习活动是在一定的社会文化和社会关系中产生的。学习活动既需要一定学习工具和学习资源,又需要他人的指导与引导。学习者需要他人的指导与引导实际上是指学习者需要与他人交往互动,学习者表现出与他人互动的需求的倾向。即学习者在与他人的人际性关系中形成了学习的依存性。具体来说,学习的依存性是指在学习活动中主体之间交往和交互的程度,即他们相互依赖的程度。学习活动的顺利展开既要依赖于"物"又要依赖于"人",学习活动是依赖于"物"与"人"的统一体。基于这两点,学习社会性的一个重要表征就是学习者对"物"与"他人"存在着需求倾向或者依存关系,这种依存性(需求倾向)规定了学习活动不能脱离社会而独立存在。

基于上述分析,作为社会存在的学习主体,并不是孤立的个体,在其现实性上,学习主体的存在无法与其客体和他者主体相分离。学习的依存性是积极的,它是学习的力量源泉。学习者是"教"指导下的主体,是与他人互动的主体,是需要借助一定的学习工具和资源,在不同的学习情境中表现其不同的地位和作用的,是有着自己的独特专长的、处于不断发展中的学习主体,而不是消极的、被动的学习主体。这里需特别注意的是,在重视学习者主体性的养成和主体性发挥作用时,一定不能忽视指导者和其他学习者等所构成的学习的社会环境,因为他们共同维持着学习活动的发生。

## (三)交往性

交往是人类社会活动的存在方式。交往是人类在社会生活中发生的各种往来、接触、交流和联系,它是社会得以形成与发展、个体得以发展与超越的基本条件。对于社会来说,在一定意义上,它是在人类交往中形成的。在交往过程中,个体的感性和理性相互影响与作用,从而生成共同的观点和思想,达到互相理解。如果说没有这种相互作用和理解,人们的共同活动将不会发生,共同活动的目的和任务将不会存在。① 另外,在一定意义上,社会关系也是在人们的交往中形成的。就个人而言,既定的社会关系具有先在性,个体只有进入既定的社会关系中,交往才能进行。个体通过交往形成自己作为人的特性。与此同时,这类个性化和具体化的人也激发着个体形成对自己的认识,形成对外界事物的认识与情感等方面的经验。也就是说,人的社会性在交往中得以形成与发展。在人类社会中,社会关系和人际关系的存在是通过交往活动来实现的,交往既是团结个体的方式又是发展个体的方式。

### 1. 交往性的界说

交往是人的存在方式,人是交往性的存在。人类的一切活动都在人与

① 柳斌主编:《中国教师新百科》中学教育卷,中国大百科全书出版社 2002 年版,第 160 页。

人的交往活动中进行的,人类文明的发展和进步以及人的认识、情感、态度、价值观和行为等都在与他人的交往中得以发展。也就是说,交往是人与人之间的直接或间接的接触、交流或交换劳动产品以及其他信息、观念、情感等的活动。① 马克思认为交往的范畴含义极其广泛,交往既有"人际间的交往",也有"世界交往""民族内部以及与外部的交往"等;既有物质交往过程,也有精神交往过程,还有两者兼而有之。由于生产活动是人类和人类社会存在和发展的基础,而生产本身是以个体间的交往为前提的。因此,离开了交往,人类将无法生存。从人类社会发展史来看,交往始于人类的物质生产活动,但又不仅限于此,还存在于精神生产活动中。交往的实在媒介也是丰富多彩的,既有物质的东西又有精神活动的结果。其中,物质的东西是指一切成为人类经验的客体、生产性资料与对象、非生产性消费资料等;精神活动的结果是指各种不同的符号体系表现出来的观念和思想等。依据交往的对象或实在媒介的不同,可以把交往划分为物质性的交往和精神性的交往两大类。物质性的交往是指人与人之间相互交换或共同改造某种产品、工具等对象性的活动;精神性的交往是指人与人之间以语言符号为媒介而交流思想、观念、情感、态度等人的内在精神世界的活动。在现实的交往中,正是通过不同的交往媒介,实现着个体间在物质方面与精神方面的彼此创造。② 交往通过"人们对人们的加工"提高彼此的"本质力量"和"种属能力"。③

真正的交往不仅仅只具有生产性的价值,交往本身所具有的指向于人的生成和发展的意义,其是交往的终极旨趣所在。交往是通过人与人之间相互关系、相互作用实现的。这种相互关系不仅体现于生产活动中生产能力的创造,而且体现于语言对话中存在意义的彰显。在与客观世界、社会世界和自我世界的关系中,个体之间建立起对话协商的交往方式。而通过这样一种平等交往所达成的个体间的精神沟通、视界融合和道德同情也是实

---

① 冯契主编:《哲学大辞典》,上海辞书出版社 2001 年版,第 636 页。

② 史铭之:《课堂场域中的学生社会性生成:一种交往视角的分析》,上海教育出版社 2015 年版,第 26 页。

③ 袁贵仁:《马克思的人学思想》,北京师范大学出版社 1996 年版,第 114 页。

现人的主体间性生成和精神自由解放的重要条件。至此,交往的价值内涵得以充分体现:交往不仅具有社会生产的价值,而且具有个体发展的意义;不仅实现着人的生产能力的发展,而且实现着人的精神自由与解放。① 也就是说,真正的交往是人从形式的主体变成真正的主体,真正主体之间是平等的,是具有主动性和创造性的人,他们在交往中实现了人的自觉自由;真正的交往是在人人平等和高度民主的状态下实现自由人的联合;真正的交往是人的自由创造和人类和谐的统一。

基于以上分析,不管交往的范畴意义多么宽广,交往表达的是一种活动方式与活动。交往是指社会个体或群体之间通过一定的媒介,以社会和自我发展为目的而展开的相互联系、相互作用、彼此沟通的过程。在本书中,正是通过交往这一实践活动实现学习的社会性意义生成的。从词意上来说,"交往"是动词,而"交往性"是一个名词,其强调人在交往活动中所具备的一种与他人相互关联、相互作用、彼此沟通的行为特征和行为倾向性。交往性的实现是以交往为前提的。换言之,交往是实现交往性的条件。人与人通过交往活动形成了人的相互交往的行为特征和行为倾向性。也可以说,人在与他人的人际性关系中形成交往性。总之,交往性是作为主体的人在与他人交往中所表现出的社会性特征,是个体凸显其主体性的集中表现。

2. 学习的交往性

人作为类存在物,在交往过程中,个体的感性、理性、情感和意志在相互影响、相互作用中得以实现,人类的情绪、观点、思想的共同点才逐渐形成,并达到相互理解。如果没有这种相互影响和相互理解,人类的共同活动将不可能存在。同时交往也是个体发展自己的本性和才能,实现自我价值的重要途径。可以说,个体交往越多,就越有自我完善与自我提高的可能。在学习活动中,将与物质环境之间的互动和与社会环境间的互动分离开来是不可能的,它们构成了一个整体,总是社会性地加以传递。②

---

① 史铭之:《课堂场域中的学生社会性生成:一种交往视角的分析》,上海教育出版社 2015 年版,第 26 页。

② [丹]克努兹·伊列雷斯:《我们如何学习:全视角学习理论》,孙玫璐译,教育科学出版社 2012 年版,第 105 页。

　　人作为类存在物，人类的一切知识源于交往，学习作为一个社会活动过程，"交往"是其核心。我们不应该把学习仅仅看作脑的活动或孤立的智力活动、机械的知识传递或汲取"知识"、同质化群体的共同活动，更应该把学习看作学习者集体建构、对社会文化系统的参与或实践参与、异质交互的过程。也就是说，学习不仅是一种个体获得知识和发展能力的认识过程，也是一个存在大量人际交往过程，在整个学习过程中存在着学习者与他人之间的交往活动。交往是学习者主体之间的相互交流与对话，是共在的主体之间的相互作用、相互交流、相互沟通、相互理解的过程，即使是学习者独立的学习和反思，也可以看作与学习文本背后的主体进行交往，或是自我的反思交往，是学习者主体通过学习客体而在彼此之间进行知识、情感、态度和观念的交流与对话。换言之，每个人的成长都依赖于他人，学校的意义并不仅仅是帮助学生独立地学习，更重要的意义乃是帮助学生通过交往学习，而人与人的交往正是个体成人的基础性场域。反过来，伴随个体学习与成长的深化，个体也越来越多地理解他人、接纳他人，由此而更好地活在人与人彼此的共在之中。①

　　学习的交往性是学习者在与他人的人际性关系中所形成的交往特征。在交往学习中，学习者不再是"孤独的个体"，学习过程变成了一种学习者与他人真诚的、自由的、平等的、民主的交往过程。在这种交往过程中，学习者的学习能力、学习经验不仅是主体与环境交互作用的成果，而且也是学习者与客体、与他人、与自身对话、沟通并在重叠交互中获得的。② 如果交往双方要进入对话的过程，必须使对话双方处于民主、平等的关系状态，否则，真正意义上的交往或者对话就不能发生。所谓民主、平等是指交往双方在人格和话语权上彼此尊重，互相承认。真正意义上的交往是多极交往主体在没有内外压力与制约的情况下，彼此间真诚、交互共生的存在状态，以及心理交感、意义沟通和行动互动的过程。在这个过程中，交往双方以语言符

---

① 刘铁芳：《追寻生命的整全：个体成人的教育哲学阐释》，高等教育出版社 2017年版，第 234 页。
② 程玮：《试论交往性学习》，《郑州大学学报》（哲学社会科学版）2013 年第 1 期。

号为中介,通过对话进行知识、情感、信息、观念的交流,已达成"互识"和"共识"。

　　学习的交往性是通过交往之学习实践,把学习环境构建成具有交往性质的能量转化的学习场域。在这个学习场域中,一个可以被所有交往主体都共享的人类特有的共同体生成。在这个共同体中,交往主体不仅能够提供各种信息、交流各种经验、扩大共同的利益、加强规范保障,还可以激励交往主体以学习者的身份努力追求交往学习认同的核心意识和共同信念,使学习者与他人的交往耦合在社会交往的界面,促进交往主体在理解和对话中实现精神共享共生的质性关系,在交往学习中自觉建立学习共同体,形成人"类"化及"类"文明的延续。

## (四) 合作性

　　合作是人类社会赖以存在和发展的前提和基础,是人类相互作用的基本方式之一,是一种强大的工具,可以建立积极的相互依赖关系。人类生活的各个领域,合作是一个常态,同时它也是人类社会生活中一项核心的行为原则。马克思曾经说过,"生命的生产,既包括通过劳动方式的自己生命的生产,又包括通过生育方式的他人生命的生产,两者皆表现出自然关系和社会关系的双重属性,而社会关系的内涵是指多人间的合作。"①人们"如果不以一定方式联合起来共同活动和互相交换其活动,便不能进行生产。为了能够进行生产,人们便发生一定的联系和关系;只有在这些社会联系和社会关系的范围内,才会有他们对自然界的关系,才会有生产"②。其实人们在社会生活中表现的是一种相互依存的关系,社会生活不仅存在着共存共生的事业,而且必须依靠合作才能完成。

　　1. 合作性的含义

　　不管是经济学、社会学还是其他学科,"合作"是人们普遍关注的问题。对于合作的内涵,不同领域对其的界说不同。合作是为了共同的目标、利益

---

① 《马克思恩格斯选集》第 1 卷,人民出版社 1995 年版,第 80 页。
② 《马克思恩科斯选集》第 1 卷,人民出版社 1995 年版,第 362 页。

或者价值,合作对象间通过多种方式相互联系、相互作用的过程。合作是为了实现共同的目的,获得最大限度的共同利益而共同工作。《心理学大辞典》中指出,"合作是为了共同的目标而由两个以上的个体共同完成某一行为,是个体间协调作用的最高水平的行为。"①从以上定义中我们可以析出,合作得以产生和维持的重要条件是人与人之间的交往以及相互作用,它以共同的目标为基础。有人因此会认为合作是交往,交往就是合作。在这里我们需要特别指明,合作是一种交往,但是交往不一定是合作,而竞争也是一种交往。一提到交往,人们不由自主地想到哈贝马斯,他认为并非所有的交往活动都可以说成交往行为。交往行为是把交往视为在"主体间的理解和相互认可的约束力中显现出来的"②。而哈贝马斯的"目的论行为、规范调节行为、戏剧性行为"表明,不同交互活动的参与者为不同的客观有效目的性行为而进行的交往,在这些交往活动中个体间表现出的或许不是合作,而是竞争的交往或虚假性交往或形式的交往。真正的交往行为的目的是一种相互合作化的目的。哈贝马斯认为,人类社会是通过个体间的社会合作化的活动而维持的,这种合作化是通过交往来实现的,这种交往要以一致的目的为基础。这说明合作行为的实质是一种交往行为,但这种交往行为的目的是相互合作。③ 真正的交往就是一种合作的交往。

基于以上分析,我们认为合作是一种主体间以达成一致性目的为前提的交往活动。即使意见不一,也应沟通协调,而不是命令的方式。从词的意义上来说,"合作"是动词,而"合作性"是一个名词,合作性强调个体在合作活动中所具有的一种与他人合作的行为特征和倾向性。合作是实现合作性的条件,也就是说,合作性的产生必须以合作为前提。个体通过合作活动形成了人的合作行为特征和倾向性,也就是说,个体在与他人的人际性关系中形成了合作性。

---

① 朱智贤主编:《心理学大辞典》,北京师范大学出版社 1989 年版,第 356 页。
② 汪民安等主编:《后现代性的哲学话语——从福柯到赛义德》,浙江人民出版 2000 年版,第 388—389 页。
③ 陈学明等:《通向理解之路——哈贝马斯论交往》,云南人民出版社 1998 年版,第 106 页。

### 2. 学习的合作性

人类的生产劳动形成了人和人类社会,它推动着人和社会的不断发展,人们在生产劳动中必然结成一定的人与人之间的社会关系,生产劳动必然以一定的社会合作的方式进行。人在生产劳动中的合作性是基础性的人性特征,决定着人的社会性的其他方面。所以,生产活动中的合作性是人的社会性特征之一。在社会生活中,人的社会化和社会的个性化都与人的合作是分不开的。一方面"一个人的发展不管是直接地还是间接地都取决于他交往的其他一切人的发展"①,另一方面"每个人的自由发展是一切人自由发展的条件"②。人正是具有人类所特有的理解、同情、关爱和合作,人类才能不断地发展和完善。"人参与到合作中,并为相互的学习提供'脚手架'和支持,相互弥补各自知识的不足。合作可以弥补不足,相互鼓励,共同协作,合作是不完全的联姻,是社会互动的一种特殊形式,对于独立的个体来说,单凭个人的能力是不可能完成的,而团体则能轻而易举地解决它。"③

学习是一种认识或与实践相统一的社会活动。学习不仅是一种互相获取知识、提高成绩的过程,而且是一种人际交往的过程,更应当是一个互动合作的社会交往过程,而不仅仅是个体头脑内的事件。学生通过与老师、家长和同学交流与合作,学习生活的知识、生存的技能、生命的意义。学习不是头脑内接受信息的活动,而是头脑间彼此合作共同探索的活动。合作探索者可以是教师、专家、同伴以及其他在所探索的领域中较有经验的人等,这些他者可以充当动机激发者、资源提供者、协商建构者等多重角色。在学习过程中,师生、生生之间以小组活动或其他形式为基本方式,通过沟通交流、消除分歧、解决矛盾、共享信息等,完成既定的学习目标。在此过程中,以"互赖"为理念、"参与"为前提、"互赢"为目标,学生积极主动地扮演角色,师生、生生间形成信任与合作的关系。而平等、相互尊重、相互理解是合作的基础,合作是建立在平等的人际关系基础上的交往。在合作中,生生之

---

① 《马克思恩格斯全集》第 3 卷,人民出版社 1960 年版,第 515 页。
② 《马克思恩格斯全集》第 1 卷,人民出版社 1972 年版,第 273 页。
③ [美]舒尔曼:《实践智慧:论教学、学习与学会教学》,王艳玲等译,华东师范大学出版社 2014 年版,第 356 页。

间要地位和角色平等、相互尊重和信赖,师生之间要相互尊重和倚重,这就需要教师能够接受所有的学生,包容他们的缺点,而生生之间相互尊重与信赖的关系很大程度上取决于教师对所有学生的尊重和信赖。

学习的合作行为特征是指通过个体间的人际交往所形成的合作意识和交往能力所表现出的一种主体间性的社会性特性。它使个体在相互交往中,不仅建立起理解尊重、合作互助的交往关系,而且在变革共同客体的实践活动中实现着交往主体的生成。合作不仅仅是一种学习策略,是一种学习方式,是一种新的生活方式,也是一种新的价值观。学会合作不仅仅是技能,更是态度,也可以说,合作本质上是一种文化。在学习活动中,学习者更需要养成合作型人格和合作精神。

## (五) 道德性

人的道德性并不是先天和永恒的,而是在一定的社会环境和关系中被注入的,如果一个个体的道德性愈加完善,就愈能成为一个"最优良的动物";而如果一个个体变得越来越没有道德性,那么他就会越来越成为一个"最恶劣的动物"。① 人类只有在一定的社会关系中,才能生存和发展。为此,人在与他人、社会发生联系并进行交往的过程中,会有一种依据某种行为规范而行事的倾向,要面临着善与恶、美与丑、公正与正义的选择。在这些联系和交往过程中,人的意识,特别是自我意识,使他认识到自己应该承担的责任和义务,从而要求自己按照一定的道德规范做出选择。在社会交往中,社会群体内部需要协调个体与个体、个体与群体之间的相互关系;每个人也需要自我肯定、自我约束、自我发展,而要肯定自我、认识自己的发展状态,就要应用一定的价值标准来衡量。对个人来说,道德规范虽然是既定的或现成的,但它归根结底是人类社会需要的产物。②

### 1. 道德性的含义

"伦理"的英文为"ethics",来自希腊文"ethos",而"道德"的英文为

① 夏甄陶、韩庆祥:《人:关系、活动、发展》,河南人民出版社2011年版,第238页。
② 柳斌主编:《中国教师新百科》中学教育卷,中国大百科全书出版社2002年版,第160页。

"morality"，来自拉丁文"mores"，两者在原意上都与品格、习惯等有关。在某些领域出现了两者相互替换使用的现象①，认为两者都是以善为追求的目标，而善的理想追求往往是指更为普遍的道德规范或道德规范系统。比较日常生活中对两者的使用，我们发现：伦理是指向调节人际关系的行为，包括扩演外化的人与社会或群体和各群体之间的关系行为的价值原则和规范，更具有客观、客体、团体、社会的意蕴。而道德是指向人类生活和行为的一种善的价值意义和道德规范，更具有主观、主体、个人和个体的意蕴。②

道德性的存在是以人的存在为前提的。人的道德性是以实现人的关系为基础，也就是说，道德性是指人与自然、人与社会、人与他人及人与自我之间发生关系时，依据特定的行为规范而采取行动的倾向。道德性作为人的关系的一种存在，既包括人与物的关系，又包括人与人的关系。人与物的关系不在本书所考察范围之内，人与人的关系又包括：人与他人的关系，人与自我的关系。道德性的产生依赖于以下两点：一是外在的道德规范或制度的规约，它是协调社会群体内个体之间、个体与群体之间相互关系的需要。它只有被个体内化为深层心理结构，才能使作为行为主体的个人意识到自己的责任和义务并为其行动负责，从而自觉使其行为符合道德判断。二是自我肯定和自我发展的需要。个体要通过自我反思来认识自我、肯定自我，达到人之为人的标准；自我的发展是从一个"冲动的自我"到"规约的自我"最终实现"自由的自我"。③ "作为历史过程中的存在，人总是不断地追求自身多方面的完善，道德性既表征着人性发展的状况，又在广义上制约着人的发展；既规定着精神的发展方向，又影响着行为选择。"④在社会交往中，我们要依照一定的社会道德规范，才能保

---

① Lawrence C.Becker, *Encyclopedia of Ethics*, Vol.I, New York：Garland Publishing Inc，1992，p.329.

② 万俊人：《寻求普世伦理》，商务印书馆 2001 年版，第 46 页。

③ 史铭之：《课堂场域中的学生社会性生成：一种交往视角的分析》，上海教育出版社 2015 年版，第 194 页。

④ 杨国荣：《道德系统中的德性》，《中国社会科学》2000 年第 3 期。

证个人与个人、个人与群体交往活动的顺利进行,才会有社会的相对安定和正常的生活秩序。

　2. 学习的道德性

　"学习"这个词不仅暗示学校教育的"学习"形象,从被动的、静态的活动转换为有目的的、有生命活力的活动,而且包含了重新评价其"模仿"性格和共同体社会的性格的可能性,进而隐含了把认知与伦理的关联正统化,重新界定"学习"的社会性。① 真正的学习是学习者在通过与客体的对话、他者的对话和自身的对话中获得当下人生意义,并最终走向自我完善。学习是人类最基本的存在方式和活动方式,是人之为人的过程,是使人生活更加美好的实践过程,是人生命活动的展现。而道德是人存在的理想状态。道德首先是做人的资格,人能称之为人,就在于有了人之为人的标准——道德。任何以个体成人为取向的学习活动,都必然地关涉到自我学习过程中向着他人与世界的伦理上的道德性。

　个体成长在他人之中,或者说个体成长始终离不开他人的在场,离不开人与人的关系场域,或者说人与人的关联乃是个体成人的根本性场域。离开了他人,个体成长就难免还原成作为孤立的学习动物的成长,就不是作为实现个人而获得自身的发展。这意味着学习的伦理道德性,或者说学习就其实质而言,乃是伦理道德性的,伦理道德性是旨在个体成人的学习活动的基础与背景性视阈。②

　人应该有作为人的道德性的。亚里士多德认为,"人天生便装备有武器,这就是智慧、才能和德性。"③学习就是在道德的引领下诗意地生活,自我、他人、社会皆在这一行为活动中变得更加美好。在学习活动中,学习者不仅与他人形成外显的伦理关系,还与自我发生着内隐的伦理关系。学习

---

① ［日］佐藤学:《学习的快乐——走向对话》,钟启泉译,教育科学出版社 2011 年版,第 25 页。
② 刘铁芳:《追寻生命的整全:个体成人的教育哲学阐释》,高等教育出版社 2017 年版,第 233—234 页。
③ 苗力田主编:《亚里士多德全集》第 9 卷,中国人民大学出版社 1997 年版,第 7 页。

者在处理与他人伦理关系或与自我的伦理关系时生成了学习的道德性。学习活动蕴含着一定的伦理道德规范和准则,它既体现为学习内容所表现出的伦理道德性,又体现为学习过程中学习者与他人伦理关系中所表现的伦理道德性,主要指师生间的伦理关系,以及学习者与自我伦理关系中的道德性。学习内容中所含有的伦理道德性不是本书所要考察的对象,而本书主要考察师生间,以及与自身的伦理关系中的道德性。在学习活动中,学习者和群体是作为一个整体来进行学习的,也就是说,学习存在于学习者主体与群体的互动交往中。在这个互动中,最主要的是师生、生生互动,而在师生互动中师生伦理关系最重要、最核心的是民主、平等,这二者是衡量良好师生关系的标准,它们是否实现是制约师生关系正常与否的关键。良好的师生关系意味着师生间在学习活动中平等、尊重、理解、欣赏的主体间性的真正建立。

学习者与自我建立起一种伦理性关系,并在这种关系中实现个体道德性的生成。个体道德性的生成过程,并不仅仅是从一个自然本性意义上的人转变为一个社会约束意义的人的过程。他还需要将外在的社会约束内化为自我行动的准则,这是一个道德规范内化的过程。道德不是由人以外的某种存在物强加于人身上的,而是人在社会生活中通过自我反思而达到的自我认识,道德不是强加而是反思,是对现实的评价性反应。同时,作为人的存在,要将通过反思而达到的使人之为人的标准,化作现实的意志行动,变成自己自觉的行为,使学习者成为主动适应社会生活的主体。人的自我发展过程,本身就是道德性的生成过程。

总之,学习的认知文化性、人际的交往性和合作性、伦理道德性三位一体在有机结合与平衡中展陈对人类的关怀,而认知文化性的获得必须有伦理道德性的看护,伦理道德性塑型或德性修炼是将个体才能与乐观主义未来及普遍幸福关联的精神条件。只有实现认知文化性与伦理道德性的融合,才能在自我与他人、自我与社会、个体与类之间建构共在的和谐,才能在获取当下的成就及个体的幸福感与终极乐观主义和普遍幸福指向之间形成一种人人都能践履的通道和发自内心的动力,个体才能凭着学习习成的诚实、诚信、责任和奉献精神养成一种道德中介人的心境,炼造出道德中介人的位格,像道德中介人一样向人们揭示终极善的或幸福的乐观图景,"引领人们对这一图景的憧憬和建立与这一图景的关联,以趋向实现一种更好的崭新生活。"①

在学习活动中,个体在社会交往中必然会形成与客观事物、与他人和与自我的社会关系。人在与客观事物的对象性关系中形成了学习的文化性、依存性,这是所有学习社会性特征的出发点与根基,也是学习社会性最根本的内容,不仅决定着与他人的人际性关系,还决定着与自我的伦理性关系;在与他人的人际性关系中形成了学习的依存性、交往性、合作性和道德性,它们都是以社会关系为基础,其最主要是从社会关系中的交往中表现出来的;从自我的伦理性关系中形成了学习的道德性,其归根到底是为调节学习活动中不同的关系。在学习活动中,个体与客体、与他人、与自我的关系共同构成了学习的社会性内在结构,即学习的文化性、学习的人际性和学习的伦理道德性。

## 三、学习社会性的内隐表达:知识创生

生活对于人来说,不是外在的,而是创生的;不是现成的、模式化的,而是个体的、自我创制的。人不是生活的被动适应者,而是生活的主动创造者。人创造了生活,也创造了自身。而知识是存在于个体对日常事务的处理和生活的理解之中的,它不是一种抽象物,它存在于每一个体通过与他人的交往互动来创生属于自己的"意义",即知识的建构需要通过人与人之间的社会性交往来实现。学习的过程就是学习者利用其他社会性学习要素,将客观的知识、技能和能力内化为自身的内在属性的创生过程;学习结果就是将客观的知识、技能和能力转化为学习者内在属性的内隐表达形式。所以,学习离不开学习对象,也就是离不开学习内容、目标或努力方向,学习社会性在内隐表达上是一种知识创生的过程。

---

① 杨乐强:《走向信仰间的和谐》,中国社会科学出版社 2009 年版,第 104 页。

## （一）　知识创生的真实意涵

"创生"（creation）一词最早在 20 世纪 70 年代西方课程实施取向上出现过，后来，美国学者辛德尔（Shindell）将课程实施取向进一步划分为：忠实取向、调适取向和创生取向。此后，"创生"一词被学术界广泛使用。随着哲学认识论从实体性思维向关系性思维的演进，人们对认识论的关注从科学认识转向人的生活和社会的认识，关注知识的生产及其社会性。1995年，日本学者野中郁次郎源自对西方主流认识论的批判，倡导关注知识的积极创生过程，而非知识本身。这一转向反映在学习领域，学习已由知识习得隐喻和参与隐喻转向知识创生隐喻，其认识形态也正由预设转向生成，由知识共享走向知识创生。①

知识创生学习是以学习主体、客体以及他们所处的"社会——历史"环境为背景的创新性互动活动。② 知识创生学习是学习者、教师协同具体工作场所的工作人员通过一定的媒介，围绕着共享人造物进行知识革新和创生的学习过程。③ 知识创生隐喻不是否定"获得"和"参与"隐喻，而是对其进行涵括式的超越，它不仅关注个体对已有知识的获得与继承，关注人与人之间的互动以及人与环境之间的互动，而且强调共同体成员通过互动而创生出概念、观点、理论、计划、方案、产品等多种形式，学习者在学习过程中创生出的知识即是由这些"人造物"所承载。因此，学习的知识创生隐喻又称为"学习的人造物创生隐喻"④。

知识创生是一种社会参与过程，人类的认知成果来源于社会互动，知

---

① Paavola，S.& Hakkarainen，K.，*The Knowledge Creation Metaphor——an Emergent Epistemological Approach to Learning*，Science & Education，2005，14（6）：537–557.

② 刘大军：《从知识习得到知识创造——论大学生学习方式的嬗变》，《高教探索》2015 年第 2 期。

③ Hakkarainen，K.，Paavola，S.，From monological and dialogical to trialogical approaches to learning，A paper at an international workshop "*Guided Construction of Knowledge in Classrooms*"，February 5–8，2007，Hebrew University，Jerusalem，2007.

④ Paavola，S.& Hakkarainen，K.，*The Knowledge Creation Metaphor——an Emergent Epistemological Approach to Learning*，Science & Education，2005，14（6）：535–557.

识创生是一种社会互动的过程。知识创生不是教育专家或者研究者的专利,而是一种行为方式,一种生存方式,在这种方式下,社会中的每个人都是知识的创造者。知识创生过程是一种社会过程,正是社会性互动,为人类认知完成活动提供了根本性的认知资源。知性活动在本质上被看成是迭代的,即产生在一系列努力解释和知会所研过程与机理的活动之中。知识创生之表征为①:追求新知识,强调知识的创生而非知识本身;打破知识主客体之分,强调各种因素在知识创生过程中的平等和相互作用;知识创生具有社会性,强调社会互动为知识创生提供了基本的认知资源;个体是知识创生的流动的分子;强调隐性知识的重要性;承认概念产物的重要性;强调交互并非仅仅是人与人之间交互,还需要与周围进行交互,实现共享对象的创生,而交互作用又是通过共享物为媒介,贯穿于整个过程。②

## (二) 知识创生的内在机理

学习需要将人类的文化成果内化为个体的身心素质,这是一个"社会化"的过程;个体所创生的知识文化也经由学习为社会其他成员所认识,成为社会的共同知识,这是一个"化社会"的过程。③ 人类知识,无论是作为各个学科专业领域的公共知识体系,还是作为个体认知结构的个体知识都是建构的结果。"生产力表现为一种完全不依赖于各个人并与他们分离的东西,表现为与各个人同时存在的特殊世界。"④知识的来源包括外在于个体的客观知识体系和个体自己建构起来的知识体系。个体知识的来源有两种主要的途径:一是通过内部信息的再加工和变化来建构知识;二是通过对外部输入信息的加工整理,建构个体自己的知识。两者的获得过程皆有建

---

① Paavola,S.,et al,*Models of Innovative Knowledge Communities and Three Metaphors of Learning*,Review of Educational Research,2004,74(4):557-576.

② 刘大军、黄甫全、左璜:《从知识共享到知识创造:学习环境设计认识论基础的嬗变》,《开放教育研究》2015 年第 1 期。

③ 张海波、杨兆山:《"教育问题"探析》,《教育研究》2011 年第 11 期。

④ 《马克思恩格斯选集》第 1 卷,人民出版社 1995 年版,第 128 页。

构的意义。① 所谓建构,一般被认为是相互作用的问题。一是认识主体在与客体的相互作用中在原有知识基础上建构新的知识;二是认识个体与他人在人际交往中建构知识,这两个方面其实就是个体建构主义和社会建构主义分别秉持的,但它们探讨的都是知识由外而内的建构过程。吉本斯(J. J.Gibbons)等人认为,人类的知识生产有两种方式:一是知识产生于应用情境之外,知识的生产者和应用者是不同地方的两类人;二是知识生产于应用知识的现场,且常常是与知识应用、问题解决融合在一起的,知识生产者和应用者是从事关联工作的人或是同一批人。②

追溯人类在历史长河中认识和改造客观世界的恢宏成就,都不是单一个体智慧所为,而是无数优秀个体智慧与实践的结晶。只有在共同体中,个体的智慧才能真正转化为认识和改造客观世界的物质力量。同时,只有在通过交往而形成的集体中,个体才能获得真正意义上自由而全面的发展。莱辛(G.E.Lessing)认为人类进步的历史可划分为三个阶段。每次进步都与学习相关,学习是人类的本能,人是一种通过学习积累知识的生成性生物,所以,人类是历史性的物种。在某种意义上,动物不需要发明,因为它们靠本能和天性生存。而人必须靠自己的发明才能生存,因此人类必须要持续地发展。蜜蜂筑巢和蜘蛛织网都很完美,但是,它们的能力是本能的,具有封闭性;而人不经长期的学习和摸索,做事很难成功。但是,恰恰因为人做事不完美,人才有了不断改进的可能。③ 劳伦·雷斯尼克(Resnick,L. B.)认为,学习是一个知识建构过程,不是知识记录和吸收过程;学习是知识依赖的(knowledge-dependent),人们利用现在的知识建构新的知识;学习是高度地受其所发生情境调节的。

知识与认知活动是广泛分布于人们所处的文化与历史中的,并且为他们所使用的工具所中介,其具体表现为知识存在于个体心智与社会协商中,

---

① 辛自强:《知识建构研究:从主义到实证》,教育科学出版社 2006 年版,第 80—81 页。

② Gibbons,M.et al,*The New Production of Knowledge:The Dynamics of Science and Research in Contemporary Societies*,London:Sage,1994,p.58.

③ 刘雪飞:《循环经济学》,中国大地出版社 2009 年版,第 170 页。

存在于个体间的话语与社会关系中,存在于人们生产使用的工具以及生产工具所依据的理论、模型与方法之中。① 与知识生产和实践活动中的人类学习相比,学校学习的突出特征主要表现在:一是学校学习以抽象知识为学习对象而忽略了知识的建构性,即忽视了知识与客观世界的联系,忽视了知识在客观世界中解决问题和完成任务中的应用。二是学校学习的知识脱离了学习者的知识经验,在学习过程中忽视了学习的知识依赖性和建构性特征。三是学校学习表面上是集体学习,但主要是个体独自进行的,合作学习流于形式,而且学习一般是接受具有真理性的知识,协商也就不是必然之事。也就是说,传统学校学习将学习视为一个过程,学习者通过行为活动内化知识,还是由他人"传递"的,或者是在与他人的"交互中体验"到的,这种对内化的关注并没有遗忘学习者、世界以及二者之间未被揭示的关系的本性;但它只能反映与这些问题有关的意义深远的假设。

一切知识均是个体在认知过程中通过与他人交往和经验客观世界建构的,激进建构主义者认为知识是认知主体通过中介由新旧经验的互动与积极建构而实现的;认知的功能是应该有助于主体对经验世界组织的适应。由此,"学习是知识建构"的隐喻才得以真正确立,这表明认知不是去发现某一客观存在的实在,也即并非发现本体论意义上的实在,是个人经验世界中主动建构关于世界的知识,为此,凡是有助于解决具体问题或能够提供有关经验世界的一致性解释的知识就具有"生存力"(viability)的知识。冯·格拉塞斯费尔德(Von Glasersfeld)在选用"生存力"这个呈现空间状态的隐喻时曾这样说:"运用这个空间隐喻,我此时要表达的意思是:某一行动的生存力表明的只是'真实'世界为我们以某种方式行动留有余地。"②

世界是客观存在的,但对于世界的理解是由每个个体赋予其意义的,其间渗透着个体的认识观、理论假设、知识经验和价值取向等。但是,个体建构的知识未必完全合理,只有通过与群体或所属共同体的沟通交流才能实

---

① 郑葳:《学习共同体:文化生态学习环境的理想架构》,教育科学出版社 2007 年版,第 126 页。

② Ernst von Glasersfeld, *An Exposition of Constructivism, Why Some Like it RadicaL* [EB/OL].http://www.oikos.org/constructivism.htm.

现知识建构的合理性。① 因此,学习是一种社会协商过程,知识正是在这一过程中由参与者间的对话而社会性地建构起来的。学习者对知识和世界的理解受其所属共同体持有的信念和价值观的影响。对于个体而言,探究未知世界是人的本性,掌握和运用已有知识是个体探究未知世界、解释新问题的前提与工具。创新是每一个学习者都应该具备的观念和能力。对于社会而言,知识的传播与应用固然重要,但倘若无创新,社会将会停滞不前。从这个意义上说,学习、思维和认识实质上是参与某一实践活动的人们之间的一种互动关系,在人们的交往互动中,该共同体中的"新手"转变成"专家"。

衡量生产力发展的新尺度——知识创生的共同体境脉得到众多学科的关注。哲学、认知科学、系统科学以及人类学等众多学科从不同视角对共同体中知识的流动、生产与创新机制、文化的传承、参与者的关系发展等重要问题给予了关注。社会学领域也衍生出一些新的研究视野,如对社会网络与身份获得的研究、对社会资本的研究等。凡此种种都为学习共同体研究和组织研究贡献了重要的理论智慧。② 其认为学习过程涉及四个层面的对象。第一层是作为人类探究对象而存在的真实的物理世界,包括自然界、人类社会以及人类探究领域的其他一切东西。第二层是人类在探究第一层世界过程中形成并传承下来的所有知识,这类知识既包括编码知识,也包括默会的知识;既包括系统学科知识,也包括各种常识及地方性知识;既包括定型的、基本达成共识的知识,也包括正在协商、形成过程中的观点、看法以及信仰等。第三层是经过选择组织,表现为以教材为主要载体的课程内容知识,这类知识是结构化、系统化的知识,是经过明确编码的。第四层是学习者经由各种途径(社会文化的濡染、家庭教养教育、其他一切正式和非正式的活动与经历等)获得的知识和经验。③ 知识的社会建构循环过程如图4-5 所示。④

---

① 徐斌艳等:《学习文化与教学设计》,教育科学出版社 2012 年版,第 205 页。
② 赵健:《学习共同体的建构》,上海教育出版社 2008 年版,第 23—24 页。
③ 郑太年:《学习:为人的发展》,上海教育出版社 2008 年版,第 29 页。
④ 刘瑞:《科学学习理论概论——科学哲学的视角》,科学出版社 2015 年版,第 28 页。

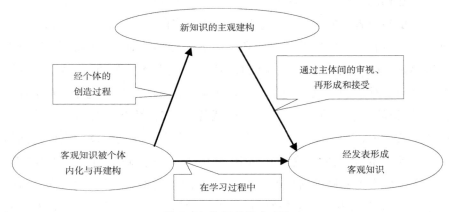

图 4-5　知识的社会建构

　　建构主义理论认为学习是在一定的情境即社会文化背景中通过与他人的交往活动而实现意义建构的过程。"情境""协作""会话"和"意义建构"是学习环境中的四大要素。其中,"情境"是进行建构学习所必备的学习环境;"协作"贯穿于学习活动始终;"会话"是协作过程中不可缺少的环节;"意义建构"是学习的终极目标。在学习过程中,个体智慧可通过交流对话为整个群体所共享。要想使"协作""会话"更好地实现"意义建构",就必须具备一个前提,那就是学习者必须具备良好的社会交往能力和互动能力。社会性的相互作用对于实现学习最终的意义建构有着重要的作用。

### (三) 知识创生的表达过程

　　人出生后开始与客观环境接触,与人类社会交往,每一次接触和交往都或多或少蕴含着学习这一活动。在人的发展过程中,社会不断向人提出各种新的要求。而当新的要求超出人现有认知发展水平时,就会产生矛盾,这一矛盾将激起人的新的学习需求,这就是促使人认知发展的内因和动力。当新的学习需要是在一定社会情境下,由社会要求不断在人心中内化而形成的,它促使人不断积极探求新知识、解决新问题,反映了人认知发展中动态与发展的一面。原有的认知水平是指人通过一定的学习活动已经形成的认知水平,是过去学习活动的结果,它反映了人认知发展中静态与稳定的一面。新的学习需要与已有的认知水平会不断产生矛盾，又不断达到平衡。当新的学习需要足够强烈，成为矛盾的主要方面时，就会推动人的学习活动，进而促进人的认知发展。可以这样说，一定的认知发展水平是顺利进行学习活动的必要条件，而学习活动又有力地促进人的各项认知能力的发展。在人与环境的相互作用过程中，人的认知功能系统会不断地发展，并趋于完善。在学习活动中，个体通过感知觉、注意、记忆、概念形成、思维、推理判断及问题解决等过程，把学习内容不断进行着客体主体化、主体客体化的实践活动，作为客体的知识实现了人化，不断向人生成，逐渐获得属人性质，成为个人化的知识；作为主体的人通过思维、认知、体验等活动，实现对知识的改造，吸收知识的价值和意义，重新建构包括他的需要、能力、知识结构、思维模式等在内的心智结构，实现人的本质力量的确证与增加。①

　　人的认知结构处于不断变化发展的过程之中，而非单纯地接受或是简单累加外在的知识；人的智慧发生质变赖于多向对话与交流。学习的对象不能离开参与进行活动，也不能脱离学习所在的文化。"知识"在于主动建构而非外在给予。② 知识本身并非孤立、封闭与完结的；相反，知识是拥有多角的触手，它总在积极寻求联系，它是动态生成的。知识的生成过程就是建构客体之关系与意义的认知性、文化性实践，同时是建构学习中人际关系的社会性实践，也是建构自身内部关系的伦理性与存在性实践。如果从认知维度、人际维度、自我维度这三种复合的实践角度来界定学习，学习应该是主动性的、活动性的、辩证发展的。那么，在学习过程中，"生成性知识"即主体性知识、活动性知识、辩证发展的知识。

　　"社会的再生产不仅仅是物质的再生产，对于学习来说，它始终是知识的再生产。"③人的认识发源于直接经验，其认识是一个从感性认识上升到理性认识的过程。但在现实的认识活动中，人对客体的认识（或识别）并非一种从物、感觉到观念、思想的单向的信息加工过程，而是在主体的知识经

---

① 　郭元祥、伍远岳：《学习的实践属性及其意义向度》，《教育研究》2016 年第 2 期。
② 　钟启泉：《教育的挑战》，华东师范大学出版社 2007 年版，第 61 页。
③ 　［加］尼科·斯特尔：《知识社会》，殷晓蓉译，上海译文出版社 1998 年版，第 13 页。

验指导下的一种双向交叉性的加工过程。为此,美国著名认知心理学家格拉斯(A.L.Glass)将主体对客体信息的知觉加工分为两种形式,即"数据驱动加工"(data-driven processing)和"概念驱动加工"(conceptually driven processing)。当外界的客体刺激信息进入人的感官后,主体就会对它进行一系列阶段性的加工,这种加工过程是受外界客体刺激信息所驱动的,并且每一加工阶段的输出信息都作为下一加工阶段的输入信号,并驱动着下一阶段加工的进行,这种加工形式即"数据驱动加工",也称为"自下而上的加工",这是认知主体反映客体的基本途径。[1]"概念驱动加工"则是指主体调用已有的知识、经验作用于客体刺激,以确定其意义的加工形式。这种加工从自身具有的知识及其产生的期望开始,关注所期望的特殊信息的输入与个别事件的细节,指导对信息的分析。"概念驱动加工"也称为"自上而下的加工"。一般认为,人在识别客体时主体的概念性知识越丰富,所需要的数据信息就越少;反之,如概念性知识较为贫乏,则需要更多的数据信息。

学习目标从认知发展走向身份建构,是否意味着轻视人的认知发展呢?其实,恰恰相反,这种转向是因为我们认识到认知是通过社会性建构起来的,知识包含着实践的维度,我们比先前更加深刻地理解了认知发展的心理机制和社会机制。[2]由于在人的认知系统中,"自下而上"与"自上而下"这两种加工过程是相互交织在一起的,为此有人提出了所谓的"交互的识别模型"(interactive model of recognition)。该模型更为具体地描述了两种加工过程如何相互联系、相互渗透,对主体认识活动施加影响。前者主要是指个体在自己的日常生活、交往和游戏等活动中形成大量的个体经验;后者是指个体在人类的社会实践活动中形成的公共文化知识。儿童在与经验、他者的相互作用中,在与教师的交往活动中,以已有的知识为基础,理解"自上而下的知识",并赋予其意义。

---

[1] 朱宝荣:《认知科学与现代认知论研究》,上海人民出版社 2013 年版,第 94—95 页。

[2] 赵健:《学习共同体的建构》,上海教育出版社 2008 年版,第 50 页。

　　"交互的识别模型"把主体对客体模式的识别描述为来自现实世界的信息和预期的假设之间相互作用的过程。毫无疑问，认识是从感知觉开始的，但主体已有的知识经验使认识活动一开始就具有了能动性特征。这种能动性首先表现为认知主体主动地从外界诸多信息流中按认识目标获取所需要的信息，不过信息获取除了服从主体需要之外，也受主体自身的信息加工系统信道容量的限制。因而在某一时段内，认知环境中有效的客体刺激信息只有一部分能被认知主体所感知。这些被感知的信息不仅与客体刺激的物理特征有关，更与受经验因素影响的主观因素有关。为此，现代认识论特别强调认知主体记忆中存储的内在知识表征对输入信息有组织、选择和控制作用。只有在内在表征的调控之下，认知主体才能形成完整的感知觉；其次，由主体的知识、经验推动的"自下而上"的信息加工过程能产生一定的知觉期望，使认知主体能主动地探索外界环境，选择有用的信息并对其做出合理的解释；最后，认知主体已有的知识经验所推动的"自上而下"的信息加工过程还能使主体获得某种超前的反应能力并推断其影响识别过程的各种假设。①

　　个体经学习能获得有关事物的相关认识，积累知识、经验。与此同时，人脑已经内化的知识、经验又能融入思维、意识之中，控制与指导个体的再认知活动。所以，知识、经验既是学习的产物，又是再学习的先导。那么，就微观层面而言，人的知识、经验究竟以何种形式储存在大脑中，这是知识的表征问题。另外，人在认知活动中又凭借何种方式从大脑中提取当下所需要的相关知识，这是对表征的知识进行检索与提取的问题。19 世纪形成的传统认识论虽然十分强调知识观念对认知活动的重要影响，但却未能对知识、观念本身作深入探究，更未对微观层面的知识表征问题有所涉及。② 沃奇着眼于维果斯基的符号论研究揭示，认为学习是在人际关系与自我内化两个维度上建构意义的活动。同时，把维果斯基的"内部语言"跟巴甫洛夫（I.P.Pavlov）的"多声语言"关联起来，论述在内化沟通的学习过程中，学习

---

① 　朱宝荣：《认知科学与现代认知论研究》，上海人民出版社 2013 年版，第 96 页。
② 　朱宝荣：《认知科学与现代认知论研究》，上海人民出版社 2013 年版，第 117 页。

者自己得以社会建构的过程。①

20世纪的神经心理学使人们对大脑中知识的存储形式有了初步了解,认识到知识信息是通过神经网络系统各种突触的联结环节所发生的特殊过程来存储的。不过,这种认识仍具有抽象与猜测的成分,因为存储知识的神经机制并未探明,有关知识储存的认识仅是凭借有限的经验数据,通过理论思维做出的推断。而现代认知心理学则不同,现代认知心理学通过精细、巧妙的实验设计,已获得较为丰富的实验数据,并在此基础上,对知识的表征及检索机制作了合乎逻辑的推理,从而形成了几种假说。其中,具有代表性的是佩维奥(L.A.Paivio)提出的"双重代码假说"。该假说认为,人脑存在两种知识表征系统,即存储形象信息的表象表征系统与存储语言信息的语义表征系统。尽管人脑也许还存在其他的知识表征形式,如触觉的、味觉的、嗅觉的表征形式,但显然是以视觉形象的表征和听觉语义的表征为主。

社会建构主义认为,知识是在人类社会范围内建构起来的,并且被不断地加以改造,使其与世界的本来面目尽可能相一致,尽管永远也达不到一致。② 它强调学习的社会性特征,认为学习的过程即个体建构自己知识与理解的过程,学习不仅发生在个体与物理环境的相互作用中,更发生在个体与社会性环境的相互作用中。人类高级心理机能的发展就是以社会性的语言等符号为重要中介,通过与社会环境相互作用而生成的。

从目前研究来看,学习社会性活动知识创生的表达过程主要有三类:野中郁次郎(Nonaka,I.)、竹内弘高(Takeuchi,H.)等人提出的组织的知识创生(organizational knowledge-creation)模式,恩格斯托姆(Engeström,Y.)等人提出的拓展性学习知识创生模式,贝莱特尔(Bereiter,C.)等人提出的知识建造(knowledge-building)创生模式。这三类知识创生模式在研究过程中都

---

① Vygotsky,L.S.,*Mind in Society*:*The Development of Higher Psychological Processes*, Translated by M. Cole, V. John-steiner, S. Scribner & E. Souberman, Cambridge: Harvard University Press,1978,p.85.

② Ernest,P.,*The One and the Many*,In L P.Steff & J.Gale(Ed),*Constructivism in Education*,New Jersey:Lawrence Erlbaum Associates,Publishers,1995,pp.459-486.

通过大量的实践及实证研究等方式,深刻揭示了学习社会性特质在知识创生过程中的关键所在。人类知识存在形态可以分为两类:一类是显性知识(Explicit Knowledge),即指可以清楚表征的知识,此类知识是客观和理性的;一类是隐性知识(Tacit Knowledge),即对知识创造非常重要,它嵌入个人经验中,受个人信仰、视角、价值系统等影响,是非正式化(infomalized)、难以形式化和具体化的知识。从知识创生的过程来看,人类隐性知识与显性知识之间通过学习过程中的社会化相互作用会创生出新知识。通过整合知识创生的学习社会性活动的三种类型,我们可以发现,知识创生包括四个重要阶段。一是共同化(socialization)阶段,即从隐性知识到隐性知识,这是通过直接体验分享隐性知识的阶段,在这一过程中将分享直接体验并由此创生诸如共同心智模式(intellectural model)和技能之类的隐性知识。二是表出化(externalization)阶段,即从隐性知识到显性知识,在这一过程中会将隐性知识表述为明确的概念,采用比喻、类比或模型等形式将隐性知识显性化,核心是"创造概念",一般由对话和集体反思所触发,是知识创造过程的精髓。三是联结化(combination)阶段,即从显性知识到显性知识,在这一过程中各种概念将会综合为知识体系。联结化主要由新创造的知识与组织内个体的既有知识形成的"网络"所激发。四是内在化(internalization)阶段,即从显性知识到隐性知识,是将显性知识转化为隐性知识的过程(具体如图 4-6 所示)。也就是说,知识创生过程是人类隐性知识与显性知识之间的社会化相互转换的循环过程。该过程通过显性知识与隐性知识不断互动,经由社会化、表出化、联结化和内在化四种知识转换模式,并透过个人、团队、组织等不同的层次逐渐扩散,形成知识螺旋(SECI),以促进知识的扩散、嵌入与累积。[1] 知识创生螺旋理论不是单纯的、机械的过程,归根结底,它是一种知识的分享和互动,是个体追寻知识并不断超越自我的过程。[2] 每个儿童、每位公民潜在地都不仅是知识的消费者,而且是知识的创造者和

---

[1]　陈静静:《教师实践性知识及其生成机制研究——中日比较的视角》,博士学位论文,华东师范大学课程与教学系,2009 年,第 65 页。

[2]　钟启泉:《从 SECI 理论看教师专业发展的特质》,《全球教育展望》2008 年第2 期。

建设者。①

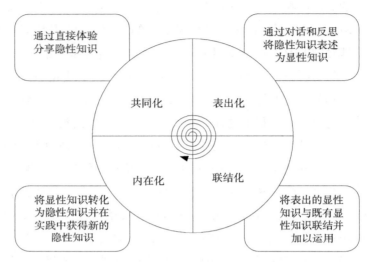

图4-6 知识创生的阶段及过程模型

总体来说,人的认识的发生和形成既需要个体的主动建构,又需要主体之间的社会建构。正是在与他人的社会交往过程中,在与人的交流、协商、对话和讨论中,通过再建、再现、调整、修正、完善等社会建构过程,学习者得以不断深化对外界客观事物的认识,从而内化并建构知识。总之,知识的创生至少需要具备四个方面的条件:主体与客体之间对象性关系的建立;主体自身拥有一套认识的能动性结构;主体自身的主动建构;主体通过与其他主体进行交往、合作而实现的社会建构。

## 四、学习社会性的外在呈现:学习共同体

当代学习科学研究已经达成共识:社会性是学习的本质属性之一。学

---

① Hakkarainen K P,Palonen T,Paavola S,et al,*Communities of Networked Expertise*:*Professional and Educational Perspectives*,*Advances in Learning and Instruction*,UK:Elsevier Science Ltd,2004,pp.11-15.

习是共同体自身内在的活动之一,共同体是知识境脉的一个特殊组织。学习共同体的提出是克服其他学习组织无法实现知识的社会性建构缺陷的理论诉求,学习共同体能为知识社会本质的学习方式的挑战创造一个巨大的社会空间。① 莱芙等人将学习看作在经验的、生活世界中的一个社会现象,人们通过合法的边缘参与进入社会实践中。换句话说,学习是在一个实践共同体成员参与过程中自然地产生的。

莱夫和温格不是将学习定义为命题知识的获得,而是将学习置于社会性合作参与的特定形式之中。② 汉克斯(William F.Hanks)总结了莱芙等人的观点,认为学习并非发生于个体中,而是发生在一个"参与"框架中的过程,"参与",意味着共同、团结与合作。"学习分布于共同体的参与成员中,而非单个人的活动。"③

## （一）共同体的社会性意蕴

德国社会学家和哲学家斐迪南·滕尼斯(Ferdinand Tönnies)在其 1881 年的社会学著作《共同体与社会》(Gemeinschaft und Gesetlschaft)中阐明了人类群体生活中的"共同体"(community)概念。共同体主要是在建立自然群体(家庭、宗族)、历史形成的联合体(村庄、城市)以及思想的联合体(友谊、师徒关系等)中实现的。在这一过程中所形成的血缘共同体、地缘共同体和精神共同体等共同体类型是共同体的基本形式。④ 当代所言的共同体是指由一定数量的人所构成的社会群体,其成员一般可在同一种社会关系中形成共同的信念与价值观,并以某种群体的实践活动形式表征其存在。⑤ 也就是说,当一定数量的人通过交往,相处时间达到足以形成他们共有的习惯、习

---

① 赵健:《学习共同体的建构》,上海教育出版社 2008 年版,第 23 页。
② [美]莱夫、温格:《情景学习:合法的边缘性参与》,王文静译,华东师范大学出版社 2004 年版,第 2 页。
③ Lave,J. & Wenger, E., *Situated Learning: Legitimate Peripheral Participation*, New York: Cambridge University Press,1991,pp.15-16.
④ 高文等编著:《学习科学的关键词》,华东师范大学出版社 2009 年版,第 84 页。
⑤ 刘军宁等编:《自由与社群》,生活·读书·新知三联书店 1998 年版,第 18 页。

俗、信念和价值观,相互依赖共同完成某些任务时,便就形成了共同体。在滕尼斯看来,共同体是所有成员所共有的理解(understanding)。① 这种"共有的理解"是内在于本体存在,自然而然产生的,并非通过艰难谈判和相互妥协所达成的共识,而同质性和共同性(sameness)构成了共同体的基本特征。

马克斯·韦伯(Max Weber)吸收了滕尼斯的许多观点,在《社会学的基本概念》中指出,共同体是建立在感情、情绪或传统的基础上而不是基于理性驱动的。"共同体"这一术语并不意味着其成员一定要共同在场、任务明确、彼此认同,也不意味着其一定要具有看得见、摸得着的社会性边界。它实际上意味着在一个实践活动中的交往,交往者彼此分享他们对于该实践活动的理解和生活中的意义以及对所在群体的意义等。

哲学家保罗·海贝林(Paul Haibeilin)指出:"凡是有为完成一定文化任务而相互帮助的地方,就有共同体。这种共同体不是凌驾于各个个体之上,而是共同存在于他们之中。"②现代意义上的共同体,是个体在寻求独立和归属这两个方面的张力中产生,其基本特点主要表现在:共同体的本质特征从根源性的共同理解转变为经过协商达成共识;共同体要素基于的成分从同质性到异质性;共同体成员从共同的生活地域到成员之间的"脱域";个体由于相互依存或劳动分工的缘故,有可能在不同的共同体中具有不同的身份认同。

总之,无论是作为一个概念框架还是作为一个文化隐喻,在共同体语境里,共同体是一种公共生活,它通过对信仰、目标和意义的共享,通过对共同活动的责任参与和合作,通过公开的表达与交流,达到共同的理解与成长,达到个体在共同体中成长并通过共同体实现自己的本质存在。共同体在本质上反映了交往主体之间的不同社会关系联结。共同体之生成和存在的合法性在于,"在真正的共同体条件下,个体在自己的联合中并经由这种联合

---

① [英]鲍曼:《共同体》,欧阳景根译,江苏人民出版社2003年版,第5页。
② 郑葳:《学习共同体:文化生态学习环境的理想架构》,教育科学出版社2007年版,第58页。

获得自己的自由"①,将社会关系的因素看作知识生产与创新的根本基础,将知识视为一种社会过程的产物,并认为知识是在个体的社会交互过程中获得的,这是"学习共同体"这一概念的应有之义。

## (二) 学习共同体的社会性本质

人类学家克罗伯(A.L.Kroeber)在其《超有机体》一文中说,动物和人类的不同,并不是体力和智力上的差异,而是有机体和社会体之间的差异……巴赫要是出生在刚果,而不是德国的萨克森,他也不会谱写出哪怕一章合唱曲或奏鸣曲来。② 学习共同体不是学习成员的零散集中或单个成员意志的简单叠加,而是一种消融了个体意志的特殊性和偶然性所达到的能体现有机统一的意志的同质性和共同性。因而,学习者个体在学习共同体中能获得新的质的规定性,个体不再是孤立的个别的和形式的存在,而是作为共同体有机组织中的一员。正是通过这些不同的学习者个体的差别的统一,形成了学习共同体的有机秩序,学习共同体超越了单个成员个体意志的偶然性和特殊性,体现了一种学习的社会性本质特征。

### 1. 学习共同体的基本内涵

学习共同体并非一个新时代概念,其历史脉络可追溯到杜威。杜威把学校视为"共同体",并认为学校是由"民主主义""传承教养""共同体"三部分构成,学校是实现民主主义的主要场所,是培养学生使其传承文化和教养的阵地,是基于反思的实践共同体。20 世纪中期以来,学习共同体研究逐渐兴起并喷涌发展,许多研究者皆对"学习共同体"进行了概念界定和特征描述。曾任卡耐基教学促进基金会主席的著名教育家博伊尔(E.Boyer)在 1995 年的《基础学校:为了学习的共同体》报告中首次提出了学习共同体的概念,并指出为了使学校成为共同体,需要全方位改变学校,为其成为

① 《马克思恩格斯选集》第 1 卷,人民出版社 1995 年版,第 119 页。
② [西]费尔南多·萨瓦特尔:《教育的价值》,李丽、孙颖屏译,北京大学出版社 2012 年版,第 6 页。

共同体做准备。① 加拿大著名教育学家迈克尔·富兰(Michael.Fullan)在
《变革的力量——透视教育改革》中呼吁把学校转变成学习者的共同体。②
日本学者佐藤学从社会学视角指出,课堂具有原始共同体社会、集体性社会
和学习共同体三种形态,学习共同体是课堂最本质的形态,并提出学习是以
文化性实践、社会性实践和反思性实践为三位一体的活动。③ 罗兰德·巴斯
(Roland. Bath)在《重塑学校》一书中认为学习共同体是一种文化氛围。斯
科特(J.Scott)认为,学习共同体就是在一个团体中为了共同的目标而共享
职权、共担责任。④ 雪莱·M.霍德(Shirley M.Hord)认为,一个学习共同体就
是一个协作的团体,其参与者平等贡献、成果共享,关注持续的反馈与探索。⑤
莱夫和温格(J.Lave & E.Wenger)认为,"学习共同体就是学习活动的参与
者围绕共同的主题,在同一环境中,通过交往、对话、协作、活动、反思、问题
解决等方式建构的具有独特文化氛围和境脉的动态组织。"⑥米切尔·科瑞
(Michael Corry)等认为,学习共同体就是在同一场域内,学习活动的参与者
通过集体行动方式去发现某个问题,寻求解决策略,最终通过共同行动使得
问题得以圆满解决。⑦ 20世纪90年代后期,学习共同体的概念引入我国,

---

① Boyer,E.L.,*The Basic School:A Community for Learning*,Princeton,NJ:the Carnegie Foundation for the Advancement of Teaching,1995,p.2.

② [加]迈克尔·富兰:《变革的力量——透视教育改革》,中央教育科学研究所译,教育科学出版社2004年版,第54页。

③ [日]佐藤学:《学习的快乐——走向对话》,钟启泉译,教育科学出版社2011年版,第40页。

④ Bull K. S., Montgomery D., Kimball S. L, *Collaborative and Cooperative Learning* [*EB/OL*]. http://home. okstate. edu/homepages. nsf/toc/EDUC5910iep10. 2008 - 09-16.

⑤ Barbara Seels,Shirley Campbell,Valerie Talsma,*Supporting Excellence in Technology Through Communities of Learners*,Educational Technology,Research and Development, 2003,(51):91-104.

⑥ 黄娟、徐晓东:《校际主题综合学习共同体的构建与实践研究》,《中国电化教育》2003年第10期。

⑦ Chin-hsiung Tu, Michael Corry, *E-Learning Communities*, The Quarterly Review of Distance Education,2002,(3):207-218.

并被广泛研究。钟志贤认为,"学习共同体是为完成真实任务或问题,学习者与其他人相互依赖、探究、交流和协作的一种学习方式。"①郑葳认为,"学习共同体是一个学习的生态环境,它是指一群有着共同的目标、观念、信仰的人,在相互协商形成的规则的规范和分工下,采取适宜的活动方式相互协作,运用各种学习工具和资源共同建构知识,解决共同面临的复杂问题,由此构成一种学习的生态系统。"②

　　为此,在上述追溯学习共同体的意义下,可以说对学习共同体含义的确证是理解学习共同体所承载的学习主张的必经之路。本书尝试将学习共同体的真实意蕴概括如下:学习共同体的属性是一种社会文化氛围、一种学习方式、一种学习组织(学习团体)、一种学习文化、一种学习的生态系统,是一种具有多重属性的存在物;学习共同体的核心是学习,是所有成员在学习中不断发展和自我改造、不断探索和自我反思,每一个共同体的参与者都将成为学习共同体的建设者和受益者;学习共同体是以共同的学习目标为基础,以共同的学习愿景为指向,以共享愿景为驱动;学习共同体的运行方式是以对话、协商和合作为共同体成员间的基本交往与互动形式;学习共同体中学习者的身份是通过认同与协商双重过程而从个体认知的成长走向社会、文化、历史境脉的建构,使学习者具有关联感、参与感、归属感、激励感、能力感等。

　　2. 学习共同体的学习机制

　　今天人们追求有效知识建构的新型学习与教学组织形式——学习共同体,力图解读共同体的社会学意义以及人类对知识与学习及其共同体境脉的认识,从而理解学习共同体的理论基础和实践机制,并以此反思现行学校中的学习与教学组织活动。③"学习共同体"包含了两个关键词,即"共同体"和"学习"。"共同体"强调不同个体间的亲密关系、共同目标、归属感以

①　钟志贤:《知识建构、学习共同体与互动概念的理解》,《电化教育研究》2005 年第 11 期。

②　郑葳:《学习共同体:文化生态学习环境的理想架构》,教育科学出版社 2007 年版,第 19—20 页。

③　高文等编著:《学习创新与课程教学改革》,广东教育出版 2007 年版,第 3 页。

及认同感。在"共同体"中,人与人是平等的,人们团结互助、互相信任、互相尊重,并为了共同的目标而努力,这也是"学习共同体"的精神内涵。而"学习"既是"共同体"形成的途径,也是"共同体"的奋斗目标,即"共同体"中的人必须具有持续的学习意愿,每个人都能看到其他人的优势,并能通过各种方法向其他人学习,同时,自身也处于开放状态,也成为其他人学习的参照。① 杜威在《民主主义与教育》中提到,"共同体中共同的了解(包括目的、知识、信仰、期望等),以及为达到这些共同性而进行的沟通过程,本身就具有教育性。"②

学习不单指向学习者对知识意义的理解建构,也使学习者形成了自我同一性。学习者在这一过程中知道自己是共同体中的一名合法的成员,他在逐渐适应该共同体的文化时,也利用自己的专长为共同体作出贡献。也就是说,在这种学习活动中,所有成员会积极地参与意义理解和建构的活动,其目标是促进共同体的学习,并通过学习共同体这种方式促进个体知识的增长。③与任何一种生命有机体一样,学习共同体作为一种生态系统,是自组织的。共同体的形成不是经过简单生硬的撮合,而是通过共同体成员之间多种结构性的互动和交往来实现的。在这个交往互动的过程中,学习共同体获得了其充裕丰富的学习机会。正是共同体的这种功能维系并驱动着共同体功用的发挥。

学习作为知识的社会协商(social negotiation),这是学习共同体建构的理论前提之一,学习共同体关注知识的社会文化来源,强调群体交往对学习的影响。④ 在学习活动运行机制中,学习共同体中意义协商、知识建构、身

---

① 陈静静等:《跟随佐藤学做教育:学习共同体的愿景与行动》,华东师范大学出版社 2015 年版,第 101 页。

② [美]约翰·杜威:《民主主义与教育》,王承绪译,人民教育出版社 2001 年版,第 9—10 页。

③ 郑葳:《学习共同体:文化生态学习环境的理想架构》,教育科学出版社 2007 年版,第 60 页。

④ 赵健:《学习共同体——关于学习的社会文化分析》,华东师范大学出版社 2002 年版,第 16 页。

份认同等因素相互交叉、同时进行。意义协商使得学习共同体的学习活动能够得以顺利进行；知识建构使得学习共同体的产生成为可能；身份认同使学习者个体在学习共同体中获得了社会性发展。学习者与他者在交往活动中产生彼此认同的意义时，学习者会借鉴他者的经验巩固自己的原有经验；在交往活动中与他者产生分歧时，学习者会与共同体中其他成员通过意义协商以解决自己经验中的意义冲突，因为我们对世界、对人、对现象和事件所形成的概念只表现了自身对于现实的一种不完整的、相对的、部分的看法，我们以这一看法为基础对其进行加工，当它的局限性越来越大，并出现另一种更有效、更方便的概念时，我们会将前者抛弃，因此，一种"存在于自身"的概念是没有意义的。最终，学习者只会在信息里寻找对于满足人们向他提出的要求有价值或有意义的东西。他对自己提出的问题或他所追求的计划决定着他所接收或采集的信息的重要性。只有当信息对他具有意义时，他才会占有这一信息，并修正自己的思维系统，进而实现学习实践，这也是学习者个体充分参与学习共同体学习实践的表现。

　　当然，对于学习者而言，共同体是个体进行学习并建构知识的场域，正如人类学者、情境理论的倡导者莱芙和温格尔所说的通过"合法的边缘性参与"（legitimate peripheral participation）来建构个体的知识。"合法的边缘性参与"作为学习关系的核心概念，把诸如"理解"和抽象性或概念化"水平"这些问题的重任，不是寄予与其他学习类型相对立的某类学习上，而是寄予学习所发生的文化实践上，寄予进入实践的问题上，寄予有关学习内容意义的文化环境的透明性上。透明的概念，广义地说，是一种使活动意义可见化的活动组织方式，在此意义上，它开创了一种新的方法，这种方法不同于传统的经验学习和远程学习的二元分离的方法，不同于做中学和抽象学习的二元分离的方法。"无论发生在哪里，学习总是在不断变化的实践中的不断变化的参与的一个方面"（changing participation in changing practices）。①

---

① Lave, J., *Teaching, as Learning, in Practice*, Mind, Culture and Activity, 1996, 3(3): 149-164.

3. 学习共同体的社会性生态

一个真正的学习活动蕴含着三个层面:个人层面(基于个体的知识建构)、人际层面(基于合作的知识产生)和共同体层面(基于共同体支持的文化共享和知识创生)。就共同体层面来说,参与到共同体中是个体知识建构改变的一种不可剥离的文化和制度境脉。个体在这一境脉中基于某种需要促成知识的协商,并达成某些观念共识和意义共享时,此时的"参与者即学习者,协商的过程即学习的过程"①,在这个意义协商的过程中,所有的参与者就构成了特定的学习共同体。

"学习共同体"既不是"学习集体",也不是"班级集体的教育"的"集体",其表征为"学习共同体"的"共同体"不是地域性、血缘性的共同体,而是意味着由叙事、言辞与祈愿的情结构成的富于想象力的共同体。我们的社会不仅是由契约关系和法制关系组织的"市民社会"(个人的集合体),而且是隐含着叙事、言辞与祈愿的情结构成的共同体。在学校教育中,班级是由契约关系和法制关系组织起来的一个社会。不过在它的里里外外,局部地构成了又一个由叙事、言辞与祈愿的情结构成的共同体。②

学习共同体的核心是共同学习,而学习的本质是社会性的,即一方面是对社会积累的文化知识的学习,另一方面是对人与人之间交往互动的学习。学习作为一个习得过程,如果说"社会性"是其本质特征,那么交往则是其核心。马克思、恩格斯认为:"思想、观念、意识的生产最初是直接与人类的物质交往活动,与现实生活的语言交织在一起的。"③不仅如此,交往还是人类文明成果得以存续的保障:"某一地域创造出来的生产力尤其是发明创造,在往后的发展过程中是否会失传,完全取决于交往扩展的情况。"④因此,就其本质而言,人类本身就是学习的动物;从生态意义上看,人类本身就

① 高文等编著:《学习科学的关键词》,华东师范大学出版社 2009 年版,第 88 页。
② [日]佐藤学:《学校的挑战:创建学习共同体》,钟启泉译,华东师范大学出版社 2010 年版,第 214 页。
③ 《马克思恩格斯选集》第 1 卷,人民出版社 1995 年版,第 72 页。
④ 《马克思恩格斯选集》第 1 卷,人民出版社 1995 年版,第 107 页。

是一个"学习共同体"。

从以上这些观点可以看出,对学习共同体的研究,很大程度上是基于对学习的社会性质的考虑,认为将学习置于社会情境中,学生和教师是社会和文化的参与者、行动者,其主体身份是他们在更广泛的社会经验中形成的。① 将学习共同体视为一种文化生态环境不仅强调认知,也着重自我;不仅强调学习的社会环境,也注重学习的物质环境;不仅强调社会性学习,更关注社会交往所创生的环境对个体学习和主体身份养成的重要作用。最重要的是,作为一种文化生态环境,学习共同体有着生态的整体、适应的特质,即学习共同体将在不同的学习情境中适当地重组学习资源,认同学习身份,调适学习方式,从而发挥出学习的共同主体性和学习的社会性特质,最优化地完成学习的任务。

### （三）学习共同体的知识创生

学习共同体的学习不仅仅是知识的获得与参与过程,还是知识的创制过程或者知识的创生过程。学习共同体的知识创生过程包括共享、协作建构与建设性冲突。在学习共同体中新知识的分配与扩展不仅具有共享性,而且与协作建构、与建设性冲突是共存互促的。我们可以这样理解,在学习共同体中首先需要创设一个允许多样化才能、协作建构和建设性冲突共存的对话空间,在此空间中共同体成员通过对话、反馈、信息共享、构建、重构、对抗、谈判等方式进行协作性创生与发展以及创新与变革。②

1. 学习共同体知识创生的条件

首先,学习共同体赋予了知识创生主体的主体地位,拓展了知识创生主体的范围。在学习共同体中,知识创生者之间由于地位平等,改变了以往不平等的关系,促成了一种主体间性的新型关系。这种新型关系赋予了学习

---

① 郑葳:《学习共同体:文化生态学习环境的理想架构》,教育科学出版社2007年版,第61—62页。

② 聂竹明:《从共享到共生的e-Learning理论与实践》,安徽师范大学出版社2015年版,第24页。

共同体成员进行知识创生的主体地位和权力。

其次,学习共同体解决了知识创生主体的互动问题,促进了各知识创生主体的共同发展,激发了知识创生的动力机制。由于学习共同体的存在使得共同体成员有着共同的信念与目标,并产生了相互理解、沟通、对话、合作与视域融合的基础,这促使共同体成员实现真正互动,实现共同体的共同繁荣。

再次,学习共同体改变了原有知识创生的模式。在学习共同体中,由于其成员都拥有共同的目标与需要,并依据他们的目标与需要以有效的方式相互理解与对话,在彼此交融沟通中产生知识创生的灵感,并加速了知识创生与转化的良性循环过程。

最后,学习共同体为隐性知识的转移和共享提供了有效的空间。由于高度个人化的隐性知识是知识创生的起点和源泉,它在学习共同体中,被捕捉、编码、解读和传递,成为信息识别和交换的主要内容。加之共同体成员之间交流与互动,这增加了隐性知识的传播与分享,扩大了知识创生的基础。除了隐性知识之外,学习共同体也推动了显性知识的有效传播和转化,促进了实践的改进和生产力的有效提升。[1]

2. 学习共同体知识创生的场域

知识创生是一个动态的、人与人相互作用的过程,知识通过个体之间、个体与环境之间的相互作用而产生。在知识创生 SECI 模型中内隐着一个核心概念:"场"。"场"是知识创生的基本要素,是分享、创造及运用知识的动态的共有情境,是一个时空的连接关系(nexus),并超越时空,具有一种此时此地的品质,是实体空间(有形的物理空间,如办公场所、会议室等各种交流场所)、虚拟空间(如优点、网络等)和心智空间(如共同的信念、爱好、认知水平等)的统一体。"场"为进行个别知识转换过程及知识螺旋运动提供场所、质量及能量,为知识创生提供共享的场所。[2]

---

① 杨朝晖:《"UDS 合作实践共同体":教育学知识创生与实践转化的新机制》,《南京社会科学》2012 年第 4 期。

② 陈俊瑜:《知识创造与组织成长》,东南大学出版社 2011 年版,第 71 页。

野中郁次郎(Ikujiro Nonaka)等人依据共同化、表出化、内在化和联结化四个阶段提出了知识创生所需要的四种不同类型的"场"(如图4-7所示),即创生场、对话场、实践场和系统场。① 创生场是学习共同体成员直接体验与分享情感、经验等内隐性知识,并创生新的知识,是支持社会化过程的场域。对话场是通过对话和反思将隐性知识转化为显性知识的场域。实践场是将显性知识转化成隐性知识并在实践中获得新的隐性知识的场域。系统场是将表出化的显性知识与既有显性知识联结并加以运用,是学习共同体成员交流的虚拟场域。在"场"中,知识是通过信息的解读才被赋予含义而获得的,它可分为显性知识和隐性知识。显性知识可以视为隐性知识的外化,知识的创生可以凭借显性知识与隐性知识互动而形成;而隐性知识是切身感受、直接体验环境交互作用而产生并加以传递的,这说明隐性知识的获得、转化和传递等与"场"密不可分。

因此,学习共同体知识创生的场域是通过学习过程中社会化相互作用使知识动态转换与创生的场所,是分享知识、积累知识、创生知识、实践知识的环境,是一种借助于时空观、人际观、价值观,促进知识彼此互动和创生的媒介。从知识的产生,到知识的扩展与共享,乃至对知识的整合,任何知识活动都离不开场的作用和影响。虽然个体是一切知识活动的执行者,但知识创生不是由个体单独完成的,无论是个人的、团队的还是共同体的知识创生都产生于知识主体之间以及主体与环境之间的知识互动。②

3.学习共同体知识创生的实现

自人类发展以来,人类的学习一直被视为"习得"知识的活动。随着人类对世界认识的深化,人们把学习看作知识实践和不同社会活动的参与过程。近年来,在知识的习得隐喻和参与隐喻的基础上所发展起来的知识创

---

① Nonaka I,Konno N,Toyama R.,*Emergence of "Ba"*,In:Nonaka I,Nishiguchi Teds,*Knowledge Emergence*,New York:Oxford University Press,2001,pp.13—29.

② 陈俊瑜:《知识创造与组织成长》,东南大学出版社 2011 年版,第 71 页。

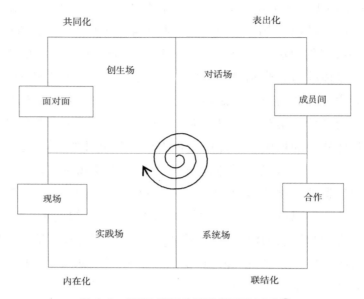

图4-7　SECI模型的四种类型的"场"①

生隐喻中,学习被视为一个集于共同媒介对象的合作活动开放与创生过程。芬兰赫尔辛基大学的"知识实践实验室"项目建构了"三元交互学习论"(学习者个体、学习共同体、人造物),其主要观点为:学习的过程是有意识的知识进步、发现和创新的过程;学习者个人和团体共同构建和开发新材料、观念和其他人造物;以三元交互的视角来对待探询过程。其实质是在信息技术的支持下,学习者个人通过与学习共同体以及真实的工作场所工作人员的互动实现对共享人造物的开发。②

　　基于知识创生隐喻、新认识论以及整体主义视野,帕沃拉(Paavola)设计了三元交互式学习环境来满足学习理论与实践的沟通,实现知识的创生。其设计主要包括以下内容:(1)确定共享主题,在学习共同体中成员必须确

① 刘怡君、唐锡晋:《一种支持协作与知识创造的"场"》,《管理科学学报》2006 年第 1 期。

② 刘大军:《从知识习得到知识创造——论大学生学习方式的嬗变》,《高教探索》2015 年第 2 期。

定"共同愿景",并围绕"共同愿景"展开学习;(2)成员共同开发共享事物,支持个人和成员间的合作事务;(3)通过转换和反应,围绕共同的目标去开发和创造;(4)通过共享事物如人造物、实践和观念等培养长期的知识发展过程;(5)在共同体和机构中促进各种知识的实践和人造物的交融;(6)提供灵活的工具,发展知识人造物和实践。① 除了该设计的主要内容之外,实现三元交互式学习环境还需要创建由基于语义知识的中间软件服务(Semantic Knowledge Middle Ware Services)、内容管理服务(Content Management Services)、多媒体服务(Multimedia Services)的"知识实践实验平台",营造由虚拟用户支持系统构成的知识创生的技术环境。②

总之,学习共同体是一个浓缩的社会领域,它是由多元主体及不同身份建立起来的体现共同体的主体构成、责任分工以及活动准则的雏形社会关系。学习共同体是一种关于学习活动和学习活动参与者的社会性安排,它为参与者提供了围绕共同学习主题、共同目标、共同任务而进行的以活动为载体的社会交往,其蕴涵着边缘和核心等多层次参与的在场的、虚拟的社会生态。学习共同体不但是一个典型的社会性概念,而且是一个具有社会文化属性的概念。每一成员从不同的水平及角度参与到知识的合作、交流与评价中,并在他人与物质工具的支持下,在形成共同体的共识性知识过程中获得自身的身份认同。

① Paavola, S., lakkala, Muukkonen, Kosonen & Karlgren, *The roles and uses of design principles for developing the trialogical approach on learning*, Research in Learning Technology, 2011, 19(3):233-246.
② 刘大军、黄甫全、左璜:《从知识共享到知识创造:学习环境设计认识论基础的嬗变》,《开放教育研究》2015年第1期。

# 第五章 学习社会性的现实考察——以课堂学习为例

　　任何时候我们想要讨论教育上的一个新运动，就必须特别具有比较宽阔的或社会的观点。否则，我们会把学校制度和传统的变革看成是某些教师的任意创造。最坏的是赶时髦，最好的也只是某些细节上的改善……①

——约翰·杜威

　　除了上帝，任何人都必须要用数据来说话，没有数据的支撑，你只不过是一个持有观点的普通人。

——OECD 教育指标与分析部主任、PISA 秘书长 Andreas Schleicher

　　人类学习简单地可以分为正式学习和非正式学习。所谓正式学习一般是指有组织、有具体的设定时间和固定地点、有明确学习目标的学习形式，如正规的学校教育以及各级各类培训和讲座等。非正式学习是为了满足人们工作、生活和社交需要而自发形成的学习活动，其没有正式学习时间和地点，也没有学位和资格认证。事实上，任何学习均发生在一定的社会关系之中，是关系性存在。由于学习是一个包容性极强且泛在的社会活动，本书对

---

① [美]约翰·杜威:《明日之学校·学校与社会》，赵祥麟等译，人民教育出版社1994年版，第27页。

于学习社会性的现实考察,只能通过一定的学习场所和研究范域来深入分析学习的社会性本质。

# 一、课堂学习社会性的合法性

学校教育中的学习活动具有固定的学习者、场所、时间、学习目标……相对于其他场所的学习而言,学校学习既具有学习活动的普遍性又具有学习活动的特殊性。本书之所以选取课堂学习来考察学习的社会性问题,主要基于以下几个方面的原因:

## （一）课堂是学校学习的主阵地

从人类发展的教育史来看,最早的学校与最早的课堂是同时产生。在我国原始社会,"庠"是饲养"牛羊"的地方,"序"最初是练习教射的地方,它们在奴隶社会演化成奴隶主贵族教育其子女的场所。"校"是在木栅栏中饲养牛羊。饲养牛羊的地方其实是老人一边饲养着牛羊,一边向下一代传授经验的地方,饲养牛羊和练习射箭的地方便成为人类最初的教育场所。因此,"庠""序""校"等被视为课堂的萌芽形态,也视为我国最早的学校教育形态,也是最早的课堂教学形态。课堂既是一个承载着特殊社会功能和文化使命的组织,也是专门培养人才的场所。① 在西方,课堂从一开始就是专门传授知识的场所。自17世纪夸美纽斯创立班级授课制以来,课堂便成了实施学校学习的主要阵地。几百年来,尽管人们对其进行不断地批评和改进,但其在学生学习中的地位丝毫没有改变,因为学生的学习离不开课堂。课堂是学生学习的不竭动力。学生在学校里的大部分时间是在课堂上度过的,课堂是学生发生正面的、积极的、主要的和基本变化的环境域。也就是说,课堂是学生系统学习科学文化知识的基本场所,也是师生、生生交往互动的社会性环境。

课堂不应该机械地等同于实物"教室"。教室是没有生命的,是固定的

---

① 王鉴:《课堂研究概论》,人民教育出版社2007年版,第56—57页。

存在物,只有人的参与才能激发出它的价值。只有师生、生生在教室里为了学习目的而进行交互活动,教室才能演变为具有实在意义的课堂。① 课堂不仅是教师教学、学生学习的物理空间,而且是一个特殊的社会舞台,其中蕴含着复杂多变的结构、情境与互动,是一个充满生机与活力的系统整体,它远比物理空间更具有鲜活的生命取向。所以,在某种程度上,课堂不仅是一个客观的物理意义上的有形的场地,而且是一种社会意义上和关系意义上无形的场域。

### (二) 课堂是学习型的共同体

课堂既是一个学习型组织,又是一个教学相长的共同体。美国思想家彼得·圣吉(Peter M.Senge)提出了学习型组织的基本要素,即自我超越、改善心智模式、建立共同愿景、团队学习和系统思考。② 自我超越可以激发自我内心深处的原动力,最终实现超越自我;改变心智模式把工作组织视为学习场域,既实现表达自己,又实现容纳异质;建立共同愿景可以凝聚成员,使其共同努力、追求卓越;团队学习可以自由交流,发现、更新见解,提高组织效率;系统思考是学习型组织最重要的要素,可以进一步强化其他要素,组织成员融合团队学习,实现更有效的学习效果。因此,课堂作为一个微型的学习型组织,它担负着特殊的社会职能与文化使命,它在本质上就是一个典型的学习共同体。

课堂作为一个共同体,不同于其他类型的共同体,它是一个学习型组织的共同体,是一种新型的以学生为本位的共同体,是一个有机的、和谐的生态系统。日本学者佐藤学依据课堂所特有的社会性和文化性,将课堂分为三种具体的社会形态③:原始共同体社会、群集性社会和学习型共同体。具有原始共同体社会的课堂是一个以划一性和排他性为主,缺乏异质容纳性,

---

① 孙德芳:《课堂学习的选择性研究》,广西师范大学出版社 2011 年版,第 188 页。
② [美]彼得·圣吉:《第五项修炼——学习型组织的艺术和实务》,郭进隆译,生活·读书·新知三联书店 1998 年版,第 13 页。
③ 杨延从:《英语课堂学习共同体——新型的师生交互学习场》,江苏凤凰教育出版社 2015 年版,第 16—17 页。

忽视自由性和自立性的集权式社会;具有群集性社会的课堂是一个隔断人际关系、摆脱集体意识束缚、创造自我空间,并以个人自我为前提的社会形态;而具有学习型共同体的课堂是一个统一个体性和社会性的活动,课堂中的每个人既处于自己的世界,又通过与他人的社会交往而生活在共同体中,寻求知识的交流与共享,构筑社会、文化、实践关系的社会形态。在学习型共同体课堂中,教师和学生具有共同的学习目标,通过彼此之间分享知识、互助合作,共同完成学习任务。

教育的根本任务是使学生成为人。离开课堂学习的教育可能不会很好地实现人的全面发展的目标。这是因为,课堂最重要的任务是促进学生发展。基于学生发展的共同体需要一定的学习型组织作为保障条件。课堂学习型组织是表示共同体的人与人之间"关系"的概念,而不是像"学习集体"和"班级集体的教育"的"集体"那样,意味着一个划一的、僵固的集合。①总之,课堂是名副其实的"共同体"的创建,它形成了人人得以安心学习生活的环境,形成了自然的、密切的沟通。所有这些,都是支撑课堂学习的要素,也是考察学习社会性的重要场域。

## (三) 课堂是一种具有社会特质的场域

社会世界是由具有相对自主性的小世界构成的,这些小世界就是法国思想家皮埃尔·布尔迪厄( Pierre Bourdieu )所谓的具有自主性关系的"场域"。② 场域并非某种静态的共时性结构,而是穿越不同时空点的力量关系,是由特定行动者的相互关系构成的社会关系网络。③ 课堂本身是一个小"社会",一个特殊的"社会",一个个性交织于共性的社会形态,课堂成为学校教育中的主要社会活动形式。因为它首先是一个正式社会活动场,然

---

① [日]佐藤学:《学校的挑战:创建学习共同体》,钟启泉译,华东师范大学出版社2010 年版,第 214 页。

② [美]皮埃尔·布尔迪厄:《实践与反思——反思社会学导引》,华康德译,中央编译出版社 1998 年版,第 134 页。

③ 丁方舟:《中国网络行动十年:动因、过程与影响》,中国广播影视出版社 2016 年版,第 192 页。

后才是一个教育活动场,它不仅是一个学习型的共同体,还是一个社会关系的场域。

课堂学习作为人类一种特殊的认识活动,作为人类历史遗产保存与传递的桥梁,以及作为自我认识的媒介,是一个人乃至一个社会须臾不可缺少的活动。① 课堂不仅是教师传递知识、示范技能、启智劝善的场域,更是师生相互对话、交流思想、增进情感和教学相长的场域。具体来说,课堂是知性场,是学生学习课程文化的现场;课堂是多重关系场,是师生、生生关系维系的场域;课堂是制度场域,是师生、生生遵守教学规范的场域,是每个学生体现智慧能力、丰富情感世界、提升创造力的场域,是活动与情感交织共生的场域。

正是基于此,课堂被视为"文化场域""交往场域""合作场域""道德场域"……在学校学习中,课堂是占据师生、生生时间最多的知性场、关系场和制度场,是最能体现学校学习的场域。在课堂学习中,师生、生生之间以教材文本为中介、以课堂规范和纪律为保障、以师生和生生文化为"场"进行课堂交往、合作和互动活动,从而实现以社会文化和社会关系的再生产为目的、以人的全面发展和解放为终极目标的关系网络。

课堂是一个个性交织于共性的社会形态,该共同体中的每一成员既处于自己的世界,又可以通过与他人的社会交往而生活在其中。课堂学习是在社会文化环境下众多的学生与教师在展开各自活动的同时,借助交互作用而产生影响的活动。着眼于学习的社会性表征,课堂学习是建构课程文本的认知性、文化性实践,建构师生、生生间人际关系的社会性实践,建构自我认识、自我肯定、自我超越的伦理性实践。由于学习社会性的研究是一个复杂而抽象的活动,我们不能对其进行直接考察。本书试图通过学习的社会性表征,即文化性、依存性、交往性、合作性和伦理性,来进行间接性考察。

①　陆根书:《课堂学习论》,西安交通大学出版社 2002 年版,第 21 页。

## 二、课堂学习社会性的研究工具与方法

### （一）问卷编制

为了研究学校课堂学习社会性的真实状况,本书基于学习社会性的理论图景,编制调查工具并实施调查,以考察课堂学习的文化性、依存性、交往性、合作性和道德性。

基于对学习社会性内涵与具体表征的理解,在与个别专家和一线教师进行交流后,参照国内外相关的调查问卷,结合我国学校课堂学习的实际情况,本书自编《课堂学习社会性调查问卷》学生版和教师版(详见附录)。为了确定调查问卷的科学性和所考查问题的真实性,邀请专家对问卷各个项目的适切性进行评定。该评定问卷具体包括:(1)文化性,涉及15个项目,从编号 W1 到 W15;(2)依存性,涉及 10 个项目,从编号 L1 到 L10;(3)交往性,涉及 15 个项目,从编号 J1 到 J15;(4)合作性,涉及 15个项目,从编号 H1 到 H15;(5)道德性,涉及 15 个项目,从编号 D1 到 D15。目的在于:让专家评判并选出各维度的考察项目。经过专家、一线教师的评定和初步的预测,删减了部分题目,最终确定了 50 个项目。对50 个项目进行随机化打乱并重新排序,最后形成《课堂学习社会性调查问卷》。

该问卷内容主要包括两个部分:第一部分是被试基本情况,采集被试的人口统计学信息;第二部分是课堂学习社会性的基本维度部分。由于课堂学习涉及教师的教和学生的学,《课堂学习社会性调查问卷》就必须要涉及教师问卷和学生问卷,所以该问卷分为教师版和学生版。教师版的问卷项目构成是:文化性为 10 个项目、依存性为 6 个项目、交往性为 13 个项目、合作性为 10 个项目、道德性为 11 个项目。学生版的问卷项目构成是:文化性为 10 个项目、依存性为 7 个项目、交往性为 13 个项目、合作性为 10 个项目、道德性为 10 个项目。

### (二) 研究对象

为了全面了解课堂学习的真实情况,本书被试对象的学段选择为:小学高年级、初中、高中和大学的学生和教师。之所以选择小学高年级学生作为小学学段代表,是基于小学高年级学生理解能力、认知发展能力等均高于小学其他各学段,能够有效地完成问卷调查。纸质问卷采用随机整群抽样的方法,在甘肃省、陕西省、山西省某小学、中学、大学抽取 1200 名学生进行问卷调查,收回有效问卷 1023 份(85.25%),抽取 1000 名教师进行问卷调查,收回有效问卷 945 份(94.5%)。在进行纸质问卷的同时,通过"问卷星"在线测评系统对符合条件的学生和教师进行了大量的调查,收回有效学生问卷 313 份,有效教师问卷 303 份。本书有效学生问卷共 1336 份,教师问卷共 1248 份。

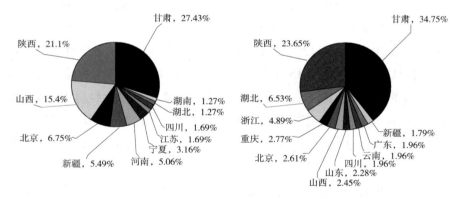

图 5-1　学生问卷地理分布　　图 5-2　教师问卷地理分布

根据纸质问卷来源和"问卷星"在线测评系统的 IP 地址进行统计显示:学生被试主要分布于甘肃省、陕西省、山西省,占 63.9%,其余 36.1% 有北京、新疆、河南、宁夏、江苏等地(见图 5-1);教师被试主要分布于甘肃省、陕西省,占 58.4%,其余 41.6% 有湖北、浙江、重庆、北京等地(见图 5-2)。从被试来源看,基本上涉及全国各个地区,具有一定的地域覆盖性。

表 5-1 学生被试的基本特征(n=1336)

| | 类别 | 频数 | 比例(%) |
|---|---|---|---|
| 性别 | 男生 | 666 | 49.9 |
| | 女生 | 670 | 50.1 |
| 学段 | 小学 | 332 | 24.9 |
| | 初中 | 326 | 24.4 |
| | 高中 | 332 | 24.9 |
| | 大学 | 346 | 25.9 |

本次共调查小学高年级、初中、高中、大学学生有 1336 名,其中男生 666 名(49.9%),女生 670 名(50.1%);小学高年级 332 名(24.9%),初中 326 名(24.4%),高中 332 名(24.9%),大学 346 名(25.9%)。学生被试的背景变量分布状况基本均衡,具有可比性(见表 5-1)。

表 5-2 教师被试的基本特征(n=1248)

| | 类别 | 频数 | 比例(%) |
|---|---|---|---|
| 性别 | 男性 | 452 | 36.2 |
| | 女性 | 796 | 63.8 |
| 教龄 | 1—5 年 | 306 | 24.5 |
| | 6—10 年 | 240 | 19.2 |
| | 11—15 年 | 194 | 15.5 |
| | 15 年以上 | 508 | 40.7 |
| 学历背景 | 大专 | 122 | 9.8 |
| | 本科 | 758 | 60.7 |
| | 硕士 | 230 | 18.4 |
| | 博士 | 128 | 10.3 |
| | 其他 | 10 | 0.8 |
| 任教学段 | 小学 | 330 | 26.4 |
| | 初中 | 330 | 26.4 |
| | 高中 | 304 | 24.4 |
| | 大学 | 284 | 22.8 |

续表

|  | 类别 | 频数 | 比例（%） |
|---|---|---|---|
| 所任科目 | 文科 | 776 | 62.2 |
|  | 理科 | 356 | 28.5 |
|  | 其他 | 116 | 9.3 |

本次共调查小学高年级、初中、高中、大学教师共 1248 名,其中男性 452 名(36.2%),女性 796 名(63.8%);教龄 1—5 年 306 名(24.5%),6—10 年 240 名(19.2%),11—15 年 194 名(15.5%),15 年以上 508 名(40.7%);大专 122 名(9.8%),本科 758 名(60.7%),硕士 230 名(18.4%),博士 128 名(10.3%),其他 10 名(0.8%);小学高年级 330 名(26.4%),初中 330 名(26.4%),高中 304 名(24.4%),大学 284 名(22.8%);文科 776 名(62.2%),理科 356 名(28.5%),其他 116 名(9.3%)。教师被试的背景变量分布状况基本均衡,具有可比性(见表5-2)。

### （三）研究方法

本书以调查问卷为工具通过两种方式进行调查:一是走进课堂现场以班级为单位,要求教师和学生对相应的问卷进行作答,采用统一的指导语,限定问卷的作答时间,要求大约 20 分钟完成所有题目。二是通过网络,在"问卷星"在线测评系统中,录入问卷的所有项目,也采取统一的指导语,限定作答时间。为了弥补问卷调查的局限性,还结合了案例分析,以全面深入探查课堂学习的社会性的真实情况。

### （四）统计与分析工具

SPSS 统计分析软件(Statistical Package for the Social Science)是一种操作简单、普及化程度高和亲和性良好的统计软件,其主要有数据管理、统计分析、图表分析、输出管理等基本功能,它在自然科学和社会科学领域的量化研究中,被大多数研究者所使用。在社会科学研究中,通过真正严格意义上实验研究所得到的数据很少,绝大多数的数据是通过问卷调查而获得的,而问卷调查获得数据较多的是非数值型数据,如性别、学历、职业、学科类别等,处理这类数据需要使用一些特殊的统计方法。而 SPSS 软件提供了大量适合社会科学研究中所需要处理数据的方法。因此,它深受社会科学研究者的欢迎。本书采用SPSS18.0对数据进行录入分析,计算各指标的频数和百分比,并进行描述性分析和卡方检验。

　　本书基于理论构想,编制调查工具,实施问卷调查,结合课堂学习观察以及案例分析来系统考察课堂学习社会性的基本维度。在用问卷调查考察与分析课堂学习社会性的基本维度时,由于各个维度是同时进行施测的,使得调查被试、被试的地理分布、被试的背景变量、调查方法以及数据统计方法大致是相同的,所以在本节单独进行了详细交代和说明,在下面的章节中不再赘述。

## 三、课堂学习社会性的基本维度考察与分析

　　学习活动是社会性交往活动,学习活动是学习者与客观世界、社会世界和主观世界进行交往对话的过程。通过这种对话,我们能够构建知识和经验的意义,形成对客体关系与意义的文化性实践;课堂学习存在着与他人的对话,即师生、生生的对话,通过这种对话,我们能够在课堂学习中彼此依存、交往与合作等,构建人际关系的交往性实践;课堂学习存在着与自身的对话,通过这种对话,我们能够构建与他人关系以及自身内部关系的伦理性或道德性实践。课堂学习存在着文化性、依存性、交往性、合作性以及伦理道德性,它们都恰好反映着学习者在社会关系(与客体的生产性关系、与他人的人际性关系和与自我的伦理性关系)中的属性和特征。

### (一)课堂学习文化性的考察与分析

　　学校课堂学习的主要功能是教师向学生传递科学、文化和知识。现代学校制度下的课堂仍沿袭传统课堂学习的功能,即重视如何有效地建立一

套传递知识的良好机制,使教材文本知识迅速地被学生接受。在学校教学中,知识越来越成为教育的手段,这湮没了教育创造文化的功能。文化知识并不是文化的全部,知识是文化的一种基本存在形式。因为文化的发展和范围远远超越了知识的发展和范围。文化不仅仅是人类活动方式原因的规定,又是人类活动经验总结的产物和精神成果,其核心内容应是价值观念。文化知识在课堂学习中的主要表现形态是文本知识。文本知识虽然不能代表全部的文化知识,但它的确是课堂学习的主题。现在的课堂学习基本上都是以文本知识为主渠道来进行的,所以课堂学习中的文本知识能代表文化性的基本状况。而课堂学习文化不仅包含着植入于学习的环境性、生态性因素,又涵盖着行走在学习过程中的知识性文化,更重要的是从知识性文化中析出价值观念。当代课堂学习的根本任务是,除了教师传递知识、学生掌握知识外,还要根据对知识点的理解,师生和生生之间进行意义协商生成与其知识点相关的教育意义,其重点是要凸显知识内涵的文化性。因为知识既是对人类实践经验进行总结概括的结果,又是对人类智慧进行凝结和固化的结果。知识在概括、凝结和固化的过程中使人类的理想与信念、情感与感情以及方法与智慧也随之沉淀下来。课堂学习最基本的目标是传递人类文化,并以文化化人。

课堂文化不同于一般文化,在课堂文化中存在着教的文化和学的文化,即教学文化。依据课堂教学构成的基本要素,我们把课堂文化划分为环境文化、课程文化以及师生文化。环境文化是由教学活动赖以进行的物理环境文化和课堂规范所营造的精神环境文化构成的;课程文化主要指除课程本身文化特征外的,能体现一定社会群体的文化;师生文化是教师文化和学生文化的复合体,其既包括教师的文化观念、价值观念以及教育理念和教学思想,又包括学生的文化观念、价值观念等。本书试图从课堂学习的环境文化、课程文化和师生文化等方面对课堂学习文化性的研究进行一般性考察。

1. 环境文化

环境文化是支持学生有效学习、促进学生发展的重要因素。考察课堂学习的环境文化,可以在一定程度上反映学习环境对学生学习的影响,而这恰恰是学校学习文化性内涵的一部分。围绕这一主题设计了以下四个问题："您认为学生最主要的学习场所是哪里?""您认为学校环境文化对学习的影响如何?""您所在学校的校风、校训或班级的文化氛围如何?""您对您所在班级的文化氛围满意吗?"调查结果如下:

表 5-3　对学生学习场所的调查( n = 2584 )

| 学段 | 您认为学生最主要的学习场所是? | | | |
|------|------|------|------|------|
| | 课堂 | 课外 | 家庭 | 社会 |
| 小学 | 522(78.9%) | 48(7.3%) | 48(7.3%) | 44(6.5%) |
| 初中 | 500(76.2%) | 38(5.8%) | 56(8.5%) | 62(9.5%) |
| 高中 | 528(83%) | 56(8.8%) | 16(2.5%) | 36(5.7%) |
| 大学 | 352(55.9%) | 176(27.9%) | 20(3.2%) | 82(13%) |
| 合计 | 1902(73.6%) | 318(12.3%) | 140(5.4%) | 224(8.7%) |
| $\chi^2$ 值 = 98.316　　　P = 0.000　　　P < 0.001 | | | | |

从整体来看,有 73.6% 的教师和学生认为学生学习的场所是课堂;有 12.3% 的教师和学生认为是课外;有 5.4% 的教师和学生认为是家庭;有 8.7% 的教师和学生认为是社会。从学段来看,小学(78.9%)、初中(76.2%)、高中(83%)和大学(55.9%)的教师和学生认为课堂是学生最主要的学习场所。小学(7.3%)、初中(5.8%)、高中(8.8%)和大学(27.9%)的教师和学生认为是课外。经百分比同质性检验,$\chi^2$ 值为 98.316,自由度为 9,显著性概率值 P = 0.000 < 0.001,达到 0.001 显著水平,表示各学段的学生和教师对于学生学习场所看法存在显著差异。经事后比较发现,小学、初中和高中对这一问题的看法无显著差异;但大学与其他学段在课堂、课外和社会选项上百分比存在显著差异,即大学阶段的教师和学生认为,除了课堂是学习的主要场所外,课外和社会也是大学生掌握知识的主要途径(见表 5-3)。

表 5-4 环境文化对学习的影响(n=2584)

| 学段 | 十分重要 | 重要 | 不重要 | 无影响 |
|---|---|---|---|---|
| 小学 | 456(68.9%) | 150(22.7%) | 34(5.1%) | 22(3.3%) |
| 初中 | 426(64.9%) | 204(31.1%) | 10(1.5%) | 16(2.5%) |
| 高中 | 378(59.4%) | 228(35.8%) | 12(2.0%) | 18(2.8%) |
| 大学 | 372(59.0%) | 230(36.5%) | 16(2.5%) | 12(2%) |
| 合计 | 1632(63.2%) | 812(31.4%) | 72(2.8%) | 68(2.6%) |
| $\chi^2$ 值=11.130　　　P=0.356　　　P>0.05 | | | | |

对于"您认为学校环境文化对学和教的影响?"的问题:有累计94.6%的教师和学生认为文化环境对学习有重要的影响,有2.8%的教师和学生认为不重要,有2.6%的教师和学生认为无影响。从学段来看,经百分比同质性检验,$\chi^2$ 值为11.130,自由度为9,显著性概率值 P=0.356>0.05,未达到0.05显著水平,表示关于环境文化对学习的影响的看法在各学段教师和学生中无显著差异(见表5-4)。

表 5-5 对学校或班级文化氛围的调查(n=2584)

| | 严谨 | 活跃 | 沉闷 | 其他 |
|---|---|---|---|---|
| 小学 | 192(29%) | 306(46.2%) | 92(13.9%) | 72(10.9%) |
| 初中 | 134(20.4%) | 318(48.5%) | 140(21.3%) | 64(9.8%) |
| 高中 | 126(19.8%) | 224(35.2%) | 196(30.8%) | 90(14.2%) |
| 大学 | 98(15.6%) | 238(37.8%) | 204(32.4%) | 90(14.2%) |
| 合计 | 550(21.3%) | 1086(42%) | 632(24.5%) | 316(12.2%) |
| $\chi^2$ 值=91.672　　　P=0.000　　　P<0.001 | | | | |

从整体来看,42%的教师和学生认为文化氛围是活跃的,24.5%认为是沉闷的,21.3%认为是严谨的,12.2%认为是其他的。从学段来看,经百分比同质性检验,$\chi^2$ 值为91.672,自由度为9,显著性概率值 P=0.000<0.001,达到0.001显著水平,表示各学段的学生和教师对学校或班级的文化氛围的看法存在显著差异。经事后比较发现,小学、初中与高中、大学对

文化氛围的看法存在差异,小学教师和学生认为文化氛围所占百分比从大
到小依次为活跃(46.2%)、严谨(29%)、沉闷(13.9%)和其他(10.9%),而
初中、高中、大学的教师和学生认为文化氛围所占百分比从大到小依次为活
跃、沉闷、严谨和其他(见表5-5)。

表5-6  对文化氛围满意度的调查(n=1336)

| 学段 | 非常满意 | 比较满意 | 不满意 | 非常不满意 |
|---|---|---|---|---|
| 小学 | 230(69.2%) | 78(23.5%) | 14(4.2%) | 10(3.1%) |
| 初中 | 158(48.5%) | 140(42.9%) | 10(3.1%) | 18(5.5%) |
| 高中 | 50(15.1%) | 158(47.6%) | 84(25.3%) | 40(12.0%) |
| 大学 | 68(19.7%) | 178(51.4%) | 60(17.3%) | 40(11.6%) |
| 合计 | 506(37.9%) | 554(41.4%) | 168(12.6%) | 108(8.1%) |
| $\chi^2$ 值=162.564    P=0.000    P<0.001 | | | | |

从整体来看,累计79.3%的学生对所在班级的文化氛围满意;12.6%的
学生认为不满意,8.1%的学生认为非常不满意,即累计20.7%的学生不满
意自己所在班级的文化氛围。从学段来看,经百分比同质性检验,$\chi^2$ 值为
162.564,自由度为9,显著性概率值 P=0.000<0.001,达到0.001显著水
平,表示各学段的学生对文化氛围满意度存在显著差异。经事后比较发现,
高中、大学在"非常满意"上百分比显著低于小学、初中;但在"不满意""非
常不满意"上百分比显著高于小学、初中;这表明,高中生和大学生对自己
班级的文化氛围的满意度相对较低(见表5-6)。

以上几个问题考察了学校学习中课堂文化场的重要性。课堂文化场是
课堂特定的物理环境和精神环境,即文化环境和氛围。无论是教师还是学
生都认为自己所在学校的校风、校训和班级的文化环境对自己的教或学会
产生重要的影响。目前,小学主要存在着活跃和严谨的文化氛围,初中、高
中和大学主要存在着活跃和沉闷的文化氛围。高中生、大学生对班级文化
氛围的满意度相对于小学、初中而言较低。

## 2.课程文化

课程文化是学校文化的核心。课堂是文化的载体,文化通过课程得以传承。课程文本作为一种文化和价值的载体,既承载着学科知识本身所具有的价值内涵,也反映着社会取向的一种价值赋予。考察课程文化,在一定程度上可以反映课堂学习社会性的文化性本质。

表5-7 对课堂学习中主要关心问题的调查(可多选)(n=2584)

| 学段 | 知识的传授 | 情感、态度、价值观的培养 | 学习方法的获得 | 课堂纪律 |
|---|---|---|---|---|
| 小学 | 354(53.5%) | 112(16.9%) | 246(37.1%) | 198(29.9%) |
| 初中 | 332(50.6%) | 168(25.6%) | 266(40.5%) | 186(28.4%) |
| 高中 | 299(47.0%) | 128(20.1%) | 258(40.6%) | 189(29.7%) |
| 大学 | 294(46.7%) | 208(33.0%) | 235(37.3%) | 166(26.3%) |
| 合计 | 1279(49.5%) | 616(23.8%) | 1005(38.9%) | 739(28.6%) |
| $\chi^2$ 值 = 14.206　　　P = 0.068　　　P>0.05 | | | | |

对于"在课堂学习过程中,教师和学生主要关心的问题?"的调查,从整体来看,有49.5%的教师和学生认为是知识的传授,有38.9%的教师和学生认为是学习方法的获得,有28.6%的教师和学生认为是课堂纪律,有23.8%的教师和学生认为是情感、态度、价值观的培养。从学段来看,经百分比同质性检验,$\chi^2$ 值为14.206,自由度为9,显著性概率值 P = 0.068 > 0.05,未达到0.05显著水平,表示各学段的学生和教师在课堂学习中关心问题不存在显著差异。这表明小学、初中、高中及大学的教师和学生在课堂教学过程中依次会关注知识点是否掌握、从中是否获得相应的学习方法、课堂纪律的遵守,最后才涉及学生情感、态度、价值观的培养(见表5-7)。从调查中可以看出,大部分教师和学生在课堂学习过程中关注知识的传授和学习方法的获得以及课堂纪律的遵守,忽视了课程文本对于学生形成积极的情感体验、人生观和价值观的重要性。

表 5-8　对课程文本文化性的调查( n = 2584 )

| 学段 | 知识 | 方法 | 应用 | 文化性 |
|------|------|------|------|--------|
| 小学 | 436(65.9%) | 177(26.7%) | 41(6.2%) | 8(1.2%) |
| 初中 | 429(65.4%) | 169(25.8%) | 48(7.3%) | 10(1.5%) |
| 高中 | 398(62.6%) | 178(28.0%) | 49(7.7%) | 11(1.7%) |
| 大学 | 387(61.4%) | 181(28.7%) | 47(7.5%) | 15(2.4%) |
| 合计 | 1650(63.9%) | 705(27.3%) | 185(7.1%) | 44(1.7%) |
| $\chi^2$ 值 = 14.609　　P = 0.349　　P>0.05 | | | | |

对于"在学习过程中,你最注重教材文本的哪个方面?"这一问题的考察是为了了解当前课堂学习中是注重课程文本的工具性还是文化性。从整体来看,63.9%的学生和教师注重掌握课程文本的基本知识,27.3%的学生和教师注重从课程文本中获得学习方法,7.1%的学生和教师注重掌握课程文本的知识应用,只有1.7%的学生和教师注重课程文本的文化性。从学段来看,经百分比同质性检验,$\chi^2$ 值为14.609,自由度为9,显著性概率值P = 0.349>0.05,未达到0.05显著水平,表示各学段的学生和教师对课程文本的文化性看法不存在显著差异。从统计结果可以看出,文本的基本知识、获得学习方法和对知识的应用均属于课程文本的工具性范畴,在某种程度上可以说目前课程文本注重课程的工具性,而忽略课程的文化性(见表4-8)。

以上对课程文本所赋予的文化性进行考查发现,在课堂学习过程中,教师和学生忽视了课程文本对学生形成积极的情感态度、人生观和价值观的作用,注重课程文本的工具性而忽略了课程文本的文化性。从表面上来看,课程的学习似乎是一种纯粹的知识学习活动或者是一种较抽象的话语交流活动,而事实上,课程的学习不仅仅是一种文化现象的经验描述,而且是具有价值赋予和价值判断的,在课堂学习中师生要体现一种文化主体的自觉性。

3. 师生文化

课堂学习活动通过教师教的过程以教材、课程等方式把系统的科学文化知识、思想道德知识传授给学生,学生通过学习内化从一个"自然人"变成一个"文化人"的过程。所以,课堂学习活动不仅是传递文化、教授知识的过程,而且也是师生文化交流互动的过程。师生文化交流互动的过程是课堂学习社会性的体现。

表 5-9  对课堂学习中师生文化互动的调查(n=1336)

| 学段 | 非常一致 | 较一致 | 不一致 | 完全不一致 |
|------|----------|--------|--------|------------|
| 小学 | 196(59.0%) | 122(36.7%) | 8(2.5%) | 6(1.8%) |
| 初中 | 175(53.7%) | 127(38.9%) | 14(4.3%) | 10(3.1%) |
| 高中 | 152(45.8%) | 145(43.8%) | 22(6.5%) | 13(3.9%) |
| 大学 | 124(35.8%) | 169(48.4%) | 32(9.2%) | 21(6.1%) |
| 合计 | 647(48.4%) | 563(42.1%) | 76(5.7%) | 50(3.8%) |
| $\chi^2$ 值=10.609    P=0.979    P>0.05 | | | | |

通过"在课堂教学中,师生之间的观点是否一致?"这一问题的调查,有48.4%的学生认为非常一致,42.1%的学生认为较一致,也就是说,累计90.5%的学生认为在课堂教学中,他们认同教师的观点,教师也认同他们的观点,即师生之间能达成共识。累计9.5%的学生认为师生之间存在着观点上的分歧。这是因为尽管教师和学生共同继承了优秀的传统文化,但由于受传统文化与新生文化交互的影响,使教师和学生各自形成了一套不同的文化系统。在课堂学习活动中两种不同的文化系统就会出现交融或冲突的现象。从学段来看,经百分比同质性检验,$\chi^2$ 值为10.609,自由度为9,显著性概率值 P=0.979>0.05,未达到0.05显著水平,表示各学段的学生对师生文化互动相一致的看法不存在显著差异(见表5-9)。

师生文化冲突的现象在现实的课堂学习活动中经常见到,请看下面《愚公移山》的课堂教学片段:

课堂教学目标:让学生从故事中析出"人只要有坚强毅力和伟大气魄就有可能做好自己想要做的事"的道理。

教师说:愚公是一个有远大理想,不惧怕任何困难,有坚强意志和顽强毅力的老人。我们应该向愚公学习，我们做事只要心诚，对学习充满信心，我相信大家一定都能学好。

生1说：愚公为什么不把家搬到没山的地方，他这样做不是很笨吗？

生2说：老师，不是没有神吗？难道古代有神，可以帮助愚公搬山？现在为什么没有神，我想让它帮我们做作业。（其他同学齐声回答："对呀，帮我们做作业"）

生3说：老师，假如你家门前跟愚公家门前一样有两座大山，你也会学愚公吗？

生4说：国家现在强调可持续发展，"人定胜天"的思想是错误的，人与自然应该和谐相处。

其他同学哄堂大笑。

这时老师并没有给学生进行详细的讲解，消除学生的疑惑。结果拿起黑板擦在讲台上"啪"一声一拍，让学生安静下来，狠狠地批评学生异想天开

……

通过这个教学片段，我们可以看出在课堂教学过程中教师只是简单讲述了愚公移山的故事并做了浅显的阐释和单向度的灌输，完全未顾及学生的文化状态，学生的文化状态受多元化文化的影响，呈现多样性。在课堂教学中出现师生文化冲突时，教师不但没有采取合理的方式解决冲突，反而使冲突不断升级，完全否定学生的想法，即学生文化的合法性。教师应该在尊重学生多元文化的前提下，通过师生之间的交流与对话，让学生主动地从固定的寓意中走出来，合理地化解师生之间的文化冲突，并走向文化的融合。

通过上述我们发现，在课堂学习中，师生文化是师生主体精神的载体，师生间的课堂交往是师生主体间不断传递着的认知流、文化流和道德流的过程，也是教师的教育能和学生的学习能所辐射的过程，是形成群体的意识圈、思维场的过程。在这个过程中，师生间的文化差异性导致师生间出现文化分歧与冲突，这是当前课堂学习生活中一种客观存在的问题。

总之，课堂文化是文化传承、传播的最重要载体，也是文化传承、传播的主要渠道。课堂文化体现的是一种文化氛围，基于对课堂环境文化的考察，

文化气氛是活跃与沉闷;课堂文化是师生文化互动的过程,在现实课堂中师生之间能够达成共识,呈现视阈融合,但也存在着师生文化观点不一致,即文化冲突。课堂文化是一种特殊的文化性和价值性聚合化的文化,现实课堂文化存在着文化性缺失和价值观无涉。

### (二) 课堂学习依存性的考察与分析

任何一个个体,离开了人类的相互依存性,是无法生存下去的。个体生命存在和人性存在是与人类整体不可分割的,个体必须通过社会交往吸取生命和思想的养分。从这个意义上说,与社会群体的关系造就了人的生存。如果人一旦脱离了社会,脱离了其所生长的群体,个体便得不到群体的滋养,其潜在的才智和心理功能也将泯灭和幽闭。学习是人的存在方式,学习者的学习同样离不开对他人和社会的依存,这种依存性既指学习者需要他人或社会所提供的学习环境,又指学习者在精神世界中会接受他人和社会文化的影响。学习者正常的学习活动也离不开与他人和社会的联系,尤其是完整的精神世界。学习者与他人、学习者与社会的这种依存关系是相互的,学习者在依存于他人和社会的同时也在为他人和社会提供着各种支持和影响。

课堂是学校教育的最基本的组织单元,是学校学习的主要场所。课堂学习活动主要包括了教师的教、学生的学,以及师生与生生之间的互动。课堂在物质上表现为一定的建筑空间以及教学设备,而课堂又需要通过特定的规范组织起来,在一定的时间内得以展开。因此,简单地说,课堂的构成要素包括:教学设备(包括教材文本)、教师、学生等。依据课堂构成要素,课堂学习的依存性需要考察课堂学习活动的主要构成要素之间在学习活动中相互依赖的程度。

1. 环境依存

学习环境可以简单地认为是学习者学习的外部条件。学习环境可以狭义地理解为支持学习发生的教学媒体和技术条件。本书对课堂学习环境依存的考察以教学媒体和技术条件为对象。

"你觉得在课堂上不使用现代化教学条件的话,对教和学的影响怎样?"通过这一问题的调查,有 12.3% 的教师和学生认为跟原来一样;有

7.5%的教师和学生认为不清楚,有80.2%的教师和学生认为不如原来。这表明,现代化教学条件对教和学产生非常重要的影响。经百分比同质性检验,$x^2$ 值为13.852,自由度为9,显著性概率值 P=0.591>0.05,未达到0.05显著水平,各学段之间不存在显著差异(见表5-10)。

表5-10 现代化教学条件对教和学的影响(n=2584)

| 学段 | 跟原来一样 | 不如原来 | 不清楚 |
|---|---|---|---|
| 小学 | 72(10.9%) | 554(83.7%) | 36(5.4%) |
| 初中 | 86(13.1%) | 522(79.6%) | 48(7.3%) |
| 高中 | 82(12.9%) | 500(76.2%) | 54(8.2%) |
| 大学 | 78(12.4%) | 496(78.7%) | 56(8.9%) |
| 合计 | 318(12.3%) | 2072(80.2%) | 194(7.5%) |
| $x^2$ 值=13.852　　　P=0.591　　　P>0.05 | | | |

"您觉得在课堂上不使用其他辅助条件进行教学的话,您在讲解的过程中会怎样?"从学段来看,经百分比同质性检验,$x^2$ 值为11.564,自由度为9,显著性概率值 P=0.357>0.05,未达到0.05显著水平,各学段之间在各反应变量上不存在显著差异。从整体来看,有82.4%的教师觉得讲解时费力费时,12.0%的教师觉得跟原来一样,2.7%的教师觉得更轻松随意,2.9%的教师认为不清楚,这表明,在课堂上使用其他辅助条件使教师的授课更加丰富多彩,从而提高教学效果和学生学习的主动性(见表5-11)。

表5-11 其他辅助技术条件对教学的影响(n=1248)

| 学段 | 讲解时费力费时 | 跟原来一样 | 更轻松随意 | 不清楚 |
|---|---|---|---|---|
| 小学 | 279(84.5%) | 37(11.2%) | 8(2.4%) | 6(1.9%) |
| 初中 | 275(83.3%) | 38(11.5%) | 9(2.7%) | 8(2.5%) |
| 高中 | 242(79.6%) | 42(13.8%) | 10(3.3%) | 10(3.3%) |
| 大学 | 232(81.7%) | 33(11.6%) | 7(2.5%) | 12(4.2%) |
| 合计 | 1028(82.4%) | 150(12.0%) | 34(2.7%) | 36(2.9%) |
| $x^2$ 值=11.564　　　P=0.357　　　P>0.05 | | | | |

通过对这两个问题的考察可以看出,在课堂学习中,现代化教学设施既有益于教师的教又有益于学生的学,教学活动依存于一定的教学条件,离开相应的教学条件,学习效果就会受到影响。

"在学或教的过程中,您觉得除课程文本外是否需要其他课外资料?"这一问题的回答中,累计90.2%的教师和学生认为需要其他资料,5.9%的教师和学生认为不需要,3.9%的教师和学生认为无所谓。从学段来看,经同质性检验可知,$x^2$值为12.258,自由度为9,显著性P值为0.681>0.05,未达到0.05显著水平,说明各学段之间在"十分需要""需要""不需要"和"无所谓"四个反应变量上不存在显著差异。通过调查表明,无论是教师还是学生除依存于课程文本外,还需要依存于大量的其他课外资料(见表5-12)。

表5-12　除课程文本外其他资料的需求程度(n=2584)

| 学段 | 十分需要 | 需要 | 不需要 | 无所谓 |
|---|---|---|---|---|
| 小学 | 290(43.8%) | 320(48.3%) | 36(5.6%) | 16(2.3%) |
| 初中 | 242(36.9%) | 346(52.7%) | 38(5.8%) | 30(4.6%) |
| 高中 | 356(56.0%) | 208(32.7%) | 48(7.5%) | 24(3.8%) |
| 大学 | 238(37.8%) | 330(52.4%) | 30(4.8%) | 32(5.0%) |
| 合计 | 1126(43.6%) | 1204(46.6%) | 152(5.9%) | 102(3.9%) |
| $x^2$值=12.258　　　P=0.681　　　P>0.05 | | | | |

学习活动的顺利进行需要依赖于一定的教学设施、技术条件,离开了一定的教学设施、技术条件将会影响学习的效果。另外,除具备了一定的教学设施和技术条件之外,还需要教师根据教学设计,合理地选择和安排教学设施和技术条件,才能达到教和学最优的效果。

2. 师生依存

课堂学习活动在某种程度上来说就是教师的教和学生学的过程。对课堂学习依存性的考察离不开对教师教在学生学中的作用的认识。

"你认为学生在学校的学习活动是?"这一问题是为了了解学生的学习

活动是否依存于教师的教。有 6.3% 的教师和学生认为学校学习活动是学生自己的事,有 1.4% 的教师和学生认为是老师怎样教的事,有 53.3% 的教师和学生认为老师的教是一方面,更重要的是学生怎么学的问题,有 39% 的教师和学生认为教师的教和学生的学都很重要。从学段来看,经同质性检验可知,$\chi^2$ 值为 13.681,自由度为 9,显著性 P 值为 0.713>0.05,未达到 0.05 显著水平,说明各学段教师和学生之间对学习活动的认识不存在显著差异。调查结果表明,绝大多数教师和学生认为学校的学习活动依赖于教师的教(见表 5-13)。

表 5-13　对学习活动的认识(n=2584)

| 学段 | A | B | C | D |
|---|---|---|---|---|
| 小学 | 32(4.8%) | 10(1.5%) | 340(51.3%) | 280(42.4%) |
| 初中 | 32(4.9%) | 8(1.1%) | 354(54.0%) | 262(40.0%) |
| 高中 | 62(9.7%) | 10(1.6%) | 310(48.7%) | 254(40.0%) |
| 大学 | 36(5.7%) | 8(1.3%) | 372(59.0%) | 214(34.0%) |
| 合计 | 162(6.3%) | 36(1.4%) | 1376(53.3%) | 1010(39%) |
| | $\chi^2$ 值=13.681　　　P=0.713　　　P>0.05 | | | |

注:A=学生自己的事;B=老师怎样教的事;C=教是一方面,更重要的是学;D=教和学都很重要。

　　"你是否同意学生的学习可以不需要老师的指导?"这一题与前一问题所要调查的内容有相似之处。目的是为了验证教师和学生对前一问题的回答,同时进一步了解学生对学习依存于教师的认同度。调查结果与前一问题的调查数据有相似性。累计 9.1% 的教师和学生认为学生的学习不需要老师的指导,累计 90.9% 的教师和学生认为学生的学习需要老师的指导,这表明绝大多数教师和学生认同学生的学习需要教师的指导。从学段来看,经同质性检验可知,$\chi^2$ 值为 8.622,自由度为 9,显著性 P 值为 0.473>0.05,未达到 0.05 显著水平,说明各学段之间的教师和学生对四个反应变量不存在显著差异(见表 5-14)。

表 5-14　对教师指导学习的认同度调查(n=2584)

| 学段 | 非常同意 | 较同意 | 不同意 | 完全不同意 |
|---|---|---|---|---|
| 小学 | 14(2.1%) | 40(6.0%) | 487(73.6%) | 121(18.3%) |
| 初中 | 18(2.7%) | 42(6.4%) | 486(74.1%) | 110(16.8%) |
| 高中 | 15(2.4%) | 44(6.9%) | 476(74.8%) | 101(15.9%) |
| 大学 | 14(2.2%) | 48(7.6%) | 492(78.1%) | 76(12.1%) |
| 合计 | 61(2.4%) | 174(6.7%) | 1941(75.1%) | 408(15.8%) |
| $\chi^2$ 值 = 8.622　　P = 0.473　　P>0.05 | | | | |

当问教师和学生:"在没有老师的讲解下,学生对知识掌握情况如何?"从整体来看,7.4%的教师和学生认为掌握 10%的知识,17.9%的教师和学生认为掌握 25%的知识,38.7%的教师和学生认为掌握 45%的知识,24.6%的教师和学生认为掌握 60%的知识,9.8%的教师和学生认为掌握 75%的知识,1.6%的教师和学生认为掌握 90%的知识。从学段来看,$\chi^2$ 值为 10.841,P 为 0.216,P>0.05,说明各学段之间无显著差异。通过数据发现:对这一问题的看法,大约20%—40%的教师和学生认为没有教师的参与,学生只掌握45%到60%的知识,这也表明学生的学习离不开教师的指导(见表 5-15)。

表 5-15　对离开教师知识掌握程度的调查(n=2584)

| 学段 | 10% | 25% | 45% | 60% | 75% | 90% |
|---|---|---|---|---|---|---|
| 小学 | 50(7.6%) | 152(23.0%) | 260(39.3%) | 130(19.6%) | 66(10.0%) | 4(0.5%) |
| 初中 | 50(7.6%) | 102(15.5%) | 234(35.7%) | 194(29.6%) | 58(8.8%) | 18(2.8%) |
| 高中 | 64(10.1%) | 126(19.8%) | 280(44.0%) | 118(18.6%) | 46(7.2%) | 2(0.3%) |
| 大学 | 28(4.4%) | 82(13.0%) | 226(35.9%) | 194(30.8%) | 84(13.3%) | 16(2.5%) |
| 合计 | 192(7.4%) | 462(17.9%) | 1000(38.7%) | 636(24.6%) | 254(9.8%) | 40(1.6%) |
| $\chi^2$ 值 = 10.841　　P = 0.216　　P>0.05 | | | | | | |

通过上述分析可知,少数教师和学生认为学习活动是学生自己的事,学生的学习不需要教师的指导,在无教师的指导下,学生自学可以掌握知识,人类学习具有自学的一面,但以此在现实中夸大学习的个体性,他们仅从学

习活动的方式来界定学习活动的性质。因为他们认为在现实的学习活动中,学习主体总是表现为个人主体,只有个人才具有学习和思维的器官,才能获得具体的学习,学习的这种个体性的外观遮盖了学习具有的社会属性。学习不仅仅是获取符号知识,也不仅仅是改变主体行为。学习更不是个体单一的行为,学习是一种离不开集体的社会活动。

### 3. 生生依存

课堂学习活动不是个体独自学习的活动,而是群体合作交往的活动。对课堂学习依存性考察也离不开对生生之间合作交往的关系的认识。

当问学生:"在学习过程中,你是否喜欢与同学为伴一起学习?"从整体上来看,累计87.1%的学生喜欢和同学一起为伴学习,12.3%的学生不太喜欢,0.6%的学生非常不喜欢和同学共同学习。从学段来看,经百分比同质性检验,$\chi^2$ 值为 23.712,P 值为 0.000 且 P<0.001,说明各学段之间在反应变量上存在显著差异。经事后比较发现,高中和大学在"非常喜欢"上的人数显著少于小学和初中,在"不太喜欢"上的人数显著多于小学和初中,这表明高中和大学学生的相互依赖性有所下降,独立性有所增强。这一问题表明,在学习过程中绝大部分生生之间具有某种程度的依存性(见表5-16)。

**表 5-16　学生与同伴共同学习的喜好程度(n=1336)**

| 学段 | 非常喜欢 | 比较喜欢 | 喜欢 | 不太喜欢 | 非常不喜欢 |
|---|---|---|---|---|---|
| 小学 | 166(50.0%) | 86(25.9%) | 74(22.2%) | 6(1.9%) | 0(0.0%) |
| 初中 | 130(39.9%) | 116(35.6%) | 52(16.0%) | 22(6.7%) | 6(1.8%) |
| 高中 | 54(16.2%) | 122(36.7%) | 84(25.3%) | 70(21.1%) | 2(0.7%) |
| 大学 | 72(20.8%) | 144(41.6%) | 64(18.5%) | 66(19.1%) | 0(0.0%) |
| 合计 | 422(31.6%) | 468(35.0%) | 274(20.5%) | 164(12.3%) | 8(0.6%) |
| $\chi^2$ 值=23.712　　　P=0.000　　　P<0.001 | | | | | |

在现实课堂学习中,合作学习中的生生之间依存性更强,它要求每个学生必须清晰认识到他与组员之间密不可分的关系。小组成员之间有着共同的目标、共享的资料以及共同的奖励,组员成功,自己才能成功,反之亦然;

每一个成员的努力是小组成功的重要组成部分,小组的成功需要每一个成员的积极贡献,成员之间是一种同舟共济的依存关系。

总之,课堂学习是教与学双边统一、互动依存的关系,二者不可分离,但学是教的出发点,即没有学就无所谓教;教是为了更好地学。在学习过程中,不管学生的学还是教师的教都离不开特定的学习环境。学习是在社会交往中来实现的,个体的学习离不开学校教育。在某种程度上来说,学习过程既可以被视为一个个体化的过程,同时又是一个社会关系的过程。

### (三) 课堂学习交往性的考察与分析

人只有通过与他人的交往,才有可能使其自身得到发展。正是通过人与人之间多向的交往和交流,人不仅获得了知识和信息,而且产生了心灵的碰撞、不同观点的交锋以及人格的感召和熏陶。交往是课堂学习中司空见惯的行为,甚至不可或缺的行为,可以说没有了交往,也就没有了课堂学习的活动和师生的交流与沟通。① 课堂学习是有某种知识经验的人(如教师)与准备学习这种知识经验的人(如学生)之间的交往。也就是说,有知识或经验的人与想获得这些知识或经验的人之间的交往。课堂主体的交往互动是课堂社会性实践的体现,课堂学习中的交往,其实就是教师教与学生学的交往,以人类文明成果为中介,以促进学生发展为目的,以学生学习内容为共同目标进行交往、合作、对话,最终获得真理的一种社会性交互过程。课堂学习作为人类重要的社会活动存在着师生、生生之间的交往。如果没有师生、生生间多样化的交往,课堂学习活动也将无法存在。所以说课堂学习是一个集体性质的学习共同体,在整个课堂学习过程中,学生与他人进行大量的沟通与交流,他们在交往合作的基础上不断获得成长,因而,课堂交往能反映社会性实践活动的整体状况。

在课堂学习活动中,学习者首先通过与学习客体的相互作用,进行着对学习客体的认识活动,接着学习者通过与他者的相互作用,进行着与他者的

---

① 程胜、郑金洲:《课堂教学交往中的虚假与真实》,《教育科学研究》2002 年第 6 期。

交往活动,学习者还通过与自身的相互作用,进行着自我反省。交往不仅是学习活动结构的一个基本向度,而且也是学习活动的存在方式。无论是学习者对学习客体的认识活动,与他人的交往活动,还是对自身的反省活动,都是学习活动的一个部分或环节,都是内含于整个学习活动之中的。在此意义上说,学习活动具有鲜明的交往性特质,它是一种互惠行为,是一种自我展现与吸纳对方的活动,更为重要的是在学习交往中孕育着生命价值。

1. 师生交往

课堂学习的过程在某种程度上就是师生之间交往的过程。本书对课堂交往方式、师生交往方式及频次、主动性等进行一般性考察,以获知师生交往的状况。

依据互动主体把课堂的人际交往划分为:师生互动、师群互动、生生互动、个群互动和群群互动。① 对课堂交往方式的调查以此作为根据。对"在你们的课堂上,交往行为有哪些?"的调查发现,最主要的交往方式是教师与全班学生的交往(66.0%),其次是教师与单个学生的交往(39.0%)、生生之间的交往(22.8%)、小组之间的交往(19.2%)、单个学生与所有学生的交往(14.1%)。从学段来看,经百分比同质性检验,$\chi^2$ 值为 12.689,自由度为 12,显著性概率值 P 为 0.135>0.05,未达到 0.05 显著水平,表示各学段在五个反应变量上的百分比间无显著差异(见表 5-17)。

表 5-17　对课堂交往方式的调查(可多选)(n=2584)

| 学段 | 教师与全班 | 教师与单个 | 小组之间 | 生生之间 | 单个与所有 |
|---|---|---|---|---|---|
| 小学 | 416(62.8%) | 240(36.3%) | 126(19.0%) | 153(23.1%) | 91(13.7%) |
| 初中 | 436(66.5%) | 242(36.9%) | 112(17.1%) | 170(25.9%) | 98(14.9%) |
| 高中 | 420(66.0%) | 280(44.0%) | 134(21.1%) | 164(25.8%) | 84(13.2%) |
| 大学 | 436(69.2%) | 248(39.4%) | 124(19.7%) | 104(16.5%) | 92(14.6%) |
| 合计 | 1708(66.0%) | 1010(39.0%) | 496(19.2%) | 591(22.8%) | 365(14.1%) |
| $\chi^2$ 值=12.689　　　P=0.135　　　P>0.05 | | | | | |

注:教师与单个=教师与单个学生的交往;单个与所有=单个学生与所有学生的交往。

---

① 吴康宁:《教育社会学》,人民教育出版社 1998 年版,第 356 页。

"在您的课堂上,您与学生间交往的主要方式是什么?"这一问题为考察师生交往的主要方式,有 65.7%的教师认为是与全班学生的交往,21.0%的教师认为是与单个学生的交往,11.2%的教师认为是与小组的交往,2.1%的教师认为以上交往方式都不是。从学段来看,经卡方检验,$\chi^2$ 值为7.258,P 为 0.613 且 P>0.05,说明各学段在师生交往方式上无显著差异(见表 5-18)。

表 5-18　师生交往的主要方式($n=1248$)

| 学段 | 与全班学生 | 与单个学生 | 与小组 | 都不是 |
|------|-----------|-----------|--------|--------|
| 小学 | 202(61.2%) | 84(25.5%) | 36(10.9%) | 8(2.4%) |
| 初中 | 212(64.2%) | 66(20.1%) | 44(13.3%) | 8(2.4%) |
| 高中 | 214(70.3%) | 64(21.0%) | 24(7.9%) | 2(0.8%) |
| 大学 | 192(67.6%) | 48(16.9%) | 36(12.7%) | 8(2.8%) |
| 合计 | 820(65.7%) | 262(21.0%) | 140(11.2%) | 26(2.1%) |
| $\chi^2$ 值=7.258　　　P=0.613　　　P>0.05 | | | | |

对于"课堂上师生交往行为多吗?"这一问题,从整体来看,累计 51%的教师认为师生交往行为多,37.6%的教师认为师生交往不太多,11.4%的教师认为师生交往很少。从学段来看,小学、初中、高中和大学教师认为多的百分比分别是:66.6%、60.5%、42%、31%;他们认为不太多和很少的百分比分别是:33.3%、39.5%、58.0%、69%。从学段来看,经百分比同质性检验,$\chi^2$ 值=38.336,P 为 0.000 且 P<0.001,说明各学段之间在师生交往频次上存在显著差异。经事后比较可知,小学、初中课堂与高中、大学课堂在师生交往行为数量上呈显著差异。随着年级的增加,师生课堂交往行为逐渐较少,尤其到大学阶段课堂交往更少(见表 5-19)。

表 5-19　对师生交往频次的调查(n=1248)

| 学段 | 课堂上师生交往行为多吗? | | | |
|---|---|---|---|---|
| | 非常多 | 有些多 | 不太多 | 很少 |
| 小学 | 92(27.8%) | 128(38.8%) | 102(30.9%) | 8(2.4%) |
| 初中 | 96(29.0%) | 104(31.5%) | 122(37.1%) | 8(2.4%) |
| 高中 | 44(14.4%) | 84(27.6%) | 156(51.4%) | 20(6.6%) |
| 大学 | 32(11.3%) | 56(19.7%) | 89(31.3%) | 107(37.7%) |
| 合计 | 264(21.2%) | 372(29.8%) | 469(37.6%) | 143(11.4%) |
| $\chi^2$ 值=38.336　　P=0.000　　P<0.001 | | | | |

对"在您的课堂上,积极主动向您提问的学生有多少?"这一问题是为了考察学生是否主动跟老师交往。从整体来看,累积24.2%的教师认为有一半以上的学生积极主动向他提问,63.1%的教师认为有少部分学生主动提问,12.7%的教师认为几乎没有人向他提问。通过数据表明,课堂学习中学生主动跟老师交往还不够。从学段来看,经卡方检验,$\chi^2$ 值为11.273,P 为0.641且 P>0.05,表明各学段在师生交往主动性上无显著差异(见表5-20)。

表 5-20　对师生交往主动性的调查(n=1248)

| 学段 | 绝大多数 | 一半 | 少部分 | 几乎没有 |
|---|---|---|---|---|
| 小学 | 36(10.9%) | 64(19.4%) | 198(60.0%) | 32(9.7%) |
| 初中 | 34(10.3%) | 50(15.2%) | 196(59.3%) | 50(15.2%) |
| 高中 | 18(5.9%) | 50(16.4%) | 200(65.8%) | 36(11.9%) |
| 大学 | 16(5.6%) | 34(12.0%) | 194(68.3%) | 40(14.1%) |
| 合计 | 104(8.3%) | 198(15.9%) | 788(63.1%) | 158(12.7%) |
| $\chi^2$ 值=11.273　　P=0.641　　P>0.05 | | | | |

通过上述调查发现,课堂交往方式多样,但主要的交往方式是教师与全班或单个学生的交往,并且在各学段上表现得极其一致;师生交往行为较多,但在各学段上表现得极不一致,小学和初中相对多,高中和大学相对少;师生交往主动性普遍不高。

**2. 生生交往**

生生交往是指在课堂学习中学生间进行相互作用、相互交流、相互理解以达到共同理解为目的的交往。本书从交往的时间、机会、主动性和效果来考察生生交往。

"在一节课堂上,您安排学生进行讨论学习的时间大约有多少分钟?"对这一问题的考察,从整体来看,1.9%的教师安排 0 分钟,意味着在课堂学习中不存在生生之间的交往,有 30.8%的教师安排 1—5 分钟讨论时间,43.1%的教师安排 6—10 分钟,18.1%的教师安排 10—15 分钟,15 分钟以上的有 6.1%的教师。从学段来看,经卡方检验,$x^2$ 值 = 7.978,P 为 0.756 且 P>0.05,表明各学段教师在生生交往时间的看法上无显著差异。依据学习内容的不同对讨论学习的时间安排可长可短,但从讨论的整个过程来看,一般在 10 分钟左右比较合理。从统计的结果来看存在着交往时间安排不合理的现象(见表5-21)。

表 5-21　对生生交往时间的调查(n=1248)

| 学段 | 0 分钟 | 1—5 分钟 | 6—10 分钟 | 10—15 分钟 | 15 分钟以上 |
|---|---|---|---|---|---|
| 小学 | 2(0.6%) | 118(35.8%) | 146(44.2%) | 46(13.9%) | 18(5.5%) |
| 初中 | 2(0.6%) | 96(29.1%) | 128(38.8%) | 84(25.5%) | 20(6.0%) |
| 高中 | 4(1.3%) | 92(30.3%) | 148(48.7%) | 48(15.8%) | 12(3.9%) |
| 大学 | 16(5.6%) | 78(27.5%) | 116(40.8%) | 48(16.9%) | 26(9.2%) |
| 合计 | 24(1.9%) | 384(30.8%) | 538(43.1%) | 226(18.1%) | 76(6.1%) |
| $x^2$ 值 = 7.978　　　P = 0.756　　　P>0.05 | | | | | |

"在你的课堂上,学生之间交往的机会多吗?"通过这一问题的调查有17.6%的教师和学生认为非常多,22.1%的教师和学生认为有些多,52.3%的教师和学生认为不太多,8%的教师和学生认为很少。从学段来看,经百分比同质性检验,$x^2$ 值 = 103.793,P 为 0.000 且 P<0.001,表明各学段在生生交往机会上至少有一项存在显著差异。经事后比较发现,小学、初中在"非常多""有些多"上的百分比显著高于高中、大学;而高中、大学在"不太

多""很少"上百分比显著高于小学、初中,这说明在高中和大学课堂中生生之间交往的次数少于小学和初中课堂。在现实的高中和大学课堂学习中,生生之间的交往较少,在有限的生生交往中主要是个体与班级群体间交往,单个生生间交往比较少,小组间的交往少之又少(见表5-22)。

表5-22　对生生交往机会的调查(n=2584)

| 学段 | 非常多 | 有些多 | 不太多 | 很少 |
|------|--------|--------|--------|------|
| 小学 | 168(25.4%) | 192(29.0%) | 270(40.8%) | 32(4.8%) |
| 初中 | 180(27.4%) | 196(29.9%) | 260(39.6%) | 20(3.0%) |
| 高中 | 52(8.3%) | 94(8.3%) | 410(8.3%) | 80(8.3%) |
| 大学 | 54(8.3%) | 88(8.3%) | 412(8.3%) | 76(8.3%) |
| 合计 | 454(17.6%) | 570(22.1%) | 1352(52.3%) | 208(8%) |
| $\chi^2$ 值 = 103.793　　　P = 0.000　　　P < 0.001 | | | | |

对"学生会主动进行生生交往吗?"这一问题的考察,从整体来看,累积84%的教师和学生认为学生会主动交往,累计16%的教师和学生认为学生不会主动交往。从学段来看,经卡方检验,$\chi^2$ 值 = 81.839,P = 0.000 且 P < 0.001,表示各学段教师和学生在四个反应变量上至少有一项存在显著差异,经事后比较发现,小学、初中在"非常主动"上百分比显著高于高中、大学,在"不主动"和"非常不主动"上百分比显著低于高中、大学。这是因为在前一题考察生生交往机会时发现,高中、大学课堂中生生交往机会显著少于小学、初中,相应地,高中生和大学生生生交往主动性较低(见表5-23)。

表5-23　生生交往主动性的调查(n=2584)

| 学段 | 非常主动 | 较主动 | 不主动 | 非常不主动 |
|------|----------|--------|--------|------------|
| 小学 | 238(36.0%) | 366(55.3%) | 22(3.3%) | 36(5.4%) |
| 初中 | 214(32.6%) | 380(57.9%) | 18(2.7%) | 44(6.8%) |
| 高中 | 130(20.4%) | 350(55.0%) | 36(5.7%) | 120(18.9%) |
| 大学 | 130(20.6%) | 362(57.5%) | 38(6.0%) | 100(15.9%) |
| 合计 | 712(27.6%) | 1458(56.4%) | 114(4.4%) | 300(11.6%) |

续表

| 学段 | 非常主动 | 较主动 | 不主动 | 非常不主动 |
|---|---|---|---|---|
| $\chi^2$ 值 = 81.839　　　P = 0.000　　　P<0.001 | | | | |

"你觉得比起独立思考,通过同学之间的讨论得到的答案?"对这一问题的考察,74.9%的教师和学生认为更好,14.3%的教师和学生认为一样,累计10.8%的教师和学生认为不好或更差。从学段看,经卡方检验,$\chi^2$ 值为73.516,P 为 0.000 且 P<0.001,表示各学段在生生交往效果各变量上至少有一项存在显著差异。经事后比较发现,高中、大学的生生交往效果不及小学、初中(见表5-24)。

表5-24　对生生交往效果的调查(n=2584)

| 学段 | 更好 | 一样 | 不太好 | 更差 |
|---|---|---|---|---|
| 小学 | 508(76.7%) | 86(13.0%) | 58(8.8%) | 10(1.5%) |
| 初中 | 536(81.7%) | 60(9.1%) | 54(8.3%) | 6(0.9%) |
| 高中 | 424(66.7%) | 112(17.6%) | 88(13.8%) | 12(1.9%) |
| 大学 | 468(74.3%) | 110(17.5%) | 48(7.6%) | 4(0.6%) |
| 合计 | 1936(74.9%) | 368(14.3%) | 248(9.6%) | 32(1.2%) |
| $\chi^2$ 值 = 73.516　　　P = 0.000　　　P<0.001 | | | | |

通过对生生交往的调查发现,交往时间不合理;交往机会相对较少,尤其是高中和大学更少;小学、初中生生交往的主动性较高,而高中和大学相对较低;小学、初中生生交往的效果较好,而高中和大学较差。

综上所述,课堂交往的主要方式是师生之间的交往,即教师与全班学生、教师与单个学生的交往。生生交往相对较少,而且各学段生生交往不平衡。在与教师和学生谈话中得知,生生间交往更多的是同位或邻位同学之间的接触。这些表明当前课堂交往方式的单一化,即主要是教师面向全体学生的交往,而这种课堂交往方式可能造成学生对学习内容的被动接受与倾听,更可能使学生成为课堂学习的"孤独的个体"。"真正的交往"是指介入真正交往中的人是平等的,是具有主动性和创造性的人,即这个人具有实质意义的主体性。如果参与交往的人是不平等的、被动的甚至被等级化或机械化的话,那么此种交往就不是真正意义上的交往,或者说连普通的交往都不是。

## (四) 课堂学习合作性的考察与分析

人类是合作的生灵,合作是人类的一种生存本能,没有合作,人类就将无法生存。同样地,没有合作,学校学习也将无法存在。从理论上来讲,学校学习的合作不只是教学方式,还应该是一种生活态度;学校学习的合作不只是学习方式,还应该是一种学习内容;学校学习的合作不只是师师、师生、生生之间的交往,还应该是一种资源共享。① 学校的成功依赖于各成员之间的合作关系。同样,课堂学习活动也依赖于师生、生生之间的合作关系。课堂学习活动是一个师生之间、生生之间多边交往活动的过程。在课堂学习中出现师生之间以及以小组为学习群体的生生之间的交流和合作。本书对学校学习合作性的考察,由于种种条件的限制,只能考察课堂学习中师生、生生之间的合作。

### 1. 师生合作

师生合作是指师生在教学过程中,为了实现共同的教学目标而形成的一种民主、平等、友善的协作。本书从师生合作的频次、师生合作中学生参与度和展示机会以及师生合作中教师角色等方面进行考察。

"您在教学中常与学生进行合作吗?"通过这一问题是为了调查在课堂学习中是否存在师生合作。从整体来看,35.9%的教师认为在课堂中经常存在合作学习,53.8%的教师认为在课堂中有时出现合作学习。累计10.3%的教师认为不存在合作学习。从学段来看,经百分比卡方检验,$\chi^2$值为24.632,P 为 0.000 且 P<0.001,表示各学段在师生合作频次各反应变量上至少有一项百分比存在显著。经事后比较发现,在小学和初中的课堂中常存在师生合作,而在高中和大学的课堂中师生合作相对较少(见表5-25)。

---

① 马兰:《合作学习的价值内涵》,《课程·教材·教法》2004 年第 4 期。

表 5-25　对师生合作频次的调查（n=1248）

| 学段 | 经常 | 有时 | 不常安排 | 不安排 |
|---|---|---|---|---|
| 小学 | 156(47.3%) | 160(48.5%) | 14(4.2%) | 0(0.0%) |
| 初中 | 152(46.1%) | 154(46.7%) | 24(7.2%) | 0(0.0%) |
| 高中 | 88(29.0%) | 188(61.8%) | 24(7.9%) | 4(1.3%) |
| 大学 | 52(18.3%) | 170(59.9%) | 56(19.7%) | 6(2.1%) |
| 合计 | 448(35.9%) | 672(53.8%) | 118(9.5%) | 10(0.8%) |
| $\chi^2$ 值=24.632　　P=0.000　　P<0.001 | | | | |

"当开展师生合作学习时,你会主动参与吗"对这一问题的考察试图了解在师生合作中学生参与情况。有 41.2% 的学生体会到合作对知识理解有作用并积极参与;31.9% 的学生由于迫于压力,因为其他同学在参与,如果自己不参与,老师对自己有看法所以参与合作;累计 26.9% 的学生很少参与或不参与,因为合作对自己无用。这表明在师生合作中学生参与度整体不高。从学段来看,经百分比卡方检验,$\chi^2$ 值为 32.901,P 为 0.000 且 P<0.001,表示各学段在学生参与度各反应变量上至少有一项存在显著差异。经事后比较发现,高中和大学课堂上的师生合作中学生参与度更低(见表 5-26)。

表 5-26　师生合作中学生参与度的调查（n=1336）

| 学段 | A | B | C | D |
|---|---|---|---|---|
| 小学 | 172(51.8%) | 78(23.5%) | 66(19.9%) | 16(4.8%) |
| 初中 | 164(50.3%) | 70(21.5%) | 74(22.7%) | 18(5.5%) |
| 高中 | 102(30.7%) | 147(44.3%) | 69(20.8%) | 14(4.2%) |
| 大学 | 113(32.7%) | 131(37.9%) | 86(24.9%) | 16(4.5%) |
| 合计 | 551(41.2%) | 426(31.9%) | 295(22.1%) | 64(4.8%) |
| $\chi^2$ 值=32.901　　P=0.000　　P<0.001 | | | | |

注:A=参与,通过合作对知识理解更清楚;B=部分参与,因为其他同学在参与;C=很少参与,走神或干自己的事情;D=不参与,纯属浪费时间。

"在师生合作中,你展示的机会多吗?"对这一问题的调查发现,40.6%

的学生认为机会少,26.1%的学生认为几乎没有机会,即累计66.7%的学生没有展示机会,而只有33.3%的学生有展示机会,这说明在师生合作中,教师唱独角戏,学生只是旁观者,师生之间缺乏真正的交流、沟通。经百分比同质性卡方检验统计,Pearson 卡方值为74.014,自由度为6,显著性概率值 $P = 0.000 < 0.001$,达到0.001显著水平,表示各学段的学生在展示机会上(很多、举手但机会少、几乎没有)至少有一个选项的百分比之间存在显著差异,经事后比较发现,高中生、大学生在选项"很多机会"上的人数显著少于其他各学段,但在选项"几乎没有机会"上的人数显著多于其他各学段。这表明高中生、大学生在师生合作中展示机会更少(见表5-27)。

表5-27 对师生合作中学生展示机会的调查(n=1336)

| 学段 | 很多 | 举手但机会少 | 几乎没有 |
|---|---|---|---|
| 小学 | 156(47.0%) | 154(46.4%) | 22(6.6%) |
| 初中 | 138(42.3%) | 140(42.9%) | 48(14.8%) |
| 高中 | 78(23.5%) | 112(33.7%) | 142(42.8%) |
| 大学 | 73(21.1%) | 136(39.3%) | 137(39.6%) |
| 合计 | 445(33.3%) | 542(40.6%) | 349(26.1%) |
| | $\chi^2$ 值 = 74.014 | P = 0.000 | P < 0.001 |

"在师生合作中,你觉得教师更像一位?"对这一问题的考察是为了了解在师生合作中师生关系如何。从学段看,经百分比卡方检验,$\chi^2$ 值为9.546,P 为0.678且 P > 0.05,表示各学段在师生合作中对教师角色看法上无显著差异。从整体来看,有14.4%的学生认为教师像师傅,30.0%的学生认为教师像管理者,50.0%的学生认为教师像权威者,只有5.6%的学生认为教师像交流者。该调查表明,在师生合作中,师生关系是在不平等的状态下进行,这影响了师生合作的效果。因为师生合作效果的好坏,关键是在平等的师生关系下进行,这样学生愿意零距离与教师讨论、交流与交往,并会更愿意大胆地发表自己的意见和建议,从而达到合作的最优效果(见表5-28)。

表 5-28　对师生合作中教师角色的调查( n = 1336 )

| 学段 | 师傅 | 管理者 | 权威者 | 交流者 |
|------|------|--------|--------|--------|
| 小学 | 50( 15.1% ) | 102( 30.7% ) | 166( 50.0% ) | 14( 4.2% ) |
| 初中 | 38( 11.7% ) | 96( 29.4% ) | 168( 51.5% ) | 24( 7.4% ) |
| 高中 | 58( 17.5% ) | 92( 27.7% ) | 156( 47.0% ) | 26( 7.8% ) |
| 大学 | 46( 13.3% ) | 108( 31.2% ) | 180( 52.0% ) | 12( 3.5% ) |
| 合计 | 192( 14.4% ) | 398( 30.0% ) | 670( 50.0% ) | 76( 5.6% ) |
| $\chi^2$ 值 = 9.546　　P = 0.678　　P>0.05 | | | | |

从上述调查可知,在师生合作中存在师生关系不平等,学生参与度整体不高、学生展示机会较少、学生缺乏主动的合作意识,特别是在高中和大学课堂上更为明显。

2. 生生合作

本书从生生合作的倾向性、时间、次数、参与度与主动性、作用和效果等进行一般性的考察。"在课堂上,你愿意与其他同学合作吗?"这一问题考察了学生合作心理倾向性。有 68.1% 的学生表示愿意,20.1% 的学生表示较愿意,即累计 88.2% 的学生表示愿意,表明绝大部分学生愿意与同伴合作学习。学习的合作假设是:"只有愿意学,才能学得好。"只有满足学生对归属感和影响力的需要,他们才会感到学习是有意义的,才会愿意学,才会学得好。① 基于此,合作要建立在满足学生心理需求之上,在合作之前学生是否具有合作的心理倾向性。从学段看,经百分比卡方检验,$\chi^2$ 值 = 25.875,P 为 0.000 且 P<0.001,表示各学段在生生合作倾向性上至少有一项存在显著差异。经事后比较发现,高中生的生生合作倾向性要低于其他各学段。这是因为面对高考的竞争压力,高中生在学校和家长的鼓励下,不断地努力,超过别人、超越自己,其学习竞争的氛围浓于合作的氛围( 见表 5-29 )。

---

① 王坦:《论合作学习的基本理念》,《教育研究》2002 年第 2 期。

表5-29　对生生合作倾向性的调查（n=1336）

| 学段 | 非常愿意 | 较愿意 | 不愿意 | 无所谓 |
|---|---|---|---|---|
| 小学 | 262(78.9%) | 48(14.5%) | 12(3.6%) | 10(3.0%) |
| 初中 | 250(76.7%) | 54(16.6%) | 8(2.5%) | 14(4.2%) |
| 高中 | 174(52.4%) | 72(21.7%) | 34(10.2%) | 52(15.7%) |
| 大学 | 224(64.7%) | 94(27.2%) | 4(1.2%) | 24(6.9%) |
| 合计 | 910(68.1%) | 268(20.1%) | 58(4.3%) | 100(7.5%) |
| $\chi^2$ 值=25.875　　　P=0.000　　　P<0.001 | | | | |

对"在课堂上,您安排生生进行合作的时间一般是多少?"这一问题的调查,有1.3%的教师回答是0分钟,意味着在他们的课堂上不存在生生之间合作学习。31.9%的教师回答是1—5分钟,说明他们安排合作学习的时间相对较少。在现实课堂中,生生之间合作的时间不到五分钟,有的教师便叫学生"停下来",要求小组发言人(固定人选)发言,发言人一张嘴就说,"我认为……"或者"我觉得……",而不是"我们组认为……"或者"我们组觉得……"43.6%的教师回答是6—10分钟,16.5%的教师回答是10—15分钟,15分钟以上的有6.7%,相对来说,这些教师安排时间较为合理。事实上,合作学习的时间安排可长可短,它应依据教学内容的目标具体而定。在现实课堂观察中我们会发现,有些教师为了完成教学内容,学生刚进入角色开始了小组合作讨论,可教师一看时间不够用,就草草收场,让小组汇报,使合作学习变成教师简单的"导"和学生不精的"演"(见表5-30)。

表5-30　对生生合作时间的调查（n=1248）

| 学段 | 0分钟 | 1—5分钟 | 6—10分钟 | 10—15分钟 | 15分钟以上 |
|---|---|---|---|---|---|
| 小学 | 0(0.0%) | 118(35.8%) | 156(47.3%) | 42(12.7%) | 14(4.2%) |
| 初中 | 4(1.2%) | 94(28.5%) | 154(46.7%) | 62(18.8%) | 16(4.8%) |
| 高中 | 2(0.6%) | 104(34.2%) | 132(43.4%) | 46(15.1%) | 20(6.7%) |
| 大学 | 10(3.5%) | 82(28.9%) | 102(35.9%) | 56(19.7%) | 34(12.0%) |
| 合计 | 16(1.3%) | 398(31.9%) | 544(43.6%) | 206(16.5%) | 84(6.7%) |

通过"在本学期的课堂学习中,你与同学之间合作学习的次数?"这一问题是为调查生生之间是否存在合作学习。累计62.1%的学生认为课堂上存在着生生之间的合作。以学段为分类变量进行卡方检验,$\chi^2$值=27.952,P为0.000且P<0.001,表示各学段在生生合作次数各变量上至少有一项存在显著差异。经事后比较发现,小学和初中课堂中的生生合作比较常见,而高中和大学课堂中生生之间的合作相对比较少。通过对教师和学生关于课堂中合作是否存在的调查,发现其结果极其相似,即小学和初中合作学习较多,而高中和大学相对较少。这是由于合作学习是国家基础教育课程改革所强调和提倡的学习方式之一,合作学习如今在中小学教学实践中被广泛使用。小学和初中课堂学习中的合作学习较多也是必然的(见表5-31)。

表5-31 对生生合作次数的调查(n=1336)

| 学段 | 非常多 | 比较多 | 偶尔有 | 几乎没有 |
|------|--------|--------|--------|----------|
| 小学 | 86(25.9%) | 178(53.6%) | 62(18.7%) | 6(1.8%) |
| 初中 | 96(29.4%) | 170(52.2%) | 46(14.2%) | 14(4.2%) |
| 高中 | 32(9.6%) | 114(34.3%) | 162(48.9%) | 24(7.2%) |
| 大学 | 36(10.4%) | 118(34.1%) | 166(48.0%) | 26(7.5%) |
| 合计 | 250(18.7%) | 580(43.4%) | 436(32.6%) | 70(5.3%) |
| $\chi^2$值=27.952　　　P=0.000　　　P<0.001 | | | | |

对于"您认为小组合作学习的效果怎样?"的问题,分别以学段、学历、性别、所任科目和教龄为分类变量进行统计分析发现,其结果不受这些变量的影响。36.5%的教师认为进行小组合作学习可使学生对问题掌握清楚,1.9%的教师认为合作学习是纯属浪费时间,说明这些教师未充分体会到合作学习的效果。58.2%的教师认为只有部分同学参与到合作学习中来。3.4%的教师认为他们不太清楚合作学习是否能促进课堂学习。经百分比同质性卡方检验统计,Pearson卡方值为13.798,自由度为9,显著性概率值

P＝0.130＞0.05,未达到0.05显著水平,表示各学段的学生在合作学习效果上不存在显著差异。通过调查表明,教师对合作学习认识还不够,学生对合作学习的参与度不高(见表5-32)。

表5-32 对生生合作参与度的调查(n＝1248)

| 学段 | 掌握清楚 | 浪费时间 | 部分参与 | 不清楚 |
|---|---|---|---|---|
| 小学 | 138(41.8%) | 4(1.2%) | 180(54.5%) | 8(2.5%) |
| 初中 | 128(38.8%) | 6(1.8%) | 190(57.6%) | 6(1.8%) |
| 高中 | 94(30.9%) | 10(3.3%) | 192(63.2%) | 8(2.6%) |
| 大学 | 96(33.8%) | 4(1.4%) | 164(57.7%) | 20(7.1%) |
| 合计 | 456(36.5%) | 24(1.9%) | 726(58.2%) | 42(3.4%) |
| $\chi^2$ 值＝13.798　　　P＝0.130　　　P＞0.05 | | | | |

通过"如果分工明确,你愿意承担合作小组里的什么角色?"这一问题,有27.7%的学生愿意担任发言人,24.0%的学生愿意当组长,16.9%的学生愿意做记录员,17.7%的学生愿意做倾听者,13.7%的学生无所谓。经百分比同质性卡方检验,Pearson卡方值为52.901,自由度为12,显著性概率值P＝0.000＜0.001,达到0.001显著水平,表示各学段的学生在合作学习中愿意承担角色反应量上至少有一个选项的百分比之间存在显著差异。经事后比较发现,初中、高中、大学在"组长"选项上的百分比显著低于小学;高中、大学在"发言人"选项上的百分比显著低于小学、初中。这表明,高中、大学在合作学习中相对缺乏主动性。在现实的课堂学习中,发言人和组长充当小组的"代言人"向其他同学汇报小组的成果,展示的机会相对比较多,而累计34.6%的学生甘愿当记录员和倾听者,这在某种程度上反映出没有充分调动起学生合作学习的意识(见表5-33)。

表 5-33　对生生合作主动性的调查（n＝1336）

| 学段 | 组长 | 记录员 | 发言人 | 倾听者 | 无所谓 |
|---|---|---|---|---|---|
| 小学 | 120(36.1%) | 44(13.3%) | 118(35.5%) | 22(6.6%) | 28(8.5%) |
| 初中 | 48(14.7%) | 46(14.1%) | 106(32.5%) | 80(24.5%) | 46(14.2%) |
| 高中 | 68(20.5%) | 70(21.1%) | 72(21.7%) | 64(19.3%) | 58(17.4%) |
| 大学 | 84(24.3%) | 66(19.1%) | 74(21.4%) | 70(20.2%) | 52(15.0%) |
| 合计 | 320(24.0%) | 226(16.9%) | 370(27.7%) | 236(17.7%) | 184(13.7%) |
| $\chi^2$ 值＝52.901　　P＝0.000　　P<0.001 | | | | | |

对"在课堂上通过和同学之间合作,你觉得你哪方面有所提高?"这一问题的调查,其作用依次为语言交流(69.0%)、学习能力(49.4%)、人际交往(48.7%)和学习方法(44.8%)。合作学习离不开语言的交流,"语言犹如我们的思想、情感、空气、知觉和概念得以生存的精神,在此之外我们就不能呼吸"①。合作学习通过师生、生生之间的语言交流,使学生学会与同伴协作学习,学会处理人际关系的矛盾,学会如何与他人交流,善待同学、团结同学,并且培养了学生的合作意识、利他行为、与他人相处与交往的基本技能。以学段为分类变量进行卡方检验,$\chi^2$ 值为 9.624,P 为 0.735 且 P>0.05,表示各学段在生生合作作用上无显著差异(见表 5-34)。

表 5-34　对生生合作效果的调查（可多选）（n＝1336）

| 学段 | 语言交流 | 学习方法 | 学习能力 | 人际交往 |
|---|---|---|---|---|
| 小学 | 232(69.9%) | 160(48.2%) | 186(56.0%) | 148(44.6%) |
| 初中 | 220(67.5%) | 130(39.9%) | 130(39.9%) | 140(42.9%) |
| 高中 | 190(57.2%) | 84(25.3%) | 130(39.2%) | 112(33.7%) |
| 大学 | 280(80.9%) | 224(64.7%) | 214(61.8%) | 250(72.2%) |
| 合计 | 922(69.0%) | 598(44.8%) | 660(49.4%) | 650(48.7%) |
| $\chi^2$ 值＝9.624　　P＝0.735　　P>0.05 | | | | |

---

① ［德］卡西尔:《语言与神话》,于晓等译,生活·读书·新知三联书店 1998 年版,第 127 页。

由上述对生生合作的调查可知,生生之间具有较强烈的合作意愿,但高中生合作倾向性明显低于其他各学段的学生;生生合作时间的安排上基本合理,但也存在着时间过短现象;生生合作在小学和初中课堂中比较常见,而高中和大学课堂中相对较少;另外存在合作参与度不高,主动性不强的现象。

**（五）课堂学习道德性的考察与分析**

关系是人在世界上存在的基本方式之一。在现实意义上,人是一切社会关系的总和。关系是人生存的土壤,是人的伦理道德诞生地。课堂是一种教师把人类科学文化知识传播给学生的场所,更是一种形成师生伦理关系和践行道德实践的场所,是一个以教学目标为基础、师生共同生成和追求意义的场所,是一种充满着人文价值关怀和伦理道德导向的场所。课堂学习中的"人"是以关系的形式而存在,也是以师生的伦理关系和自我的伦理关系的形式而存在。师生关系从最简单的社会联系开始,在建立和发展的过程中无不受到社会伦理要求和社会道德规范的影响和制约。在伦理和道德实践的课堂中,最能体现和反映课堂学习中伦理关系的是师生关系,而师生关系是一种鲜明的伦理道德关系。从某种程度上来说,课堂学习活动本身就是一种基于师生和自我关系的伦理道德活动。课堂中的教和学应是用道德的方式让教和学闪耀人性之光,高悬伦理道德之镜。

英国教育哲学家彼得斯(R.S.Peters)在《伦理学与教育》中指出:教育是传授有价值东西的活动,除此之外,还必须强调教育是否是以合乎伦理道德的方式进行传授的,只有同时满足这两个条件,教育才是有价值的教育,教育才是合乎伦理道德的教育。按照他的意旨,有效的课堂学习应该是以合乎伦理道德的方式学习有价值的东西。学习活动不仅涉及人与自我的伦理性关系,还涉及人与他人的伦理性关系。伦理性关系是在交往互动中实现的。"自我是在与他人的遭遇中成长的","与他者共在意味着道德是一种交互的关系"。① 人正是在这种交互关系中,实现了道德自我生成和与他

---

① 金生鈜:《规训与教化》,教育科学出版社 2004 年版,第 319—320 页。

人的伦理关系。道德的自我生成不仅需要外在的道德规范和制度的规约，还需要自我肯定和自我发展。所以，课堂学习中的"人"以伦理关系的形式而存在。本书对课堂学习道德性以师生的伦理关系和自我伦理关系为考察点。

### 1. 师生伦理关系

课堂学习是由师生双方共同遵守一定伦理准则、承担一定伦理责任和享受一定道义权利的特殊道德共同体。学习是一种社会活动，课堂学习活动中最基本、最重要的关系就是师生关系。师生关系既不是法国哲学家利奥塔（J.F.Lyotard）所谓的"商品关系"，也不是法国哲学家福柯（M.Foutault）所谓的"权力关系"，而应该成为一种"伦理关系"，一种合乎教育伦理要求的主体间性关系。主体间性是指主体之间在相互交往的过程中充分展示各自的主体性而体现出来的特征，其主要凸显主体间的差异性与多元性，倡导主体间在平等的前提下相互尊重、宽容、理解、交往、对话与合作。① 在师生关系中最重要的是既能反映社会道德关系又能反映教与学关系的师生伦理关系。而和谐的师生伦理关系最关键的是师生之间是平等、民主、尊重、关爱的，因为和谐的师生伦理关系是促进课堂学习活动顺利而有效开展的重要保障。本书从对师生伦理关系的认识，是否平等、民主、尊重、关爱等几个方面来考察师生伦理关系。

"师生关系在人格上是什么关系？"这一问题是为考察教师和学生对师生关系的认识。48.4%的教师和学生认为是民主平等的关系，34.0%的教师和学生认为是相互促进的关系，9.0%的教师和学生认为是师道尊严的关系，8.6%的教师和学生认为是授受关系。经百分比同质性卡方检验统计，Pearson卡方值为16.783，自由度为9，显著性概率值 $P=0.052>0.05$，未达到0.05显著水平，表示各学段的教师和学生在人格上对师生关系的认识不存在显著差异。这一结果表明，只有一部分教师和学生能够认识到师生关系在人格上是民主平等的，这说明教师和学生对师生关系认识还存在一定的偏差，也意味着在现实的师生关系中他们很难做到民主平等（见表5-35）。

① 孙伟平：《价值哲学方法论》，中国社会科学出版社2008年版，第233—234页。

表 5-35 在人格上对师生关系认识的调查（n=2584）

| 学段 | 授受关系 | 相互促进 | 民主平等 | 师道尊严 |
|---|---|---|---|---|
| 小学 | 70(10.6%) | 214(32.3%) | 292(44.1%) | 86(13.0%) |
| 初中 | 34(5.2%) | 208(31.7%) | 366(55.8%) | 48(7.3%) |
| 高中 | 72(11.3%) | 220(34.6%) | 290(45.6%) | 54(8.5%) |
| 大学 | 46(7.3%) | 236(37.5%) | 302(47.9%) | 46(7.3%) |
| 合计 | 222(8.6%) | 878(34.0%) | 1250(48.4%) | 234(9.0%) |
| $\chi^2$ 值=16.783　　P=0.052　　P>0.05 | | | | |

对"师生关系在社会道德上是什么关系?"这一问题的考察,24.5%的教师和学生认为是相互促进的关系,36.1%的教师和学生认为是民主平等的关系,24.8%的教师和学生认为是师道尊严的关系,14.6%的教师和学生认为是授受关系。经百分比同质性卡方检验统计,Pearson 卡方值为5.286,自由度为9,显著性概率值 P=0.809>0.05,未达到 0.05 显著水平,表示各学段的教师和学生在道德上对师生关系的认识不存在显著差异。通过调查表明,教师和学生对师生关系在社会道德上的认识存在问题(见表5-36)。

表 5-36 在道德上对师生关系的认识的调查（n=2584）

| 学段 | 授受关系 | 相互促进 | 民主平等 | 师道尊严 |
|---|---|---|---|---|
| 小学 | 97(14.7%) | 167(25.2%) | 239(36.1%) | 159(24.0%) |
| 初中 | 95(14.5%) | 143(21.8%) | 241(36.7%) | 177(27.0%) |
| 高中 | 93(14.6%) | 159(25.0%) | 229(36.0%) | 155(24.4%) |
| 大学 | 92(14.6%) | 163(25.9%) | 225(35.7%) | 150(23.8%) |
| 合计 | 377(14.6%) | 632(24.5%) | 934(36.1%) | 641(24.8%) |
| $\chi^2$ 值=5.286　　P=0.809　　P>0.05 | | | | |

在现实课堂学习中,师生之间在社会道德上是相互促进的关系并未真正得到体现。请看下面的一个教学片段:

一位小学四年级教师上"游戏规则的公平性"时,创设了丰富的教学情境,引导学生初步了解游戏规则的公平性。教师鼓励道:"我们来比一比,看看哪个小组设计的游戏规则最公平。我将给大家颁发'金点子奖'和'创新设计奖'。"结果学生使出浑身解数,设计了多种游戏规则,本指望教师……结果教师只顾答案的呈现,而忘记了自己的"承诺"。①

这个案例使我们明白:在伦理道德关系上,师生关系是相互促进、共同提高的,师生之间是否公正、平等、尊重、理解与包容等影响着师生关系,公正、平等、尊重、理解与包容等都应该是相互的。伦理是处理人与人之间的关系问题,不能孤立地强调一方而忽视另一方。片段中,教师只注重教学的目标而忽视"公平性"问题对学生的影响,加之教师又未兑现自己的承诺,教师的行为不但没能给学生树立榜样作用,反而让学生觉得教师"言而无信"。课堂学习活动,不仅仅是教师传授知识的过程,同时也是学生习得伦理道德、情感态度和价值观的过程。师生之间的交往是一种德行的保存,学习是通向真理之路,而不是仅仅为了了解事物,对已有的真理去死记,而应在内心和行动上身体力行。② 课堂学习中人的需要主要涉及被尊重的需要、自由的需要、权利的需要与生命的丰富性得到认可的需要等。从这样一种价值观出发,课堂学习中的师生关系、生生关系就是一种双赢的关系。

"在课堂学习中教师能平等待人吗?"这一问题是希望了解教师在教学中是否体现平等的思想。累计 70.5% 的学生认为在课堂学习中教师能平等对待每一个学生,23.1% 的学生认为一般,6.4% 的学生认为不好。这说明在课堂学习过程中仍存在着不平等的现象。经百分比同质性卡方检验,$\chi^2$ 值为 16.856,自由度为 9,显著性概率值 P = 0.563>0.05,未达到 0.05 显著水平,表示各学段的学生对教师在课堂上平等待人的看法无显著差异(见表5-37)。平等包含两个方面,既指平等对待又指机会均等,也就是说,教师是否能将课堂教学资源(如言说时间、机会等)合理地、公平地分配给学生。在下面的这个教学案例中,我们就看到了教师未能平等待人的现象:

---

① 严育洪编著:《"事"说师生关系》,首都师范大学出版社 2007 年版,第 72—73 页。

② [德]雅斯贝尔斯:《什么是教育》,邹进译,生活·读书·新知三联书店 1991 年版,第 88—89 页。

表 5-37　对教师平等待人的调查(n=1336)

| 学段 | 很好 | 较好 | 一般 | 不好 |
|---|---|---|---|---|
| 小学 | 202(60.8%) | 68(20.5%) | 50(15.1%) | 12(3.6%) |
| 初中 | 154(47.2%) | 92(28.2%) | 62(19.0%) | 18(5.6%) |
| 高中 | 102(30.7%) | 108(32.5%) | 86(25.9%) | 36(10.9%) |
| 大学 | 112(32.4%) | 104(30.1%) | 110(31.8%) | 20(5.7%) |
| 合计 | 570(42.7%) | 372(27.8%) | 308(23.1%) | 86(6.4%) |
| | $\chi^2$ 值=16.856　　　P=0.563　　　P>0.05 | | | |

学习平移和旋转(北师大版小学三年级数学下册):

**片段一:**

师:"昨天我让大家预习一下有关'平移和旋转'……请同学们先说一说黑板上都有什么图形。"

生(全班集体回答):"……有圆形、正方形、五角星、钟表……"

师:"现在大家根据昨天预习的知识把这些图形进行分类,看哪些是经过平移得到的,哪些是经过旋转得到的图形,自己想一想,进行归类,也可以相互讨论。"(教室里发出讨论的声音,教师在教室里来回走动,并不时地指导学生)

不一会,学生开始汇报了,第一个问题是由第二排的第三个男生回答,再由他后面的女生来补充,接着用鼓励的言语让最后一排最后一个女生来说出自己的看法,然后又让第四排第二个女生回答,再让她前面的女生来纠正……

**片段二:**

在老师的讲解和启发下,让学生仔细观察平移和旋转的特点是什么?

师:"……平移的图形,看有何特点?"

生1:"图形在同一平面……"

生2:"……不改变图形的形状。"

生2:"……图形的大小好像也没有改变。"

师："你再仔细观察,还有什么特点?"

师："我们一同看一下"(老师在黑板上从原图到平移后的图形位置上画了两条线)

生 2:"这两条线好像是平的"

……

师："很好。准确地说是平行的?"

在这一问一答过程中,教师提问了第六排第四个女生,第三排第一个男生,第七排第二个女生,第一排第五个女生。

片段三:

最后几分钟,教师又叫第三排第四个女生来回答。

师："……从我们的讨论中你总结一下平移图形的特点是什么?"(老师只顾着在黑板上书写下一个知识点的题目)

生："我认为平移图形的特点是……"

师："谁听到她的发言,觉得她说得对不对?"

在这个案例中,我们可以看到,在片段一和片段二中,老师在提问过程中让女生回答问题的人数远远多于男生,存在着严重的性别差异;在片段三中,教师没聆听学生的回答而且也没有点评,片段二中两位同学也存在表扬和点评的差异,教师没有平等地对待回答问题的同学。

中国教育科学研究院问卷调查了北京、重庆、长春等 9 个城市的中小学教师、家长、学生对教师公正的认知和评价等。结果显示(如图 5-3):有 78.3%的学生和 68.2%的家长认为教师最应该具有的职业品质是公正。①

学习将心灵和思想从名望、身份、地位中解脱出来。学习带来人与人之间的平等。② 教育公正强调教师在与学生进行课堂交往过程中要公正平等地对待每一名学生,尽量为学生提供平等的关注、关心及交往机会,保证每

---

① 高慧斌:《80%的学生认为老师处事公正》,《中国教育报》2015 年 11 月 9 日。

② [印度]克里希那穆提:《教育就是解放心灵》,张春城、唐超权译,九州出版社 2010 年版,第 177 页。

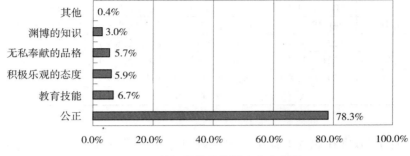

图 5-3 教师职业品格调查分布状况

一名学生都获得应有的学习资源与合理的评价指导。教育公正不仅体现了教师对学生的尊重,同时也是教师对自己、对教师职业的一种尊重。教育公平中体现的是教师克服了对不同特点的学生所产生的不同情感态度,在尊重每一名学生的基础上而肯定他们,并客观地对其进行评价,这一点有利于学生的未来发展。

人与人之间通过教育而平等交流就是驱逐愚昧和塑造人格的最有利的形式。爱与交流的行为是人的天性的重要一维。① 关于"在课堂学习过程中,教师是否根据学生反应随时调整教学方式和方法?"这一问题,16.0%的学生认为所有的老师都能做到,44.8%的学生认为部分老师可以做到,34.7%的学生认为只有少数能做到,4.5%的学生认为都做不到。这表明部分教师在课堂教学过程中无视学生的反应,进行"填鸭式""灌输型"教学。经百分比同质性卡方检验,$x^2$ 值为 63.577,自由度为 9,显著性概率值 P = 0.000<0.001,达到 0.001 显著水平,表示各学段的学生对教师在课堂上关爱学生的看法存在显著差异。经事后比较发现,高中和大学课堂上的教师根据学生的情绪变化,调整自己的教学方式和方法的做法没有小学和初中教师做得好(见表 5-38)。

---

① [德]雅斯贝尔斯:《什么是教育》,邹进译,生活·读书·新知三联书店 1991 年版,第 5—6 页。

表 5-38 课堂上教师对学生关爱度的调查(n=1336)

| 学段 | 都能做到 | 部分做到 | 少数做到 | 都做不到 |
|---|---|---|---|---|
| 小学 | 100(30.1%) | 136(41.0%) | 80(24.1%) | 16(4.8%) |
| 初中 | 60(18.4%) | 170(52.1%) | 84(25.8%) | 12(3.7%) |
| 高中 | 22(6.6%) | 142(42.8%) | 142(42.8%) | 26(7.8%) |
| 大学 | 32(9.2%) | 150(43.4%) | 158(45.7%) | 6(1.7%) |
| 合计 | 214(16.0%) | 598(44.8%) | 464(34.7%) | 60(4.5%) |
| $\chi^2$ 值=63.577　P=0.000　　　P<0.001 | | | | |

对于"教师在课堂上提出简单问题有学生答错时,教师的态度怎样?"这一问题,有 59.3% 的学生认为教师会采取鼓励的态度,有 10.8% 的学生认为教师会讽刺学生,有 7.3% 的学生认为教师会采取视而不见的态度,有 7.5% 的学生认为教师会体罚,15.1% 的学生认为教师会采取其他方式。经百分比同质性检验,$\chi^2$ 值为 45.107,自由度为 12,显著性概率值 P=0.000<0.001,达到 0.001 显著水平,表示各学段的学生类别(小学、初中、高中、大学)在教师对学生态度五个反应变量上(鼓励、讽刺、视而不见、体罚和其他)至少有一个选项选择的次数百分比间有显著差异。经事后比较发现,高中教师在"讽刺"选项上的百分比显著多于小学、初中、大学,这表明高中教师比其他学段的教师在语言上"讽刺"学生稍微多些;大学教师在"体罚"选项上的百分比显著少于小学、初中、高中,这表明大学教师对学生的"体罚"少于其他学段(见表 5-39)。通过调查表明在课堂教学中仍然存在着体罚或变相体罚,漠视学生自尊的现象。请看下面的几个教学片段:

表 5-39 教师对学生态度的调查(n=1336)

| 学段 | 鼓励 | 讽刺 | 视而不见 | 体罚 | 其他 |
|---|---|---|---|---|---|
| 小学 | 234(70.4%) | 14(4.2%) | 18(5.4%) | 20(6.0%) | 46(14.0%) |
| 初中 | 194(59.5%) | 32(9.8%) | 12(3.7%) | 32(9.8%) | 56(17.2%) |
| 高中 | 152(45.8%) | 68(20.5%) | 34(10.2%) | 34(10.2%) | 44(13.3%) |
| 大学 | 212(61.3%) | 30(8.7%) | 34(9.8%) | 14(4.0%) | 56(16.2%) |
| 合计 | 798(59.3%) | 144(10.8%) | 98(7.3%) | 100(7.5%) | 202(15.1%) |
| $\chi^2$ 值=45.107　　　P=0.000　　　P<0.001 | | | | | |

**片段一：**

一位教师在讲解《气象学家竺可桢》这篇课文时，问全班同学："作者写竺可桢的故事是为了说明什么？"

生1：是为了改造农田。

师：不全面。

生2：为了加强环保。

师：太时髦了，那时还没这么提。

生3：为了多拿钱。

老师听后大为恼火，大声命令道：乱弹琴，你给我站起来。

……最后，老师给出了标准答案——为人民服务！①

**片段二：**

一名小学生如此描述一段课堂情境："我们的数学老师虽然是教奥数的高手，但上课时有个缺点，讲着讲着就附带骂不认真听讲的同学。有时甚至走下讲台拽着系在同学脖子上的红领巾把同学从座位上拉出来。英语老师在讲课时，在黑板的右下角处，要给不认真听讲、回答问题出错的或者在英语课上说中文的同学画'像'，比如画小小眼睛、血盆大口、兔子的耳朵等，惹得同学大笑，而那位同学脸通红，低着头。"

这两个片段在课堂上经常能看到，教师随意伤害学生的自尊心，任意践踏学生的人格尊严，这使课堂学习过程成了学生精神受虐的过程，也使课堂交往丧失了其应有的道德维度。

"教师能否根据不同学生对知识的掌握情况做出不同的评价？"对于这一问题，累计79.3%学生认为教师能够根据不同学生对知识的掌握情况做出不同的评价，17.6%的学生认为教师做得一般，3.1%的学生认为教师做得不好。在和学生的谈话中，得知有些教师对学生的评价、提醒或劝告往往以一种刻薄的、武断的、讽刺的形式出现，已完全失去了教育的意义，仅有对学生的羞辱和压迫（见表5-40）。

---

① 李森、伍叶琴主编：《有效对话教学理论、策略及案例》，福建教育出版社2012年版，第265—266页。

经百分比同质性检验,$\chi^2$值为 100.701,自由度为 9,显著性概率值 P = 0.000<0.001,达到 0.001 显著水平,表示各学段的学生类别(小学、初中、高中、大学)在教师对学生评价四个反应变量上至少有一个选项选择的次数百分比间有显著差异。经事后比较发现,大学在"做得很好"选项上的百分比显著少于小学、初中和高中;大学在"做得一般"选项上的百分比显著多于小学、初中和高中,这表明,大学的"教师根据不同学生对知识的掌握情况做出不同的评价"的做法没有小学、初中和高中的教师做得好。这或许因为在大学里,每学期开设不同的课程,不同的课程是由不同的老师讲授,老师对所授班级同学的情况不是很了解,或者不了解,做出比较客观的评价较难,不像中小学课程是固定的,老师也是固定的,而且一门课一直由某位老师讲授,某位老师对每个同学的学习情况了如指掌,故能做出相对客观的评价。

表 5-40　教师对学生评价的调查(n=1336)

| 学段 | 做得很好 | 做得较好 | 做得一般 | 做得不好 |
|---|---|---|---|---|
| 小学 | 196(59.0%) | 92(27.7%) | 40(12.1%) | 4(1.2%) |
| 初中 | 138(42.3%) | 132(40.4%) | 46(14.1%) | 10(3.2%) |
| 高中 | 160(48.2%) | 118(35.5%) | 38(11.5%) | 16(4.8%) |
| 大学 | 78(22.5%) | 146(42.1%) | 112(32.3%) | 10(2.8%) |
| 合计 | 572(42.8%) | 448(36.5%) | 236(17.6%) | 40(3.1%) |
| $\chi^2$值 = 100.701　　　P = 0.000　　　P<0.001 | | | | |

"在课堂教学中你发现老师讲错了,你会怎样做"? 这一题是为了了解在教学情境下学生对待老师发生错误时的态度以及在学习中的质疑精神。26.1%的学生认为在课堂教学中如果发现老师出现了错误,会"毫不留情地当场指出";13.5%的学生认为这个老师"水平太低",56.2%的学生认为会"下课后找老师,委婉地说出老师的错误";4.2%的学生认为"无所谓,我知道就行了"。经百分比同质性检验,$\chi^2$值为 9.291,自由度

为9,显著性概率值 P = 0.327>0.05,未达到 0.05 显著水平,说明各学段学生之间在反应变量上无显著差异(见表 5-41)。可以看出,教师在知识传授过程中出现的错误,学生更多地会采取比较含蓄的方式来向教师进行表达,说明更多的学生在指出教师错误时会顾及教师的尊严。也有部分学生毫不犹豫地当场指出,这也说明教师作为知识传授者,在知识传授过程出现错误是部分学生不能容忍的。

表 5-41　学生对教学中教师错误的态度调查(n = 1336)

| 学段 | 当场指出 | 认为水平太低 | 委婉说出 | 无所谓 |
|---|---|---|---|---|
| 小学 | 95(28.6%) | 44(13.3%) | 184(55.4%) | 9(2.7%) |
| 初中 | 98(30.1%) | 50(15.3%) | 166(50.9%) | 12(3.7%) |
| 高中 | 72(21.7%) | 41(12.3%) | 203(61.2%) | 16(4.8%) |
| 大学 | 83(24.0%) | 46(13.3%) | 198(57.2%) | 19(5.5%) |
| 合计 | 348(26.1%) | 181(13.5%) | 751(56.2%) | 56(4.2%) |
| $\chi^2$ 值 = 9.291　　　P = 0.327　　　P>0.05 | | | | |

通过对师生关系的考察发现,对于师生关系,教师和学生不仅存在着认识上的偏差,而且在课堂教学中存在着教师对学生不公、缺乏关爱,甚至伤害学生自尊的现象。

2. 自我伦理关系

法国哲学家福柯认为,自我技术是指个人通过伦理或自我建构的方式塑造对自我的认同。在某种程度上,伦理就是一种自我技术,这种自我技术通过对自我的看管实现个人与自身的关系。个体通过这种自我技术并在自我治理的基础之上,才有可能实现对其他方面的治理。从这种意义上来讲,"自我照看本身就是伦理"[1]。自我伦理是为了让流变中的自

---

① 贺照田编:《后发展国家的现代性问题》,吉林人民出版社 2002 年版,第 417—418 页。

我获得幸福,必须通过自我伦理约束开放的自我观。① 我们以自我支配为特征的方式与自我发生关联,当我们受制于规训、受制于某些形式的知识时,就发生了自我的伦理形成过程。而自我伦理关系是建立在交往行为基础上的。在课堂学习中,学生基于课堂规范的交往便蕴含着自我的伦理意义:课堂规范是以维护课堂中每位学生的公共利益和自我发展为出发点的,而不仅仅是为了维护课堂秩序和教学效率的强制规约与控制。学生对于规范制度的自觉遵守,是对共同的学习生活环境的维护,这既是对自我的负责,更是对他人的负责。每一个学生都不是单子式的孤立的自我,而是承担对他者的责任中的独立自我,并参照一定的交往规则和课堂规范,进行着积极的自我反思。② 在自我的内心世界里,学生通过道德规范对自己的行为、思想进行自我管理和监督、奖励和惩罚。

对于"你怎样看待你们的课堂纪律?"这一问题,有 59.6% 的学生认为自觉遵守很容易做到,有 20.1% 的学生认为虽然太严格但还是会遵守的,有 14.3% 的学生认为课堂纪律有些地方不太合理须改进,有 6.0% 的学生认为做自己的事情,很不喜欢老师的要求和规定。经百分比同质性检验,$\chi^2$ 值为 37.568,自由度为 9,显著性概率值 P = 0.000 < 0.001,达到 0.001 显著水平,表示各学段的学生对课堂纪律态度的反应至少有一个选项选择的百分比间存在显著差异。经事后比较发现,小学生在"A"选项上的百分比显著少于其他各段,在"B""C""D"选项上的百分比显著多于其他各段,这表明,小学生的自主意识和自制能力不及其他各学段。通过调查可知,累计 79.7% 的学生对于课堂纪律能够遵守。这说明大部分学生通过自主意识和自制能力对于外在的规范和纪律已经具有较好的适应性并遵守。但还有一小部分学生对制度规范持反对态度,不能受其必要的外在规约。应该说,其道德的自律性还处于较低的发展阶段(见表 5-42)。

---

① 段伟文:《网络空间的伦理反思》,江苏人民出版社 2002 年版,第 190 页。
② 史铭之:《课堂场域中的学生社会性生成:一种交往视角的分析》,上海教育出版社 2015 年版,第 174 页。

表5-42 对课堂纪律的态度调查(n=1336)

| 学段 | A | B | C | D |
|---|---|---|---|---|
| 小学 | 143(43.0%) | 102(31.0%) | 63(18.9%) | 24(7.1%) |
| 初中 | 216(66.3%) | 54(16.6%) | 41(12.5%) | 15(4.6%) |
| 高中 | 210(63.3%) | 52(15.7%) | 48(14.4%) | 22(6.6%) |
| 大学 | 227(65.6%) | 61(17.6%) | 39(11.3%) | 19(5.5%) |
| 合计 | 796(59.6%) | 269(20.1%) | 191(14.3%) | 80(6.0%) |
| | $\chi^2$ 值 = 37.568    P = 0.000    P < 0.001 | | | |

注:A=自觉遵守很容易做到;B=虽然太严格但还是会遵守;C=有些地方不太合理须改进;D=做自己的事情,很不喜欢老师的要求和规定。

　　"在课堂上,你发现老师讲的内容你已经知道,你通常会怎样做?"对这一问题,累计88.3%的学生都会选择继续听讲,只是他们解释的原因有所不同:43.3%的学生认为继续听讲,可以使自己知识更加扎实;24.0%的学生认为仍然听讲是因为老师的要求:21.0%的学生认为继续听讲是怕影响别人;只有11.7%的学生会选择不听,和同学说话或者做其他事情。经百分比同质性检验,$\chi^2$ 值为35.562,自由度为9,显著性概率值 P = 0.000 < 0.001,达到0.001显著水平,表示各学段的学生在自我约束力四个反应变量上至少有一个选项的百分比间存在显著差异。经事后比较发现,小学在"A、B、C"三个反应变量上的百分比均显著少于其他各学段,但在"D"选项上的百分比显著多于其他各学段,这表明小学学生在外在约束和自我约束方面都比其他各学段的学生差。对这一问题的考察是为了进一步了解学生通过道德规范对自己的行为、思想进行自我约束的能力,它是自我伦理关系的重要表现。通过调查表明,45%的学生能够从社会关系的角度来理解制度规范,43.3%的学生能够从自身发展的角度遵守规约,11.7%的学生无视规范制度。人与自我在外在的道德规范和制度的规约以及在自我肯定和自我发展中建立一种伦理性关系,并在这种关系中实现自我的道德性(见表5-43)。

表 5-43　对自我约束力的调查（n＝1336）

| 学段 | A | B | C | D |
|---|---|---|---|---|
| 小学 | 57(17.1%) | 48(14.5%) | 103(31.0%) | 124(37.4%) |
| 初中 | 83(25.5%) | 73(22.4%) | 160(49.1%) | 10(3.0%) |
| 高中 | 86(25.9%) | 78(23.5%) | 154(46.4%) | 14(4.2%) |
| 大学 | 95(27.5%) | 82(23.7%) | 161(46.5%) | 8(2.3%) |
| 合计 | 321(24.0%) | 281(21.0%) | 578(43.3%) | 156(11.7%) |
| $\chi^2$ 值＝35.562　　　P＝0.000　　　P<0.001 | | | | |

注:A=仍然听讲,老师要求我们认真听讲;B=继续听讲,做其他事情会影响别人;C=继续听,使自己的知识更扎实;D=不听,和同学说话或者做其他事情。

在道德文化中,诚信既是一种道德思想,又是一种道德活动,是一切道德的基础和根本,是人之为人的最重要品质。在学校学习中,诚信不但是校规校纪所约束的范畴,也是学生自我约束的内容。"在学习过程中,你会不会采用其他方式仿造真实的结果?"对这一问题的调查是为了考察学生的诚实守信的学习态度。经百分比同质性检验,$\chi^2$ 值为 13.670,自由度为 9,显著性概率值 P>0.05,未达到 0.05 显著水平,表示各学段的学生在诚信四个反应变量选项上的百分比间无显著差异。累计 24.2%的学生在学习过程中有仿造真实结果的行为,这表明学生在课堂学习中缺乏诚信。诚信具有自律性的一面,它对学生的约束是通过内部力量实现一种自我要求与克制,是一种源于内心的自我约束,当自我约束不起作用时,还需要借助他律(见表 5-44)。

表 5-44　对学习态度诚实性的调查（n＝1336）

| 学段 | 从不 | 很少 | 有时 | 经常 |
|---|---|---|---|---|
| 小学 | 158(47.6%) | 84(25.3%) | 66(19.9%) | 24(7.2%) |
| 初中 | 162(49.7%) | 90(27.6%) | 64(19.6%) | 10(3.1%) |
| 高中 | 142(42.8%) | 112(33.7%) | 62(18.7%) | 16(4.8%) |
| 大学 | 152(43.9%) | 112(32.4%) | 64(18.5%) | 18(5.2%) |
| 合计 | 614(46.0%) | 398(29.8%) | 256(19.2%) | 68(5.0%) |
| $\chi^2$ 值＝13.670　　　P＝0.934　　　P>0.05 | | | | |

通过对以上调查结果的分析可知,在课堂场域中,学生作为道德自我的伦理反思是在与同伴、教师以及班级群体的交往中,以课堂规范为保障从而实现课堂中的每一个人能够相互尊重,理解他人的存在。大部分学生在学习过程中能够展现真实的自我,能够从自我发展和社会道德的角度来理解课堂纪律和规范并自觉遵守;部分学生对制度规范提出质疑,这说明他们具有了自我反思的能力;少数学生的自我约束、自律精神则发展不足。

## 四、课堂学习社会性的主要问题

课堂场域是一种关系性描述,课堂中的教育者、学习者、学习内容等实体要素并不是毫无相关的孤立存在,它们是以一种相互联系的关系存在的。我们对学校课堂学习社会性的问题主要通过问卷法、案例等方式来进行系统考察与分析,对当前学校课堂学习社会性的问题有了更深刻的认识:

### (一)课堂学习文化性缺失

目前,课堂学习仍停留在追求谁占有更多的科学知识的终极目标上。在课堂学习中,谁能够占有更多的科学知识,谁就能够得到老师更多的表扬;谁能够复述更多的科学知识,谁就能在考试中得到更多的分数,并能在同伴中树立更高的威信。在这样的样态下,课堂学习气氛处于虚假的“活跃”状态下。据调查可知,小学(46.2%)、初中(48.5%)、高中(35.2%)和大学(37.8%)“活跃”气氛占课堂首位,课堂学习变成了彻头彻尾的科学知识的奴隶,从而失去了其本真的价值追求。在课堂学习中,教师总是在追寻课程文本唯一的“标准”,教师的职责成了“标准”的寻找者和传递者,在对文本的解说过程中,只遵循标准“原意”传达,导致了教师在课堂教学中一味寻找标准“原意”而摒弃自己的主体性。文本被分解成一个个具体的知识点,通过教师传递后,为了应付统考,让学生狂做模拟题,面对“掩耳盗铃告诉我们什么道理?”的问题,学生的回答千奇百怪时,语文老师竟然在课堂上对三年级学生大发雷霆,用一节课的时间强迫学生死记硬背“掩耳盗铃、滥竽充数”等寓言的寓意。而学生在学习过程中注意倾听的只是教师强制性灌输的知识,当师生文化出现冲突(累计 8.5%)时,教师关注的是学生是否接受、掌握、认同、服从他的文化,至于是否理解、内化则无关紧要,但学生的质疑、批判却是不容逾越的"雷池"。

在课堂学习中,不管是教师的教,还是学生的学,仍然沿袭着传统的课堂教学模式,师生仍然被限定于单一的课程文本知识。在对知识的贪婪占有中他们反而被知识异化了,这使其遗忘了文本中的文化性和价值观。学习异化对人的片面、畸形、病态、分裂的强化。课程文本知识意义具有无限的开放性、流动性和深切的关联性。不同学科的文本承载着不同的价值意蕴。语文学科的文本所蕴含的人文情怀,可以让学习者处理好实用文与美文、科技文化与人文文化、经典作品与大众作品、传统文化与现代文化的关系。数学学科文化是以数学科学体系为核心,以数学的思想、精神、知识、方法、技术、理论等所辐射的相关文化。外语学科可以让学生了解语言文化的背景、内涵、中西文化的差异,并进一步培养跨文化意识和对本国文化的敏感性和鉴赏力。社会科学以社会现象为研究对象,力求揭示社会生活的本质和发展规律,使学生更好地参与社会生活。正是因为课堂学习具有不同学科价值内涵的交织互补性,使得学生通过课程文本的学习获得课程文本所蕴含的文化性和价值观。然而,在现实的课堂学习中,课程文本所具有的文化内涵和价值赋予无法正常达到预期的目标,呈现出一种学习文化性的严重缺失。

## (二) 社会性与个体性对立

在学习活动中,学习常常是发生在个体"头脑内"的事件,学习者和学习活动的其他参与者之间缺乏合作和互动。人只把学习视为一种以记忆与练习为主要形式和主要任务的活动时,与其他社会群体之间很少发生联系。学习者所处的主要关系框架是"我+知识+教师"的关系,"我"通过教师来获得知识,而不是通过与其他人相互联系、相互作用获得知识。在现实的学习活动中,学习的社会性仅表现在由授受的知识传输模式所决定的认识与被认识、灌输与被灌输、控制与被控制的社会关系之中,使学习的社会性仅具有虚名或者完全受到压制。

当谈到学习的社会性时,人们习惯上将学习的个体性与社会性对立起来,但学习的社会性与个体性是无法彼此分离的。学习的社会性是相对于自然性和个体性而言的。虽然人类学习活动离不开人的自然性、个体性,但其在本质上仍是社会活动的产物。学习固然具有自然性(或本能性),但学习的自然性(或本能性)是以人的生物和本能属性为基础的,而人的生物和本能属性是随着人类的进化和发展而不断地优化,在优化的过程中离不开人类社会活动的影响。同时,学习的个体性是由具体的个体进行的,但任何人的学习都是在一定的社会关系之中进行的。学习不再仅仅是个体性的存在,而更应是一种社会性的存在。学习虽有社会性与个体性,但是学习的个体性是统摄于社会性之中的。其实个体与其所处的社会环境间的关系是动态的,对两者简单而截然地做出划分,会导致人们对人类学习全貌认识和把握的不全面。因此,学习的社会性和个体性不是完全分离的,或者互不相干,它们应该是一种互惠共生的关系。①

### (三) 单向度交往结构明显

人类的存在并不是以一个独立的个人做基础,而是以双向理解的交互为起点。通过对当前中小学和大学课堂交往状况的调查我们可知,当前学校课堂交往结构仍然是单向性的,其表现在知识的传递由教师以一对多或一对一的线性方式传授给学生。也就是说,课堂交往是以师生交往为主要形式,生生交往在课堂学习中并未真正成为有意义的"交往群体",学生在课堂中只是"孤立个人",或者只是无交往功能的班级成员。师生交往主要以教师与全班学生交往为主,教师在讲台上讲,所有学生在座位上听。全班学生被看成是有着相同认知水准的知识容器,按相同步调进行学习。即使出现师生交往中教师与单个学生的交往形式,也是教师提问与学生应答,虽具有教学交往的形式,却无教学交往的实质性内容和真实意蕴,这种虚假形式上的交往在中小学课堂中尤其多见,如"这个问题对不对","对","比它

---

① 　郑葳、王大为:《超越学习的个体性和社会性之争——活动理论之于现代学习论的影响》,《全球教育展望》2005 年第 1 期。

大还是比它小","小",这并不能激发学生高层次智慧。

高校的教学授课方式虽较以往有所改变,但在师生交往中,由于双方所处地位及信息掌握量的不同,交往往往呈现单向性、被动式和自上而下的特点,特别是作为个体主体的教师或学生与作为主体的班级、小组、小群体之间的点面式交往,在大班教学时表现得最为明显。① 高校课堂的交往活动让人更忧,当教师采取与单个学生的交往形式时,教师抛出问题后,教室却一片寂静,部分学生低下头,生怕老师叫到他,主动举手回答老师问题的学生少之又少。即使存在教师与单个学生的交往行为,学生也多是学生干部或成绩好的学生等。呈现出一种垄断交往的样态。总之,当前课堂交往的特征为:单一性交往中夹杂着虚假和垄断。

课堂教学活动是由教师发起的,学生只能按照教师的意愿或者听、或者记、或者被动应答,学生缺乏交往的主动性。据调查得知在师生交往中,只有24.2%的教师认为有一半以上的学生会积极主动地向老师提问,其他学生被动地迎合教师的意愿。在生生交往中,也存在着主动性缺乏。生生交往是在教师许可下发生的,使交往具有被动性;交往对象是教师规定好的,更多是同桌或邻位学生间的交往,使交往具有静态性;是个体与个体间的交往而不是个体与群体的交往,使交往具有单向性。

### (四) 合作学习参与度不均

课堂教学不是"个体活动",而是"群体活动"。在课堂教学中,既存在着师生间合作又存在着生生间合作。通过调查可知师生合作和生生合作,在小学和初中课堂上比高中和大学课堂上更常见,这是因为国家基础教育课程改革所强调和提倡的合作学习方式正在被中小学教师在教学实践中广泛使用。师生合作在课堂上更多地表现为师生讨论。在师生合作中,教师更像师傅(14.4%)、管理者(29.7%)、权威者(50.1%),很少像交流者(5.6%),这使得学生合作学习参与度不高,在合作中展示机会少,缺乏合

---

① 许烨:《当代高校教师职业伦理:从德性到共同体建构》,中央编译出版社2016年版,第188页。

作的主动性,尤其在高中和大学课堂上更为明显,有时教师只能唱独角戏。即使课堂中有些问答活动发生,也不是实质上的合作,只不过是一些机械的问答。师生真正的合作应该是在平等中交流与沟通,它不仅强调学生要自己"说",更强调师生间要平等地交流、互动。虽然在大多数现实教学中已重视了学生的言说和师生关系平等问题,但还是远远不够的。只有我们以对话方式来引导学生积极提问,师生、生生间互诉互议,才能真正进入合作教学境界。

对"课堂中有哪些合作行为?"的问题调查中,小学、初中教师和学生更多的指向"生生合作",认为合作学习是指生生合作,忽视了师生合作,尤其是在提倡合作学习的背景下,教师对生生合作学习的操作仅仅停留于相互讨论层面或经验水平上,有些教师为了应付学校的检查使合作学习仅流于形式的现象比较突出。通过调查可知,学生虽然具有强烈的合作意愿,但由于生生合作只注重形式,使得生生合作成效很低,甚至仅成为教学的点缀,且浪费时间,使得学生参与生生合作的主动性不高,教师安排生生合作的积极性也相应地降低了。当前在合作学习中,如何合作才是最为重要的问题。这就需要教师像研究教学内容一样研究合作的方法,通过组织有效的合作学习活动,把基本的、规范的合作学习方法教给学生。

## (五) 学习伦理关系不和谐

一切的学习都是内蕴同他人之关系的社会性实践。学习伦理主要是指学习活动所具有的基本道义精神,以及学习活动所遵循的基本道德前提。课堂学习最基本的同他人之关系是师生关系。对师生关系研究中发现以下几个问题:

第一,师生关系在认识上存在偏差。目前部分教师和学生对师生关系的认识还存在一定偏差。这是因为受"师道尊严"的影响,认为师生关系是一种授受关系,学生的思想、观点完全要以老师的思想观点为准,不能有不同的主张和看法,否则,教师会大发雷霆,出现师生冲突。这种师生关系是建立在权力和命令基础之上的,师生之间的关系是认识与被认识、灌输与被灌输、征服与被征服的畸形关系。

第二,课堂中缺乏民主、平等和自由。教师把学生看成是完成学习任务的工具和手段,而不是视之为需要享受民主、平等和自由权利的个体。在课堂学习中,教师的权威地位没有改变,仍然采用命令、通知等方式,通过忽视学生个人感受的讲授来控制教学,学生则是权威知识的被压迫者,没有自己的话语权,因为教师独占教学舞台,极少给予学生表现的机会和表达自己观点的权利。学生相应的权利或多或少地被教师有意或无意地剥夺了,这对学生来说显然是不公正的。

第三,体罚或变相体罚依然存在。《中华人民共和国教育法》《中华人民共和国义务教育法》《中华人民共和国教师法》《中华人民共和国未成年人保护法》明确规定:"体罚学生,不管是否产生严重的后果,其行为的属性是违法的。"在调研中发现仍然存在体罚或变相体罚的现象。体罚或变相体罚侵害了学生的身体健康权、受教育权、人身自由权和人格尊严。

第四,师生关系冷淡,缺乏关爱。课堂教学活动是师生双方的共同活动,它存在于师生在教学中的交互作用,在此过程中实现师生的精神相遇,即认知共振、思维同步和情感共鸣。目前,课堂中仍存在一种自上而下的流通灌注式的供求关系。在教学中,部分教师只关注自己的教学进度,在讲台上讲课的节奏,就像机关枪不间断地发出"哒哒"声,无视学生的教学反应和各种表情,甚至根本不会根据学生的教学反应,对教学内容或教授方式作出相应的调整,只顾完成自己的教学任务。师生之间缺乏基本的交流、互动,表现出一种冷淡的关系状态。

在课堂教学中,不仅存在着师生、生生间的交往互动,同时还存在着自我内在的交往互动,在此互动中需要参照一定的交往规则和课堂规范,进行着积极的自我反思。通过自我的选择和安排,为自我的存在和发展提供一个完全可靠的道德空间。学校中的课堂被视为对学生实施"规训"的场所,而精细严密的课堂规范和纪律则成为实现"规训"目的的工具。这种"规训"首先从控制肉体开始,如训练学生的站姿和坐姿等,接着强调课堂规范和课堂纪律,渐渐地使学生学会了根据不同的场景对课堂规范纪律做出不同的反应,如课堂与课外、主科与副科、班主任与非班主任的课堂等。因为学生知道规范纪律的"遵守"在很大程度上受外在情境的影响和外力的即时控制,课堂的规范和制度仅仅是一种外在的控制,是对人的束缚和限制,使学生丧失自我的主体性,沦为权威的奴役。课堂规范和纪律对学生的压制,以及学生被动地顺从于它们,使教室里出现了可见的秩序,但学生的自我意识和自律精神却在这种贬低人性尊严、剥夺个体自由的规范制度中被湮没。学生没有形成内在自我约束,学生只有对外部规范纪律的服从,他们缺少一种自律的道德和精神。学习者的自律精神的生成与发展既是一种德性品质的养成,也是一种内在自由的充分实现。一种真正的自律精神不仅是一种对学习者的外在约束和控制,还应该是学习者的尊严、自主和责任心。

## 五、课堂学习社会性问题的反思

如果仅仅将符号知识或他人经验作为学习对象来接受或占有,而不能通过对知识所描绘的客观世界的理解和掌握而建立起学生与自然世界、社会世界和精神世界的内在关联性,学习便丧失了实践属性;如果只能让学生获得"关于世界的知识"而不能获得"进入世界的知识",只能占有公共知识而不能形成个人知识,这样的学习也丧失了实践属性。在学习活动中,丧失了学生与外部世界的关联性,只有对象性学习而缺乏学习的自我感和实践感,学习活动也就丧失了对学生成长的意义。

### (一)工业化教育理念之弊端

现代学校虽然进行了各式各样的变革,但仍旧被深深地烙上了工业化的印记。工业化时代,为了迅速积累财富,人们普遍认为只有大批量生产并复制出相同的产品才能满足社会文化生活的需求,才能降低成本、提高效率,工业化的本质在于大量和高速制造和复制必需品。工业化时代,学校教育仿照工业化大生产的方式来培养国家和社会所急需的大量各行各业标准化人才,使得学校教育成为工业化时代的产物,工业化时代的价值观念和思维方式决定了学校制度和人才培养模式。

工业化教育是工业化的本质在教育中的体现,其基本特点表现为:学制是固定化的,教科书和实施步骤是统一的,是"师道尊严"的班级授课制,它追求整齐划一的结果。工业化教育强调以学校为中心、以教科书为中心、以教师为中心。对学生的评价标准以考试成绩为唯一标准,分数之上为学校教育的成功者,他们是学校生产的"合格产品";分数之下是学校教育的失败者,他们是学校生产的"残次品",对结果的简单划分,完全忽视了人的全面发展,使人沦为分数的奴隶。① 这种教育把学校教育视为在生产线上复制相同的产品的过程,对学生进行直接制造或改变,并认为大批量在生产线上的复制品是工业化建设所需要的人才。"工业化教育是用过去的知识教现在的孩子去完成将来的任务",这切中了工业化教育的弊端。

1. 注重"工厂"隐喻,缺乏"共同体"意识

早在 20 世纪初的古典组织理论中,学校曾被看作"工厂"。学校被描述为一个将学生作为原材料进行加工以满足社会、市场需要的工厂,"在某种意义上,我们的学校是工厂。……根据规格的规定来塑造学生是学校的职责。"②学校是"工厂"的隐喻使学校被视为一个私人利益机构,而不是一个社会性与民主型的教育机构。校长是厂长,教师是技术工作人员,学生是原材料,学校的运行机制是根据事先设计好的规范化的程序对原材料进行流水线的"加工"或反复"处理",以满足市场的需要。

课堂学习社会性所存在的问题恰恰反映的是一种大工业化的生产方式。学校如同一个个"加工厂",知识成为物品,教师既是工厂的"工程师"或"技术人员",又是物品的拥有者,而不是人类灵魂的工程师,他们把学生视为没有生命、任人摆布、有待加工的"原材料",教室视为车间,课桌椅的摆放与工厂里机器的摆放是一个原理,"秧田式"的整齐划一。学习活动是教师根据一份事先设计好的教学大纲来组织、实施的一种类似于生产的过程,以大批量塑造和生产出社会需要的"人才产品"。在这种流水线上,"与其说所有的学生都在习得相同的知识,还不如说他们习得一种划一的'产

---

① 朱晓颖:《同位与同质:义务教育公平新论》,人民日报出版社 2015 年版,第 52 页。

② [美] E. 马克·汉森:《教育管理与组织行为》,冯大鸣等译,上海教育出版社 1993 年版,第 27 页。

品'身份,而这种身份与他们的日常生活、与他们理解知识所来源于的世界无关。"①师生之间是制造与被制造的关系,缺乏平等交往;生生之间是竞争与被竞争的关系,缺乏共同建构知识和分享知识;课堂是一种以教师为中心的制度性安排,缺乏人性和生命的关怀。教育的目的在于在学习过程中整合学生的认知、心理、伦理及社会性等发展,恢复学校与社会间的连续性,将学校发展为具有共同愿景、对话协商、智识共享和合作学习的"共同体",而不是冰冷冷的"工厂"。

2. 专注静态知识,轻视知识动态性

建立在工业化教育理念上的知识观认为知识是静态的而不是动态的。静态的知识观认为,真正的知识是正确反映事物的属性和联系,它具有客观性、唯一性、确定性、普遍性、一致性、实证性、中心性、绝对性和终极性等性质。可见,静态知识观把知识看作一种定论、一种结果、一种放之四海而皆准的真理,没有揭示知识的其他多重属性,从而排斥了知识所具有的"真理"以外的其他意蕴。在静态知识观看来,学校的课程以知识为中心而展开,无论是教学大纲、教学计划,还是满天飞的各种各样的复习资料无不强调"知识点"。相应地,学校的教学强调"知识是客观存在的,书本知识是绝对永恒的真理,学习的目的在于熟记这些所谓的真理;知识的意义客观地存在于书本文字之中,学生只能安静聆听以便接受教师灌输的现成知识"②。师生对文本不敢有自己的独特见解,只能参考教材亦步亦趋,使得师生与文本之间缺少对话,知识的真正意义未能重新建构,丰富多彩的文本价值也未能深入挖掘和阐释。

相对地,动态的知识观强调个体的认知过程是连续的意义建构过程,即知识不是游离于主体认识之外纯粹客观的东西,学习乃是学生建构他们自身对客体的理解,换言之,知识是由学习者主动建构的。人类的学习无时无

---

① 赵健:《学习共同体——关于学习的社会文化分析》,华东师范大学出版社 2006年版,第 26 页。

② 江峰:《客观与主观:当代课程哲学的两种知识观评析》,《北京大学教育评论》2006 年第 4 期。

刻不在形成、寻求或创生意义。杜威在其名著《经验与自然》中指出,"经验是主观和客观的'兼收并蓄的统一体',知识是工作的、实用的,是在互动中产生的动态知识,并不只是独立自足的静态知识。"①知识习得是学习者经验的合理化或实用化,它不是记忆事实,也不是被动灌输,而是主动建构的,是学习者与他人互动、协商而形成共识。②

3. 深陷"人造"情境,脱离"真实"场域

工业化教育理念下的学校学习是发生在人造的情境中的,学生在学校中所学的知识经常是支离破碎的、脱离情境的"呆滞思想"。"知识不是心理内部的表征,也不是个体头脑中静态的智力结构,而是一个包括人、工具、共同体以及运用知识的活动在内的认知过程,是个体和社会或物理情境之间联系的属性和互动的产物。"③任何知识的学习都离不开情境,不存在脱离情境的认识主体和认识行为,学习是学习者在一定的情境中建构意义的过程。如果学习脱离生活情境、社会情境,脱离了学生的日常生活,脱离了知识的来源,这会导致知识意义丧失,使学习内在动机受到抑制。知识的人类学观点和情境学习观点都认为知识既不是人脑所构造的知识,也不是由环境决定的行为,而是把知识看作是介于个体和文化之间的一种属性,它涉及情境中的实践。④

当我们反思学校学习方式时,却发现学校学习方式对学习的社会性是极端的冷漠和缺失的。它以学生的共性、知识的客观性与简单性为前提,接受学习成了班级授课制的基础和核心。他们把学习视为记忆和回忆,作为信息的储存和加工,使劲地往学生大脑里填充,"大脑不是一个需要填满的

① [美]杜威:《经验与自然》,傅统先译,江苏教育出版社 2005 年版,第 113 页。
② 叶澜主编:《中国教育学科年度发展报告》,上海教育出版社 2006 年版,第 131 页。
③ 贾义敏、詹春青:《情境学习:一种新的学习范式》,《开放教育研究》2011 年第 5 期。
④ [美]戴维·H.乔纳森:《学习环境的理论基础》,郑太年等译,华东师范大学出版社 2002 年版,第 306 页。

容器，而是一只等待点燃的火把。"①为了追求"学习"流水线的效率，知识同样被教育者从它们所嵌入的情境中抽取出来，拆成片段的零部件，并假设它们可以通过各个学段、年级的加工，学生能够将它们逐步组装起来形成相应的知识体系。于是，学校中的学习变成了一个专门知识生产流程，"工程师"教师设计，"工人"学生无条件地接受和执行。在这种理念下，学生的学习总是处于被动、受奴役的地位，他们别无选择，这剥夺了学生在学习过程中作为主体的地位和他们享受的应有权利。脱离个体生活的"真实"场域来谈论学习或能力是毫无意义的，学习是发生于自然或社会环境中的某一活动或行为中，它要求把知识呈现在真实的情境中。唯有将学习镶嵌于它所维系的"真实"场域之中，学习才会被赋予真正的意义，学习者通过与"真实"场域的接触、互动和协作而选择或决定自身行为。

工业化教育理念下的学校是"工厂式"学校，学习内容强调以单纯的书本静态知识为主，学习手段以记忆事实和程序为主，学习目标以知识的获得为主，学习环境是去情境化的场域，使得学生在学校中的学习与社会实践相脱离，常常会导致"呆滞知识"（inert knowledge）的产生，这不能解决实际问题。显而易见，这不能适应知识经济时代对学习的要求。

### （二）功利化学习倾向之使然

人类为了创造历史，就必须要生活，为了生活就必须要衣食住行，生存需求是人们最基本、最原始需求。生活需求的满足、利益的追逐是个人和社会活动发展的逻辑起点。随着市场经济的发展，"经济人"具有强烈的趋利避害的本性，这种本性会导致一部分人"重利轻义"，把获取利益的多少作为衡量人价值的大小，导致在竞争过程中各种利益主体表现出强烈追求利益的倾向，使得他们的价值取向呈现出功利主义。

伴随我国社会急骤的转型，政治、经济、文化领域发生了飞速的变化，相应地，社会价值标准、价值取向和道德评判机制等也在不断地演变。道德秩序受到解构后，新的、富有引导性、操作性和有效性的道德约束体系尚未建

---

① 陈建翔、王松涛：《新教育：为学习服务》，教育科学出版社 2002 年版，第 60 页。

成,社会上出现了一种"泛功利化"倾向。这一倾向蔓延到社会的各个领域,无论是政治领域、经济领域还是文化领域,无论是物质领域还是精神领域,无论是私人领域还是公共领域,总是趋同于简单地用功利度量社会和个人,用功利评价人的价值,用功利指导人的行动,用功利定位人的关系,甚至用功利衡量人的学习。把是否得到功利作为考察、评判、衡量一切事物和行为优劣、好坏、善恶、美丑的唯一标准,把极端个人主义、拜金主义和享乐主义推向了极致,形成了一种病态的价值观。①

1. 追求个人利益至上,弱化对人性的关怀

在追求物质满足、欲望实现,以利益为首的时代下,学习几乎只关注最大程度、最高效率地传输知识,而社会只用考试来衡量人才,学习变成通过考试的方式开展知识传输竞赛的工具。在这场竞赛中,谁获得尽可能多的知识符号,谁就会获得以等级或者序列为标志的社会利益或地位。正如有人所言:"我们今天的教育追求实用的、眼前的东西太多,而追求内在的,理想的东西太少,太实用终究无大用,这就是教育的辩证法。"②在这种功利化的驱使下,学校、教师、家长和学生无可奈何地选择了被扭曲的教育价值,这使得功利化学习更加凸显。功利化学习源于功利化社会中的"奴化"和"物化",源于技术社会中失去了价值导引的工具理性的过度膨胀,或者可以说,源于"理性的暴虐"对人的奴役。③ 它弱化了人求知的本性,压抑了人的兴趣与个性。在马斯洛看来,教育就是基于人性需要的自我实现的过程,是人性的充分展开和提升,也是基于人性、为了人性的实现服务的,其目的就是人的自我实现,是丰满人性的形成,是人性能够达到的最高度的发展。④

---

① 江必新、刘伟:《国家治理现代化与社会主义核心价值体系》,中国法制出版社2016年版,第165页。
② 王坤庆:《关于精神教育内涵的再思考》,《湖北教育学院学报》2002年第1期。
③ 杨建朝:《自由成"人"——人性视角的教育精神》,中央编译出版社2013年版,第161页。
④ [美]马斯洛:《人性能达到的境界》,林方译,云南人民出版社1987年版,第169页。

　　一旦为了成绩而学习,我们就会被分数绑架,失去了学习的意义。个体学习的意义是提升、发展、完善个体,使个体得到充分、自由、和谐的发展。如果学习仅是为了追求功名、利益、权势和地位等物质层面的东西,那么它的精神就已经枯竭了。一切以利益为中心、以人的欲望满足为目的的立场其实已经阉割了人性生长的空间,教育在其中不仅没有试图对其作出自己应有的反抗和超越,反而起了推波助澜的作用,并全力以赴地引导人们去努力适应社会,使得人更加像动物一样满足当下身体欲望而活着。① 学校教育的出发点与归宿应该是人的发展,其目的是人性而不是利益,教育不应成为"利益"的工具。如果学习的意义被异化成为一种利益的工具时,人便会变成一种被物质所奴役的"利益"。人活着的意义应远不止于成为"利益"的奴仆。② 正如马克思在《1844 年经济学哲学手稿》中所言:人活着,不再获取和积累那些僵死的物质的东西,而是人生命的自我实现、自我观照。在这种过程中,人获得了一种美感愉悦和精神满足,享受了一种心灵的丰盈、饱满、充实与富足。学习应该是一种享受、一种体验、一种精神的愉悦。

　　2. 倡导占有式个人竞争,缺乏共享式集体合作

　　当今学校存在由整齐划一的整体主义与激烈竞争的个人主义所构成的学习关系,这使得学校糅合了个人主义、利己主义和竞争主义,逐渐成为潜在地或显性地宣扬竞争性个人主义的场所,它把学生塑造成为教育竞技上的"战士",要求学生把他者视为"竞争对手",并与之展开"你死我活"的斗争,而不是与之展开合作与交往。③ 在这个场所中倡导占有式的个人竞争,鼓励学生去竞争更多的资源,使学习成为一种"占有",要让学生最大限度地占有知识,占有知识意味着占有更高的成绩排名和更好的升学机会。占有这些东西几乎成为最重要的目标,即受教育的目的就是为了占有。在我国现阶段,学生、家长、学校对于教育秉持一种过于功利化的不良倾向,从而导致对排序、名次的关注甚于对学生发展的关注,对于分数的关注甚于对知

---

① 杨建朝:《自由成"人"——人性视角的教育精神》,中央编译出版社 2013 年版,第 161 页。
② 张应强:《论科学教育与人文教育的整合》,《高等教育研究》1995 年第 3 期。
③ 叶飞:《公共交往与公民教育》,人民出版社 2014 年版,第 59—60 页。

识能力发展的关注。在功利化学习价值的影响下,学校教育的考试竞争、学业排名正在不断地强化教师和学生的竞争主义理念。

在课堂学习中,教师以最短时间把课程文本中所谓的标准答案传递给学生,学生再以最短时间储存这些标准答案。在传递过程中,师生、生生之间真正的交往、合作几乎很少发生,更谈不上他们对知识进行意义协商和建构。学生无条件地接受教师的观点,因为教师的观点就是文本的观点,如果不接受教师的观点意味着在考试中学生的答案是错误的,就会影响成绩、排名。他们对标准答案的贪婪占有,反而使他们被知识异化,遗忘了文本中的文化性和价值观。在竞争课堂中,学生之间是相互竞争的关系,他们不愿意与别人交流思想,进行思维的碰撞,他们认为别人目标的达成对自己成功是一种伤害,这严重影响着生生之间的人际关系,也影响着学生与他人的合作与共处。学生所理解的学习已经失去交往、合作和对话的逻辑,而更多的是竞争的、占有的逻辑。谁占有的资源越多谁就越有成功的可能,个人奋斗的目标仅是为了获得最大限度的私人利益,获得更高的社会身份和社会地位。学习是一种共享的或合作的活动,知识与技能的习得不是一个个体借之使其知识成为独立于其他环境要素的过程。相反,知识与技能的习得是一种他们通过它可以使之成为在共同体中自己的东西的过程,在共同体中学习者承认并分享在其中的归属感与认知感①,而不是占有感和竞争感。

3. 强化学习的工具性价值,忽视学习的目的性价值

从哲学的视域来看,学习具有工具性价值和目的性价值。学习的工具性价值,是指在学习活动中,通过学习获得一定知识和能力是实现除学习者身心发展需要以外的目的,即学习是为了实现外在目的不可或缺的手段或工具,其追求实际利益,带有明显功利主义色彩。学习的目的性价值,是指它尽可能满足学习者身心发展的需要,通过学习使学习者完善人格、健全身心和创造智慧,它强调终极目的的合理性,关注对学习者本体的关怀和对人生意义的理解;它是学习者发自内心的一种成长的精神需要,不仅包含了个

---

① Bruner, J., *Actual Minds*, *Possible Worlds*, Cambridge, MA: Harvard University Press, 1986, p.ii.

体对知识、能力和智力发展的追求,对工具价值的部分认可,更重要的是,摆脱了手段的局限、功利的诱惑,获得了合规律性与合目的性的统一。①

在现实中,工具性价值随着物欲膨胀而得到了极大的扩张,占有知识、实现知识的工具性价值是知识内在的全部意义与价值,视知识为升学的通关密码、获得文凭的必经之路以及日后赚取能够满足消费金钱的有效筹码,这种现象在现代学校中愈演愈烈。② 以工具性价值为主导的学习强调以获取财富、地位、名誉等为目的,将学习者变成掌握知识和技能的"工具人",夸大学习者作为一种工具和手段的合理性,而忽视学习者自身的主体性需要。学习者的发展背离了以人的全面发展为目的的教育信条,将导致学习者丧失自我、迷失人生的意义,进而造成社会生活和社会关系的物化以及人的异化,这会淹没掉具有鲜活生命、作为主体的人的目的价值,从而使学习的目的性价值不断萎缩,造成了工具性价值和目的性价值的严重失衡。这种失衡的结果是"人"的价值的缺失和不完善,进而导致整个社会价值尺度的扭曲和伦理准则的变形。③

学习的工具性价值和目的性价值是学习价值不可分割的两个方面,我们应清醒地认识到:工具性价值应以目的性价值为导向,尽量避免极端功利化倾向;目的性价值应以工具性价值为支撑,实现人的终极性价值,这就需要我们科学地结合学习的工具性价值和目的性价值。它们的结合是对学习目的和意义的科学理解和阐释,使学习者既掌握了改造世界的本领,又完善自身的人格;既汲取知识、培养能力、开发智力,又领悟生命的意义、关注人类的命运。

## (三) 授受主义教学模式之弊病

美国基思·索耶(Keith Sawyer)认为,我们今天的学校是从未进行过科

---

①　赵铁锁主编:《从社会主义到中国特色社会主义》,南开大学出版社 2009 年版,第 432 页。

②　容翠、伍远岳:《学习的意义感:价值、内涵与达成》,《教育发展研究》2016 年第 18 期。

③　张立新:《中国大学入学公平提升:基于教育双重价值框架的理论分析与实证检验》,山东人民出版社 2014 年版,第 81 页。

学检验的常识性假设——知识是在描述有关世界的事实和解决问题的程序的基础上建立起来的。学校教育的目标就是把这些知识传入学生的头脑内。而衡量一个人受教育程度主要看他拥有多少事实和程序。由于教师先于学生拥有这些事实和程序,教师的任务就是根据这些事实和程序的难易程度逐步地把它们传授给学生。目前衡量一个学校教育是否成功的标准是通过考试以成绩和升学率作为指标来验证学生获得事实和程序的多少。①这种学校教育的模式被帕伯特(S.Papert)称为授受主义(instructionism),这种教学模式最关注的是如何将反映客观事物属性和联系的知识原封不动地让教师传递给学生。教师一般借助语言媒介,并辅之以其他教学手段以讲授的方式将知识传递给学生。在教学过程中,强调课堂行为的规范,重视系统知识和技能的传授,以及教师在教学中主导作用的发挥。随着社会的发展,尽管在当今课堂中工业时代的授受主义的教学模式仍然在盛行,但其日益暴露出不适合时代要求的弊病。

1.追求知识的传递,忽视意义的社会建构

在授受主义教学模式下,人们没有把知识和信息作一一区分,却常常混淆客观的、结构良好的、稳定的信息与主观的、结构不良的、不稳定的知识。这种把信息混同于知识的知识只能被视为简单的知识。而授受教学正是通过教师的讲授和传递这种可以打包、储存和分配的简单知识,让学生通过对所授的知识进行复制与同化来获得所谓的知识。学生对学习内容的理解是处于非内化层面,没有真正纳入学生的认知结构中,也没有真正对其进行意义建构。而学习的内容与材料是教师控制知识的一种静态载体,是学生完成教师任务的"应答"文本或复制品。换句话说,学习内容是以脱离学生知识和经验的抽象知识为主,忽视了知识与真实世界的联系,以及学生对知识主动的、积极的建构。由于教师把知识单向传授给一个个学生,学生是被动的接受者、灌输者、输入者,使学生与他人的交往结构单一,缺乏认知层面所达成的相互理解、思维层面的同步思考以及情感层面的交流与共鸣等,很难实现

———————————

① Sawyer.R.k. *The New Science of Learning*, In Sawyer R.k., The Cambridge handbook of the learning sciences, New York:Cambridge University Press,2006,pp.1-2.

意义的社会建构。在课堂教学中,交往互动的形式比较简单,也不充分,教师通过讲授和示范将知识展示给学生,要么基本都是教师问,学生答,很难使学生和教师之间、学生与学生之间形成持续的、深入的沟通、对话和交流,更谈不上与社会其他人员的对话和交流。"学习是知识依赖的(knowledge-dependent),是人们利用现有的知识建构新的知识的过程"①,而不是单纯储存知识的过程。

2. 注重教学过程单向传输,缺乏主体交往活动

在以授受主义为主导的教学模式中,教师在课堂教学中讲授知识,学生在其中记忆知识,教师带给学生的是浅表性知识结构,教师以"独白"的方式作为教学形态来传递教学内容,教师讲、学生听,教师问、学生答,学生以简单的"应答"来满足教师的问题需求,他们只能被动地听、记忆和练习。教师以主导地位主宰着整个课堂教学活动,学生处于被支配地位,他们被动地配合教师"一问一答",这样师生之间构成了灌输与被灌输、授受与被授受以及教育与被教育的二元对立关系。不言而喻,教师的"独白"与学生的"应答"是一种制度化的交互形式,处在一种分离的状态,即分离了教和学关系。学生与教师的交往与对话局限于师生间的问与答,缺乏师生主体间真正的社会性交往,忽视了课堂中各种关系的互动,其间既不存在学生参与的对话,也不存在学生对意义的社会建构,因为意义是现成的。有效的师生主体交往活动,发生在师生主体间自由的教学探究之中,发生在师生主体间精神上真正的相互回应和相互碰撞之中,发生在师生主体间认识视域的真正"融合"之中。

3. 凸显教师与教材权威,丧失学习主体话语权

在授受教学模式下,为了追求效率,教师在教学过程中控制着整个课堂,处于控制的一方,扮演着领导和权威者的角色。而学生在该模式中处于被控制的地位,被视为一张白纸或者未装任何东西的"容器",被动地接受来自教师传递知识的灌输。这种教学使学生原有的主体性消磨殆尽,教学目标仅仅

--------

① 郑太年:《学校学习的反思与重构——知识意义的视角》,上海教育出版社 2006 年版,第 134 页。

指向知识的记忆,它是为考试而教学,缺乏对学生主体性的培养,丧失了学习的本来目的。在授受教学模式下,除了教师是权威之外,知识的载体教材成为另一个权威,在教学过程中教师进行的是"参考答案"式的传授行为,"参考答案"是为考试而预设的,往往会成为学生认知结构中的唯一答案。这样学生既成为权威教师的被压迫者,又成为权威教材或知识的被压迫者。面对权威教师,学生成为所谓的"哑巴",教师成了课堂中的唯一"播放器"。即使学生偶然会发出一些声音,但只是"异口同声"的"是"或者"不是",学生的话语权丧失了,成为灌输式教学的牺牲品。面对权威知识,学生唯一能做的是规规矩矩地坐下来虔诚地恭听来自遥远世界的"福音",学生自己的主体意识被蒙蔽,学生的创造力被阻碍了,学生个体生命的意义被遮蔽、阻隔了。① 只有将话语权交还给学生,确立学生学习主体地位,教学才有可能在自由、民主和平等氛围中不断地生成、张扬、发展和提升,成为一项真正有利于人性的伟大事业。

这种授受主义教学模式虽适合工业化社会对人的培养,却难以培养学生适应知识经济时代所需要的基于深度理解所获得的知识与技能。以授为主的学习表现为学习是个人主义的,授受主义在本质上是对人的自由自觉的反动,是对人的生命本质和生命意志的一种践踏。② 知识不再以其自身为最高目的,"授受时代"(age of professor)的丧钟已经被敲响了。③ 诚如保罗·弗莱雷(Paulo Freire)所说,"凭借某种机械的、静态的、顺从自然的、形象化的意识观,灌输式教育把学生变成接受体。它企图控制思考和行动,让人们去适应这个世界,并抑制他们的创造力。"④所以,课堂中"独白"与"应

---

① 李森、伍叶琴主编:《有效对话教学理论、策略及案例》,福建教育出版社 2012 年版,第 90 页。

② 靖国平:《教育的智慧性格——兼论当代知识教育的变革》,湖北教育出版社 2004 年版,第 25 页。

③ 陆有铨:《躁动的百年:20 世纪的教育历程》,山东教育出版社 1997 年版,第 173 页。

④ [巴西]保罗·弗莱雷:《被压迫者教育学》,顾建新等译,华东师范大学出版社 2001 年版,第 29 页。

答"追求了知识传递,而忽视了意义的建构;它关注了教学,却忽略了学生;它体现了权威,却忘却了民主。

　　总之,课堂学习社会性所存在的问题并非只是授受主义、学习价值的功利化倾向或工业化教育理念所引起的单方面因素影响,而是三个方面的因素共同影响的结果。

# 第六章　基于学习社会性的教育变革

我们相信，变革即将到来，当我们找到/创造/再次发现一种全新的生活风格，其中包括我们认知、生活和奋斗的方式，我们与环境的连接和我们与存在之"基础"的连接，所有这一切都要同时发生转化。①

——Kathleen Kesson and Donald Oliver

任何教育变革取得成功的关键是学习。持续不断的学习是变革的基础，它的结果可以让我们获得永续的变革力量，以对付复杂的变革。②

——[加]迈克尔·富兰

学习从未如现在这般，逐渐变成我们每一个个体最重要的生存需求和整个社会开启富裕之门的钥匙。学习的社会性意义已然超越个体的范围，它关系着整个国家与民族甚至全体人类之和平与发展、生存与进步。我们所面临的教育的变革是面向社会的大教育变革，乃至整个人类社会变革的重要组成部分，因此，对教育变革的思考不可能仅仅局限于课堂学习这个场

---

① ［美］小威廉姆 E.多尔、［澳］诺尔·高夫主编：《课程愿景》，张文军等译，教育科学出版社 2006 年版，第 231 页。
② ［加］迈克尔·富兰：《教育变革新意义》第 3 版，赵中建等译，教育科学出版社 2005 年版，第 151 页。

域,而必须摸准社会整体改革的脉络。①

## 一、教育变革的逻辑前提

教育,是未来的生产力,是最具生命力、创造性的生产力,甚至是对我们的物质生产生活方式及精神思维方式具有统摄性的动力系统。新世纪最大的能量源于教育,新世纪最大的竞争也聚焦于教育。因此,可以说教育变革是 21 世纪社会变迁与发展的核心词。社会性的问题( problem of sociality)是理解学习本质及教育变革的核心。基于学习社会性的教育变革的逻辑前提主要涉及学习主体的确立、学习内涵的拓展和学习价值的转变。

### (一) 学习主体的确立

教育的变革,其实质是针对学习者自我的革命。它不需要流血,但同样残酷;它是另类的革命,具有另类的残酷。② 要实现教育变革的首个前提是学习主体地位得到真正的确立。我们每一个人、每一个学习者,都成了主体,要对自己的学习全面负责,负责到底。换言之,学习者是学习的主体,是意义的主动建构者。学习主体需要形成主体意识和增加主体能力。主体意识和主体能力发展形成的过程不是外在机械的强加过程而是通过社会交往和社会实践内在的自我生成过程。因为人首先必须是一个主体的存在,然后才能形成主体意识和增强主体能力,这是学习主体社会属性的表现。当学习者的主体地位得以正式形成,才能在人类历史上诞生出属于学习者的"自己的学习"。新的学习主体,是有能力选择教育、有能力选择自我发展的人。彰显学习者主体性是时代赋予学习的重要使命。作为鲜活生命个体的学习者,他们有着强烈且积极的创造性、主动性和能动性,他们学习社会性的彰显、创造力的发展都需要以其主体性的彰显为基础。学习社会性的特征首先表现为使学习活动成为一个彰显学习者主体性、发展学习者主体

---

① 　高文编著:《学习创新与课程教学改革》,广东教育出版 2007 年版,第 19 页。

② 　陈建翔、王松涛:《新教育:为学习服务》,教育科学出版社 2002 年版,第 11 页。

性的过程。

人的主体性实质上指的是人的自我认识、自我理解、自我确信、自我塑造、自我实现、自我超越的生命运动,及其表现出来的种种特性,如自主性、选择性和创造性等等;它是人通过实践和反思而达到的存在状态和生命境界,展现了人的生命活动的深度和广度,是人的生命自觉的一种哲学表达。① 而学习主体是构成学习活动的基本要素,是学习活动的最基本的对象。学习主体是从事学习活动的人,即学习者。学习者的主体性是学习者作为学习活动主体的质的规定性,是在与客体相互作用中得到发展的人的自觉、自主、能动和创造的特性。

自觉性是指主体由自觉意识、自我意识到理性自觉,再由理性自觉到实践理性以及理性实践不断发展的过程,它是一步一步深化和扩展的,最终构成了作为主体的主体性的自觉性的完整意义。② 自主性是指个人对于自己的学习活动具有支配和控制的权利和能力。能动性是人区别于动物的一个基本标志,是主体能够自觉、主动、积极地参与到学习过程中,而不是被动、消极地进行学习活动。创造性是主体的本性,是以探索和求新为特征,学习者作为创造的主体会开放自身的创造意识、挖掘自身的创造潜能、发挥自身的创造精神、利用自身的创造性思维,进行创造性选择、接收、整合与内化,可以说创造性是学习者主体性的最高表现和最高层次。

学习的社会性要求学习者的主体性体现于学习者与学习环境、学习者与学习者、学习者与传授者、学习者与学习内容等之间的关系之中。作为学习者的人是一种社会性的存在,人所存在的世界是一个社会性的意义世界,但只有人的主体性的彰显,这个世界才会更加有意义。我们知道,学习者无法忍受无意义的生活世界,个体精神的丰富与自由发展是学习者对其人生意义的追求,成为人永恒的追求。因此,学习者主体性所彰显的不仅是一种工具性目的,更是一种价值性追求和意义性存在。"单一的符号知识的接

① 郭湛:《主体性哲学:人的存在及其意义》,中国人民大学出版社 2011 年版,第 29 页。

② 郭湛:《主体性哲学:人的存在及其意义》,中国人民大学出版社 2011 年版,第 40 页。

受性学习,只能让人的灵魂在一个虚幻的符号世界里飘荡,不能真正理解并建立起主体与客观世界、他人的关系,更不能真正地认识自己,建立与自我的关系。"①

作为学习活动主体的学习者既是发展的主体也是教育变革的主体。如果没有学习主体积极主动的参与,没有来自学习主体的"一种变动",即"内部自身创造性",那么我们一直在追求的无论是教育创新还是变革均不会在学习者自身的学习实践中得以实现。如果一种教育变革不能以彰显与发展学习者的学习主体性为目标,如果一种教育变革不能使学习者的社会性发展的主体意识、主体人格以及主体能力逐步得到发展,那么,具有社会性的自我学习和具有自我教育能力的学习主体就不可能出现。

学习主体的确立正是教育变革的根本要义所在。在学习型社会中,人的学习是对原始社会中学习与生活融合一体状态在更高水平上的复演,人在社会生活中时时处处地学习,并且由于生活的完整丰富,促使人向"完整人"发展。② 相比较而言,学习者内在的主动性、学习者的需求及意愿甚至于每个学习者独特的认知方式都能更好地通过学习来反映。学习社会性的实现正在逐渐被教育变革孕育与推动着,并且学习的社会性最终能落实于学习主体——学习者的学习上,这也是教育变革使然。

## (二)学习内涵的拓展

教育变革不是一种单一实体的活动,我们不能把对变革的分析限制在课堂学习变革这样一种最简单的层面上。教育变革的关键就是要基于学习的社会性基本属性和培植一种适应学习社会性特征的新型的学习文化。这种学习文化从强调现有学习内涵转向重视学习概念的外延,这种学习文化相信学习者能够主动建构自己的知识。

社会的发展和科学技术的进步正在改变人们对学习的理解,也在改善

① 郭元祥、伍远岳:《学习的实践属性及其意义向度》,《教育研究》2016 年第 2 期。
② 项贤明:《泛教育论——广义教育学的初步探索》,山西教育出版社 2002 年版,第 337 页。

人们学习的行动。人类最早将知识、技能或习惯等视为个人智力活动本身的属性，认为知识、技能或习惯等是由符号化的心理表征组成的，人类的认知活动是由这些表征中的符号操作组成的，也就是由计算组成的。① 学习就是"获得"这些符号，即对确定知识、技能或习惯等的掌握过程，是"知识、技能或习惯等投入头脑中的过程"②，将人的头脑视为待装满或者等待"灌输"的容器，将学习过程视为知识、技能或习惯等填充到容器中的过程，将学习者想象成通过接受、理解、内化、占有、积累等方式获取知识、技能或习惯等灌输物的所有者或拥有者。学习的获得隐喻(acquisition metaphor)把人的学习理解为对某种事物的获取，灌输物被看作某种商品，可以应用、迁移到新的情境，也可以与他人共享。学习以知识结构的形式存在于个体大脑中，个体获得知识并储存于大脑之中，这意味学习过程存在着一个终点。③ 客观地说，获得隐喻关注学习者如何最有效地形成一定的知识结构，提高了学习效率，促进个体对知识的掌握和人类文化的传承。但是，这一隐喻指导下的学习将人视为一种被动的、封闭的、无主体性的存在。随着社会的进步，人类认识的深化以及学习获得隐喻"身陷认识悖论和遭遇价值困境"④的不断呈现，人们努力探寻如何克服学习获得隐喻的弊端，学习参与隐喻(participation metaphor)开始凸显。

学习内涵发生了转变，即从获得隐喻拓展到参与隐喻，分析单位由个体转向共同体，即从关注知识技能的学习转向关注共同体成员身份归属与实践经验的学习，从关注个体的知识状态转移到关注个体、社会与环境的交互关系，从关注"知识"(knowledge)、"概念"等实体性术语转变成关注"识知"

---

① Shanon, B., *Semantic Representation of Meaning: A Critique*, Psychological Bulletin, 1988, 104(1): 70–83.

② Elmhldt, C., *Metaphors for Learning: Cognitive Acquisition Versus Social Participation*, Scandinavian Journal of Educational Research, 2003, 47(2): 115–131.

③ 于文浩:《从学习隐喻的演化视域管窥专业能力的发展》,《开放教育研究》2013年第1期。

④ 曾文婕、柳熙:《获得·参与·知识创造——论人类学习的三大隐喻》,《教育研究》2013年第7期。

（knowing），从关注持久的"拥有"转向关注持续的"实践"，从关注学习的过程存在终点转向关注学习的过程永不停息。"参与"隐喻将学习视为活动和过程，不是指向学习的个体层面，而是社会和关系层面，学习处于分布性的参与活动关系和社会网络之中，它将学习视为一个不仅仅是个人知识的形成过程，而更是参与多种文化实践和共享性学习活动的社会过程。换言之，学习包含了行动参与和意义的社会建构。参与隐喻将学习视为学习者逐渐参与特定共同体活动，成为此共同体成员的过程，即由合法的边缘参与逐渐发展为完全参与的过程，通过相应的濡化而重建自我身份的过程。① 正如温格所言："学习不仅塑造了我们的行为，还塑造了我们的身份认同，以及我们如何诠释我们的行为"②，学习是共同体所具有的一部分功能。虽然参与隐喻以巧妙的方式消解了获得隐喻面临的学习悖论和遭遇的价值难题，但其面临"迁移难题和学科内容难题"③。

随着知识社会的迅猛发展，人类面临新的严峻挑战。为了富有成效地从事知识密集型工作，需要不断地发展新能力、超越自我、更新知识和创造知识，这也是对新的学习隐喻的呼唤。而学习的知识创造隐喻（knowledge-creation metaphor）正是为了适应知识社会中知识创造和发展需要应运而生，有效地弥合了学习获得隐喻和参与隐喻的不足。该隐喻认为，每个人不仅是知识的传承者和消费者，而且更应该是知识创造者和建设者。④ 也就是说，我们不能将学习仅仅理解为是学习者传承知识或文化和消费的活动，即学习不能仅仅是学习者对已有知识的转化或建构，不能仅仅是学习者成长为共同体成员的过程，也不能仅仅是二者的整合，而更应该理解成是学习者

---

① Lave, J., & Wenger, E., *Situated Learning：Legitimate Peripheral Participation*, Cambridge：University of Cambridge Press, 1991, p.63.

② Wenger, E., *Communities of Practice：Learning, Meaning And Identity*, Cambridge, UK：Cambridge University Press, 1998, p.97.

③ 曾文婕、柳熙：《获得·参与·知识创造——论人类学习的三大隐喻》，《教育研究》2013 年第 7 期。

④ Hakkarainen, K., et al, *Communities of Networked Expertise：Professional and Educational Perspectives*, Amsterdam：Elsevier, 2004, Preface x.

生产知识和创造知识的活动。① 除此之外，该隐喻更倾向于探究新知识形成和创新产生的过程、实践和社会结构，更倾向于关注创建能促进知识创新的社会结构和协作过程，而非对已有文化的适应或对已有知识的同化。②

人类学习的隐喻经历了从知识获得到参与建构再到知识创造的变革过程。到目前为止，还没有任何一个隐喻可以解释学习的完整图景，学习隐喻的每一次拓展都不是对已有隐喻的否定，而是兼容并蓄与扬弃。不同的学习隐喻从不同角度凸显了人类的学习机制，都是对人类学习机制真实的进一步逼近。每种隐喻之间是一种并存关系，而不是替代关系，各有着不同的使用领域。我们需要对不同的隐喻，甚至是矛盾的隐喻采取兼容并蓄的态度，从而帮助我们应对工作实践中学习的复杂性。

学习内涵的拓展至少还需要考虑内容、动机和互动三个维度。内容是关于我们学习什么，可以认为是"知识、理解和技能"等。学习者的能力、见识和理解是通过学习者可以做的、知晓和理解的事情获得发展的，通过这些事情我们不仅发展了意义，而且也发展了能力，从而使我们能够应对生活中的各种现实挑战。动机（"动力、情绪和意志"）与内容通常是同时地，而且通过源自个体与环境之间互动过程的冲动，以一种整合性的方式激活。由此，通过学习获得的内容在本质上总是带有心智投入的痕迹或困扰，这种心智投入运用了学习过程中所必需的心智能量，无论它是愉快的还是痛苦的，都必须投入。人的动机会受到学习所关注的内容的影响。而互动则是个体与其所处客观世界、社会世界、自我世界之间的互动，通过"活动、对话和合作"，它们在人与环境的交流和联系中起着非常重要的作用，而且与此相关的是，它们提升了个体在相应社会情境与共同体中的整合，如图6-1所示。也就是说，通过内容维度，我们一般寻求的是构建意义和掌握知识技能，强化我们的功能性；通过动机维度，我们寻求的是维持心智与身体的平衡，即

---

① 曾文婕、柳熙：《获得·参与·知识创造——论人类学习的三大隐喻》，《教育研究》2013年第7期。
② 于文浩：《从学习隐喻的演化视域管窥专业能力的发展》，《开放教育研究》2013年第1期。

我们的敏感性；通过互动维度，我们寻求的是实现可以接受的人际交往与社会的整合，即我们的社会性。总之，学习总是同时在一个个体、人际交往以及社会性的水平上完成的，学习结果不仅有着一种个体现象的特征，也必然会被刻上人际交往和社会性的印记。

　　学习并不是信息和知识的堆砌，在学习的内涵拓展上，我们要认识到学习既是解构也是建构，甚至就像蒙彼利埃精神生理学家丹尼尔·法夫尔（Daniel Favre）所指出的那样，是一种"解禁"。为了学习，个体必须跳出习以为常的标线，必须放弃他的习惯。对知识的占有来自颠覆、能够产生丰富结果的危机或深层的不连续性。学习内涵所涉及的因素既多又复杂，使得学习过程不可能是线性的，也不可能是积累的，当然，对学习内涵的拓展在考虑学习动机、学习内容和学习方式几个维度的同时，也要考虑到学习社会性的意义向度，为学习内涵的拓展寻找新的立论依据。

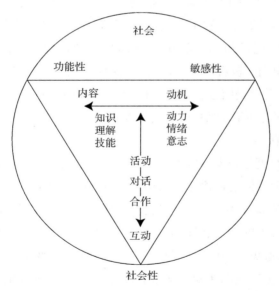

图 6-1　学习内涵的三个维度①

------

① 注：本图参考丹麦心理学家克努兹·伊列雷斯的学习的三个维度做了修改，参见［丹］克努兹·伊列雷斯：《我们如何学习——全视角学习理论》，孙玫璐译，教育科学出版社 2012 年版，第 29 页。

### （三）学习价值的转变

人是人的最高本质，人是人一切活动的根本指向和最终旨趣。人的学习则是人自身发展的需要，受人的本性所规定。换言之，人既是学习价值的起点，又是学习价值的归属。学习价值的转变是理解学习变革的核心。学习的价值随着人类社会的发展不断转变，反过来，人类社会也随着学习价值的转变而进一步发展，或者更确切地说，人类社会若想要更加人性化，就必须更加重视学习价值的转变。乌托邦的因素在某种程度上必然被包含在任何旨在改变人类命运的基本条件的事业，然而，无论是从学习的内部还是外部来看，各种趋势和征兆都使我们有理由相信：一种学习化的幸福生活必将在将来的某个历史时期降临人间。在这个历史进程中，学习自身就是社会进步与变革的基本力量之一，并不是一个被动的等待者。

基于学习社会性的重要属性，这意味着必须将传统学习的个体导向与现代社会导向整合起来，它们中的任何一方都不能单独阐明问题的答案，更不能提供一种"完全"和"正确"的理解，因为它们中的任何一方都有其缺陷。① 假如知识仍旧被看作是从社会实践中抽象出来后便脱离于社会实践的符号或文字，学习仍旧被看作是一种个体头脑内的活动，那么社会协商就丧失了其存在的必要性，而基于社会协商而维系的学习共同体也就失去了知识创生的价值。②

学习社会性更是表现出应引起关注学习的独特的价值和魅力。我们既要关注学习帮助我们去追逐、适应、认识、掌握和发展的外部客观世界，获得"营谋生计"的知识与本领，避免彻底被淘汰或被抛弃的命运；又要关注学习带给我们心智上的激活、潜能上的唤醒、精神上的寄托、心灵上的充实、灵魂上的抚慰等，避免人性的扭曲与变形。所以学习的变革不仅仅需要强调知识的学习，还更应强调在知识学习的过程中，如何把外部世界与内在灵魂

---

① ［丹］克努兹·伊列雷斯：《我们如何学习：全视角学习理论》，孙玫璐译，教育科学出版社 2012 年版，第 21 页。

② 高文等编著：《学习科学的关键词》，华东师范大学出版社 2009 年版，第 88—89 页。

的成分有机地融合,试图从根本上改变和彻底破除学习价值中身与心、虚与实、自我与世界、物质与精神之间水火不容的对立和冲突的状态。① 学习的根本价值在于主体形成健全人格、鲜明个性并具有创新精神和实践能力,它使学习主体的资质与潜能获得充分的发挥,气质和神韵得以养育和通达,生命存在完美地自我实现,并推动社会完满自足、健康有序地存在和发展,以实现人的社会化、个性化和社会的人性化、和谐化的圆融共在。②

学习不是纯粹地掌握知识以认识、适应、改造客观世界、社会世界和自我世界,获得"何以为生"的知识与技能,它更根本地在于说明和回答人生的意义、生存的价值等这些具有永恒意义的问题,所以学习必须从"人的尺度"出发领悟"为何而生",建构完满的精神世界③,彰显学习的社会性属性,提升学习的发展性、社会性和价值性品质。这使学习者参与学习的主动性、积极性及其创造性发挥得淋漓尽致,同时激起学习者的学习兴趣,唤醒学习者的学习热情,让学习者终身学习与自主学习的能力得以逐步培养。这让学习者认识到,学习的幸福不是明白答案的幸福,而是共同追求快乐、共同成功的幸福,共同分享幸福的滋味。④ 一旦学习变成寻求某种终结性知识与结论的过程,生命成长的渐进性就此终止,生命成长服从于既定的知识结论,知识会反过来成为个体生命的局限,个体生命在诸种知识灌输中被不断地分隔,无法在高知识的渴求中求得个体生命的整全。如果学习呈现出对更高事物的持续的开放性,那么学习才得以向着个体发展和社会发展之整体性敞开。⑤

学习不只是为了掌握书本知识和技能,为了应付各种考试,为了适应未

---

① 卢俊勇、陶青:《论学习价值的完整性》,《教育探索》2011 年第 6 期。

② 龚孟伟、陈晓端:《当代教学论视域中的学习哲学之思》,《陕西师范大学学报》(哲学社会科学版)2009 年第 4 期。

③ 郭元祥、伍远岳:《学习的实践属性及其意义向度》,《教育研究》2016 年第 2 期。

④ 陈静静:《跟随佐藤学做教育:学习共同体的愿景与行动》,华东师范大学出版社 2015 年版,第 21 页。

⑤ 刘铁芳:《追寻生命的整全:个体成人的教育哲学阐释》,高等教育出版社 2017 年版,第 20 页。

来某个工作,而是为了适应未来的学习的学习(learning for learning)。学习并不只是个体升学的扶手,而是个体灵魂上升的阶梯;不是实现个人私己性欲望的工具,而是促进人的生长、发育完整以及健全之人性的教化。学习主体具有能动性和创造性,它们在学习过程中唤醒其学习实践的价值自觉意识,促进其学习价值观的转换、革新、完善与升华,防止其在学习实践中出现价值徘徊、价值迷失与价值中断。① 在学习价值的转变过程中,学习将回归它应有的全部社会性,促使个体身心的健康发展,促使个体在自然环境和社会关系中的成长,促使人生意义和生存价值的实现。我们不能指望在某一段时间学到一劳永逸的东西,而是要学会学习、学会不断成长的方法,进而追求人格的完善、个性的全面发展以及社会的进步与发展。

总之,学习概念本身已发生了变化,学习重心从对现有知识的获取、编码和提取转向发现和加工新的知识;学习主体从教育过程中的学生转向所有人;学习方式从原来的个体学习转向个体学习与共同体学习并重;学习内容从明确的可编码的知识转向明确知识与分享默会知识并重。② 学习变革应以学习概念本身所蕴含的学习重心、学习主体、学习方式和学习内容本身的变化为逻辑前提,从而架构起变革的基本框架。

## 二、教育变革的核心要义

教育变革将改革的战略基点由单纯的教转到对人的真实学习的关注,这是当代教育改革同历次教育改革的显著差别。有关学习的研究必须在深度与广度上经历一次真正意义上的创新,从而使学习的概念得到重构,并在重构学习概念的基础之上,对学校学习的概念和范式进行反思和重构,并最大限度地挖掘人的学习潜能,使全新的学习变革逐渐催生出来。学习不只是抽象符号和认知结构的获得,更是学习者在实践参与中身份的认同和意

① 龚孟伟、陈晓端:《当代教学论视域中的学习哲学之思》,《陕西师范大学学报》(哲学社会科学版)2009 年第 4 期。
② 吴刚:《从课程到学习:重建素质教育之路》,上海教育出版社 2007 年版,第 97 页。

义的建构。

## （一）学习身份的认同

学习总是同时在一个个体、人际交往以及社会性的水平上完成的,学习结果有着一种个体现象的特征,但它总是打上了人际交往和社会性的印记。① 没有学习身份的确立和认同,学习的社会性就是一种"误用",一种僭越。学习社会性是人学习的本质属性,它总是在一定的学习关系中才能够获得、发展和体现出来。在一定的学习社会性关系中,学习者才得以与学习的其他要素发生相互作用,并产生学习者自我与社会要求之间的内在冲突和矛盾。正是这些冲突和矛盾构成了人发展的根本动力。美国社会学家莱夫和温格认为,学习的本质就是身份认同的过程。

"身份"是人的外在形象的社会、文化和历史的特征。"身份"具有规定性和被规定性。规定性是指每个人都可以主观去塑造和建构自身的身份。被规定性是指社会中的个体,被社会上的其他人或大多数人所规定,尤其是带有感情色彩和价值判断的规定。② "身份"是通过建构而来的产物,并非天然而生,是经由历史、文化、社会、哲学等发展和沉淀而来的结果,是人为的思维,是非自然的现象;"身份"的建构,永远在于进行的过程中,而不是静止的,换言之,"身份"存在于不断的递变和构筑中。③ 身份是一个创造性的建构性过程,需要建构者与被建构者双方的共同参与,而不是一个简单的事实认同。④ 认同是人的一种意义感或身份感,人的认同是由自我认同和社会认同两部分构成。自我认同是自我依据自身经历所形成的反射性的自我理解,是一种对自身意义存在的内在性反思,是通过与他者的互动,在

① ［丹］克努兹·伊列雷斯:《我们如何学习:全视角学习理论》,孙玫璐译,教育科学出版社 2012 年版,第 273 页。
② 陈少雷:《文化价值观的哲学省思》,社会科学文献出版社 2015 年版,第 109 页。
③ Hall,S.,*Cultural Identity and Diaspora*,*In identity*:*Community*,*Culture*,*Difference*,*ed*,Jonathan Rutherford,London:Lawrence and Wishart,1990,p.103.
④ 赵晔琴:《融入与区隔:巴黎华人新移民研究》,中国社会出版社 2016 年版,第 137 页。

一定的社会关系和文化环境中形成并发展的。社会认同是指人在社会实践中对某一共同体特定价值、文化、信念的一种接近的态度,其直接对象是人的行为的普遍和客观的社会意义。也就是说,个体一方面需要体现自身所具有的个体性和独特性,另一方面又需要与他者之间达成某种相似性和有效确认。在身份认同的需要构成中,既包含个体性又包含社会性,它们构成社会交往活动的双重动机。① 换言之,身份认同总是一种个体生活历程的认同,一种内在一致个性和内在一致生活历程的经验。与此同时,它又作为一种社会的和人际交往的身份存在,一种在社会共同体中占有某种地位的经验。②

从学习的观点来看,身份认同发展可以被理解为整个学习的个体性要素(意义、功能性、敏感性和社会性)的内在一致发展,它的核心领域在学习中可以被定位于两个同时发生的学习过程的相会点(如图6-2所示)。③

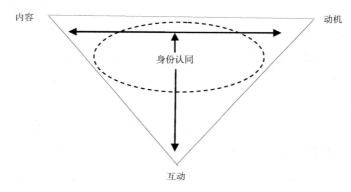

**图6-2  身份认同在学习结构中的位置**

学习者身份包含两个方面:一是作为个体学习者的方面,我们称为学习

---

① 任裕海:《全球化、身份认同与超文化能力》,南京大学出版社 2015 年版,第 14 页。
② [丹]克努兹·伊列雷斯:《我们如何学习——全视角学习理论》,孙玫璐译,教育科学出版社 2014 年版,第 147 页。
③ [丹]克努兹·伊列雷斯:《我们如何学习——全视角学习理论》,孙玫璐译,教育科学出版社 2014 年版,第 147 页。

者身份的个性方面;二是作为社会实践的参与者方面,我们称之为学习者身份的社会性方面。① 学习者身份是学习者个性和社会性的统一体。学习者身份认同的建构和发展表现于"个体化和社会化"两个同时进行的过程之中,学习者身份认同的个体化是以学习者的主体性、能动性、独立性、独特性、积极性和本真性……的确认为标志,要有别于其他非学习者,在学习活动中找到一个专属自我的位置,逐渐摆脱在学习活动中被控制、被灌输的被动角色;学习者身份认同的社会化是以归属感和学习成员认同感的确立为标志,使得学习者参与并融入共同体之中,像其他共同体成员一样,拥有共同体的共同愿景和尺度,在相互的对话和协商中共同建构知识和技能,并逐渐建构一种对共同体的身份认同,在共同体内部或共同体之间不断学习和发展,从而实现人的发展、集体的共同发展。

学习身份认同主要强调的是学习个体在共同体中由于追求与共同体成员的同质性而归属于所在社会环境的力量。学习身份认同意味着学习共同体中的共同知识向个体传递,也就是说,共同体对学习个体施加的影响。这说明了学习身份认同从本质上说是一个过程,在此过程中,作为社会共同成员的学习者对知识或经验进行意义协商和知识创生,使学习目标从认知发展转向身份建构,将学习的认知发展纳入学习身份的建构中,这并不是对学习个体认知发展的忽视。因为学习者拥有某种身份,不仅意味着学习者对有关知识的掌握,更意味着学习者在不同社会情境下知道如何做出不同的反应或者采取不同的行动。所以说,学习不再仅仅是知识传输的认知过程,更重要的是身份形成的文化过程。

学习身份的形成是一个学习的轨迹,在这个过程中,认同和协商交织的机制发挥着作用,具有明显的社会建构性,学习身份的形成与实践的展开又是同时发生的②,学习者参与某些社会实践,在实践中,学习者的身份是不断进行再生产的,学习者沿着旁观者、参与者到成熟实践的示范者的轨迹前

---

① 赵健:《学习共同体的建构》,上海教育出版社 2008 年版,第 51 页。
② 赵健:《学习共同体——关于学习的社会文化分析》,华东师范大学出版社 2006 年版,第 97 页。

进——即从合法的边缘性参与者逐步到核心成员,即从新手逐步到专家。①学习者通过参与实践不仅获得个体知识和技能的发展,而且获得在实践共同体中身份和文化传统的认同。在实践共同体中拥有镶嵌于其中的经验,这些经验赋予了每一个共同体成员身份,而身份的获得又是个体自我发展的核心要素。"你正在成为什么人,决定性地、根本性地形塑着'你所知道的'。而'你所知道的'与其说是拥有什么,不如说是'做事'——'识知'不是获得或者积累知识或信息,而是实践共同体中的关系、实践中的参与,以及你的身份的形成,该身份意味着你进入进行中的实践过程,并成为其中的一部分。"②

总之,学习是学习者身份自我认同和社会认同相互统一的过程。在这一过程中,学习者不断改变身份认同,从边缘参与者变成充分参与者,获知自己在学习活动中成为什么样的人,属于什么样的共同体,如何在实践中行动,如何体验生命的意义。学习身份的认同过程,就是我们对社会共同体中学习个体的经验进行意义协商的过程。只有学习者成为学习的主人,才能进入真正的学习。只有他们每个人都是学习的主体,他们与学习内容、与他人的意见多次相遇,才能共同追求自由般的境遇与对话,才能变成一个不同于以往的人,才能使学习成为身份认同发展和变化的中介。

## (二)学习意义的协商

"知识"是学习者依据社会文化情境以及自身的需要,通过交流和协商而建构形成的。"知识"不再是一种固定不变的、独立存在的、随时被搬运到各种情境的客体,而是问题导向的、情境化的、具身的,是在人际互动中被学习者共同建构的。也就是说,学习者的认知发展与知识建构发生于学习的文化情境与社会之中。所以,学习不再是孤立的、被动的个体

---

① [美]莱夫、温格:《情境学习:合法的边缘性参与》,王静文译,华东师范大学出版社 2004 年版,译者序,第 5 页。

② Cook, S.D.N.& Brown, J.S., *Bridging Epistemologies：The Generative Dance Between Organizational Knowledge and Organizational Knowing*, Organizational science, 1999, 10(4):381-400.

性行为,而是真实社会环境中的某一社会性活动方式。学习者如果想真正地、有效地学习,就必须获得一定的社会资源和特定文化的支持,更需要和他者的交流与协作,在此基础上,学习者才能进行有意义的认知建构,从而获得社会身份的认同以促进自身更好的发展。也就是说,真正的学习不会局限于单纯的个人行为,而是存在于社会之中的,是社会性的意义建构。①

学习之为学习的独特难题就是如何进入意义。作为实践中的"意义",是指学习者参与生活、工作和学习活动并获得经验的实践过程。在实践活动中,意义的形成和建构是一个协商的过程。协商意味着在学习过程中,学习者本身带来的异质性对所处的社会学习环境施加影响和控制的力量。在某种程度上可以说,它是学习者已有认知结构和经验的延续与传递,它是学习者对共同体的贡献和学习文化的形塑。协商总是建立在对世界意义的社会性协商和再协商的基础之上。这意味着理解和经验存在于持续的互动之中——事实上,学习是以交往互动的协商方式形成的,也就是说,意义的社会协商过程就是学习。学习,就是建构现实与知识之关联意义的活动,就是通过这种意义建构切断日常生活中制度化的潜在意义的紧箍咒,是同他人共筑新思想纽带的实践。

所谓意义协商(negotiation of meaning),就是学习者与指导者、学习者之间在彼此互动交流中遇到困难或障碍时,为了克服困难或解除障碍,双方或多方会为了明白对方或者为了使对方明白而通过一系列协商策略(如理解核实(comprehension checks)、求证核实(confirmation checks)和澄清请求(clarification requests)等)进行确定、澄清、修正和信息重建等行为,使互动双方或多方相互合作、共求协同,最终理解问题,实现意义的建构。②

学习是我们的体验,这一体验就是对实践中"意义"的认识,这种认

---

① 魏会廷:《教师学习共同体:促进教师专业发展的新途径》,武汉大学出版社2014年版,第129页。

② Pica,T.& M.Long,*The Linguistic and Conversational Performance of Experienced and Inexperienced Teachers*, In R. Day (ed.), Talking to Learn: Conversation in Second Language Acquisition, Rowley, Mass: Newbury House, 1986, p.97.

识是在一个"意义协商"的过程中形成的,意义协商过程有两个组成部分:参与(participation)和物化(reification)。这是人类社会经验关于意义的基本实践方式的两个重要方面。"参与"指意义不是独立完成,而是共同体成员在集体参与共同体活动过程中的不断对话和协商;"物化"是通过大量实践和成员的协商后意义的具体化。① 意义协商是共同体成员参与的协商,也就是参与和物化。通过参与和物化、再参与和再物化,形成对意义的动态认识,这就是实践的本质。② 意义协商的主要目的在于形成"集体认同"(collective identity),这种集体认同并非传统意义上的身份认同,而是通过意义的互动、协商甚或冲突形成的一种有关"我们"的共享定义。③

　　社会建构主义把学习或意义的获得看成个体自己建构的过程,但它更关注社会性的客观知识是个体主观知识建构过程中的中介,更重视社会的微观和宏观背景与自我的内部建构、信仰和认知之间的相互作用,并视它们为不可分离的、循环发生的、彼此促进的、统一的社会过程。④ 情境认知理论认为,实践不是独立于学习的,而意义也不是与实践和情境脉络相分离的,意义正是在实践和情境脉络中加以协商产生的。⑤ 在互动中,个体不仅形成了关于社会世界的意义,而且形成了人的身份,即个体从根本上是通过与世界的关系而被建构起来的。情境认知理论注重学习和情境相联系,把学习转向实践中学习者的社会参与,将参与视为学习的关键,要求学习者通过理解和经验的不断相互作用,在不同情境中进行知识的建构,要求学习者与指导者之间、学习者之间有着以民主、平等、理解、宽容为前提的人际关系,

---

① 阮全友:《学习共同体视角下英语学习者思辨素养发展研究》,世界图书出版社2015年版,第94页。

② 阮全友:《学习共同体视角下英语学习者思辨素养发展研究》,世界图书出版社2015年版,第70页。

③ 丁方舟:《中国网络行动十年:动因、过程与影响》,中国广播影视出版社2016年版,第190页。

④ 高文:《面向新千年的学习理论创新》,《全球教育展望》2003年第4期。

⑤ 高文:《面向新千年的学习理论创新》,《全球教育展望》2003年第4期。

彼此信任,互为伙伴,自由发表意见,才会产生思维的共鸣,协商者之间才会流淌着意义之溪。

从人类交往的性质来看,我们的交往依赖于共享的或相互协商的意义,其本质是合作性的,而不是一种权威性和控制性。世界是客观存在的,但对于世界的认识与理解是由每个个体所赋予意义的,其间渗透着个体的知识、经验、认识观和价值取向等。学习者的知识及其对世界的解释受其所在共同体及其共有信念和价值观的影响。对个体而言,虽然探究未知世界是人的天性,掌握和运用已有知识是个体探究未知世界、解决新问题的前提和工具,但是个体建构的知识未必是完全合理的,这就需要学习者之间进行交往、对话、协商并社会性地建构知识,在协商过程中,追求意义建构的合理性。所以只有通过与他人、或与群体、或与共同体进行协商,才能在交流过程中逐步追求知识建构的合理性。正所谓"所有合法性的意义都需要经过协商"①。"没有思考的空间,没有活动的支撑,没有经验的改造,没有意义的发现,没有关系的建构,就没有真正的学习。"②

### (三)学习实践的参与

学习是一个复杂的社会性活动。长期以来,人们总是将学习仅仅理解为一种认识过程,并且还认为个体应该独自面对学习"客体"。这种对学习的理解有失偏颇,它过分强调学习认知过程的一面而忽视学习还是一种处在社会关系之中的社会实践过程,所以我们必须跳出认知的死胡同。学习应被看作是社会实践的一部分③,是一种特殊的社会实践活动,其潜在地内含着学习者同自然世界、学习者同社会世界、学习者同自我世界的三重关系,学习的过程其实就是学习者"构筑世界""构筑伙伴""构筑自身"的实

---

① Hung D.W.,Chen,D.T.*Appropriating and Negotiating Knowledge:Technologies for a Community of Learners*,Educational Technology,2000,40(3):29-32.

② 钟启泉:《从课堂失范走向课堂规范——兼评〈学校的挑战:创建学习共同体〉》,《全球教育展望》2011年第1期。

③ 赵健:《学习共同体的建构——关于学习的社会文化分析》,上海教育出版社2008年版,第42页。

践过程。学习不再被单纯地看做是认知实践,而是多种实践的复合体,既是认知实践,又是社会交往实践,也是自我反思实践。①

　　学习不再仅仅是储存前人累积的知识和经验,虽然这些知识和经验对我们来说是有价值的,但我们应重新阐释它们。在特定情境下通过安排学习者从事与学习目标有关的行为活动,以问题解决为导向,帮助学习者由认知发展走向实践践行,这就需要"参与"到实践之中。在具体的学习安排中,教师赋权学生通过"参与"实践活动自主发展实践能力,进行体验学习、探究学习、操作学习、交往学习和合作学习等。"参与"实践成为调节主知理性与实践导向失衡的重要组织方式。

　　"参与"一词本身就寓意"和睦""团结"与"合作",而不是"孤立"与"冲突"。"参与"关注的不是"已成之人"(people as such),而是"行动之人"(people in action)。行动,意味着持续的变化。变化,意味着不能给人贴上不变的标签。②"我们的行为、我们的参与、我们的'认知'总是与他者的参与和活动相互联系、相互依赖,不管这个他者是人、工具、符号、过程或某种东西。我们如何参与,我们进行什么实践,是由整个共同体的生态系统所决定的……我们参与,因而我们变化。我们在实践中的身份得以发展,我们不再是自主的人,而是活动中的人。"③"参与"强调学习从根本上是处于实践之中的,强调学习是一个参与多种文化实践和共享性学习活动的过程。④ 学习者不再被视为仅仅积累一些个人所有物的人,而是参与特定学习活动的人。

　　情境认识论认为,学习总是处于活动之中,并在活动之中得到发展。学习绝不能简单地被视为学习者的个体活动,而是在解决特定问题的学习者

---

① 魏会廷:《教师学习共同体:促进教师专业发展的新途径》,武汉大学出版社2014年版,第129页。

② 曾文婕、柳熙:《获得·参与·知识创造——论人类学习的三大隐喻》,《教育研究》2013年第7期。

③ Lemke, J., *Cognition, Context, and Learning: A Social Semiotic Perspective*, In D. Kirshner & J. A. Whitson (Eds.), *Situated Cognition: Social, Semiotic, and Psychological Perspectives*, Mahwah, NJ: E. rlbaum, 1997, pp. 37-55.

④ Sfard, A., *On Two Metaphors for Learning and The Dangers of Choosing Just One*, Educational Researcher, 1988, 27(2): 4-13.

之间形成共享的目标和理解的基础上,通过学习成员之间的协商、互动而共享的实践。学习是围绕实践活动而展开的,是社会实践中的积累和共建过程,而不仅仅是书本知识。学习强调学习者是参与、属于或来自某一个或多个"共同体",这意味着学习一开始就是源自生活和社会实践的。① "'参与'意味着成为其中的一个部分(being a part),这说明将学习视为更大整体的一部分的过程。"②"参与"意味着"生活在世界中作为社会共同体学习成员的体验以及在社会中积极地承诺"③,它必然与学习者个体的身份认同有关。实践造就身份,身份认同促进实践。"身份与实践是彼此形象的映照"④,学习者拥有某种身份,不仅意味着他拥有某些"头脑中的知识",更意味着他知道在某种实践中做出合适的行为。⑤ 学习者在实践中不断地同其他学习成员之间交流并进行有意义的协商,形成对知识的建构,体现了学习参与者与其他成员之间的交互关系、发展轨迹,并形成对学习共同体的归属感和身份认同。而学习者身份认同经历了"参与"与"不参与""融入"与"排斥""个人"与"集体"以及"合作"与"抗争"等之间的反复协商、权衡和选择等过程。换言之,身份认同的过程伴随着学习的轨迹,映射出归属感、实践、意义协商过程。⑥

　　人在活动中进行学习的方式是没有痕迹的,是一种有情境性活动支持的方式。人通常也是基于一些错综复杂的问题去学习知识的。人的知识是

① 阮全友:《学习共同体视角下英语学习者思辨素养发展研究》,世界图书出版社2015年版,第93页。

② [美]戴维·H.乔纳森:《学习环境的理论基础》,郑太年等译,华东师范大学出版社2002年版,第36页。

③ Wenger,E.,*Communities of Practice:Learning,Meaning and Identity*,Cambridge University Press,1998,p.55.

④ Wenger,E.,*Communities of Practice:Learning,Meaning and Identity*,Cambridge University Press,1998,p.149.

⑤ 王红艳:《新手教师在学校实践共同体中的学习》,重庆大学出版社2012年版,第106页。

⑥ 阮全友:《学习共同体视角下英语学习者思辨素养发展研究》,世界图书出版社2015年版,第71页。

在运用过程中不断变化和建构的。知识与学习既分布在个体情境活动的综合结构之中,也存在于活动中个体、目标、工具以及周围环境的关系当中。学习其实就是对正在进行的活动的理解与参与。学习是学习者参与实践的活动。在实践活动中,学习者不是被动地学习内容的接受者,而应是所学内容意义的追寻者与知识的创生者。学习者通过参与自然世界、社会世界、自我世界的实践活动,逐渐地认识自我、发展自我和评价自我,形成较为成熟的自我感和意义感。除此之外,更为重要的是学习者在社会实践活动中将自己的知、情、意等融入学习活动中,通过交往、合作、互动和对话等方式超越符号所赋予的意义,获得符号背后真实的价值,即获得知识的意义。学习不仅强调学习者获得知识的意义,而且更要强调学习者潜在地组织并参与学习共同体的实践活动,参与文化传承与再造的过程。通过合法的边缘性参与,随着时间的推移,学习者逐渐获得群体的成员身份,向群体的中心过渡,并参与群体的核心实践。①

总之,基于学习的社会性我们需要思考关于学习的三个基本转变:学习并非是被动地接受的过程而是主动形成身份的过程;学习并非是知识传递的过程而是意义协商的过程;学习并非是认知的过程而是社会实践的参与过程。正如温格所言,"学习是实践的引擎,而实践是学习的历史……实践最终是由共同体的成员们通过有意义的协商而产生的。"②如果我们能够实现学习的三个转变,那么,基于学习社会性的学习变革才会成功。

## 三、教育变革的实践路径

学习是人类与客观世界、社会世界和自我世界的互动,是蕴含在这些互动中的有意识的社会活动,它是作为与社会情境互动的一个特殊的要素而产生和存在的,所以社会互动活动和有意识的加工学习是不可分的。个体

① [美]戴维·H.乔纳森:《学习环境的理论基础》,郑太年等译,华东师范大学出版社 2002 年版,第 307 页。

② Wenger,E.,*Communities of Practice:Learning,Meaning and Identity*,Cambridge University Press,1998,p.72.

不作用于某样东西就不能理解它。有意识的意义形式是由社会互动活动促成的。所以,学习变革不仅包括作为整个学习活动基础的个体学习实践观的变化,而且也包括作为学习实践的群体为组织形式的学习变化和整个学习社会生态的良性互动和创设。

## （一）转变学习实践观

学习不再被单纯地看作是认知实践,而是多种实践的复合体,它既是认知实践,又是社会性的交往实践,也是反观自我的反思性实践。人们对学习的认识不能仅仅囿于知识的传递和灌输过程,而应转向学习是人与人之间的交往、对话和协作过程的实践活动。

### 1. 从对象化活动走向交往

对于一个到处充满着不确定性的世界,一个努力寻找拯救出路的世界而言,人唯有依靠自己的力量、依靠彼此之间有效互动而产生的合力来摸索前行的道路,进而去克服无法回避的问题,去解决所要面对的各种纷繁复杂的问题。交往必然是一种互动的行为,是一种联系与制约的行为,是由社会交往的形式所决定。如此而言,置身于社会之中、具有社会性是作为交往主体的人类所必然的。如果说人是存在于关系之中并通过自己存在于其中的关系而形成自己的现实的规定性的话,那么,人通过自己对象性地处理这种关系的活动这一途径就可实现、表现以及确证自己是具有现实的规定性的存在。所以,个体物质生命活动本身就是交往的根源。存在的交往能够使人意识到新的东西,故此镜子是无法起作用的;以新的面貌建立永恒的存在是存在的交往让人们在当下精神条件和物质存在条件下所感受到的。①

人的学习是一种全面的活动,是人的感性与理性、身体与心灵交融汇聚的过程。交往是人的存在和发展方式,人总是在一定的交往关系中存在和发展。同时,人的任何一种活动都包含着两个基本的向度:一是主体对客体的作用关系;二是主体对主体的作用关系。后者就是合作关系,是

---

① ［德］卡尔·雅斯贝尔斯:《什么是教育》,邹进译,生活·读书·新知三联书店 1991 年版,第 38—39 页。

交往关系。换句话说,活动始终是关系中的活动,是交往中的活动。离开了交往和交往关系,不仅人的活动无法存在和发展,就连人自身的存在和发展也会成为问题。而对象化活动是处理人与自然、人与物的关系,是主体与客体之间的"占有"关系,也就是说,它是单一的主体对客体的占有,它不适合处理学习活动中人与人的关系。人与人之间的关系只能是一种平等主体间的交往关系,通过主体间的交往达成互识和共识,实现视域融合。所以从根本上说,学习的过程在本质上就是一个社会交往过程,社会交往的性质决定学习的社会性本质,而学习的社会性又是在交往过程中得以实现的。

2. 从独白走向对话

学校学习在很大程度上还是将学习作为记忆和回忆,作为信息的储存和加工来看待。教师通过讲授和示范将学习内容展示给学生,学生听讲、做笔记,然后通过记忆记住这些内容,并通过反复练习、做题目来巩固这些内容,这种方法在各个学习阶段中,仍然是一种以独白为主导的学习方式。[1]如果将学习仅仅看成是一种发生在孤立的学习个体头脑中的心智活动,那么学习简直是不可思议的。学习是在人际交往的基础上形成的,是以人际沟通的模仿为基础形成的。即便学习是从个体出发又归结为个体,却是在个体与个体的碰撞中形成的。学习是一种表达、共享知识与技能的对话活动,以多种方式表达各自的理解与观点,形成"彼此切磋的共同体"[2]。

我们要清楚地认识到:我们不是唯一的,我们的特质决定了我们要和其他亲友交往,这会肯定我们的特质。我们并非人类的起点,我们所处的这个世界已经留下了各种人类的痕迹,存在着科技、神话和习俗,我们是其中的一部分,也从中进行学习。[3] 真正学习发生的过程是需要对话的,学习需要与过去对话,需要与文本对话,需要与他者对话。真正的对话总是蕴含着一

---

① 徐斌艳等:《学习文化与教学设计》,教育科学出版社 2012 年版,第 36 页。
② 陈静静:《跟随佐藤学做教育:学习共同体的愿景与行动》,华东师范大学出版社 2015 年版,第 45 页。
③ [西]费尔南多·萨瓦特尔:《教育的价值》,李丽、孙颖屏译,北京大学出版社 2012 年版,第 16 页。

种伙伴关系和合作关系。为此,我们就要开放,就要倾听一切人的声音,要从多个方面考虑问题,重构世界的多样性。而这种"对话",可以说是学习的灵魂。对话的本体意义告诉我们:在学习中,对话可以使人们分享意义,而意义的分享像水泥一样能起到把两个砖块系在一起的作用。学习过程中的对话一旦停止,学习也就停止。而学习通过对话可以实现彼此理解、互为主体的平等关系。学习是对话的过程,是同客观世界、同他人、同自我的对话活动,其基于柔和的声音与身体的交往,基于倾听关系的对话性沟通。

### 3. 从个人主义走向协作

学校学习愈来愈倾向于以竞争性个人主义的思维逻辑来塑造学习者,它要求学习者把他人视为自己的竞争对象,他们之间展开的是激烈的斗争,而不是交往与合作。竞争性个人主义观念的泛滥,无疑将导致学习者与他人交往、合作、对话、分享以及团结等社会性品质的沦落。这种过度的学习竞争使得学习者之间的交往关系越来越走向了分裂和孤独,导致"孤独的学习者"增加,而"交往、合作的学习者"减少。基于学习的社会性属性,学习在本质上是学习者与他人之间进行交往、合作的社会性活动,为了消解竞争性个人主义所带来的弊端,学习必须通过学习者之间的协作走出个人主义的藩篱。

学习者之间的协作学习从本质上来说是一种互惠学习,即通过学习者之间的切磋和对话,丰富学习者原有的经验,深化学习者对某些事物的理解,建立知识之间的网络;学习者之间更能理解对方可能出现的困惑和问题,也更能体谅对方的情感和心态,在他人的支持下,他们能够挑战更高难度的学习;协作学习关系的建立让更多的学习者得到倾诉和表达的机会,他们的经验和知识进一步显性化,也让他们充分地表达自己在学习中遇到的问题,并通过同伴之间的互助得到解决。

从协作的关系看,协作学习过程中学习者之间是平等的伙伴关系,学习活动借助互惠互学形成,个体在知识、情感、想法等方面都有自己的长处,这对协作学习来说是至关重要的。协作学习不是"互教"的关系,而强调"互学",学习者之间的协作应是"若无其事",而非"煞有介事"或"多管闲事"。只有平等的协作才会真正有效。在协作学习过程中不同个体间是一种合作关系,而不是一种竞争关系,同时他们之间是平等的关系,而不是一种等级关系。

### (二) 构建学校共同体

当下课堂学习社会性的主要问题可能受到授受主义教学、功利化学习价值和工业化教育理念的影响,使得学校学习愈来愈倾向于以"竞争性个人主义"的思维逻辑来把学生塑造成为学习竞技场上的"角斗士",要求学生把他人视为对手,与之展开艰苦卓绝的斗争,而不是与之展开学习者间的合作与交往。① 另外,学校为知识提供的情境与学生日常生活中的文化实践相去甚远,学生在日常实践中所获得的已有文化与社会资源,不能有效地支持他们理解学校学习的知识,所以这些促使我们构建学习共同体。

学校应是学习共同体,学校可以鼓励学生参与有意义的活动,在这些活动中他们要和其他同学一起解决问题。教师的任务就是"提供情境以刺激思考",并采取体谅的态度。教师还必须与学习者一起拥有"共同的经验"。无论如何,教师都不可以仅仅告诉学生"这个新观念是很有效的",因为学生可能会通过死记硬背来学习这个新观念,而无法理解这个观念的含义或是了解这个观念和其他观念之间的关联性。而学习新观念的最好方法就是"与其他人进行正常沟通"——在沟通的过程当中,学习者会与教师以及同学,在有目的的活动中,或是在共同兴趣的探索下进行互动。学习可以看成是人际交往的社会过程,人之所以能建构意义,就在于这种沟通过程。学习是个人活动,同时是社会共同体活动。人通过"学习"不仅构建自身与环境的关系,而且在这种意义构建的基础上,也构建人际关系与共同体关系。

学校共同体是学校改革的愿景与哲学。② 构建学校共同体,首先就是确立学校共同愿景。学校已不仅仅是传授知识的场所,更是师生学习、自我

---

① 叶飞:《公共交往与公民教育》,人民出版社 2014 年版,第 59 页。
② [日]佐藤学:《学校的挑战:创建学习共同体》,钟启泉译,华东师范大学出版社 2010 年版,第 2—3 页。

价值实现的场域。学校共同愿景是学校校长、管理人员、教师和学生等成员共同发自内心的意愿,是具体的能够激励成员的愿景,是对未来期望的共同设想和期待,它具有强大的凝聚力。根据管理和领导研究权威肯尼斯·布兰查德(Kenneth Blanchard)的定义,一个良好组织的共同愿景一般包括景象、价值观、使命和目标四个部分。景象是指一个组织未来所能达到的一种状态及描述这种状态的蓝图和图像;价值观是指组织对社会与组织的一种总的看法;使命是指解释组织所从事的业务对象及其目的;目标是指组织在努力实现共同愿望或景象过程中的短期目标或具体目标。① 只有当四个要素都被清晰地描述和理解时,这个愿景才是有力的、持久的。学校是一个学习型组织,其拥有一个良好组织的共同愿景。学校共同愿景的确立也需要从景象、价值观、使命和目标四个要素入手,它经过学校共同体成员的共同讨论,初步形成共同愿景,再确定不同群体的个人愿景。需要注意的是,学校共同愿景的构筑必须在学生的愿景之上,因为有了学生的愿景,才有学校的共同愿景,但其又不同于学生的愿景,应高于学生的愿景,学校共同愿景的实现过程同时也是实现学生愿景的过程。

其次,建立各级各类学习共同体。学习共同体作为一种崭新的学习型组织形式,将会取代传统的学校运行方式,这就需要建立和形成各级各类学习共同体。教师与学生之间需要建立和形成"学习者共同体"。教师应以一个"学习者"的身份出现在学生面前,示范、指引和支持学生的学习,教师应放下师道尊严的架子,以自身热爱学习的态度和善于学习的能力,走进学生,聆听学生的声音,创造一个浸润学生、与学生积极互动的氛围,这有利于师生彼此打开心扉、坦诚交流与合作。创建一种开放的、浸润的、师生互帮互学的、以孩子为师的"并喻与前喻文化"的全新学习文化。教师之间需要建立和形成"专业学习共同体"。在专业学习共同体中,他们不仅能相互获得专业知识,更重要的是能获得专业教学智慧,他们的个人经验不再单纯属于他们自己,更多的是与其他教师进行共享。在教学实践中相互评价、相互反馈、相互提

---

① 芮明杰编著:《管理学教程》第 2 版,首都经济贸易大学出版社 2016 年版,第 90 页。

高、彼此支持、理解和帮助,有利于凝聚教师间的关系和活力。教师与学校管理者之间需要建立和形成"管理共同体"。学校管理者为能够有效地与教师进行交流、沟通,参与他们之间的对话,管理者就必须转变"命令式"的工作方式,打破上下级的垂直边界,授予各级各类教师一定的决策权,努力提高教师在决策过程中的参与度,将学校中的规章与程序管理转向共同价值观管理。①生生之间需要建立和形成"学习共同体"。在学习共同体中,学生能更好地欣赏、接纳和包容彼此,互相交流、互相合作,彼此之间发生思想感情的碰撞,有利于学生间彼此信服,形成良好的竞争氛围。

最后,形塑学习共同体文化。一方面要把学校变成生生合作学习与师生相互学习的场所,将合作、交往、对话视为整个学习系统结构中固有的性质,反对孤立地应用某种教学技术而无视整个学习观。在学校学习共同体中,学习共同体围绕共同主题来相互学习,重塑人与人的关系。只有让学生参与到学习共同体之中,个体才能在顺利获得身份、习得文化的过程中不断向共同体文化注入新鲜的血液。另一方面关注学习者所处环境的社会安排,强调通过共同体的建构,将学校从一种权威的学校文化转变为一种民主的、平等的学校文化,将一种依赖于"规则"而强制执行的学校运作转变为一种依赖于"规范"的学习者主动参与的学校运作,形成学习者自我驱动、相互尊重和相互合作的学习氛围。

学校共同体不是一个工业化教育模式下可控制的、依据"订单"去执行的外来改革设计,而是一个学校文化、思维方式和行动方式变革的过程。学校共同体成为推动现代学校变革、实现学校根本转型的强大武器。学校共同体的精神与追求成为对抗现代工业化教育理念下,"系统对人的生活世界的殖民"的富有批判力的工具,和抵御现代教育市场化与个人主义"原子化"及其自由主义膨胀的建设工具。学校共同体的人本存在超越了学校的工具存在,学校共同体的伦理德性实现学校文化的转型,学校共同体的人性联结复兴真正意义上的人性的学习,唯其如此,学校才能成为我们真正学习

① 王蠡主编:《责任落地路线图——向责任承诺共同体迈进》,机械工业出版社2014年版,第136页。

与成长的地方。①

## （三）创设课堂学习生态

课堂是教学活动赖以存在的生态场域，因此，必须统筹各种生态因素，为教学活动创设和完善一种支持性结构，完善课堂生态系统，以一种人性化的方式从形式上或制度上加以约束与规范，确保教学活动有效地运行。如今的课堂学习仍然沿袭传统的知识观，把知识看成独立于学习者所处的社会环境和社会关系之外的自给自足的实体，认为学习是把知识传递给学习者的过程。在这种知识观的支配下，学习关注的是抽象的、去情境性概念的获得，使学习者与现实情境、知与行相分离。② 这具体表现为，学习者以抽象知识为学习对象而忽略知识建构的对象性，即忽视知识与真实世界的联系；学习脱离了学习者的知识经验，忽视了学习的建构性和知识依赖的特征；学习是个体脑力工作，忽视了学习是交往、合作和协商的。这些都使得学习缺乏真正的社会性，如学习者与社会环境、社会情境联系得甚少，与他人不存在交往、合作和对话，彼此之间不承担任何责任，没有必然的相互依存的关系。由于学习者忽视了学习中各种关系的互动，因而学习是生态失衡的。

一个真正的学习是一个自组织的社会生态系统。这个系统既包含着构成学习的各种要素，又包含着影响学习的多种要素。其中，人的要素，既包括学习者与他人，又包括个体的人和群体的人等；物的要素，既包括各种学习中介如工具、语言、图式等，又包括学习的规则、方法和方式等；学习者所面对的各种环境等因素，如客观世界、社会世界和自我世界等。这些要素之间相互影响、相互作用，形成一个完整的、和谐的认识与实践相统一的实体。如果我们忽视这个系统中某一个环节中最微小因素，都有可能对学习效果产生一定

---

① 舒悦：《美国中小学校学习共同体组织文化探究》，广东高等教育出版社 2015 年版，第 135 页。

② Brown. J. S., Collins . A., & Duguid, P., *Situated Cognition and The Culture of Learning*, Educational Researcher, 1989, 18(1): 32-42.

的影响。在这样的学习生态系统中,学习是一个身份的确立与认同、意义的形成与建构、实践的确认与参与、共同体的创生与延续,而非只是知识被动地、简单地接受过程。借用和改造温格关于学习的社会理论构成要素,可明晰学习生态构成的核心要素(见图6-3),我们不妨从身份、意义、实践、共同体四个方面来创设学习生态文化,从而把学习既看作是认识过程又看作是实践过程,即认知与实践相统一的过程来加以理解。学习的社会性关系到共同体与实践,并且创造了意义和身份,由此,学习包含了行动和参与,并将它们转变为经验和发展。

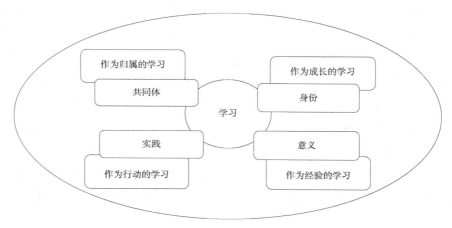

**图6-3 学习生态构成的核心要素**

21世纪是"课堂革命"的世纪。在课堂学习中,授课方式从"告知式教学"转向"启发、交流、分享"的教学;学习方式从教师讲述、学生静坐专心听讲的"座学式学习"转向以语言、逻辑、符号、概念之类的工具为媒介的社会交往的"活动性学习",从个体在行为过程中和通过行为的结果获得新的知识和技能的"个体学习"转向学习者之间共同建构知识意义的"合作学习",从"死记硬背的学习"转向"探究、反思、表达"的学习;课堂革命的背后隐含着深层次的知识观、学习观的变革。没有思考的空间,没有活动的支撑,没有经验的改造,没有意义的发现,没有关系的建构,就没有真正的学习。①

---

① 钟启泉:《从课堂失范走向课堂规范——兼评〈学校的挑战:创建学习共同体〉》,《全球教育展望》2011年第1期。

　　课堂作为教育学的一个基本概念,是指进行教学活动时的教室①,是一个生态系统,也是学校教育生态系统的一个子系统,其本身可以被视为一个完整的生态系统。一个课堂生态系统的健康状态是由活力、组织结构和恢复力三要素相互作用所形成的(如图 6-4 所示)。活力是教师和学生在课堂中通过教与学的活动所投入的能量;组织结构强调师生之间、生生之间的能量流动而形成了复杂的关系;恢复力强调课堂生态受到各种因素的干扰而呈现为一种受胁迫状态时,其在一定的阈限内有一种自我调节、自我修复和自我延续能力。② 在坐标系中任何一个要素指标如果为零时,课堂生态系统的立体框架就会坍塌为平面碎片。如果当课堂教学缺乏有效的组织结构时,课堂就成为沙盘化平面,犹如一盘散沙;当课堂教学缺乏活力时,课堂就会变成晶格化平面,犹如一粒矿盐晶体;当课堂教学失去恢复力时,课堂就成为脆弱化平面,犹如一只易碎的口杯。③ 在课堂生态系统运行中,活力、组织结构和恢复力需要分别发挥激发、协调、调控的功能,才能共同保障课堂生态系统的健康运行。

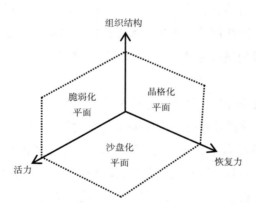

**图 6-4　课堂生态系统的健康状态**

　　首先,课堂教学要从"知识世界"回归"人的世界",发挥学习者的主体

---

① 《汉语大辞典》第 11 卷,汉语大辞典出版社 1993 年版,第 279 页。
② 孙芙蓉:《健康课堂生态系统研究刍论》,《教育研究》2012 年第 12 期。
③ 吴举宏:《课堂生态系统的良性演替》,《教育理论与实践》2015 年第 29 期。

性,激发课堂活力。"人的世界"对于学习者而言,就是学习者世界、社会生活世界和科学技术世界。学习者世界是滋润课堂生态系统根系的水分,社会生活世界是丰盈课堂生态系统呼吸的氧气,科学技术世界是参与课堂生态系统光合作用的阳光。学习者积极地、主动地通过同学习者世界、社会生活世界和科学技术世界的交往来积累经验,同先行知识联系起来,从而建构课堂与自身的关系,建构未知世界与已知世界的关系,也建构知识与知识之间的关系。

其次,优化课堂人际生态,改善课堂组织结构。在具有生态系统的课堂中,人际网络有师生关系和生生关系,课堂教学的存在形式就是人际网络交往与互动,人际网络交往得越深入,互动越频繁,呈现高效学习的可能性就越大。在生态课堂中,师生关系不是控制与被控制、灌输与被灌输的关系,生生关系也不是竞争与被竞争,它们是平等、民主、尊重和亲密的交往关系和合作关系。在这种关系中,学习者不仅是知识的主动接受者、传递者,更应是知识的积极创造者。教师引导学习者将学习者世界的活动与交往、合作、对话性社会生活世界和科学技术世界的活动统一,通过自我探索与人际网络联合,寻求个体性与社会性的相互媒介的交往,借助交互主体式实践构筑课堂人际生态关系,寻求个体知识的交流与共享知识的形成。

最后,增强心理弹性,重塑课堂恢复力。健康课堂生态系统恢复力是指课堂生态系统在受到外界胁迫下能够维持系统结构和功能的能力。① 在课堂生态系统诸多要素中,"教师和学生"是最为活跃的要素,如教师的教学引导所形成的班风,学生积极主动的学风,它们是否稳定都会影响课堂生态系统的稳定性。不管是来自课堂外部还是来自课堂内部的干扰或诱惑,都或多或少地影响着课堂生态系统的稳定性,这就需要教师和学生具有应对各种压力的重要个人资源,抵抗课堂内外的各种干扰或诱惑。也就是说,教师和学生都应具有心理弹性(Physician resilience),而心理弹性是一种用健康的方式去应对各种干扰和诱惑,以最小的心理和生理成本

---

① 孙芙蓉:《健康课堂生态系统研究刍论》,《教育研究》2012 年第 12 期。

去达成目标的能力。① 当课堂生态系统不稳定或者遭到破坏时,如果教师和学生都具有应对各种干扰或诱惑的能力,课堂生态系统恢复力就会启动,使课堂生态系统持续维持在一个动态平衡的状态中。

课堂生态系统的形成和运行,机制依赖于构成要素活力、组织结构和恢复力的组合,构成要素的组合水平与状态又决定课堂生态系统的整体状态。正是借助于各构成要素所承担的活力机制、组织结构机制和恢复力机制的总体运行,才呈现出一个健康的课堂生态系统,其营造了"自然、和谐、开放、创新的生态化课堂环境,从而使学生的灵魂受到陶冶、个性得到张扬、智慧自由放飞、生命焕发活力"②。

### (四) 设计学习环境的社会结构

在早期的学习变革中,对学习环境的改善大多集中于对环境本身的设计与研究,而对影响学习的更加隐蔽、深层的社会性因素却很少涉及。而学习的社会性强调学习是基于一定的社会文化背景,在他人的帮助下,通过社会性参与和互动完成意义建构;强调学习的社会性中介作用和社会性本质,人的发展是个体与社会相互作用的结果③;以及由此建立起的有关"学习是知识的社会建构、学习是意义的社会协商和学习是实践的参与"的学习新隐喻。这意味着,有效的学习环境需要更加关注学习者之间的社会性参与和互动,通过构筑"学习共同体"促进知识的社会建构,而不是像传统认知科学研究一样仅仅关注学习者个体头脑内部的学习。④

美国学者凯特林·贝拉可兹可(Katerine Bielaczyc)认为,"文化信念""实践""社会—技术—空间关系""与外部世界的交互"四个维度构成了学

---

① Epstein,R.M.,& Krasner,M.S.,*Physician Resilience:What It Means,Why It Matters,and How To Promote It*,Academic Medicine,2013,(3):301-303.
② 吴林富:《教育生态管理》,天津教育出版社 2006 年版,第 43 页。
③ 杨进中、张剑平:《基于社交网络的个性化学习环境构建研究》,《开放教育研究》2015 年第 2 期。
④ 杨南昌、刘晓艳:《学习环境的社会结构设计》,《远程教育杂志》2010 年第 2 期。

习环境的社会结构。① 所谓"文化信念"(cultural beliefs)是指师生在课堂学习生活中的各种精神特质、心理倾向、文化认同以及思想观念等,其中包含着师生如何看待各自的身份、如何看待学习、如何看待知识、如何看待工具以及如何看待目的等方面,这些文化信念不知不觉地潜在影响着师生对学习环境的感知和使用。所谓"实践"强调在线和离线学习活动的规范和参与结构,其中主要包括学生参与活动的结构是开放的、半开放的还是结构化的,学生参与活动的分组是如何划分的,教师是通过何种方式参与学生的活动,在学习活动中工具是否使用是如何协调的。所谓"社会—技术—空间关系"是指师生通过技术工具交互时与之相关的物理空间和赛博空间的组织。其中包括学生、教师和机器的物理空间以及学生、教师和赛博空间是如何安排的,赛博空间和物理空间关系如何。这些都会影响所创建的学习环境的动力系统,影响教师和学生互动中信息的访取、连接和传输。所谓"与外部世界交互"是指学生以在线或离线的方式与外在于学生所在课堂情境中的其他人进行交互的方式,其中包括与他人如何交互、如何合作等问题,这些交互可以通过扩展可访取的学习资源的范围影响技术支持的学习。②

学习环境的四维社会结构,既可作为研究学习环境的设计工具,又可作为对它的分析工具。在学习发生境脉中各要素之间所构成的关系结构,比如课堂精神特质、教师和学生的文化观念、学习者与课堂活动系统的其他行动者、技术工具、课程内容等各要素,它们所构成的互动关系形成了学习的社会结构。社会结构作为学习环境设计的重要因素潜在地影响着学生参与学习的效果,只有将它纳入学习环境的总体设计和分析框架中,我们才更有可能创建学习环境的社会结构。依据学习环境的四维社会结构的设计,我们的学习环境首先需要转变教师的文化信念,其次关

---

① Bielaczyc, K., *Designing Social Infrastructure : Critical Issues In Creating Learning Environments With Technology* , The Journal of the learning sciences, 2006, (3): 301–329.

② 杨南昌、刘晓艳:《学习环境的社会结构设计》,《远程教育杂志》2010 年第 2 期。

注实践维度中的参与结构设计,最后重视其他维度的社会结构设计。①
还需要考虑以信息技术手段协调学习环境各要素之间的关系,促进学习资
源合理流动与配置,促进学习者与学习内容、学习者之间的深度互动,促进
学习者知识的协同建构,促进学习者之间的有效互动和学习共同体的
形成。②

　　总之,随着对学习社会性本质的更加清晰的认识,我们不得不更加关注
知识意义的理解与建构,这对变革学习理念与实践具有积极的意义。从知
识意义的理解与建构的视角提出学习应达到的两个标准:知识与世界的关
联、知识与学习者已有知识经验的关联,并由此出发依据知识建构的基本特
征,即知识建构的对象性、社会情境性、社会协商性,在同真实世界的联系
中、在个人知识经验的基础上、在合作互动中重构学校学习并相应地进行学
习变革。

---

① 杨南昌、刘晓艳:《学习环境的社会结构设计》,《远程教育杂志》2010 年第 2 期。
② 杨进中、张剑平:《基于社交网络的个性化学习环境构建研究》,《开放教育研究》2015 年第 2 期。

# 结　语　学习——迈向一种
# 社会实践的哲学

　　我相信受教育的个人是社会的个人，而社会便是许多个人的有机结合。如果从儿童身上舍去社会的因素，我们便只剩下一个抽象的东西；如果我们从社会方面舍去个人的因素，我们便只剩下一个死板的、没有生命力的集体。因此，教育必须从心理上探索儿童的能量、兴趣和习惯开始。①

——杜威

　　真正的学习，涉及人之所以为人此一意义的核心。透过学习，我们重新创造自我。透过学习，我们能够做到从未能做到的事情，重新认识这个世界及我们跟它的关系，以及扩展创造未来的能量。②

——彼得·圣吉

　　人的存在是真实的个人、社会化的人和自然的人三重身份的出场。这三重身份的互相重叠构成了人的存在性的内在结构。如果说"真实的个人"与"自然的人"乃是自为存在所要追求的目的，那么，"社会化的人"则是

---

① ［美］赵祥麟、王承绪编译：《杜威教育论著选》，华东师范大学出版社1981年版，第3—4页。
② ［美］彼得·圣吉：《第五项修炼——学习型组织的艺术与实务》，郭进隆译，上海三联书店1998年版，第3页。

达到自为存在所必须满足的条件,在这个意义上,社会就是人本身。人之所以能够生活,首先是由于他是以社会性的方式存在,在此,生活是人作为"社会性的存在物"才具有的生命活动方式,而社会乃是"人同自然界的完成了的、本质的统一,是自然界的真正复活,是人的实现了的自然主义与自然界的实现了的人本主义"①。人的生命不仅是自在的存在,人能够将自己从客观环境中提升出来,按照自己的主观意志而有意识地进行活动,而且还是自为的存在。自为存在不仅是一种生命的本然存在,更是有主客体区分的、由自我意识主导的、体现生命意志的能动存在。自为存在由人创生,是自觉的,又是自主的,更是自由的。

　　人的存在既是物性的存在,也是精神性的存在。人作为存在物的特点恰恰在于通过精神性的存在去超越物性的存在。人的存在既要求超越知性,又要求超越外在性实践活动,并且拒绝知性化、对象化与实体化。"存在"不应该被当作被占有物看待,存在性也不能只是理解为对象化的结果,更不能理解为对象本身。如果说人类学习活动必须通过对象化活动展开,那么人的存在性则指向通过这一对象化活动所开显、所生成、所澄明的非对象化。仅仅凭着对象化是不足以确立起物我融一的存在性来的。因为单一的对象化活动只是人的外在的活动,具有物役性。而人的内在的存在性恰恰是在人的对象化活动之上且指向于自身存在价值的非对象性活动中,才能完整地体现出来。

　　人确证自己的存在,绝不仅仅通过自己的精神思维活动或自然生理情欲,更重要、更根本的是通过自己的学习实践活动。人正是通过学习实践活动,改造对象世界,实现其意志、目的,从而真正成为人,才真正确证其存在和现实性。但实际上,"现实的人",既是活动中的人,也是关系中的人,即人是处在现实关系中的活动性存在物。在学习活动中,只有深入到人与人的学习关系中,才能正确理解"学习中的人",真正揭开"人的学习本质"之谜,从而根本超越对"学习""学习的本质"的抽象理解。

---

① ［德］马克思:《1844年经济学哲学手稿》,刘坯坤译,人民出版社1979年版,第75页。

人以及人所拥有的一切都是在一定关系中生成的,这种关系不仅仅是一种独立个人之外的环境因素,它还是人之内在本性的构成。自我的产生是在与他人的互动中生成的。每一个个体置于一定的群体中,在与他人的互动中完善自我的个性,其个性受到所属群体组织和整个社会发展状况的制约。从这个意义上说,学习不仅是人之内在自然本性的需要,还是人之社会本性的需要,它是隶属于社会关系之网中的交往、对话活动。学习要在自我与他人、自我与社会、自我与人类总体生命之间建立知识性关联和精神会通的存在方式;自我只有在与他人、与社会乃至与人类总体生命的知识关联和精神会通中才能突破其存在的有限和不足,从而提升自己的存在品质和显现意义升华的境界。

通过学习,实现个体的人以及人类整体的成熟,是人之所以为"人"而不是自然动物的内在价值趋向所驱动的,也是人摆脱不成熟状态实现"成年"目的的本质性标志,更是个体理性与主体性的确立。在理性与主体性的指引下,人能够追求自由,并拥有自由意志与主体的实践能力。在学习过程中,学习是一种以自身为对象的特殊社会实践活动,是一种人性自我建构的社会实践活动。在自我建构的实践活动中,学生既是学习活动的主体又是客体,通过主客体的相互作用不断改造自己、发展自己、完善自己,并对自身已有的心智结构进行审视与反思,积极推进已有心智结构按其所需要的方向发生相应的变化,从而实现预期目的对象化、现实化学习的目的和结果,能够使个体身心获得发展,使个体和人类整体不断实现自我意识与自我超越。这不仅是人类学习活动最本质的特征,而且也是人类创造力之最根本的源泉。

人只有在他人身上才能真正意识到自我,人无法忍受自己的独处,更无法忍受与他人的分离。人的活动不仅是为了满足自我需要,也为了满足他人需要,并通过满足他人需要来满足自我需要。人活动的这种社会性质不是自然的产物,而是社会发展的精巧的结果。学习是一种认识与实践相统一的社会活动。学习不是发生在个体头脑中的,而是一个发生在社会关系框架之中的过程。学习过去是,现在仍是分布于社会关系之中,而不是一个人的行为。

　　学习是人的存在方式,人通过学习才成为真正的人。学习,是人生旅程中最为根源性的营生。通过学习,我们会赋予自己的人生以明晰的轮廓,并充实自己的人生,从而使每一个人立足于这个社会。人作为学习的主体,并不是抽象地栖息在世界以外的事物,也不是孤立地立于客观事物面前的人,而是以社会方式从事着实践活动的人。学习活动只有存在于社会之中,个人才能获得全面发展,也就是说,只有存在于社会之中,才可能有个人的自由。

　　学习在本质上是一种社会性的存在。人的学习不是一个吸纳知识的过程,而是一个意义炼制和关系建构的过程。学习不仅需要认识实践,更需要社会性的交往实践和反观自我的反思性实践。因为学习活动具体表征为:学习主体与客观事物的对象性关系、与他人的社会性交往关系、与自我的反思性关系,使学习活动具有认知性、社会性、实践性等属性。也就是说,通过学习活动,学习主体构筑同世界的关系,形成与他人共处的社会,确认其主体的身份,从而确证其生存的价值。

　　学习活动并非仅仅指直接通过与他人的实际交往所表现出来的那种共同的活动,人在自我的个人活动中也能够体现出人的社会性的本质之所在。在实践活动中,学习主体需要投入自身的学习语境中,或者投入更广阔的社会语境之中。如果没有这种投入,学习的真正意义就很难发生。因为学习的境脉是知识炼制的一个核心因素,它是知识炼制的基础,即知识的重要性是以学习的境脉为参照的。另外,学习主体需要借助文化工具和文化资源积极地参与到社会实践之中,通过与他人交往、合作和对话,建构与炼制意义,实现具有主体身份的自我发展和自我超越。

　　学习不再是奴役人的异己存在,也不是受人奴役的异己存在,而是使人成长的幸福家园。学习主体不再为控制驱使,为效率支配,也不再被悬置、抹杀、遮蔽和遗忘,而是进入自主开放、自由解放的光明之镜。在此,学习哲学真正成为"是其所是"的"自在自为的存在"①,成为学习主体生命精神的种子,它给我们的心灵带来愉悦感、纯粹感、流动感、创造

————————

①　王国有:《哲学反思的审美维度》,黑龙江人民出版社 2001 年版,第 22—23 页。

感和成就感。①

　　什么是学习？当人们关注于自己所从事的每一件事情，以便使自我与从本质上向他所表达的信念相一致的时刻，那么人们就是在学习。这就是说，学习即人与其从事的事物在本质上"相遇"。这意味着人在体验中与从事的事物融为一体——在事物中生存。学习让我们的一切所作所为与从根本上向我们所吐露的任何事物遥相呼应。依据这种本质的方式以及它向我们发出召唤的区域，这种遥相呼应加之以此为基点学习方式与其他类型的呼应和学习是有着天壤之别的。② 置身于世界、置身于所从事的事物之中，需要意识到：世界、事物无时无刻不在向我们发出召唤、向我们"吐露"其本质，我们与其基于功利目的去"改造世界""改变事物"，不如停下匆忙的脚步，驻足倾听、呼应召唤。是否发现世界的"独特"、有没有听到一个单独事物或一个人所发出的"独特召唤"是判断我们是否听到世界、事物的基本标志。因此，一切关于学习的哲学都是关注学习社会性的实践哲学。我们对学习社会性研究的敏感意识建立在对学习的关心或珍视之上。这样，"学会生存"就意味着学会学习。

　　总之，学习，如诗意般地栖居于世界之中。学习社会性研究是"智慧之研究"，也是一种实践哲学，它具有社会实践的特质。让学习迈向一种社会性的实践哲学是时代使然。

---

① 龚孟伟、陈晓端：《当代教学论视域中的学习哲学之思》，《陕西师范大学学报》（哲学社会科学版）2009 年第 4 期。

② ［德］海德格尔：《什么召唤思》，孙周兴译，上海三联书店 1996 年版，第1217 页。

# 附　录

## 课堂学习的社会性调查问卷(教师版)

尊敬的老师:

　　您好! 这是一项关于课堂学习的社会性调查问卷,旨在了解您课堂教学的一些基本情况。本调查采取不记名方式,所有数据仅作研究分析使用,不涉及个人隐私,衷心希望您能按照自己的实际行为和真实想法填写问卷。问卷每道题后均有几个选项,您只需把符合您自己实际情况的一个或者几个选项填写在对应的题干括号里。

　　感谢您的支持与配合!

　　性别　　　　教龄　　　　学历　　　　任教年级　　　　所任科目

(　　)1. 在课堂上,您能够体现"以学生发展为本"的理念吗?

A. 经常　　　　　　B. 有时　　　　　　C. 很少　　　　　　D. 从不

(　　)2. 您认为舒适的学习环境对学生学习的影响?

A. 十分重要　　　　B. 重要　　　　　　C. 不重要　　　　　D. 无所谓

(　　)3. 您的课堂上一般是几个人进行合作学习?

A. 2—4 人　　　　B. 3—5 人　　　　C. 5—7　　　　　　D. 6—8 人

(　　)4. 在课堂上,您认为讽刺、挖苦学生是?

A. 必要的教育手段　　　　　　　　　B. 可以原谅

C. 是不尊重学生的　　　　　　　　D. 无所谓

（　　）5. 在课堂教学中,您主要关心的是?

A. 知识的传授　　　　　　　　　　B. 情感态度价值观的培养

C. 学生学习方法获得　　　　　　　D. 课堂纪律的维持

E. 其他

（　　）6. 美好的学习文化对学习作用如何?

A. 加深师生感情　　　　　　　　　B. 丰富校园文化

C. 导向和激励　　　　　　　　　　D. 熏陶

E. 不清楚

（　　）7. 在人格上,师生关系是?

A. 授受关系　　　B. 相互促进　　　C. 民主平等　　　D. 师道尊严

（　　）8. 您所在学校学习的整体氛围如何?

A. 积极向上　　　　　　　　　　　B. 不积极也不消极

C. 消极颓废　　　　　　　　　　　D. 说不清

（　　）9. 在课堂上,您会体罚学生或变相体罚学生吗?

A. 经常　　　　　B. 有时　　　　　C. 很少　　　　　D. 从不

（　　）10. 您在课堂上常安排学生进行合作吗?

A. 经常　　　　　B. 有时　　　　　C. 不常安排　　　D. 不安排

（　　）11. 在课堂上,您对学生提要求时,更多的是?

A. 命令式的　　　B. 建议式的　　　C. 协商式的　　　D. 其他

（　　）12. 您认为课堂学习需要具备下列哪些条件?

A. 以文化载体的方式为学生提供学习内容的课本

B. 课堂学习中需要师生、生生之间的交流与互动

C. 课堂学习中需要学生之间、小组之间的合作与交流

D. 课堂学习中教师离不开学生、学习环境,学生也离不开教师、学习环境

E. 课堂学习中师生都必须遵守课堂规范和纪律

（　　）13. 您是否同意学生的学习不需要老师的讲解?

A. 同意　　　　　B. 不同意　　　　C. 完全不同意　　D. 不清楚

（    ）14. 您是否经常让学生互评发言？

A. 经常　　　　　　B. 有时　　　　　　C. 很少　　　　　　D. 从不

（    ）15. 您觉得在课堂上不使用现代化条件进行教学的话，教学效果会？

A. 比原来好　　　　　　　　　　B. 跟原来的一样

C. 不如原来　　　　　　　　　　D. 不清楚

（    ）16. 和独立思考相比，您认为通过讨论学生得到的答案会？

A. 更好　　　　　　B. 一样　　　　　　C. 不太好　　　　　　D. 更差

（    ）17. 在课堂上，您觉得生生交往的机会多吗？

A. 非常多　　　　　B. 有些多　　　　　C. 不太多　　　　　D. 很少

（    ）18. 您认为小组合作对学习的效果怎样？

A. 对问题掌握很清楚　　　　　　B. 纯属浪费时间

C. 每次都是部分同学参与　　　　D. 不清楚

（    ）19. 小组合作的成员在一段时间内是？

A. 相对固定的　　　B. 频繁打乱的　　　C. 随时调整　　　D. 固定不变

（    ）20. 在课堂上，您会参与学生的讨论吗？

A. 经常　　　　　　B. 有时　　　　　　C. 很少　　　　　　D. 从不

（    ）21. 在您的课堂上，您与学生间交往的主要方式是？

A. 与单个学生　　　B. 与全班学生　　　C. 与小组学生　　　D. 都不是

（    ）22. 在一节课堂上，您让学生进行讨论的次数大概有多少次？

A. 0 次　　　　　　B. 1—2 次　　　　　C. 3—4 次　　　　　D. 5 次以上

（    ）23. 在一节课堂上，您安排学生进行讨论的时间大概有多少分钟？

A. 0 分钟　　　　　　　　　　　B. 1—5 分钟

C. 6—10 分钟　　　　　　　　　D. 10—15 分钟

E. 15 分钟以上

（    ）24. 在课堂上，如果增加交往行为，您认为学生主动性是否有所提高？

A. 提高很多　　　　B. 有些提高　　　　C. 没有提高　　　　D. 不清楚

（    ）25. 在组建合作小组后,其成员分工是?

A. 长期固定　　　　　　　　　　B. 根据情况调整

C. 小组角色互换　　　　　　　　D. 组长实行轮换制

（    ）26. 在您的课堂上,积极主动向您提问的学生数量是?

A. 绝大多数　　　　B. 一半　　　　C. 少部分　　　　D. 几乎没有

（    ）27. 您觉得在课堂上不使用其他辅助条件进行教学的话,您在讲解的过程中会?

A. 讲解时费力费时　　B. 跟原来一样　　C. 更轻松随意　　D. 不清楚

（    ）28. 在课堂上,学生讨论偏题时,您通常会怎样做?

A. 及时制止　　　　B. 引回主题　　　　C. 顺其自然　　　　D. 都不是

（    ）29. 您认为学生的学习离开您的讲解后,其掌握知识的程度大致如何?

A. 10%　　　　　　B. 25%　　　　　　C. 45%　　　　　　D. 60%

E. 75%　　　　　　F. 90%

（    ）30. 课堂上学生进行合作时,您通常会怎样做?

A. 站在前面,用目光跟他们交流

B. 组间巡视,了解情况,及时提供帮助

C. 只待在最热烈的组中

D. 干自己的事情

（    ）31. 您所任教的班级文化建设您感到满意吗?

A. 满意　　　　　　B. 比较满意　　　　C. 不满意　　　　D. 说不清

（    ）32. 在课堂上,交往性教学行为有哪些?

A. 教师与所有学生的交往　　　　　B. 教师与单个学生的交往

C. 小组之间的交往　　　　　　　　D. 生生之间的交往

E. 单个学生与所有学生的交往

（    ）33. 在课堂上,您安排学生进行合作的时间一般是?

A. 0 分钟　　　　　　　　　　B. 1—5 分钟

C. 6—10 分钟　　　　　　　　D. 10—15 分钟

E. 15 分钟以上

( )34.您认为教师在专业发展和实践中的基本要求是?

A. 师德为先　　　　B. 学生为本　　　　C. 能力为重　　　　D. 终身学习

( )35.您认为您所在学校的学习氛围?

A. 严谨　　　　　　B. 活跃　　　　　　C. 沉闷　　　　　　D. 其他

( )36.在组织合作学习时,您最关注的问题是?

A. 问题的设计　　　　　　　　　　B. 给学生充分的合作时间

C. 合作学习的纪律　　　　　　　　D. 合作学习的效果

( )37.在您的课堂上,师生之间交往行为多吗?

A. 非常多　　　　　B. 有些多　　　　　C. 不太多　　　　　D. 很少

( )38.学生回答问题,答案与您的不一致时,您通常会怎样做?

A. 立即换人　　　　　　　　　　　B. 对答案进行评价

C. 继续启发　　　　　　　　　　　D. 启发后再换人

( )39.在组建合作小组后,其成员的关系是?

A. 组长权威　　　　B. 成员平等　　　　C. 教师主导　　　　D. 不清楚

( )40.在课堂上,您对待学生的基本原则是?

A. 一视同仁　　　　　　　　　　　B. 区别对待

C. 得到部分学生喜欢　　　　　　　D. 以维护自己权威为中心

( )41.在课堂上,小组合作时,您的分组原则是?

A. 按座位　　　　　B. 按学习成绩　　　C. 自由组合　　　　D. 同组异质

E. 异组同质

( )42.您认为校风、校训对于文化建设的影响是?

A. 影响很大　　　　B. 影响一般　　　　C. 影响较小　　　　D. 没有影响

( )43.您认为最理想的课堂是?

A. 师生关系融洽　　　　　　　　　B. 学生绝对服从老师

C. 师生间交往合作　　　　　　　　D. 无拘无束,自由发挥

( )44.您所在学校的文化建设如何?

A. 文化并未给予重视　　　　　　　B. 文化性不凸显

C. 没有真正体现学生的意志　　　　D. 重物质轻精神

( )45.在课堂上,您体现关爱、尊重、平等、宽容等思想吗?

A. 经常　　　　　B. 有时　　　　　C. 很少　　　　　D. 从不

(　　)46. 您所在班级的学习环境您是否满意?

A. 满意　　　　　B. 比较满意　　　C. 不满意　　　　D. 说不清

(　　)47. 在社会道德上,师生关系是?

A. 授受关系　　　B. 相互促进　　　C. 民主平等　　　D. 师道尊严

(　　)48. 您认为学生在学校的学习是?

A. 学生自己的事

B. 老师怎样教的事

C. 老师的教是一方面,更重要的是学生怎么学的问题

D. 老师的教和学生的学都很重要

(　　)49. 在课堂上,您会偏爱优生而忽略差生吗?

A. 经常　　　　　B. 有时　　　　　C. 很少　　　　　D. 从不

(　　)50. 您认为学生学习的场所主要在?

A. 课堂　　　　　B. 课外　　　　　C. 家庭　　　　　D. 社会

再次感谢您的支持! 祝您工作愉快!

# 课堂学习的社会性调查问卷(学生版)

亲爱的同学:

你好! 这是一项关于课堂学习的社会性调查问卷,旨在了解你在课堂学习中的一些基本情况。本调查采取不记名方式,所有数据仅作研究分析使用,不涉及个人隐私,衷心希望你能按照自己的实际行为和真实想法填写问卷。问卷每道题后均有几个选项,你只需把符合你自己情况的一个或者几个选项填写在对应的题干括号里。

感谢你的支持与配合!

性别　　　　　　　　年级

(　　　)1. 你是否同意学生的学习完全不需要老师的指导?

A. 同意　　　　　　B. 不同意　　　　　C. 完全不同意　　　D. 不清楚

(　　　)2. 你学习的主要场所是?

A. 课堂　　　　　　B. 课外　　　　　　C. 家庭　　　　　　D. 社会

(　　　)3. 在课堂上,老师能否根据你们的情绪变化,及时调整自己的教学方式和方法?

　　A. 所有的老师都能做到　　　　　　B. 大部分老师能做到

　　C. 只有少数老师能做到　　　　　　D. 所有的任课老师都做不到

(　　　)4. 校风、校训对你学习的影响如何?

A. 影响很大      B. 影响一般      C. 影响较小      D. 没有影响

(     )5. 在课堂学习中,你主要关心的是?

A. 知识的获得                  B、情感态度价值观的培养

C. 学习方法的获得          D. 其他

(     )6. 美好的学习文化对你学习的作用是?

A. 加深师生感情             B. 丰富校园文化

C. 导向和激励                 D. 熏陶

E. 不清楚

(     )7. 在课堂上,有同学犯错误时,老师通常会采取什么方式?

A. 说服教育      B. 体罚      C. 变相体罚      D. 讽刺挖苦

(     )8. 你所在学校学习的整体氛围是?

A. 积极向上                  B. 不积极也不消极

C. 消极颓废                  D. 说不清

(     )9. 在课堂上,你发现老师讲的内容你已经知道,你通常会怎样做?

A. 仍然听讲,老师要求我们认真听讲

B. 仍然听讲,做其他事情会影响别人

C. 继续听,使自己的知识更扎实

D. 不想听了,说话或者干其他

(     )10. 班上同学间的关系是否和谐?

A. 和谐      B. 比较和谐      C. 不和谐      D. 说不清

(     )11. 你认为学生在学校的学习是?

A. 学生自己的事

B. 老师怎样教的事

C. 老师的教是一方面,更重要的是学生怎么学的问题

D. 老师的教和学生的学都很重要

(     )12. 在社会道德上,师生关系是?

A. 授受关系      B. 相互促进      C. 民主平等      D. 师道尊严

(     )13. 舒适的学习环境对你学习的影响如何?

A. 十分重要　　　　B. 重要　　　　　C. 不重要　　　　D. 无所谓

（　　）14. 你认为在没有老师的讲解下,你掌握知识情况大致如何?

A. 10%　　　　　　B. 25%　　　　　　C. 45%　　　　　D. 60%

E. 75%　　　　　　F. 90%

（　　）15. 和独立思考相比,通过讨论得到的答案会?

A. 更好　　　　　　B. 一样　　　　　C. 不太好　　　　D. 更差

（　　）16. 在课堂上,老师对你们的学习动机影响大吗?

A. 很有影响　　　　B. 影响很大　　　C. 一般　　　　　D. 没有影响

（　　）17. 在学习过程中,你是否喜欢与同学为伴一起学习?

A. 非常喜欢　　　　B. 比较喜欢　　　C. 喜欢　　　　　D. 不太喜欢

E. 非常不喜欢

（　　）18. 在小组合作中,你们小组分工明确吗?

A. 十分明确　　　　B. 较明确　　　　C. 明确　　　　　D. 不明确

（　　）19. 在你们的课堂上,交往性教学行为有哪些?

A. 教师与所有学生的交往　　　　　　B. 教师与单个学生的交往

C. 小组之间的交往　　　　　　　　　D. 生生之间的交往

E. 单个学生与所有学生的交往

（　　）20. 在师生合作中,你觉得老师更像一位?

A. 师傅　　　　　　B. 管理者　　　　C. 权威者　　　　D. 交流者

（　　）21. 在你们的课堂上,学生之间交往性学习的机会多吗?

A. 非常多　　　　　B. 有些多　　　　C. 不太多　　　　D. 很少

（　　）22. 你对合作课堂学习方式的感受是?

A. 非常喜欢　　　　B. 比较喜欢　　　C. 一般　　　　　D. 不喜欢

（　　）23. 你怎样看待你们的课堂纪律?

A. 自觉遵守很容易做到

B. 太严格但还是会遵守

C. 有些不太合理须改进

D. 做自己的事情,不喜欢老师的要求和规定

（　　）24. 在课堂教学中,你发现老师讲错了,你会怎样做?

A. 当场指出                    B. 认为老师水平太低

C. 委婉说出                    D. 无所谓

（    ）25. 如果增加交往性教学，你们的主动性是否有所提高？

A. 提高很多        B. 有些提高        C. 差不多        D. 没有提高

（    ）26. 当你的回答与老师不一致时，老师通常会怎样做？

A. 立即换人                    B. 对答案进行评价

C. 继续启发                    D. 启发后再换人

（    ）27. 你觉得在课堂上不使用现代化条件进行教学的话，教学效果会？

A. 比原来好        B. 跟原来的一样    C. 不如原来        D. 不知道

（    ）28. 你希望通过哪种方式和老师交流？

A. 师问生答        B. 生问师答        C. 小组合作学习    D. 小组竞赛

E. 其他

（    ）29. 在课堂上，你愿意和同学一起朗读、交流和讨论？

A. 从不            B. 很少            C. 有时            D. 经常

（    ）30. 你喜欢和谁一起进行交流？

A. 学习好的        B. 班干部          C. 好朋友          D. 同桌

E. 听老师安排

（    ）31. 在课堂上，你愿意和其他同学一起合作吗？

A. 愿意            B. 一般            C. 不愿意          D. 无所谓

（    ）32. 在本学期的课堂中，你与同学合作次数如何？

A. 非常多          B. 比较多          C. 偶尔有          D. 几乎没有

（    ）33. 课堂上进行角色扮演或演示操作时，你更愿意？

A. 独自            B. 和同学          C. 和老师          D. 只观看别人表演

（    ）34. 你认为和同学合作对新知识的获得帮助大吗？

A. 帮助很大        B. 有所帮助        C. 一点帮助        D. 没有帮助

（    ）35. 你的老师们会常安排你们进行交往性学习吗？

A. 经常            B. 有时            C. 不常安排        D. 不安排

（　）36. 在合作解决问题时,你会主动承担相应的任务吗?

A. 从不　　　　B. 很少　　　　C. 有时　　　　D. 经常

（　）37. 在课堂上,你与其他学生交往的主要方式是?

A. 与单个学生　　B. 与全班学生　　C. 与小组学生　　D. 都不是

（　）38. 在课堂上,小组发言时,你或你们小组展示的机会多吗?

A. 很多　　　　B. 举手,但机会少　C. 几乎没有　　D. 没有

（　）39. 在课堂上,小组合作对你哪些方面有所提高?

A. 语言交流　　B. 学习技能　　C. 学习能力　　D. 人际交往

（　）40. 在你们的课堂上,师生之间交往性教学行为多吗?

A. 非常多　　　　B. 有些多　　　　C. 不太多　　　　D. 很少

（　）41. 你认为自己所在学校文化建设存在哪些问题?

A. 文化并未给予重视　　　　　B. 文化性不凸显

C. 没有真正体现学生的意志　　D. 重视物质而忽视精神方面

（　）42. 在课堂教学中老师能平等待人吗?

A. 做得很好　　B. 做得较好　　C. 一般　　　　D. 做得不好

（　）43. 在学习过程中,你觉得除教材外是否需要其他课外书籍?

A. 十分需要　　B. 需要　　　　C. 不需要　　　D. 无所谓

（　）44. 在课堂上,学生答错时,老师会?

A. 鼓励　　　　B. 讽刺　　　　C. 视而不见　　D. 罚站

E. 其他

（　）45. 老师能根据不同学生的情况做出不同的评价吗?

A. 做得很好　　B. 做得较好　　C. 一般　　　　D. 做得不好

（　）46. 你对你所在班级的学习环境是否满意?

A. 满意　　　　B. 比较满意　　C. 不满意　　　D. 说不清

（　）47. 在人格上,师生关系是?

A. 授受关系　　B. 相互促进　　C. 民主平等　　D. 师道尊严

（　）48. 你认为课堂学习需要具备哪些条件?

A. 以文化载体的方式为学生提供学习内容的课本

B. 课堂学习中需要师生、生生等交流与互动

C. 课堂学习中需要学生之间、小组之间的合作与交流

D. 课堂学习中教师离不开学生、学习环境,学生也离不开教师、学习环境

(     )49. 在小组合作中,你会不会采用其他方式仿造真实的结果

A. 从不　　　　　B. 很少　　　　　C. 有时　　　　　D. 经常

(     )50. 你所在班级的学习氛围是?

A. 严谨　　　　　B. 活跃　　　　　C. 沉闷　　　　　D. 其他

再次感谢你的合作与支持! 祝你学习愉快!

# 参考文献

## 一、主要著作

[巴西]保罗·弗莱雷著:《被压迫者教育学》,顾建新等译,华东师范大学出版社2001年版。

[丹]克努兹·伊列雷斯著:《我们如何学习:全视角学习理论》,孙玫璐译,教育科学出版社2011年版。

[德]斐迪南·滕尼斯著:《共同体与社会:纯粹社会学的基本概念》,林荣远译,北京大学出版社2010年版。

[德]哈贝马斯著:《交往行为理论:行为合理性与社会合理性》,曹卫东译,上海人民出版社2004年版。

[德]哈贝马斯著:《交往行为理论》第2卷,洪郁佩、蔺青译,重庆出版社1994年版。

[德]哈贝马斯著:《交往与社会进化》,张博树译,重庆出版社1989年版。

[德]哈贝马斯著:《作为"意识形态"的技术与科学》,李黎等译,学林出版社1999年版。

[德]海德格尔著:《人,诗意的栖居:超译海德格尔》,郜元宝译,北京时代华文书局2017年版。

[德]海德格尔著:《什么召唤思》,孙周兴译,上海三联书店1996年版。

[德]汉斯·萨尼尔著:《雅斯贝尔斯》,张继武、倪梁康译,生活·读书·新知三联书店1988年版。

[德]赫德尔著:《论语言的起源》,姚小平译,商务印书馆1998年版。

[德]卡尔·雅斯贝尔斯著:《什么是教育》,邹进译,生活·读书·新知三联书店1991年版。

[德]卡西尔著:《语言与神话》,于晓等译,生活·读书·新知三联书店1998年版。

［德］康德著:《实用人类学》,邓晓芒译,重庆出版社 1987 年版。

［德］莱布尼茨著:《人类理智新论》,陈修斋译,商务印书馆 1996 年版。

［德］马克思著:《1844 年经济学哲学手稿》,人民出版社 2000 年版。

［德］齐美尔著:《社会是如何可能的》,林荣远译,广西师范大学出版社 2002 年版。

［德］雅斯贝尔斯著:《什么是教育》,邹进译,三联书店 1991 年版。

［俄］维果斯基著:《维果斯基教育论著选》,余震球译,人民教育出版社 1994 年版。

［俄］谢切诺夫著:《谢切诺夫选集》,杨汝昌等译,人民卫生出版社 1957 年版。

［法］艾德加·莫兰著:《社会学思考》,阎素伟译,上海人民出版社 2001 年版。

［法］爱弥尔·涂尔干著:《社会分工论》,渠东译,上海三联书店 2000 年版。

［法］安德烈·焦尔当著:《学习的本质》,杭零译,华东师范大学出版社 2015 年版。

［法］奥古斯特·孔德著:《论实证精神》,黄建华译,商务印书馆 1996 年版。

［法］笛卡尔著:《笛卡尔哲学著作》第 1 卷,英国剑桥大学出版社 1911 年版。

［古希腊］亚里士多德著:《形而上学》,吴寿彭译,商务印书馆 1959 年版。

［古希腊］亚里士多德著:《政治学》,吴寿彭译,商务印书馆 1965 年版。

［加］迈克尔·富兰著:《变革的力量——透视教育改革》,中央教育科学研究所译,教育科学出版社 2004 年版。

［加］迈克尔·富兰著:《教育变革新意义》第 3 版,赵中建等译,教育科学出版社 2005 年版。

［加］尼科·斯特尔著:《知识社会》,殷晓蓉译,上海译文出版社 1998 年版。

［美］D.C.菲利普斯等著:《学习的视界》,尤秀译,教育科学出版社 2006 年版。

［美］E.马克·汉森著:《教育管理与组织行为》,冯大鸣等译,上海教育出版社 1993 年版。

［美］M.P.德里斯科尔著:《学习心理学:面向教学的取向》,王小明等译,华东师范大学出版社 2008 年版。

［美］Margaret E Grade 著:《学习与教学:从理论到实践》,张奇等译,中国轻工业出版社 2007 年版。

［美］R.M.加涅著:《学习的条件和教学论》,皮连生等译,华东师范大学出版社 1999 年版。

［美］保罗 M.马金斯基著:《心理学与工作:工业与组织心理学导论》,姚翔等译,机械工业出版社 2014 年版。

［美］鲍尔、希尔加德著:《学习论——学习活动规律的探索》,邵瑞珍等译,上海教育出版社 1987 年版。

［美］彼得·伯格著:《与社会学同游——人文主义的视角》,何道宽译,北京大学出版社 2008 年版。

［美］彼得·圣吉著:《第五项修炼——学习型组织的艺术和实务》,郭进隆译,上海

三联书店 1998 年版。

[美]戴维·H.乔纳森著:《学习环境的理论基础》,郑太年等译,华东师范大学出版社 2002 年版。

[美]戴维·波普诺著:《社会学》第 10 版,李强等译,中国人民大学出版社 1999 年版。

[美]杜威著:《经验与自然》,傅统先译,江苏教育出版社 2005 年版。

[美]杜维明著:《道、学、政:论儒家知识分子》,钱文忠译,上海人民出版社 2000 年版。

[美]杜维明著:《走向普世价值的儒家伦理》,山东大学出版社 2005 年版。

[美]菲利普斯等著:《学习的视界》,尤秀译,教育科学出版社 2006 年版。

[美]汉娜·阿伦特等著:《康德政治哲学讲稿》,曹明等译,上海人民出版社 2013 年版。

[美]拉里·希克曼著:《阅读杜威:为后现代做的阐释》,徐陶译,北京大学出版社 2009 年版。

[美]莱夫、温格著:《情境学习:合法的边缘性参与》,王文静译,华东师范大学出版社 2004 年版。

[美]莱斯利·斯特弗等著:《教育中的建构主义》,高文等译,华东师范大学出版社 2002 年版。

[美]罗伯特·K.默顿著:《社会理论和社会结构》,唐少杰、齐心译,译林出版社 2015 年版。

[美]罗伯逊著:《社会学》,黄育馥译,商务印书馆 1990 年版。

[美]马斯洛著:《人的潜能和价值》,林方译,华夏出版社 1987 年版。

[美]马斯洛著:《人性能达到的境界》,林方译,云南人民出版社 1987 年版。

[美]梅里亚姆-韦伯斯特公司:《韦氏大学词典》第 10 版,世纪图书出版公司 1995 年版。

[美]欧文·戈夫曼著:《污名:受损身份管理札记》,宋立宏译,商务印书馆 2009 年版。

[美]皮埃尔·布尔迪厄著:《实践与反思——反思社会学导引》,华康德译,中央编译出版社 1998 年版。

[美]乔治·H.米德著:《心灵、自我与社会》,赵月瑟译,上海译文出版社 1992 年版。

[美]舒尔曼著:《实践智慧:论教学、学习与学会教学》,王艳玲等译,华东师范大学出版社 2014 年版。

[美]威廉·哈维兰著:《当代人类学》,王铭铭等译,上海人民出版社 1987 年版。

[美]小威廉 E.多尔著:《后现代课程观》,王红宇译,教育科学出版社 2006 年版。

[美]小威廉姆·E.多尔、[澳]诺尔·高夫主编:《课程愿景》,张文军等译,教育科学

出版社 2006 年版。

[美]赵祥麟、王承绪编译:《杜威教育论著选》,华东师范大学出版社 1981 年版。

[美]约翰·杜威著:《民主主义与教育》,王承绪译,人民教育出版社 2001 年版。

[美]约翰·杜威著:《明日之学校·学校与社会》,赵祥麟等译,人民教育出版社 1994 年版。

[美]约翰·杜威著:《我们怎样思维·经验与教育》,姜文闵译,人民教育出版社 1991 年版。

[美]约瑟夫·本斯曼等著:《社会化:使人适应其社会》,载克鲁克洪等著:《文化与个人》,高佳等译,浙江人民出版社 1986 年版。

[日]佐藤学著:《教育方法学》,于莉莉译,教育科学出版社 2016 年版。

[日]佐藤学著:《课程与教师》,钟启泉译,教育科学出版社 2003 年版。

[日]佐藤学著:《学习的快乐——走向对话》,钟启泉译,教育科学出版社 2011 年版。

[日]佐藤学著:《学校的挑战:创建学习共同体》,钟启泉译,华东师范大学出版社 2010 年版。

[瑞士]皮亚杰著:《发生认识论原理》,王宪钿等译,商务印书馆 1981 年版。

[瑞士]皮亚杰著:《皮亚杰学说及其发展》,陈孝禅等译,湖南教育出版社 1983 年版。

[西]费尔南多·萨瓦特尔著:《教育的价值》,李丽、孙颖屏译,北京大学出版社 2012 年版。

[印度]克里希那穆提著:《教育就是解放心灵》,张春城、唐超权译,九州出版社 2010 年版。

[英]保罗·霍普著:《个人主义时代之共同体重建》,沈毅译,浙江大学出版社 2010 年版。

[英]鲍曼著:《共同体》,欧阳景根译,江苏人民出版社 2003 年版。

[英]大卫·布鲁尔著:《知识与社会意象》,艾彦译,东方出版社 2001 年版。

[英]戴维·伯姆、李·尼科著:《论对话》,王送涛译,教育科学出版社 2004 年版。

[英]霍杰茨著:《社会心理学与日常生活》,张荣华等译,中国轻工业出版社 2012 年版。

[英]齐格蒙特·鲍曼著:《共同体》,欧阳景根译,江苏人民出版社 2007 年版。

《陈鹤琴全集》第 4 卷,江苏教育出版社 1991 年版。

《陈鹤琴全集》第 5 卷,江苏教育出版社 1991 年版。

《陈鹤琴全集》第 6 卷,江苏教育出版社 1991 年版。

《古希腊罗马哲学》,生活·读书·新知三联书店 1957 年版。

《汉语大辞典》第 11 卷,汉语大辞典出版社 1993 年版。

《马克思恩格斯全集》第 3 卷,人民出版社 1960 年版。

《马克思恩格斯全集》第 42 卷,人民出版社 1979 年版。

《马克思恩格斯选集》第 1 卷,人民出版社 1995 年版。

《毛泽东年谱》中卷,中央文献出版社 2002 年版。

《毛泽东文集》第 2 卷,人民出版社 1993 年版。

《毛泽东选集》第 1 卷,人民出版社 1991 年版。

《牛津高阶英汉双解词典》第 6 版,商务印书馆 2004 年版。

《十六—十八世纪西欧各国哲学》,商务印书馆 1975 年版。

《陶行知全集》第 1 卷,四川教育出版社 1991 年版。

《亚里士多德全集》第 8 卷,苗力田译,中国人民大学出版社 1997 年版。

《亚里士多德全集》第 9 卷,颜一、泰典华译,中国人民大学出版社 1997 年版。

《杨贤江全集》第 1 卷,河南教育出版社 1995 年版。

《中国大百科全书·哲学卷》,中国大百科全书出版社 1987 年版。

包亚明主编:《现代性的地平线:哈贝马斯访谈录》,上海人民出版社 1997 年版。

蔡晓红:《学习教育与人的发展问题研究》,中国文史出版社 2008 年版。

陈红梅:《教育共同体视域下学校与社区互动的研究——基于现代学校制度建设的思考》,华中科技大学出版社 2015 年版。

陈建翔、王松涛:《新教育:为学习服务》,教育科学出版社 2002 年版。

陈静静等:《跟随佐藤学做教育:学习共同体的愿景与行动》,华东师范大学出版社 2015 年版。

陈俊瑜:《知识创造与组织成长》,东南大学出版社 2011 年版。

陈琦、刘儒德主编:《当代教育心理学》,北京师范大学出版社 2000 年版。

陈少雷:《文化价值观的哲学省思》,社会科学文献出版社 2015 年版。

陈维维:《技术生存视域中的学习力》,教育科学出版社 2010 年版。

陈先达:《漫步遐想——哲学随想录》,北京师范大学出版社 2010 年版。

陈学明等:《通向理解之路——哈贝马斯论交往》,云南人民出版社 1998 年版。

程利国:《皮亚杰心理学思想方法论研究:关于实践唯物主义心理学的活动理论》,福建教育出版社 1999 年版。

单中惠:《西方教育学名著提要》,江西人民出版社 2004 年版。

丁方舟:《中国网络行动十年:动因、过程与影响》,中国广播影视出版社 2016 年版。

段伟文:《网络空间的伦理反思》,江苏人民出版社 2002 年版

范毅然编:《中华圣贤经大全集》,中国华侨出版社 2011 年版。

费孝通主编:《社会学概论》,天津人民出版社 1984 年版。

冯契主编:《哲学大辞典》,上海辞书出版社 2001 年版。

高申春:《人性辉煌之路:班杜拉的社会学习理论》,湖北教育出版社 2000 年版。

高文、徐斌艳、吴刚主编:《建构主义教育研究》,教育科学出版社 2008 年版。

高文编著:《学习创新与课程教学改革》,广东教育出版 2007 年版。

高文等编著:《学习科学的关键词》,华东师范大学出版社 2009 年版。

高文武:《认识活动论》,人民出版社 1991 年版。

顾明远主编:《教育大辞典》增订合编本(上),上海教育出版社 1998 年版。

顾树森编著:《中国古代教育家语录类编(补编)》,上海教育出版社 1983 年版。

郭东斌主编:《格言大辞典》,辽宁人民出版社 1992 年版。

郭湛:《主体性哲学:人的存在及其意义》,中国人民大学出版社 2011 年版。

韩民青:《人类的本质:动物+文化》,广西人民出版社 1998 年版。

韩震:《生成的存在——关于人和社会的哲学思考》,北京师范大学出版社 1996 年版。

贺照田编:《后发展国家的现代性问题》,吉林人民出版社 2002 年版。

胡德海:《陇上学人文存》胡德海卷,甘肃人民出版社 2014 年版。

胡小林、袁伯诚主编:《中国学习思想通史》,人民出版社 2007 年版。

贾馥茗主编:《教育大辞书》,文景书局 2002 年版。

江必新、刘伟:《国家治理现代化与社会主义核心价值体系》,中国法制出版社 2016 年版。

金生鈜:《规训与教化》,教育科学出版社 2004 年版。

靖国平:《教育的智慧性格——兼论当代知识教育的变革》,湖北教育出版社 2004 年版。

李芹主编:《社会学概论》,山东大学出版社 2009 年版。

李森、伍叶琴主编:《有效对话教学理论、策略及案例》,福建教育出版社 2012 年版。

李松林:《发展之源与教学之方:学生发展的活动机制及其教学应用》,教育科学出版社 2013 年版。

李喜先等:《知识系统论》,科学出版社 2011 年版。

李咏吟:《解释与真理》,上海译文出版社 2004 年版。

李政涛:《教育学的智慧》,安徽教育出版社 2008 年版。

联合国教科文组织国际教育发展委员会:《教育——财富蕴藏其中》,教育科学出版社 1996 年版。

联合国教科文组织国际教育发展委员会:《学会生存——教育世界的今天和明天》,教育科学出版社 1996 年版。

林方主编:《人的潜能和价值》,华夏出版社 1987 年版。

刘宝楠:《论语正义》,上海书店 1986 年版。

刘放桐等编著:《新编现代西方哲学》,人民出版社 2000 年版。

刘军宁等编:《自由与社群》,生活·读书·新知三联书店 1998 年版。

刘瑞:《科学学习理论概论——科学哲学的视角》,科学出版社 2015 年版。

刘素娜主编:《名人名言》知识卷,长春出版社 2007 年版。

刘铁芳:《追寻生命的整全:个体成人的教育哲学阐释》,高等教育出版社 2017 年版。

刘雪飞:《循环经济学》,中国大地出版社 2009 年版。

刘雍潜主编:《学与教的理论与方式》,北京大学出版社 2011 年版。

刘兆吉主编:《高等学校教育心理学》,北京师范大学出版社 1995 年版。

陆根书:《课堂学习论》,西安交通大学出版社 2002 年版。

陆有铨:《躁动的百年:20 世纪的教育历程》,山东教育出版社 1997 年版。

孟健、马晓丽编著:《先哲论教育》,国家行政学院出版社 2012 年版。

苗力田主编:《亚里士多德全集》第 9 卷,中国人民大学出版社 1997 年版。

聂竹明:《从共享到共生的 e-Learning 理论与实践》,安徽师范大学出版社 2015 年版。

潘菽主编:《教育心理学》,人民教育出版社 2001 年版。

裴娣娜:《现代教学论生成发展之思》,人民教育出版社 2012 年版。

裴时英编著:《教育社会学概论》,南开大学出版社 1986 年版。

乔炳臣、潘莉娟编著:《中国古代学习思想史》,人民教育出版社 1996 年版。

任裕海:《全球化、身份认同与超文化能力》,南京大学出版社 2015 年版。

阮全友:《学习共同体视角下英语学习者思辨素养发展研究》,世界图书出版社 2015 年版。

芮明杰编著:《管理学教程》第 2 版,首都经济贸易大学出版社 2016 年版。

桑新民主编:《学习科学与技术——信息时代大学生学习能力培养》,高等教育出版社 2004 年版。

申国昌、史降云:《中国学习思想史》,科学出版社 2006 年版。

沈晓敏:《对话教学研究》,北京师范大学出版社 2014 年版。

施良方:《学习论——学习心理学的理论与原理》,人民教育出版社 1994 年版。

史铭之:《课堂场域中的学生社会性生成:一种交往视角的分析》,上海教育出版社 2015 年版。

舒悦:《美国中小学校学习共同体组织文化探究》,广东高等教育出版社 2015 年版。

孙德芳:《课堂学习的选择性研究》,广西师范大学出版社 2011 年版。

孙伟平:《价值哲学方法论》,中国社会科学出版社 2008 年版。

孙希旦撰:《十三经清人注疏·礼记集解·学记》(中册卷 36),中华书局 1989 年版。

涂成林:《现象学的使命——从胡塞尔、海德格尔到萨特》,广东出版社 1998 年版。

万俊人:《寻求普世伦理》,商务印书馆 2001 年版。

汪民安等主编:《后现代性的哲学话语——从福柯到赛义德》,浙江人民出版社 2000

年版。

王光荣:《文化的诠释——维果茨基学派心理学》,山东教育出版社 2009 年版。

王国有:《哲学反思的审美维度》,黑龙江人民出版社 2001 年版。

王红艳:《新手教师在学校实践共同体中的学习》,重庆大学出版社 2012 年版。

王鉴:《课堂研究概论》,人民教育出版社 2007 年版。

王蠡主编:《责任落地路线图——向责任承诺共同体迈进》,机械工业出版社 2014 年版。

王养冲:《西方近代社会学思想的演进》,华东师范大学出版社 1996 年版。

王原君:《象征资本》,线装书局 2015 年版。

王振宏主编:《青少年心理发展与教育》,陕西师范大学出版社 2012 年版。

魏会廷:《教师学习共同体:促进教师专业发展的新途径》,武汉大学出版社 2014 年版。

吴刚:《从课程到学习:重建素质教育之路》,上海教育出版社 2007 年版。

吴康宁:《教育社会学》,人民教育出版社 1998 年版。

吴林富:《教育生态管理》,天津教育出版社 2006 年版。

吴倬主编:《马克思主义哲学导论》,当代中国出版社 2002 年版。

夏可君:《论语讲习录》,黄山书社 2009 年版。

夏甄陶、韩庆祥:《人:关系、活动、发展》,河南人民出版社 2011 年版。

项贤明:《泛教育论——广义教育学的初步探索》,山西教育出版社 2002 年版。

辛自强:《知识建构研究:从主义到实证》,教育科学出版社 2006 年版。

星云大师:《挺胸的意味:利他》,三联书店 2015 年版。

徐斌艳等:《学习文化与教学设计》,教育科学出版社 2012 年版。

许烨:《当代高校教师职业伦理:从德性到共同体建构》,中央编译出版社 2016 年版。

严育洪编著:《"事"说师生关系》,首都师范大学出版社 2007 年版。

燕国材:《智力因素与学习》,教育科学出版社 2002 年版。

杨国荣:《人类行动与实践智慧》,三联书店 2013 年版。

杨建朝:《自由成"人"——人性视角的教育精神》,中央编译出版社 2013 年版。

杨乐强:《走向信仰间的和谐》,中国社会科学出版社 2009 年版。

杨延从:《英语课堂学习共同体——新型的师生交互学习场》,江苏凤凰教育出版社 2015 年版。

叶飞:《公共交往与公民教育》,人民出版社 2014 年版。

柳斌主编:《中国教师新百科》中学教育卷,中国大百科全书出版社 2002 年版。

叶澜主编:《中国教育学科年度发展报告》,上海教育出版社 2006 年版。

叶澜:《教育概论》,人民教育出版社 2006 年版。

易文华主编:《121课堂师生学习共同体教学研究:构建学习共同体》,西南师范大学出版社2015年版。

袁贵仁:《马克思的人学思想》,北京师范大学出版社1996年版。

袁世全主编:《名言警句辞典》,四川辞书出版社2007年版。

张华:《经验课程论》,上海教育出版社2000年版。

张焕庭主编:《西方资产阶级教育论著选》,人民教育出版社1979年版。

张立新:《中国大学入学公平提升:基于教育双重价值框架的理论分析与实证检验》,山东人民出版社2014年版。

赵厚勰、陈竞蓉主编:《中国教育史教程》,华中科技大学出版社2012年版。

赵健:《学习共同体——关于学习的社会文化分析》,华东师范大学出版社2006年版。

赵健:《学习共同体的建构》,上海教育出版社2008年版。

赵铁锁主编:《从社会主义到中国特色社会主义》,南开大学出版社2009年版。

赵旭东:《文化的表达:人类学的视野》,中国人民大学出版社2009年版。

赵晔琴:《融入与区隔:巴黎华人新移民研究》,中国社会出版社2016年版。

郑杭生主编:《社会学概论新修》,中国人民大学出版社2001年版。

郑太年:《学习:为人的发展》,上海教育出版社2008年版。

郑太年:《学校学习的反思与重构——知识意义的视角》,上海教育出版社2006年版。

郑葳:《学习共同体:文化生态学习环境的理想架构》,教育科学出版社2007年版。

钟启泉:《教育的挑战》,华东师范大学出版社2007年版。

周文娟:《大数据时代外语教育理念与方法的探索与发现》,上海交通大学出版社2014年版。

周运清主编:《社会学》,武汉大学出版社1988年版。

朱宝荣:《认知科学与现代认知论研究》,上海人民出版社2013年版。

朱熹:《四书集注》,岳麓书社2004年版。

朱熹:《四书章句集注》,中华书局1983年版。

朱晓颖:《同位与同质:义务教育公平新论》,人民日报出版社2015年版。

朱智贤主编:《心理学大辞典》,北京师范大学出版社1989年版。

宋大庆:《二十一世纪白皮书:知识革命论》,贵州民族出版社1996年版。

邹铁军主编:《20世纪哲学名著导读》,陕西人民出版社2011年版。

## 二、期刊论文

蔡立丰:《知识经济与学习变革》,《广东工业大学学报》(社会科学版)2005年第1期。

曾文婕、柳熙:《获得·参与·知识创造——论人类学习的三大隐喻》,《教育研究》2013 年第 7 期。

曾文婕、宁欢、谈丰铭:《我国学习文化研究二十年:成就与展望》,《现代远程教育研究》2016 年第 5 期。

曾文婕:《学习哲学:学习研究的新走向》,《全球教育展望》2008 年第 6 期。

常国良、金林祥、于珍:《孔子的创新学习思想探微》,《船山学刊》2008 年第 3 期。

陈功江:《陆九渊"心学"学习观析论》,《教育研究与实验》2016 年第 1 期。

陈建翔:《论学习的本质与当代学习变革》,《学科教育》2004 年第 2 期。

陈向明:《从"合法的边缘性参与"看初学者的学习困境》,《全球教育展望》2013 年第 12 期。

程胜、郑金洲:《课堂教学交往中的虚假与真实》,《教育科学研究》2002 年第 6 期。

程玮:《试论交往性学习》,《郑州大学学报》(哲学社会科学版)2013 年第 1 期。

高盼望:《社会建构论解释教学现实的意义与限度》,《电化教育研究》2014 年第 9 期。

高闰青:《人的文化存在性及其教育意蕴》,《河南师范大学学报》(哲学社会科学版)2009 年第 5 期。

高文、裴新宁:《试论知识的社会建构性——心理学与社会学的视角》,《全球教育展望》2002 年第 11 期。

高文:《面向新千年的学习理论创新》,《全球教育展望》2003 年第 4 期。

高亚芹:《"共同体"概念的学术演进与社区共同体的重构》,《文化学刊》2013 年第 3 期。

龚孟伟、陈晓端:《当代教学论视域中的学习哲学之思》,《陕西师范大学学报》(哲学社会科学版)2009 年第 4 期。

顾明远、石中英:《学习型社会:以学习求发展》,《北京师范大学报》(社会科学版)2006 年第 1 期。

郭华:《研究教学认识的社会性是教学论的重要任务》,《教育研究》2000 年第 6 期。

郭元祥、伍远岳:《学习的实践属性及其意义向度》,《教育研究》2016 年第 2 期。

韩庆祥:《论马克思主义的个人社会性思想》,《浙江学刊》1993 年第 2 期。

韩震:《略论人类社会性的内涵》,《青海社会科学》1988 年第 1 期。

郝松山:《社会的人——比较亚里士多德与马克思对人的社会性的认识》,《前沿》2005 年第 7 期。

郝文武:《教育:主体间的指导学习——学习化社会的教育本质新概念》,《教育研究》2002 年第 3 期。

何捷一:《交往理论与历史唯物主义建构——兼评哈贝马斯对历史唯物主义的"重建"》,《武汉大学学报》(人文科学版)2005 年第 5 期。

贺鹏丽:《陈鹤琴儿童学习理念论析》,《焦作大学学报》2010 年第 4 期。

胡小勇、祝智庭:《技术进化与学习文化——信息化视野中的学习文化研究》,《中国电化教育》2004 年第 8 期。

黄富顺:《大学在学习社会所面临的挑战与因应》,《开放教育研究》2001 年第 1 期。

黄娟、徐晓东:《校际主题综合学习共同体的构建与实践研究》,《中国电化教育》2003 年第 10 期。

贾义敏、詹春青:《情境学习:一种新的学习范式》,《开放教育研究》2011 年第 5 期。

江峰:《客观与主观:当代课程哲学的两种知识观评析》,《北京大学教育评论》2006 年第 4 期。

金莺莲、裴新宁:《学习科学视域中的社会性学习:过去、现在与未来》,《开发教育研究》2014 年第 6 期。

康健:《正确理解个人对于社会的依赖关系——从价值论与存在论的统一上来认识个人与社会的现实关系》,《理论与改革》2001 年第 6 期。

乐国安、纪海英:《班杜拉社会认知观的自我调节理论研究及展望》,《南开学报》(哲学社会科学版)2007 年第 5 期。

李茂荣:《实践共同体概念的转化与反思:基于文本的分析》,《教育学术月刊》2015 年第 7 期。

李政涛:《当代教育研究的视频与图像转向——兼论视频图像时代的教育理论生产》,《华东师范大学学报》(教育科学版)2017 年第 5 期。

厉以贤:《终身教育、终身学习是社会进步和教育发展的共同教育》,《教育研究》1999 年第 7 期。

林崇德、傅安球:《关于学习的特点》,《中国教育学刊》1992 年第 2 期。

林风藻:《人脑的社会性》,《心理科学通讯》1989 年第 4 期。

刘大军、黄甫全、左璜:《从知识共享到知识创造:学习环境设计认识论基础的嬗变》,《开放教育研究》2015 年第 1 期。

刘大军:《从知识习得到知识创造——论大学生学习方式的嬗变》,《高教探索》2015 年第 2 期。

刘怡君、唐锡晋:《一种支持协作与知识创造的"场"》,《管理科学学报》2006 年第 1 期。

刘奕涛:《以人为本的学习文化与大学学风建设的旨归和治理模式的转型》,《江苏高教》2013 年第 3 期。

卢俊勇、陶青:《论学习价值的完整性》,《教育探索》2011 年第 6 期。

马兰:《合作学习的价值内涵》,《课程·教材·教法》2004 年第 4 期。

梦海:《交往是人类大同之路——论雅斯贝尔斯的交往理论》,《求是学刊》1998 年第 5 期。

钱超英:《身份概念与身份意识》,《深圳大学学报》(人文社会科学版)2000年第2期。

容翠、伍远岳:《学习的意义感:价值、内涵与达成》,《教育发展研究》2016年第18期。

桑新民:《学习究竟是什么?——多学科视野中的学习研究论纲》,《开放教育研究》2005年第1期。

时堪:《学习的活动理论及其在教学中的应用》,《心理学探新》1989年第1期。

苏国勋:《社会学与社会建构论》,《国外社会科学》2002年第1期。

孙芙蓉:《健康课堂生态系统研究刍论》,《教育研究》2012年第12期。

王军:《人的社会性探析》,《河北师范大学学报》(社会科学版)1990年第4期。

王坤:《在陶行知学习观指导下建设教师学习文化》,《教学与管理》2009年第12期。

王坤庆:《关于精神教育内涵的再思考》,《湖北教育学院学报》2002年第1期。

王坦:《论合作学习的基本理念》,《教育研究》2002年第2期。

王文静:《人类学视野中的情境学习》,《外国中小学教育》2004年第4期。

王文静:《社会建构主义研究》,《全球教育展望》2001年第10期。

吴举宏:《课堂生态系统的良性演替》,《教育理论与实践》2015年第29期。

徐锦霞、钱小龙:《数字化学习的变革:理论基础、学习文化与学习范式》,《中国远程教育》2013年第11期。

徐书业:《人类学视野中的教育交往》,《江西社会科学》2002年第8期。

杨朝晖:《"UDS合作实践共同体":教育学知识创生与实践转化的新机制》,《南京社会科学》2012年第4期。

杨国荣:《道德系统中的德性》,《中国社会科学》2000年第3期。

杨进中、张剑平:《基于社交网络的个性化学习环境构建研究》,《开放教育研究》2015年第2期。

杨南昌、刘晓艳:《学习环境的社会结构设计》,《远程教育杂志》2010年第2期。

杨庆峰:《物质身体、文化身体与技术身体——唐·伊德的"三个身体"理论之简析》,《上海大学学报》(社会科学版)2007年第1期。

叶浩生:《第二次认知革命与社会建构论的产生》,《心理科学进展》2003年第1期。

叶浩生:《社会建构论与心理学理论的未来发展》,《心理学报》2009年第6期。

叶新东、陈卫东、许亚锋:《未来课堂研究的转变:社会性回归和人的回归》,《远程教育杂志》2012年第3期。

易思平:《从〈论语〉之"游"说孔子的快乐学习观》,《教育评论》2016年第10期。

尹睿:《"互联网+"时代学习环境重构:技术后现象学的视角》,《现代远程教育研究》2016年第3期。

于文浩:《从学习隐喻的演化视域管窥专业能力的发展》,《开放教育研究》2013年第 1 期。

张国臣：《试论检察学习文化建设》，《河南社会科学》2011 年第 3 期。

张海波、杨兆山：《"教育问题"探析》，《教育研究》2011 年第 11 期。

张豪锋、卜彩丽：《略论学习生态系统》，《中国远程教育》2007 年第 4 期。

张华：《学习哲学论》，《全球教育展望》2010 年第 6 期。

张立文：《儒学意蕴新析》，《现代哲学》2001 年第 1 期。

张苗：《论学习中人的存在》，《内蒙古师范大学学报》（教育科学版）2013 年第 10 期。

张应强：《论科学教育与人文教育的整合》，《高等教育研究》1995 年第 3 期。

张永：《"学习型社会"界定的反思：基于信息空间理论的视角》，《教育学报》2011 年第 2 期。

赵汀阳：《共在存在论：人际与心际》，《哲学研究》2009 年第 8 期。

郑淑贞：《合作学习理论的新发展——基于社会互赖的视角》，《远程教育杂志》2009 年第 4 期。

郑太年：《论学习的社会性》，《全球教育展望》2003 年第 8 期。

郑太年：《意义：三个世界的联系与对话》，《全球教育展望》2002 年第 11 期。

郑太年等：《学习科学与教育变革——2014 年学习科学国际大会评析与展望》，《教育研究》2014 年第 9 期。

郑葳、王大为：《超越学习的个体性和社会性之争——活动理论之于现代学习论的影响》，《全球教育展望》2005 年第 1 期。

钟启泉：《从 SECI 理论看教师专业发展的特质》，《全球教育展望》2008 年第 2 期。

钟启泉：《从课堂失范走向课堂规范——兼评〈学校的挑战：创建学习共同体〉》，《全球教育展望》2011 年第 1 期。

钟志贤：《知识建构、学习共同体与互动概念的理解》，《电化教育研究》2005 年第 11 期。

## 三、英文文献

Alexander, J.C., *Theoretical Logic in Sociology*[M].London& Henley：Routledge & Kegan Paul, 1982.

Bandura.A. , *Social Learning Theory*[M].Englewood Cliffs, NJ：Prentice Hall, 1977.

Barbalet, J.M. , *Marx's Construction of Social Theory*[M]. London：Routledge & Kegan Paul, 1983.

Barbara Seels, Shirley Campbell, Valerie Talsma, *Supporting Excellence in Technology Through Communities of Learners*[J]. Educational Technology, Research and Development, 2003, (51)：91-104.

Bielaczyc, K. , *Designing Social Infrastructure: Critical Issues In Creating Learning Environments With Technology* [J]. The Journal of the learning sciences, 2006, (3): 301-329.

Boyer. E. L. , *The Basic School: A Community for Learning* [M]. Princeton, NJ: the Carnegie Foundation for the Advancement of Teaching, 1995.

Brown. J. S. , Collins . A. , & Duguid. P. , *Situated Cognition and The Culture of Learning* [J]. Educational Researcher, 1989, 18(1): 32-42.

Bruner, J. , *Actual mind, possible worlds* [M]. Cambridge, MA: Harvard University Press, 1987.

Bull K. S. , Montgomery D. , Kimball S. L. , *Collaborative and Cooperative Learning* [EB/OL]. http://home.okstate.edu/homepages.nsf/toc/EDUC5910iep10.2008-09-16.

Castells. M. , *The Power of Identity: The Information Age: Economy, Society and Culture* [M]. New Jersey: Wiley-Blackwell, 2003.

Chin-hsiung Tu, Michael Corry, *E-Learning Communities* [J]. The Quarterly Review of Distance Education, 2002, (3): 207-218.

Christina Hughes & Malcolm Tight, "*The Myth of the Learning Society*" [J]. In British Journal of Educational Studies, 1995, (3), 754-765.

Clifford Geertz, *The Interpretation of Culture* [M]. New York: Basic Books, 1973.

Lev S. Vygotsky, *Mind in Society: The Development of Higher Psychological Processes* [M]. Cambridge: Harvard University Press, 1978.

Cook, S. D. N. & Brown, J. S. , *Bridging Epistemologies: The Generative Dance Between Organizational Knowledge and Organizational Knowing* [J]. Organizational science, 1999, 10(4): 381-400.

D. Jonassen & P. Henning, *Mental Models: Knowledge in the Head and Knownowledge in the World* [J]. Educational Technology, 1999, 39(3): 37-42.

Dewey. J. , *How We Think* [M]. Boston, MA: Houghton Mifflin Company, 1998.

Elmhldt. C. , *Metaphors for Learning: Cognitive Acquisition Versus Social Participation* [J]. Scandinavian Journal of Educational Research, 2003, 47(2): 115-131.

Ernst von Glasersfeld, *An Exposition of Constructivism, Why Some Like it RadicaL* [EB/OL]. http://www.oikos.org/constructivism.htm.

Lawrence C. Becker, *Encyclopedia of Ethics*, Vol. I [M]. New York: Garland Publishing Inc, 1992.

Epstein, R. M. , & Krasner, M. S. , *Physician Resilience: What It Means, Why It Matters, and How To Promote It* [J]. Academic Medicine, 2013, (3): 301-303.

Ernest. P. , *The One and the Many* [M]. In L P. Steff & J. Gale (Ed), *Constructivism in Education*, New Jersey: Lawrence Erlbaum Associates, Publishers, 1995.

Gergen, Kenneth J., *Realities and Relationships* [ M ]. Cambridge, MA: Harvard University Press, 1994.

Gibbons, M. et al, *The New Production of Knowledge: The Dynamics of Science and Research in Contemporary Societies* [ M ]. London: Sage, 1994.

Goldstein, M. H., King, A. P. , & West, M. J., *Social Interaction Shapes Babbling: Testing Parallels Between Birdsong and Speech* [ J ]. Proceedings of the National Academy of Sciences, 2003, 100( 13) :8030-8035.

K. Hakkarainen, T. Palonen, S. Paavola, & E. Lehtinen, *Communities of Networked Expertise: Professional and Educational Perspectives, Advances in Learning and Instruction* [ M ]. UK: Elsevier Science Ltd, 2004.

K. Hakkarainen, S. Paavola, From monological and dialogical to trialogical approaches to learning, A paper at an international workshop "*Guided Construction of Knowledge in Classrooms*" [ M ]. February 5-8, 2007, Hebrew University, Jerusalem, 2007.

Hall. S., *Cultural Identity and Diaspora, In identity: Community, Culture, Difference,* [ M ]. London: Lawrence and Wishart, 1990.

Hans .J. Mol, *Identity and the Sacred* [ M ]. New York: The Free Press, 1976.

Herder, J. G., *On Social and Political Culture* [ M ]. Eedited and Translated by F. M. Barnard, Cambridge: Cambridge University Press, 1969.

Hutchins, R. M., *The Learning Society* [ M ]. New York: Encyclopedia Britannica, Inc, 1968.

Ihde. D., *Technology and The Life World: From Garden to Earth* [ M ]. Bloomington: Indiana University Press, 1990.

J. Lave & E. Wenger , *Situated learning: legitimate peripheral participation* [ M ]. Cambridge: Cambridge University Press, 1991.

J. Lave, *Cognition in practice: Mind, mathematics, and culture in everyday life* [ M ]. Cambridge: Cambridge University Press, 1998.

J. Lave, *Situating learning in communities of practice* [ J ]. Perspectives on socially shared cognition, 1991, ( 2) :63-82.

Jarvis, P., *Paradoxes of Learning: On Becoming an Individual in Society* [ M ]. San Francisco, CA: Jossey-Bass, 1992.

John Dewey, *Democracy and Education* [ M ]. Carbondale, IL: Southern Illinois University Press, 1980.

Johnson, D. M. & Erneling. C. E., *The future of Cognitive Science* [ M ]. New York: Oxford University Press, 1997.

K. J. Gergen, *Socical Construction and The Educational Process, Constructivism in education* [ M ]. New Jersey: Lawrence Erlbaum Associates, 1995.

K.J.Gergen, *The Social Constructionist Movement in Modern Psychology*[J].American Psychologist, 1985, 40(3):266-275.

Kuhl, P.K., Tsao, F.M., & Liu, H.M., *Foreign-language Experience in Infancy: Effects of Short-term Exposure and Social Interaction on Phonetic Learning*[M].Proceedings of the National Academy of Sciences, 2003.

Lave.J., *Teaching, as Learning, in Practice*[J]. Mind, Culture and Activity, 1996(3): 149-164.

Linn, M.C., Clark, D., & Slotta, J.D., *Wise Design for Knowledge Integration*[J].Science education, 2003, 87(4):517-538.

Marshall, H.H., *Redefining Student Learning: Roots of Educational Change*[M].Norwood, NJ: Ablex Publishing Corporation, 1992.

Martin, J.P, Jessie G., *Socialcultural and Constructivist Theories of Learning: Ontology, Not Just Epistemology*[J].In: Eduational Psychologist, 2000, 35(4):227-241.

Mead, G.H., *Mind, Self and Society*[M].Chicago: University of Chicago, 1934.

Meltzoff, A.N., Kuhl, P.K., Movellan.J., & Sejnowski, T.J., *Foundations for a New Science of Learning*[J].Science, 2009, (325):284-288.

Meltzoff, A.N., *Introduction to social influences in informal and formal environments*[M]. Meltzoff.(Chair), Social Influences on Learning. Symposium conducted at the International Convention on Science of Learning, Shanghai, 2014.

Nonaka, I., Konno, N., Toyama, R., *Emergence of 'Ba'*, In: Nonaka I, Nishiguchi T eds, *Knowledge Emergence*[M].NewYork: Oxford University Press, 2001.

Norton, P., *When Technology Meets the Subject-matter Disciplines on Education*[J].Part one: Explaining the Computer as Metaphor, Educational Technology, 1992, 32(6):38-46.

Paavola, S. & Hakkarainen.K., *The Knowledge Creation Metaphor——an Emergent Epistemological Approach to Learning*[J].Science & Education, 2005, 14(6):537-557.

Paavola, S., et al, *Models of Innovative Knowledge Communities and Three Metaphors of Learning*[J].Review of Educational Research, 2004, 74(4):557-576.

Paavola, S., lakkala, Muukkonen, Kosonen & Karlgren, *The roles and uses of design principles for developing the trialogical approach on learning*[J].Research in Learning Technology, 2011, 19(3):233-246.

Pica, T. & M.Long, *The Linguistic and Conversational Performance of Experienced and Inexpertenced Teachers*[M].In R.Day(ed.), Tacking to Learn: Conversation in Second Language Acquisiton, Rowley, Mass: Newbury House, 1986.

Eisikovits, R.& Pitman & Dobbert M.L., *Culture Acquisition: A Holistic Approach to Human Learning*[M].New York: Praeger, 1989.

Resnick, L.B( Eds. )., *Knowing, Learning and Instruction: Essays in Honor of Robert Glaser* [ M ]. Hillsdale, NJ: Lawrence Erlbaum Associates, 1989.

Salomon, G.& Perkins, D.N., *Individual and Social Aspects of Learning* [ J ]. Review of Research in Education, 1998, ( 23 ): 1–24.

Salomon. G., *Differences in Patterns: Studying Computer Enhanced Learning Environments* [ M ]. In S. Vosniadou, E. De Corte & H. Mandl ( Eds ) Technology-Based Learning Environments: Psychological and Educational Foundations. NATO ASI Series F: Computer and System Sciences, 1994.

Sawyer. R. K., *The New Science of Learning* [ M ]. New York: Cambridge University Press, 2006.

Sfard. A., *On Two Metaphors for Learning and the Dangers of Choosing Just One* [ J ]. Educational Researcher, 1998, ( 2 ): 78–86.

Shanon. B., *Semantic Representation of Meaning: A Critique* [ J ]. Psychological Bulletin, 1988, 104( 1 ): 70–83.

Smart. B., *Facing Modernity: Ambivalence, Reflexivity and Morality* [ M ]. London: Sage, 1999.

Somayyeh Radmard, Nurettin Beltekin, *A Research on Sociality of Learning and Success-Istanbul Street Children Case* [ J ]. Procedia-Social and Behavioral Sciences, 2014, ( 141 ): 1335–1338.

Somers, M.R, Gibson, G.D., *Reclaiming the Epistemological Other Narrative and the Social Constitution of Identity, in Social Theory and the Politics of Identity*, ( ed. ) [ M ]. USA: Blackwell, 1994.

Vygotsky, L.S., *Mind in Society: The Development of Higher Psychological Processes* [ M ]. Translated by M. Cole, V. John-steiner, s. Scribner & E. Souberman, Cambridge: Harvard University Press, 1978.

Wenger. E., *Communities of Practice: Learning, Meaning and Identity* [ M ]. Cambridge, UK: Cambridge University Press, 1998.

Wilson, B.G., *Metaphors for Instruction: Why We Talk About Learning Environments* [ J ]. Educational Technology, 1995, 35( 5 ): 25–30.

Woodward. K., *Identity and Difference* [ J ]. London: Sage, 1997.

Yilmaz. K., *Constructivism Its Theoretical Underpinnings, Variations, and Implications for Classroom Instruction* [ J ]. Educational Horizons, 2008, 86( 3 ), 161–172.

## 四、博士论文

曾文婕:《文化学习引论——学习文化的哲学考察与建构》,博士学位论文,华南师范大学教育科学学院,2007 年。

王文静:《基于情境认知与学习的教学模式研究》,博士学位论文,华东师范大学教育学院,2002 年。

陈静静:《教师实践性知识及其生成机制研究——中日比较的视角》,博士学位论文,华东师范大学课程与教学系,2009 年。

# 后　记

　　自我只有在与其他自我的明确关系中才能存在。在我们自己的自我与他人的自我之间不可能划出严格的界限，只有当他人在自我存在并进入我们的经验时，我们自己的自我才能存在并进入我们的经验。①

——米德

　　我早已致力于我决心保持的东西。我将沿着自己的路走下去，什么也无法阻止我对它的追求。②

——康德

　　时光不语，岁月无言。在岁月的空白处晴耕雨读，在自我的文字里，寻觅学习的社会性馨香。本书初稿形成时已是人间初夏。初夏，是春的消瘦，初夏，是夏的始萌。像你，没有春的姹紫嫣红，没有夏的狂情热焰，静静地踏着青春的韵脚，走到我的心底，隐藏着的是多么深刻的痛楚，是多么刻骨铭心的凄惶。回首考博、读博这几年，几乎是勇气和意志的超度，亦是自我和精神的救赎。

　　始生之物，其形必丑。本书是在博士论文的基础上修改而成的。虽说

---

① ［美］乔治·H.米德：《心灵、自我与社会》，赵月瑟译，上海译文出版社 1992 年版，第 145 页。
② 袁世全主编：《名言警句辞典》，四川辞书出版社 2007 年版，第 116 页。

是"丑物",但它却真实地承载了我求学旅途中许多不曾遇到的痛苦,其间的精神轨迹雕刻下了太多的关爱、友善、感悟与感动。虽说是"丑物",可它更是凝聚了如此之多的前辈、恩师、学长、朋友及亲人的指导、提携、帮助和关心。寥寥数语,说不尽心中感慨;掩卷沉思,书不尽文中遗憾。当这份"丑物"要公之于众时,无限的感恩和由衷的感激之情涌上了我的心头。

经师易得,人师难求。在求学问道的路上,得遇经师,是一生之福;得遇人师,乃三生之幸。我要向我的导师郝文武先生致以最深切的感谢和敬意!先生是性情中人,他不仅是我的恩师,更是我生命中的贵人。承蒙先生不弃,有幸忝列先生门下而倍感自豪。先生秉性刚直,藐视权贵,又谦逊异常,这种独特的气质让我对其人其文充满了好奇。先生强大的气场、豁达的胸襟和哲理般的思想,令我崇拜至极。先生淡泊名利、甘为人梯、嘉惠后学的人格风范,令我高山仰止。先生在学界有口皆碑的治学态度、学术风范和学术成就,更令我深受其惠、励志终生。正是先生带我走进了教育的殿堂,使我接受了一次正规的学术训练。"文章者,天下之公器也,非胸怀磊落之人不能为之。"读先生宏旨大义的教育哲学,如沐春风;听先生高屋建瓴之言说,如醍醐灌顶。"学习既是教育的本体或本原,也是教育的目的或归宿……教育的存在条件是学习,教育的发展过程是学习,教育的最终目的是学习。"①这是先生对教育本质独到的见解。如果说研究"学习",是"亲其师,而信其道",那么,研究"学习的社会性"则是完全出于自己的天真和无知。

悠悠终南,雁塔相伴。天人长安,美丽师大。感谢陕西师范大学所有的一课之师、一面之师、一言之师。他们中有的以学者的睿智和大师的风范指导着我,有的为我传道授业解惑,有的为我的拙作把脉确诊,有的关心我的学业和家庭。每当想起这些,我就感激涕零。在此,由衷地向他们说声"谢谢"!尽管囿于自己天生愚钝和后天学术积累欠缺,未必能够尽数领悟他们的思想和智慧,但朝着他们指引的方向努力前行,这也是一种自我提高的

---

① 郝文武:《教育:主体间的指导学习——学习化社会的教育本质新概念》,《教育研究》2002 年第 3 期。

过程。"郝门"是温馨的家,徜徉其中,既感触了其间的默契,又品尝了彼此的真诚;既知晓其中的忙碌,又乐于其中的幸福。衷心感谢师门兄弟姐妹在生活和学术上所给予的各种关心与帮助。衷心感谢学友们给我学习上的帮助和精神上的鼓励,在此虽然不能一一列出他们的名字,但是,对他们的感激是需要我永远珍藏在心的!

结草衔环,无以为报。衷心感谢华东师范大学"长江学者"李政涛教授、华南师范大学黄甫全教授和西安交通大学陆根书教授在我博士论文学位开题论证会和答辩会上的宝贵指导和有益启迪。衷心感谢教育部学位与研究生教育评估工作平台专家库的匿名专家们对初稿审阅所付出的心血。同时,衷心感谢所有给予我直接或间接帮助的老师、同学及朋友,一并向你们致以最衷心的谢意和浓浓的敬意! 我的人生因与你们的相遇而温暖,你们是我生命中值得拥有的美丽记忆与宝贵财富。

如人饮水,冷暖自知。为了本书的写作,我几乎购买了所有学习理论方面的书籍。每当伏案读写沉醉于此,感觉时时都在与先哲、时贤们进行思想和论点的交谈,在字里行间品尝他们对学习、学习社会性的思考与感悟,只不过囿于个人的思维迟钝和才学不足,有时陷于形而上的泥潭而无力自拔,有时湮没于学科跨界无所适从,偶尔有所悟却又难以言说,因而只是向他们提出了几个略显幼稚和朴拙的肤浅看法。然而,大师们所给予我精神上的洗礼和方法上的启导无疑是影响深远的。正是通过这种思维的碰撞和心灵的交流,逐步确定了我在本书中阐述的一些不成熟的观点。每当我写作陷入困境或思维在断裂处穿行时,便看看别人的论著,再滑动鼠标浏览自己的,回味着其中的一两点得意之处或偶尔迸发出来的"灵感",使我在精彩思想的不断冲击下时常感慨万分,兴奋不已。生活,也因此多了一种快乐和力量。

染墨流年,岁月沉香。谨以此书献给支持我、关爱我的家人。感谢我的家人一路陪伴和照顾。他们以无私无穷无尽的爱陪伴我点点滴滴的成长,他们是永远守护我的温馨港湾。

纷纷红紫已成尘,布谷声中夏令新。读博之路,是不堪回首之路,是培植纯粹理性之路。学习的社会性研究是一个新的研究领域,其内涵和意旨深远博大,一本拙著承载不了它该有的价值和承诺,而且一种文本的意义永远是处于解释之中的,这恰如伽达默尔所言,"自我理解总是在路途中(on-the-way),它走在一条显然不可能穷尽的小径上。"①

是为记!

戴　妍

丙申初夏初识于古都长安

戊戌初春定稿于英国诺丁汉

---

① 李咏吟:《解释与真理》,上海译文出版社 2004 年版,第 72 页。

责任编辑:汪　逸

封面设计:周方亚

**图书在版编目(CIP)数据**

学习社会性引论/戴妍 著. —北京:人民出版社,2020.9

ISBN 978－7－01－020457－4

Ⅰ.①学… Ⅱ.①戴… Ⅲ.①学习-社会性-研究 Ⅳ.①G442

中国版本图书馆 CIP 数据核字(2019)第 034660 号

学习社会性引论

XUEXI SHEHUIXING YINLUN

戴　妍　著

人民出版社 出版发行

(100706　北京市东城区隆福寺街 99 号)

北京建宏印刷有限公司印刷　新华书店经销

2020 年 9 月第 1 版　2020 年 9 月北京第 1 次印刷

开本:710 毫米×1000 毫米 1/16　印张:23.75

字数:357 千字

ISBN 978－7－01－020457－4　定价:82.00 元

邮购地址　100706　北京市东城区隆福寺街 99 号

人民东方图书销售中心　电话 (010)65250042　65289539